예수는 없다

기독교 뒤집어 읽기

예수는 없다

기독교 뒤집어 읽기

초판 1쇄 발행 | 2001년 5월 30일
초판 40쇄 발행 | 2016년 1월 5일
개정판 1쇄 발행 | 2017년 2월 25일
개정판 7쇄 발행 | 2023년 10월 20일

지은이 | 오강남
펴낸이 | 조미현

편집주간 | 김현림
책임편집 | 김호주
디자인 | 유보람

펴낸곳 | (주)현암사
등록 | 1951년 12월 24일 제10-126호
주소 | 04029 서울시 마포구 동교로12안길 35
전화 | 02-365-5051   팩스 | 02-313-2729
전자우편 | editor@hyeonamsa.com
홈페이지 | www.hyeonamsa.com

ISBN 978-89-323-1839-4 (03100)

이 도서의 국립중앙도서관 출판시도서목록(CIP)은
서지정보유통지원시스템 홈페이지(http://seoji.nl.go.kr)와
국가자료종합목록시스템(http://www.nl.go.kr/kolisnet)에서
이용하실 수 있습니다.(CIP제어번호 CIP2017004017)

○　책값은 뒤표지에 있습니다. 잘못된 책은 바꾸어 드립니다.

예수는 없다

No Such Jesus:
Reading Christianity Inside Out

기독교 뒤집어 읽기

오강남 지음

ᕇ 현암사

○ 일러두기
본문의 성경은 기본적으로 〈개역개정〉에서 인용하였다. 문맥에 따라 〈새번역〉, 〈공동번역〉 등 다른 번역본을 인용할 때에는 해당 판본을 명기하였다.

개정판을 내면서

이 책이 2001년에 출판되어 나왔는데, 나오자마자 그대로 베스트셀러가 되었습니다. 마치 500년 전 마르틴 루터가 '95개 조항'의 항의 문서를 비텐베르크 교회 문에다 못 박으면서 그 망치 소리의 반향이 그렇게 폭발적일 줄 모르고 자신도 그 소리에 놀란 것처럼, 이 책이 그렇게 큰 반응을 일으키리라 전혀 기대하지 않았던 만큼 저로서도 크게 놀라지 않을 수 없었습니다. 물론 고마운 일이기도 했습니다.

출판사에 따르면 이 책이 그동안 40쇄까지 나왔는데 아직도 꾸준히 팔리고 있다고 하여, 15주년 기념으로 이제 책의 내용을 좀 더 다듬고, 책과 직접적인 관련이 적은 부분은 빼고, 그 대신 필요하다고 생각되는 데는 여기저기 좀 보탰습니다. 가장 큰 변화는 이 책 초판 이후 제가 여러 곳에 다니면서 이야기하고 있는 내용의 일부를 부록1로 올린 것입니다.

본래 이 책은 신문에 연재되던 글들을 모은 것이라, 지면 성격상 학문적인 논문처럼 각주를 붙이고 할 계제가 되지 못했습니다. 책으로 낼 때도 기본적으로 일반 독자들을 위한 것이라 각주 등을 달지 않기로 했습니다. 그러나 이제 개정 증보판을 내면서는 더 자세한 정보를 원하는 독자를 위해 필요에 따라 각주를 붙이기로 했습니다. 또 그동안 새로 나온 책들을 소개하기도 했습니다. 그러므로 전문적 지식을 요구하지 않는 독자들은 각주를 무시하고 죽 읽어나가셔도 좋습니다.

초판이 나왔을 때 '예수는 없다'라는 제목이 어떻게 채택되었는가 물어보는 독자들이 많았습니다. 이 자리를 빌려 분명히 말씀드리는 것이 좋을 것 같아 몇 마디 붙입니다. 본래 제가 생각했던 제목은 「시편」 137편 1절에 나오는 말, "시온을 기억하며 울었도다"였습니다. 옛날 바벨론으로 포로가 되어 갔던 유대인들이 예루살렘을 생각하며 울었던 것처럼 저도 제 잔뼈가 굵은 기독교의 현실을 생각하며 안타까워 우는 심정으로 제 충정의 일단을 풀어본다는 뜻을 담으려 한 것입니다. 출판사에서는 제 뜻이 좋긴 하지만 수필집 같은 인상을 주기 쉬우므로 좀 더 강렬한 제목을 보내달라고 했습니다. 저는 가능한 제목 열 가지 정도를 제안했는데, 그중에 '예수는 없다'라는 것이 들어 있었습니다. 출판사에서 만장일치로 그 제목을 채택하기로 했다는 연락이 왔습니다. 저는 덜컥 겁이 났습니다. 그래서 '그런 예수는 없다'로 하자는 제안을 했지만, 출판사에서는 "그러면 김이 빠져 못 쓴다"라는 답이 왔습니다. 그래서 절충안으로 책의 표지를 열면 영어로 그런 예수는 없다는 뜻으로 "No Such Jesus"라는 제목을 넣고 다시 제일 앞에 '그런 예수는 없다'라는 제목의 해설을 붙였습니다. 그러니까 '예수는 없다'라는 제목은 결국 저와 출판사의 합작품이라 할 수 있을 것입니다.

아무튼 책 제목 때문에 논란이 많았는데, 더욱 논란을 크게 일으킨 것은 책 내용이었습니다. 한국 기독교도의 절대 다수가 근본주의 교회에 속해 있다는 사실을 감안하면 크게 놀랄 일도 아니라 하겠습니다. 그러나 더욱 놀라운 일은 우리 중에, 우리 주변에 우리가 생각하는 것보다 훨씬 더 많은 사람들이 진리에 갈급하고 있다는 사실을 발견한 것입니다. 부처님의 말씀대로 흙탕물 위에 떠서 어떤 때는 물에 잠기지만 그래도 물 위에 오르기를 원하는 연꽃, 노자님의 표현대로 도에 대해 들으면 이런가 저런가 생각하고 알아보려는 중간층 사람들이 생각보다 많다는 것입니다. 남 앞에서는 자기 교회의 교리를 줄줄 외우는 이른바 골수파 근본주의 교단에 속하는 사람이라도, 개인적으로는 자기 교회의 가르침을 100퍼센트 다 옳은 것이라 수긍하지 않는 경우가 의외로 많았습니다. 독자들의 반응이 어떤지는 인터넷 서점에 올라온 독자평을 읽어볼 수 있을 것입니다. 심지어 상당수 목사님들도, 목사라고 이 책을 모두 싫어할 것으로 여길 것 같지만 그렇지 않다는 사실을 알리고 싶어 보낸다면서 이메일을 보내주셨습니다. 모두 고무적인 현상이라 하지 않을 수 없습니다. 제 책이 그 정도로 많이 읽힌다는 사실이, 교회에서 가르치는 것만으로는 만족할 수 없던 사람들이 많았음을 증명한다고 봅니다.

보수파 지도자들 중에는 제 책을 비판하는 글과 책을 낸 이들이 있다는 것도 알고 있습니다. 제목과 표지에 나온 글들을 두고 비판한 것이 대부분이었다 생각됩니다. 하나하나 반론하기를 그만두었습니다. 독자들의 판단에 맡기는 것이 좋다고 생각했기 때문입니다. 한 가지 재미있는 독자의 논평이 제가 반론할 필요를 느끼지 못하게 만들었고 여겨집니다. 그 독자는 "왜 그런지 '예수는 있다'라고 주장하는 이들의 책을 읽으니 예수를 믿을 마음이 오히려 없어지는데, '예수는 없다'라는 책을 읽으니 예수를 따를 마음이 더 생긴다"라고 말했습니다.

이 책이 나오고 여러 가지로 용기와 응원을 보내주신 분들께 감사를 드립니다. 책이 출간된 이후 최초로 저를 초청해서 불교인·기독교인이 거의 동수로 참석한 큰 모임을 개최해주신 LA 법사회 회원 여러분, 그동안 저를 강사로 초청해 생각을 나눌 기회를 주신 연세대 교목실과 신과대학, 감리교 신학대학, 광주 호남신학대학, 울산대학, 서울신학대학, 삼육대학, 한신대학, 대전의 고려대 경영대학원, 광주 과기대학, 중원대학, 대진대학, 경북대 의과대학, 서울대 종교학과, 서강대 종교학과, 한국종교학회, 참여연대, 서울시민대학, 한국종교 발전포럼, 불교포럼, 대한불교조계종 포교원, 조계종 총본산 조계사 선재학당, 한국 유네스코, 대한민국 국회, LA 감리교 신학대학원, 천도교 교학대학원, 그 외에 서울, 부산, 대구, 여수, 통영, 광주, 공주, 청주, 순천, 춘천, 포천, 설악산 등지에 있었던 기독교 계통, 불교 계통 및 시민단체, 학술단체의 여러 모임과 기관들, 책이 나오자 기사를 써주신 각 신문사 기자님들, 제 책에 대해 서평을 써주신 이화여대 최준식 교수, 고려대 이승환 교수, 경희대 김민웅 교수, 여수 솔샘교회 정병진 목사, 호주 시드니 연합교회 이영대 목사를 비롯 여러 고마운 분들, 특히 서평뿐 아니라 교인들에게 제 책을 읽게 권장하고 제가 그 교회에서 설교할 기회까지 주신 향린교회의 고 홍근수 목사님, 교인들에게 제 책을 읽게 하셔서 교인 중 영문학도였던 박정은 양이 캐나다로 유학하여 결국 불교학으로 박사학위까지 받을 수 있는 계기를 마련해주신 춘천 성암교회 허태수 목사님, 특히 지금껏 저에게 이 책에 나온 내용을 비롯해 저의 생각을 일반인들에게 널리 펼칠 기회를 주신 '지식협동조합 경계너머 아하!'의 조합원 여러분, 기타 이메일로 용기를 주고 격려를 아끼지 않은 수많은 독자들께, 이메일이나 편지를 보내지 않았어도 마음속으로 그렇게 해주신 모든 분들께 감사를 드립니다.

새로 나오는 이 책이 이렇게 고마운 분들의 성의에 보답하고 새로운 독자들에게도 보탬이 된다면 저로서는 더 바랄 것이 없겠습니다. 감사합니다.

2017년 2월

지은이

감사의 말

이 책이 나오기까지 여러모로 도와주신 분들께 감사드립니다.

신문에 일부를 연재해주신 《밴쿠버 조선》, LA의 《크리스천 헤럴드》, 《토론토 한국일보》, 《중앙일보》.

여러 가지로 용기의 말씀을 주신 정대위 박사님과 전영실 사모님.

지금까지 7년간 매 여름마다 종교를 주제로 한 대화를 함께 하며 정신적 자라남을 같이 해오신 밴쿠버 '길벗들의 모임' 여러분.

본인들의 글 일부를 옮겨 싣도록 쾌히 허락해주신 이화여대의 조태연 교수님, 다석사상연구소의 박영호 선생님.

저와 기본 입장이 다르면서도 진지한 대화를 계속하여주신 미국 앤드루스 대학교의 최휘천 교수님, 미리 원고를 다 읽고 꼼꼼히 고쳐주시고 평을 해주신 한국의 B수녀님과 LA의 박영남 목사님, 책을 통해서나 개인적인 만남을 통해서 음으로 양으로 용기와 도움을 주신 캐나다 토론토의 김영곤 교수님.

여동원 선생님, 변창섭 선생님, 민혜기 선생님, 위니펙의 권병현 장로님, 임봉재 선생님. 매니토바 대학교에서 서울대로 옮기신 문우일 교수님, 웨스턴 온타리오 대학교에서 이화여대로 옮기신 이동렬 교수님.

뉴욕의 이태상 님과 최영태 님, LA의 남영한 장로님 부부, 윤원길 교수님, 미네소타 세인트 토머스 대학교의 양승애 교수님 부부, 버지니아 조지 메이슨 대학교의 노영찬 교수님, 한신대 김상일 교수님, 성서공회에 계시는 사촌형 민영진 박사님.

크리스천 아카데미의 김경재 교수님과 김진 교수님, 서울대 심재룡 교수님과 장석만 교수님, 인하대 김영호 교수님, 미국 매코믹 대학교의 전헌 교수님. 자신의 근본주의 입장에서 혹독한 비판을 가하면서도 우정에는 변함이 없다고 주장하는 총신대의 서철원 교수님.

계속 뒤에서 힘이 되어주는 어릴 적 친구 문수웅 사장, 처음 제 글이 빛을 보게 해주신 소설가 이윤기 선생님, 가수로 알려졌지만 르네상스적 인물로서 『장자』에 나오는 뭇사람의 연인 애태타를 연상케 해주는 조영남 님.

『장자』에 나오는 세 사람의 막역지우를 연상케 하는 『한티재 하늘』의 작가 권정생 선생님, 예수님과 같은 파격적 사상가 이현주 목사님, 자기만의 독특한 세계를 일구어가는 판화가 이철수 선생님.

기타 직접 거명을 하면 본인의 입장에 폐가 될 것 같아 밝히지 못하는 많은 분들 등 세계 여러 곳의 '길벗들'께.

원고를 보고 좋아하셨다는 현암사 주근태 사장님, 직접 책을 만드는 데 수고하신 편집진께.

처음 글을 쓰기 시작할 때부터 하나하나 평을 해주고 힘이 되어줄 뿐 아니라 열심히 기도해준다는 집사람 강유순 집사, 새 시대를 살아갈 유진, 유민, 유현 세 아들놈들에게도 감사하고, 제가 어릴 때 저에게 기독교 신앙을 심어주시고 저를 위해 끊임없이 기도하며 사시다가 2000년 2월, 101년 반의 아름다운 삶을 마감하신 어머님 영전에 삼가 이 책을 바칩니다.

그런 예수는 없다

예전에 BBC 방송에서 예루살렘 부근에서 발견된 1세기 팔레스타인 사람의 두개골을 바탕으로 최근의 법의학 지식과 컴퓨터 기술을 동원하여 역사적 예수에 가까운 얼굴 모습을 합성 발표한 적이 있었다. 뭉뚝한 코에 까만 곱슬머리, 짙은 갈색 피부를 한 전형적 농사꾼의 모습이었다. 그런 예수의 모습은 많은 사람들에게 충격이었다.

기독교를 서양 사람들만 신봉할 당시에는 예수를 파란 눈에 금발을 한 서양 사람, 특히 스웨덴이나 노르웨이 사람으로 그리는 것이 결코 이상스러운 일이 아니었다. 우리도 그런 그림에 익숙해져서 '예수' 하면 당연히 그런 남자상을 머리에 그리게 된다. 우리 스스로도 혹시 누가 예수는 백인이 아니라 흑인이었을 것이라 한다면 우선 무의식적으로라도 강한 거부감을 나타낼 수밖에 없다. 그러나 지금 우리가 다 알고 있듯이 팔레스타인에서 태어나신 예수는 적어도 우리가 생각하는 것 같은 스칸디나비아 사람일 수가 없다. 파란 눈에 금발머리를 가진 예수,

그런 예수는 없다.

이제 새로운 지구촌 정보화 시대에 이렇게 어느 특수한 지역, 특수한 시대에 만들어진 일방적인 예수상을 아무 반성 없이 그대로 지니고 있을 수는 없다. 성경 이야기 여기저기에 스칸디나비아 사람의 모습을 하고 나오는 파란 눈, 금발 머리의 예수를 참예수와 동일시하던 그 순진성에 의문을 던져보는 것, 이것이 죄가 될 필요도 없고, 이것

이 교회 사랑이나 예수 사랑과 관계되는 일도 아니다. 특히 동양인으로서 우리는 예수를 구태여 서양 사람으로 상상해야 할 아무런 이유가 없다. 우리 나름대로 새로운 예수 모습을 그려보는 것은 너무나 당연한 일이다.

그런데 그림에 그려진 예수상만 그런가? 생각이나 이론에 그려진 예수상은 어떤가? 이것도 마찬가지임에 틀림없다. 현재 서구 신학계 자체에서도 종래까지 구미의 '힘의 논리'에 입각해서 형성된 기독론이 너무나 일방적으로 권력 지향적이었음을 반성하고, 이를 대대적으로 수정하는 작업을 진행하고 있다.

우리가 새롭게 그려야 할 진정한 예수상은 어떤 것일까? 그 예수가 가르친 메시지는 무엇이었을까? 매우 중요하고 심각한 문제다. 물론 한두 사람이 머리를 짜서 정답을 얻을 수 있는 문제가 아니다. 그러나 궁극적으로는 무엇보다도 '지금, 여기'에 살아가는 나 자신의 실존적 물음과의 변증법적 관계에서 나오는 정직한 대답이 요청되는 문제라 할 것이다. 이런 심각한 실존적 물음을 거치지 않은 예수,

그런 예수는 없다.

차 례

I. "어린아이의 일을 버렸노라"

II. 성경대로 믿는다?

Ⅲ. 잘못된 신관은 무신론만 못하다

"과연 교회 안에 구원이 있을까?"

불과 몇십 년 전까지만 해도 대부분의 그리스도인은 "교회 밖에는 구원이 없다(Extra Ecclesiam nulla salus)"라고 믿었습니다. 그러던 것이 1962년에 시작된 제2차 바티칸 공의회에서 교회 밖에도 구원이 있다고 선언한 다음부터 정말 교회 밖에도 구원이 있는가 하는 문제가 중요한 논쟁의 대상이 되었습니다.* 그런데 최근에는 오히려 "과연 교회 안에 구원이 있을까?" 하는 자성의 소리가 교회 안팎으로 의식 있는 사람 사이에서 크게 논의되고 있는 형편입니다. 과연 예수를 믿는다고 하기만 하면 그대로 구원을 얻게 되는가 하는 물음이 심각한 현안으로 등장하고 있다는 뜻이라 할 수 있겠습니다.

지금부터 제가 말씀드리려는 것은 기독교를 중심으로 한 생각입니다. 그러나 이런 생각은 기독교 신앙을, 제가 평생을 두고 공부해온 화엄 사상, 선 사상, 신유학, 노장 철학과 함께 놓고 끊임없이 내면적 대화를 한 결과에서 얻어진 통찰의 편린이라 할 수 있습니다. 물론 더

---

* 제2차 바티칸 공의회는 요한 23세 교황에 의해 1962년 10월에 시작되어 바오로 6세 교황의 재위 기간인 1965년 12월에 끝났다. 로마 가톨릭교회의 제21차 보편 공의회이지만 바티칸에서 개최된 것으로는 두 번째이기 때문에 일반적으로 제2차 바티칸 공의회라 칭한다. 이 공의회에서 라틴어로만 집전하던 미사를 각 지방의 언어로 집전하도록 한 것, 소녀도 복사가 될 수 있도록 한 것, 신부가 회중을 향해서 강론할 수 있게 한 것, '열교'로 칭해지던 개신교도 '분리된 형제'로 인정한 것, 유대인이 예수의 죽음에 대해 책임질 필요가 없다는 것, 금서 목록을 철폐한다는 것, 힌두교나 불교 등 세계 종교와 대화 관계를 가지겠다는 것, 교회 밖에도 구원이 있다는 것 등 가톨릭 역사상 가장 혁명적인 교회 혁신을 단행했다.

러 얼른 납득하기 곤란하다고 여겨질 것도 있을 수 있음을 인정합니다만, 저로서는 저의 이런 특수한 입장에서 얻은 것을 정성을 다해 말씀드리려 했습니다.

저는 목사도, 어느 특정 종교의 지도자도 아닙니다. 제가 여러분을 에베레스트 산꼭대기로 직접 모셔 가는 사람이 아니라는 뜻입니다. 스스로 그 산꼭대기에 올랐다고 자부하는 일도 없고, 또 다른 분이 반드시 그 산꼭대기에 올라갈 수 있도록 해드리겠다고 보증할 처지도 못 됩니다.

다만 저는 한평생 오로지 비교종교학만 전공한 사람으로서, 깨어 있는 시간 거의 전부를 동서양의 종교 사상에 대해 읽고 생각하고 쓰고 가르쳐왔다고 할 수 있습니다. 최근에 발표한 논문도 「화엄 사상에 미친 도가 사상의 영향」(영문)입니다. 이런 특수한 학문적 배경 때문에, 그간 역사적으로 산꼭대기에 오른 많은 사람들을 관찰하고 연구할 기회가 있었습니다. 그 같은 연구의 결과로 산꼭대기에 오른 사람들이 이런저런 코스로 오르더라, 그들이 준비한 장비는 이렇더라, 잠옷 바람에 슬리퍼나 끌고 나서는 사람은 없더라, 올라갔다 온 사람들은 이런저런 경험담을 말하더라 하는 정도의 말씀을 드릴 수는 있다고 생각합니다.

20세기 최고의 신학자라 할 수 있는 폴 틸리히(Paul Tillich)도 죽기 전 시간만 좀 더 있으면 자신의 조직신학을 세계 종교사의 시각에서 다시 써보고 싶다고 했습니다. 역시 20세기 최대의 사상가 중 하나로 꼽히는 토머스 머턴(Thomas Merton)도 예수 탄생 때 동방박사들이 선물을 가져다준 것처럼, 이천 년이 지난 오늘 기독교가 활기를 되찾으려면 새롭게 동방에서 선물이 와야 할 것이라 하고, 그 선물은 바로 동양의 종교적·정신적 유산이라고 했습니다. 기독교도 이제 혼자서 활개 치며 스스로 만족하던 시대가 지났습니다. 이른바 자기 것만 진리라고 주장하던 '종교적 제국주의' 시대가 지났음을 의미하는 것입니다.

기독교를 이런 입장, 이런 문맥에서 이야기해도 되느냐 하실 분도 계실 것입니다. 그러나 최근 신학자들 스스로 "이웃 종교와의 관계에서 고려되지 않은 신학은 믿을 만한 것이 못 된다"라는 자각을 하기 시작하고 있습니다. 자기 집 뒷마당이나 파보고 지구에 대해 모든 것을 안다고 큰소리치는 지질학자는 그렇게 믿을 만한 학자가 못 된다는 뜻입니다. 이제 "기독교 신학은 이웃 종교와의 대화 관계에서 나온 산물"일 수밖에 없다고 주장하는 신학자가 속출하고 있습니다. 모두 기독교가 지금껏 가지고 있던 '국지주의적 신학(parochial theology)'이나 '부족신관(tribal god)'에서 탈피하려는 노력입니다.

1997년 말 캐나다 최대의 개신교 교단인 캐나다 연합교회 총회장으로 선출된 빌 핍스(Bill Phipps)가 기자회견에서 자기는 예수의 육체적 부활 등 예수에 대한 전통적 교리를 문자 그대로 믿지는 않는다는 말을 했습니다. 이 말은 캐나다 극보수파 기독교인과 특히 한국 교포 기독교인에게 커다란 충격이 아닐 수 없었습니다. 이러한 충격은 현재 세계적으로 기독교가 새로운 바람이나 물결에 어떻게 대처하며 어느 정도로 변모하고 있는가를 모르고 있는 사람, 그리고 신앙적으로 계속 성장하기를 멈춘 사람에게는 어쩌면 당연한 것이랄 수도 있습니다.

사도 바울도 "내가 어렸을 때에는 말하는 것이 어린아이와 같고 깨닫는 것이 어린아이와 같고 생각하는 것이 어린아이와 같다가 장성한 사람이 되어서는 어린아이의 일을 버렸노라"(고전 13:11)라고 했습니다. 여기서 말하는 '어린아이의 일'이란 '유치한 것들'이란 뜻입니다. 믿음이라고 하여 모두 같은 것이 아닙니다. 유치하고 치졸한 믿음, 쓸데없이 우리를 속박하는 믿음이 있는가 하면, 성숙하고 건전한 믿음, 우리를 신나게 하고 자유스럽게 하는 믿음이 있습니다. 유치하고 치졸한 것을 뒤로할 수 있어야겠습니다. 『논어(論語)』를 보면 공자님도 "내가 열다섯에 학문에 뜻을 두고, 삼십에 일어서고, 사십에 흔들림이 없어지고, 오십에 하늘의 뜻을 알게 되고, 육십에 하늘의 뜻을 쉽게 따를 수 있게 되고, 칠십에 내가 하고 싶은 대로 해도 올바름에서 벗어나지 않게 되었다(吾十有五而志於學 三十而立 四十而不惑 五十而知天命 六十而耳順 七十而從心所欲 不踰矩)"(2:4)라고 했습니다. 이처럼 우리도 정신적으로 끊임없이 성장해야 한다고 봅니다.

저는 이제 기독교 신앙이 21세기에 접어들면서 근본적인 패러다임 변형을 이뤄야 한다고 생각합니다. 요즘 흔히 하는 말로 하면 '구조조정'이 있어야 한다는 것입니다. 사실은 그런 패러다임 천이, 혹은 구조조정이 이미 본격적으로 이루어지고 있습니다. 매년 미국에서 종교를 전공하는 학자가 8,000여 명씩 모이는 미국 종교학회 같은데 가보면 제가 지금 말씀드리는 것 같은 말들은 그들이 받아들이든 않든 하나의 상식에 속한 이야기라는 사실을 발견하게 됩니다. 이런 형편인데도 종래까지의 신념 체계(belief system)를 마치 금판에 아로새겨진 만고불변의 진리 자체처럼 생각하고 있는 한, 안타깝게도 그것은 새로운 시대에 사는 우리에게 거의 무의미한 구시대의 유물로 퇴락할 수밖에 없습니다. 기독교 신앙 내용이나 전통이 이렇게 새로운 패러다임 속에서 더욱 깊이 이해되고 더욱 뜻있게 해석될 때 그것은 우리를 살리는 믿음, 우리를 신나게 하는 믿음이 될 수 있다고 확신합니다.

저는 이러한 종교적 주제와 학자들 사이에서의 논의를 보통 사람의 말로, 최대한 비근한 예와 비유, 토속적인 용어로 옮겨 소개함으로써 일반인도 최근의 신학적 논점에 쉽게, 그러나 깊게 접할 수 있도록 하는 데 최선을 다하려 합니다. 500년 전 마르틴 루터가 나와서 모든 사람이 신께 직접 나갈 수 있다는 것을 말하는 '만민 제사장직'을 주장했다고 하는데, 저는 지금 같은 시대에 우리 일반인도 다 신학에 어느 정도 조예를 가져야 하고 또 가질 수 있다는 '만민 신학자직'을 주장하고 싶습니다. 중세 시대 어려운 신학적 문제는 오로지 신부들 사이에서 라틴어로만 논의되고, 거의 모두가 문맹이었던 일반인들은 그저 그림책 정도를 보는 데에 만족하게 하는 '그림책 신학'이라는 것이 있었다고 합니다만, 오늘날 일반인의 지식이나 의식 수준은 그때와 완전히 다릅니다. 우리 일반인도 스스로 더욱 깊이 생각하고 더욱 철저하게 성찰할 수 있고, 또 그렇게 해야 한다고 믿습니다. 이 책은 이런 일을 위한 것이고, 그런 의미에서 저에게 있어 어느 학술지에 발표하는 논문보다 더욱 큰 뜻을 가진 글입니다. 이런 마음은 기독교 배경에서 자란 제가 기독교에 대해 지닌 깊은 애정과 관심의 표현이라 할 수 있습니다.

초등학교 4학년 때 어머님의 손을 잡고 교회에 발을 들여놓은 이후 저는 기독교의 깊은 뜻이 무엇일까 하는 제 개인의 실존적 관심에서 한 번도 벗어나 본 적이 없습니다. 처음 종교학을 전공하게 된 이유도 그 때문이었습니다. 정말 아이러니 같습니다만 한국에서는 기독교 사상에 전념하고 서양에 와서는 동양 종교 사상에 몰두했습니다. 한국에서는 미국에서 바울 신학으로 박사학위를 받으신 교수님 밑에서 그리스어를 배워 성서를 원어로 읽는 일, 로마에서 가톨릭 신학으로 박사학위를 받으신 교수님 밑에서 라틴어를 배워 아우구스티누스와 아퀴나스를 원어로 읽는 일, 그 외 여러 교수님들 밑에서 영어나 독일어로 틸리히, 칸트, 하이데거 등의 서양 신학 사상이나 서양 철학을 공부하는 것이 주된 작업이었습니다.

그러다가 이곳 캐나다에 와서 박사과정을 밟으며 산스크리트어를 다시 배우고 한문 읽기를 다듬어 우파니샤드, 바가바드기타, 베단타 철학, 불교의 중관론, 화엄과 선(禪) 사상, 노장 사상에 대한 강의를 듣고 또 제 스스로 천착하면서 때때로 일종의 지적 황홀감에 빠져드는 경험을 할 수 있었습니다. 그러면서 전에 제가 살아오고 공부한 기독교의 의미도 완전히 새롭게 부각됨을 발견했습니다. "아, 종교라는 것은 결국 '아하! 체험(aha! experience)'의 문제로구나!" 하는 것이었습니다. 박사학위 논문으로 불교의 화엄 사상에 관한 논문을 쓰면서도, 그 후 선이나 노장 사상에 심취하면서도, 종교학 교수로서 북미 강단에 서기만도 이미 25년이 흐른 지금 이 순간도 개인적으로 제 속에서는 이런 기본적인 이해를 바탕으로 하여 기독교와 여러 종교 사상 간의 내면적 대화가 계속 진행되고 있었던 셈입니다.

함석헌 선생은 "생각하는 백성이라야 산다"라고 하셨습니다. 소크

라테스는 "검토되지 않은 삶은 살 가치가 없다"라고 했습니다. 사실 각성도 없고 검토도 없는 믿음은 헛된 믿음일 수도 있고, 많은 경우 우리의 짧은 인생을 낭비하게 만들 수도 있습니다.

이제 차분히 마음을 가다듬고 우리가 지금 믿고 있는 여러 가지가 마치 하늘에서 떨어진 진리 자체인 양 착각하고 있는 것이 아닌가, 신앙생활에서 정말로 중요한 것은 무엇이고 버려도 되는 것이나 버려야만 하는 것은 무엇인가, 21세기를 살면서 고민하는 신앙인으로서, 격의 없는 대화를 통해 하나씩 점검하고 함께 두들겨보았으면 합니다. 그 과정에서 제가 드리는 말씀 중 혹시 얼른 보기에 너무 비판적이거나 공격적이라고 생각되는 이야기가 있을지도 모르겠습니다. 그러나 그것은 어느 특정 개인이나 교파를 비판하거나 공격하려는 의도가 아닙니다. 어디까지나 우리의 믿음과 삶에 대한 탐구가 좀 더 튼튼한 기반 위에 세워짐으로써 우리가 더욱 훌륭한 신앙인이 되었으면 하는 한 가지 염원이 그 밑에 깔려 있다는 사실을 기억해주시기 바랍니다. 그리고 당연한 말씀입니다만 최종적인 판단은 언제나 여러분 각자의 몫이란 점도 분명히 밝힙니다.

"진리를 알지니 진리가 너희를 자유롭게 하리라." (요 8:32)

2001년 5월

캐나다 리자이나 대학교에서

지은이

들어가며

— 새도 가지를 가려 앉는다

여러 해 전에 캐나다에 사는 한국 분들과 함께 유럽 여행을 하던 중 모나코 몬테카를로에 들렀을 때의 일이다. 도박 천국이라는 그곳에서 우리 일행 중 많은 분들이 호기심으로 몇 푼씩 걸고 도박이라는 것을 해보았다. 일행 몇십 명 중에 토론토에서 온 박재수라는 분만 재수 좋게 한 100프랑 따고 나머지는 적은 돈이지만 모두 허망하게 날려버리고 말았다. 일행 모두 버스에 올라 그 도박의 도시를 떠나면서 파스칼(Blaise Pascal)이 도박에 관해 설파한 유명한 이야기가 생각나 즉석에서 미니 강의를 했다.

프랑스의 물리학자이자 수학자 겸 철학자인 파스칼은 저서 『팡세 (*Pensées*)』에서 신이 존재하느냐 존재하지 않느냐 하는 문제는 도저히 이론적으로 증명할 수 없으므로 이 문제에 관한 한 우리는 어차피 일종의 도박을 할 수밖에 없다고 했다. 이렇게 도박을 할 경우 신이 존재한다는 쪽에 거는 편이 훨씬 현명하다고 했다. 그의 이론에 따르면 신이 존재한다는 데 걸었다가 설령 신이 존재하지 않는다 하더라도 우리로선 그렇게 큰 밑천을 들인 것이 아니므로 결국 밑져야 본전인 셈인데, 반대로 신이 존재하지 않는다고 하는 쪽에 걸었다가 만약 신이 존재한다면 그땐 완전히 망할 수밖에 없다는 것이다. 따라서 신이 존재한다고 하는 쪽에 거는 편이 확률적으로 더 안전하다는 것이다. 이 주장이 이른바 그의 유명한 '도박 논증(wager argument)'이다.

그런데 가만히 따져보면, 우선 자기 존재를 인정해주는 것을 그렇게도 좋아해서 자기의 존재를 인정하느냐 여부에 따라 구원 여부를 결정할 그런 신이 있을까 하는 문제가 있다. 차라리 자기의 존재 여부 같은 것에 상관하지 않고 꾸준히 성실하게 살아가는 평범한 사람을 자기의 존재를 인정한다고 떠들면서도 마구잡이로 살아가는 종교인보다 더 좋아할 것이라 생각할 수 있지 않을까. 더욱 문제가 되는 것은 350여 년 전에 살았던 파스칼이 오늘날 우리 주위에서 일어나고 있는 일들을 직접 볼 수 없었기에 이런 주장을 할 수 있지 않았을까 하는 생각이다. 주위를 둘러보라. 함부로 신이 있다고 믿고 아무 종교에나 기웃대다가 파리 끈끈이 같은 종교에 빠져 몸도, 마음도, 돈도, 시간도, 가정도, 정성도 다 잃어버리는 경우가 얼마나 허다한가? 미국의 어느 사회평론가는 예수 잘못 믿었다가 입을 수 있는 가장 심각한 피해로 무엇보다 우리가 "자주적으로 생각할 수 있는 권리"를 몰수당하는 것이라고도 했다.

　우리의 삶에서 종교는 그지없이 중요하다. 그렇다고 아무 종교나 다 좋은 것은 아니다. 1990년대에 텍사스 웨이코 시에서는 예수 재림이 임박했다고 외치는 데이비드 코레시의 가르침에 빠져들어 많은 사람들이 그렇게 바라던 예수의 재림도 보지 못하고 불에 타 죽고 말았다. 그 뒤 우간다에서도 교인 1,000여 명이 종교 때문에 자살하거나 타살되는 끔찍한 일이 있었다. 우리나라에도 휴거니 뭐니 하면서 곧 세상이 끝난다고 믿다가 패가망신한 사람들이 있었다.

　전남 강진에서 농사를 지으며 목회를 하는 임의진 목사는 한 글에서 "복음적이고 생명적인 신앙이 아니라 자본의 축적에 대한 집착과 내세의 구원에만 관심을 갖는 신앙, 충분히 학문적인 신학이 아니라 교권에 의해 좌지우지되며 한낱 교회경영학 따위로 전락해버린 신학, 조선인 자신의 심성과 문화가 녹아난 토착 민족 교회이자 아시아적 가치로 피어난 우리들의 교회가 아니라 서구적이고 단선적이며 전투사령부처럼 배타적이고 경박스러운 교회와는 미련 없이 결별해야 할 것"*이라고 했다. 기독교라고 다가 아니라는 뜻이다.

"새도 가지를 가려 앉는다(良禽擇木)"고 했다. 『장자(莊子)』를 보면 원추(鵷鶵)라는 새가 있었다고 한다. "원추는 남해에서 출발하여 북해로 날아가는데, 오동나무가 아니면 앉지를 않고, 대나무 열매가 아니면 먹지를 않고, 감로천이 아니면 마시지를 않았다"(17:17)라고 한다. 새 같은 미물도, 그것도 몇 초 동안, 길어봐야 하룻밤 앉았다가 버리고 갈 나뭇가지를 그렇게 가려서 앉는다는데, 우리 인간이, 그것도 우리 삶을 일생토록 좌지우지할 종교 선택의 문제를 놓고 그렇게 섣불리 베팅할 것이 못 된다는 점은 곰곰이 생각해볼 일임에 틀림없다.

예수를 믿는다든가 어느 종교를 갖는다는 것은 심각한 일로서 신중을 기해 선택할 문제다. 예를 들어 우리가 가진 인간으로서의 존엄성이나 독립적 사고력을 말살하는 종교, 우리의 생명력을 시들게 하는 종교는 물론 피해야 한다. 그러나 처음부터 분명히 말하지만, 여기 나오는 글은 기독교를 버리거나 자기가 지금 속한 교파에서 떠나라고 하는 이야기가 결코 아니다. 어느 종교 어느 교파에 속해 있건 그 깊은 진수에 들어가는 것이 중요하다는 말이다.

---

* 『기독교사상』 2000년 2월 호, 211쪽.

기독교의 경우 그 진수는 물론 예수님을 깊이 따르는 것이고, 이를 좀 더 시적으로 이야기하면, "너희 안에 이 마음을 품으라 곧 그리스도 예수의 마음이니"(빌 2:5)라고 한 바울의 권고대로 '그리스도 예수의 마음'을 품는 것, 그리하여 예수님처럼 '변화'를 얻는 것이라 보는 데 이의를 제기할 사람은 없을 것이다.

우리가 이 책에서 할 이야기를 요약하면, 결국 오늘 여기서 예수를 따른다는 것이 무슨 뜻일까? 어떻게 하면 정보 시대에 사는 우리가 이 시대가 제공하는 모든 역사적, 과학적, 문헌학적 정보를 다 가지고서도 여전히 정직하고 의미 있는 그리스도인의 삶을 살 수 있을까? 그러한 삶을 살기 위해서는 어떻게 해야 하는가? 하는 것이다.

이 책에서 구체적으로 제시하려는 것은 1) 내가 한때 가지고 있던 신앙 내용을 진리 자체라고 여기는 오해를 털어내고, 내 정신적 자라남이 무리 없이 계속되도록 할 필요가 있다는 것, 2) 그러기 위해서는 성경을 문자적으로 읽어야 한다고 믿는 문자주의(literalism)에서 일단 해방되어야 한다는 것, 3) 문자주의에서 해방될 때 자연스럽게 더욱 깊고 의미 있는 신관(神觀)이 생길 수 있고, 4) 이런 새로운 신관과 함께 예수를 보는 눈이 달라지고, 5) 이렇게 달라진 눈을 갖게 된 그리스도인은 예수님을 무엇보다도 길을 함께 가는 '길벗'으로 모시게 된다는 것, 6) 그와 함께 길을 가면서 그의 마음을 품는 체험, '메타노이아'의 체험을 하게 되면, 예수님처럼 완전한 자유인이 된다는 것, 이렇게 될 때 그 자유로운 그리스도인은 이 세상에서 진정 '남을 위한 존재'로 살아가게 된다는 것 등이다.

이런 기본 골격을 가지고 지금부터 이야기를 이어가고자 한다.

I. "어린아이의 일을 버렸노라"

"우리 아빠 최고"

— 자라나는 믿음

"엄마, 우리 아빠가 최고지, 그치?" 다섯 살 난 철수가 집으로 들어오면서 엄마에게 묻는다. 철수는 지금 옆집 친구 복남이와 말씨름을 하다가 집으로 들어온 참이다. 복남이가 자기 아버지를 두고 최고라고 하자 철수도 질세라 자기 아버지가 최고라고 하다가 말싸움이 된 것이다. 철수는 우리 아빠가 최고라는 자기의 믿음을 확인해줄 지원병으로서의 엄마를 생각하고 집으로 들어온 셈이다.

이때 엄마는 무슨 대답을 해줘야 할까? "철수야, 거기 좀 앉아라. 이제 한번 곰곰이 따져보자. 우선 네 친구 복남이 아빠의 직업이 뭐지? 한 달에 받는 월급은? 학교는 어디까지 다니고, 아는 것은 얼마나 되고. 그런 다음 우리 아빠와 비교해보아야 무슨 결론이 나더라도 나겠지" 하는 식으로 말하는 엄마는 없을 것이다. 이런 식으로 말한다면 철수는 그만 풀이 죽어 시무룩할 수밖에 없고, 그것은 어린 철수의 정신적 발육에도 지장을 주는 일일 것이기 때문이다.

일반적인 엄마라면, "그럼, 아빠가 최고지. 최고고말고. 네 아빠보다 더 훌륭한 사람이 세상에 어디 있다고" 하는 말로 어린 철수가 자신감과 확신을 갖도록 도와준다. 그러면 철수는 이런 확신을 가지고 하루하루 당당하게 살아가게 된다.

이때 엄마는 거짓말을 한 것인가? 철수 아빠와 복남이 아빠에 대한 객관적인 신상명세서나 신체검사표 같은 것도 없이 함부로 누가 최고라고 한 것이 잘못된 일인가? 누구도 철수 엄마의 말을 거짓이나 책임 없는 말로 탓하지 않는다. 어린 철수에게는 그런 말이 필요하기 때문이다.

철수가 자라나면서 자연히 자기 아버지가 과연 최고이긴 하지만, 그건 지위가 대통령보다 더 높기 때문도 아니고, 돈이 빌 게이츠보다 많기 때문도 아니고, 기타 학력이나 체력이 다른 모든 사람보다 우월하기 때문도 아니라, 자기에게는 하나밖에 없는 아빠로서, 자기의 사정을 가장 잘 알아주고, 자기를 위한 일이라면 어느 누구보다 먼저 도움의 손길을 펴는 분 등으로서 최고라는 것을 깨닫게 되는 것이다. 말하자면 '객관적'으로, 혹은 통계학적으로 최고가 아니라 개인적으로, 혹은 '실존적'으로 최고라는 뜻이다. 어릴 때 자기 아빠를 복남이 아빠와 비교해서 객관적으로 우열을 가리던 것, 그래서 자기 아빠가 복남이 아빠보다 객관적으로 더 훌륭하다는 확신을 갖는 것, 그것이 그때는 그렇게 중요했지만, 자라나서 생각해보면 그야말로 유치한 일이었음을 깨닫고 실소하게 된다. 이런 종류의 믿음은 모두 성장 과정에서 있을 수 있는 아동기적 정신 현상으로, 어느 면에서는 정서적으로 필요한 일이라 볼 수 있다.

그런데 문제는 철수가 계속 "우리 아빠 최고", "우리 아빠 슈퍼맨"이라는 믿음을 금과옥조나 불변의 진리로 여기고 한평생을 살아가겠다면 큰일이라는 것이다. 우리 아빠 최고를 비장의 보도(寶刀)처럼 휘두르며 다니는 것은 철수 자신뿐 아니라 주위 사람에게 심히 성가신 일이기 때문이다.

생각해보라. 철수가 우리 아빠 최고라는 믿음 때문에 학교를 가지 않으려 한다. 아빠가 제일 잘 아는데, 다른 누구에게 가서 배울 것이 있겠느냐 하는 것이다. 아빠와 의견을 달리하는 사람들의 말은 모두 틀렸다며 들으려 하지도 않는다. 믿을 수가 없다는 것이다. 아파도 의사에게 가려 하지 않는다. 병 고치는 데도 아빠가 최고라는 것이다. 이는 철수 자신의 지적, 정신적, 육체적 성장에 절대적인 지장을 초래하는 일이다.

그뿐 아니다. 다른 사람에게 가서 자기 아버지가 최고인 것을 믿고 받아들이라고 강요한다. 자기 아빠가 최고라는 것을 문자 그대로 믿는 믿음 덕에 자기가 얼마나 마음 든든히 이 세상을 살아가고 있고, 또 그렇기 때문에 자기는 이런 믿음이야말로 세상을 이기는 믿음이라는 것을 체험적으로 알고 있다고 하면서, 다른 사람들도 그렇게 믿어보라고 외친다. 다른 사람이 각자 자신들의 아버지를 존경하고 따르는 것이 철수에게는 도저히 이해될 수도, 용납될 수도 없는 일이다. 그래서 최선을 다해서, 혹은 어떻게 하다가 철수의 말을 믿고 받아들인 몇 사람과 힘을 합해서, 땅끝까지 이 기별을 전한다고 집집을 방문하거나 거리나 지하철에서 큰 소리로 외치는 것이다. 철수 자신에게도 크나큰 정력과 시간 낭비지만 다른 사람에게도 얼마나 성가신 일인가.

다소 극단적인 예를 들었다. 우리의 처음 믿음이 자칫하다가는 이렇게도 될 수 있다는 점을 극명하게 드러내기 위해 과장된 예화를 들어본 것이다. 물론 철수처럼 되는 일이 실생활에서는 거의 없다. 그러나 놀랍게도 이런 식의 상황이 우리의 종교 생활에서는 너무나도 흔한 일이 아닌가. 실생활에서는 복남이나 다른 여러 친구들과 함께 부딪치며 살다 보면, 자기 아빠가 모든 면에서 객관적으로 최고일 수 없다는 사실을 자연히 발견할 수 있다. 그러나 종교 생활에서는 우리 대부분이 다른 친구들과 함께 살아갈 기회 없이 천편일률적으로 "우리 아빠 최고"만을 합창하는 합창단과 함께 살아가기 때문에, 다른 이의 아버지도 최고라는 말을 들어보거나 거기에 대해 심각하게 생각해볼 기회도 없이 한평생을 살아가는 경우가 허다하다.

우리의 믿음은 계속 자라나야 한다. 어릴 때 엄마가 한 말은 우리가 어렸기 때문에 한 말이다. 이렇게 어렸을 때라는 특수 상황 속에서 주어진 엄마의 말씀을 그대로 '영구불변의 보편 진리'나 '영원한 복음' 자체로 착각하고 그대로 대롱대롱 달고 다닌다는 것은 정신적 성장의 정지 상태를 의미한다. 말하자면 정신적인 유치증 내지는 불구를 자초하는 일이다. 무서운 일 아닌가.*

무엇이 문제인가?

'잘 믿는다는 것'이 무슨 뜻인가? 상당수 그리스도인의 경우 그것

---

* 이 이야기를 두고 어느 비평가는 우리 아빠가 최고가 아니라면 다른 아이들의 아빠에게 양자로 들어가야 하는 것이냐고 물었다. 그러나 절대 아버지를 바꾸라는 말이 아니다. 물론 자기 아빠가 폭력을 행사한다든가 하면 바꿀 수도 있겠지만, 아빠를 바꾸느냐 마느냐 하는 것이 이야기의 초점이 아니다. 자기 아빠'만' 최고로 여기던 그 마음이 다른 아이들의 아빠도 그 아이들에게는 최고라는 사실을 인지하는 것이 중요하다는 뜻이다.

은 대략 다음과 같이 믿는 것이다.

첫째, 성경만이 신의 유일한 계시로서, 그것은 일점일획도 틀림이 없다는 것,

둘째, 예수만이 유일한 구세주로서 그를 구주로 믿고 받아들여야만 구원을 받을 수 있다는 것,

셋째, 기독교만이 유일한 참종교로서 세상 모든 사람이 그리스도인이 되도록 선교에 전력을 다해야 한다는 것,

넷째, 우리 교회에서 가르치는 신학만 유일한 진리며, 종래까지의 신학을 재검토하고 그것을 더욱 의미 있게 재구성하려는 노력, 특히 역사 비평적으로 성경을 이해하려는 진지한 노력 같은 것은 모두 거들떠볼 것도 없이 '인본주의 신학'이나 '자유주의 신학'이라 규정하는 것 등이다.

성경만, 예수만, 기독교만, 우리 신학만이라고 하는 '만만주의'의 대명사인 셈이다. 영어로 'one and the only syndrome'이라고 할 수 있다.

이런 주장들을 조금 더 세분해서 전통적인 신학 용어로 나열하면 1) 성경 무오설, 2) 동정녀 탄생, 3) 기적, 4) 육체 부활, 5) 인간의 죄성, 6) 대속, 7) 예수의 재림과 심판 등을 무조건 문자적으로 인정하고 의심 없이 믿어야 '잘 믿는 것'이고 그래야 참된 그리스도인이 될 수 있다는 생각이다.

이런 믿음을 가지고 있는 사람은 세상이 어떻게 바뀌더라도, 심지어 하늘이 무너지고 땅이 꺼지더라도, 이 '근본적인 믿음'을 잃어버리면 기독교도 기독교인도 있을 수 없으므로 이것만은 절대적으로

사수해야 한다고 생각한다. 그래서 이런 '근본적인 것들'을 사수하는 사람들을 일반적으로 '근본주의자들(Fundamentalists)'이라 하는 것이다. 우리는 이런 주장이 기독교의 보편적 믿음 내용이라 생각하기 쉽지만, 사실 이런 근본주의적 입장은 주로 '미국에서, 그리고 미국 선교사의 영향을 받은 가난하고 교육 수준이 낮은 나라'에서만 서식하고 있을 뿐 서방 유럽 같은 데서는 거의 찾아볼 수 없는 기현상이다. 현재 미국에는 이런 근본주의자의 숫자가, 어떻게 계산하느냐에 따라 차이가 있지만, 대략 전체 기독교인의 20~40퍼센트를 차지한다고 보고 있고, 한국에는 정확한 통계가 없지만 90퍼센트 내지 95퍼센트에 이르는 절대다수의 개신교 기독교인이 여기에 속한다 보아도 무방하다. 미국이나 한국 텔레비전에 나오는 이른바 '전자 전도자'는 거의 이런 근본주의자라 해도 틀릴 것이 없다.

여기서 약간 까다로운 문제 한 가지를 짚고 지나가야 할 것 같다. 영어로 '신앙'이나 '믿음'을 뜻하는 말로 'faith'와 'beliefs'가 있는데, 이 두 단어에는 차이가 있다. 일반적으로 faith가 우리가 인간인 이상 어쩔 수 없이 느낄 수밖에 없는 인간으로서의 한계성을 깨닫고 이를 초극하려는 마음가짐이나 결의 같은 것이라 한다면, beliefs는 이런 faith를 우리의 문화적 사회적 환경과 지적 능력에 따라 나름대로 이해하고 표현한 일종의 특수 설명 체계 내지 신념 체계라 할 수 있다.

꽤 추상적인 설명이 되었지만, 이런 구별은 상당히 중요하다. faith를 우리말로 믿음이나 신앙이라 한다면 beliefs는 '믿고 있는 것'이라 할 수 있을 것이다. 앞에서 말한 철수나 그의 형제가 아버지에 대해 느끼는 절대적 사랑과 신뢰가 faith이다. 그런 사랑과 신뢰를 나름대로 해석하거나 설명해놓은 것이 beliefs이다. 따라서 철수와 그 형제는 다 같이 아버지에 대해 faith가 있지만 그들이 가진 beliefs는 각자의 나이나 기타 처지에 따라 다를 수 있고, 또 다를 수밖에 없다. 예를 들어 철수는 아버지를 주로 힘이 세어서 최고라고, 그 형제들은 아버지를 주로 용돈을 잘 줘서 좋은 분이라고 하는 beliefs를 가지고 있다. 어느 한쪽의 특수 beliefs를 받아들여야 faith가 있고 그런 것을 받아들이지 않으면 faith가 없다고 하는 것은 faith와 beliefs의 차이를 모르기 때문에 생기는 오해다.

위에 열거한 근본주의자의 교리는 일종의 특수 beliefs이다. 이런 특수 교리를 문자 그대로 받아들이지 않으면 기독교인으로서의 믿음이나 신앙이 없다 주장하는 것은 무리라는 이야기다. 물론 여기서 그런 교리가 처음부터 끝까지 완전히 틀려먹었다고 이야기하려는 것이 아니다. 지난 이천 년 가까이 이런 교리를 통해 삶의 의미를 찾은 사람들, 흔들림 없이 삶을 살아간 사람이 무수히 많다는 것은 누구나 아는 일이다.* 그러나 특수한 시대적 배경과 요구에서 형성된 특수 교리를 진리 자체로 여기고, 여건이 완전히 바뀐 오늘에도 이런 특수 교리를 문자대로 붙들고 있어야 참그리스도인이라고 주장하는 데는 문제가 있다.

또한 근본주의 입장에 문제가 있다고 지적한다 해서 그대로 '자유

---

* 아라 노렌자얀 지음, 홍지수 옮김, 오강남 해제, 『거대한 신, 우리는 무엇을 믿는가』(김영사, 2016)에 보면 거대한 신을 믿는 믿음이 어떻게 역사적으로 순기능으로 작용하여 수렵채집 생활을 하던 인간을 거대한 사회로 발전시켰는가 하는 것을 소상하게 살피고 있다. 결론에 가서 저자는 이런 종교적 신념 체계가 하나의 사다리 역할을 했지만 이제 "경제적으로 더욱 풍요로워지고, 실존적 안정이 확보되고, 세속적으로 막강한 제도들이 구축되고 보다 많은 사람들이 고등교육과 과학과 분석적 사고에 노출되고"(351~352쪽)있어서 이런 사다리를 걷어찰 단계에 이르렀다고 주장한다.

주의자들(Liberals)'의 입장을 백 퍼센트 옹호하는 것도 물론 아니다. 근본주의자도 자유주의자도 성경을 문자적으로 보려는 점에서는 대동소이하다. 차이점이라면 근본주의자가 성경을 문자대로 읽고 그것을 모두 그대로 받아들여야 한다고 믿는 사람이라면, 자유주의자는 성경을 문자대로 읽고 그것을 모두 믿을 수 없는 것이라고 주장하는 사람이라는 것이다. 여기서 주장하고 싶은 것은 근본주의든 자유주의든 성경을 문자대로 읽어야 한다고 믿는 '문자주의'는 무슨 일이 있어도 극복해야 한다는 것이다.

다섯 살짜리 철수에게는 "우리 아빠 최고"라고 하는 '믿음의 내용' 혹은 '신념 체계'가 성장 과정에 필요하다. 인류 전체의 정신 발달사로 보거나 개개인의 신앙 성장사로 보거나 초기 단계에서는 이런 것이 필요하다. 그러나 머리가 커가고, 어른이 되어서도 끝까지 "우리 아빠 최고"를 문자적으로 믿고 살아간다면 '철수'라는 이름과는 달리 그야말로 '철'이 덜 든 인간이다

더구나 누나나 형들이 "그래, 철수야, 우리 아빠 정말 최고야. 그러나 철수 네가 생각하는 대로 그렇게 문자 그대로 최고는 아니야. 아빠가 훌륭하시다는 것은 그런 문자적 의미 이상인 거야" 하고 일러주면, 그런 누나나 형들의 태도야말로 '신신학'에 물이 들어 가문의 전통을 배신하고 아빠를 모욕하는 처사라며 그들을 정죄한다. 어느 단계에 가서는 자기 스스로도 믿을 수 없다는 생각이 들지만 이를 억누르고, 자기는 무슨 일이 있어도 이 '근본적인 것', '처음 믿음'을 버릴 수 없다고 고집한다. 동네방네 다니면서, 심지어 산 넘고 물 건너까지 가서, 자기 누나나 형들의 말은 우리 집안을 대표하는 정통적인 말이

아니니까 절대로 듣지 말라고 외친다. 철이 덜 든 정도가 아니라 아예 '철딱서니가 없는' 짓이다. 그러다 보면 신앙이 어쩔 수 없이 이중성, 위선, 가식의 껍질을 쓰게 된다. 물론 우리가 아끼는 철수는 그럴 아이가 아니다.

앞으로 이야기하고자 하는 것은 우리도 이런 단계의 믿음에서 자라나 성숙한 인간, 장성한 사람으로서의 신앙생활을 영위하자는 것이다. 아직 다섯 살 철수임을 자처하고 싶으면 그런 대로 좋다. 그러나 우리로서는 평생을 그렇게 살 수가 없다. 태어나서 이렇게 살다가 죽는 것은 아무리 오래 산다 하더라도 정신연령 내지 종교연령으로는 영아기를 벗어나지 못한 채 요절하고 마는 셈이다.

그야말로 비극적 종언이다.[*]

기독교 패러다임의 천이

몇 년 전 미국 루이지애나 주 뉴올리언스에서 열렸던 미국 종교학회에 참석했다가 도서 전시장에서 산 책 중에 『기독교를 변혁하다』

---

[*] 여기서 말한 faith와 beliefs의 차이나 그 관계를 좀 더 알아보고 싶으면, 여러 책 중 캐나다 종교학자로서 하버드 대학교 세계종교 연구소 소장으로 오래 봉사한 Wilfred Cantwell Smith 교수가 쓴 다음 책들을 읽으면 좋다. *Faith and Belief*(Princeton : Princeton University Press, 1979), p. 12 ; *Towards a World Theology*(Philadelphia : Westminster Press, 1981), pp. 113~114.

라는 책이 있었다.* 하버드 신과 대학 대학원을 졸업하고 캘리포니아 로스 가토스에서 목회를 하는 글로즈토드랜크라는 한 무명의 젊은 목사가 쓴 책인데, 오늘날 기독교에서 일어나고 있는 새로운 흐름을 검토하고, 그 개요를 일목요연하게 정리해놓았다. 결국 우리가 앞으로 이야기하고 싶은 것과 원칙적인 면에서 대동소이하기에 우선 그 책에 나오는 내용을 간략하게 소개하고 싶다.

저자는 먼저, 세상에 바뀌지 않는 것이 없다고 하고, 기독교도 어쩔 수 없이 바뀌고 있음을 지적한다. 기독교는 이제 국지주의적 생각을 버리고 '지구적 안목(global view)'을 갖기 시작한다는 것이다. 저자가 주장하는 것을 요즘 말로 고치면, 기독교도 지구 시대(global age)라는 새로운 시대에 걸맞게 패러다임 변환을 이룰 수밖에 없다는 뜻이다. 그가 주장하는 패러다임 변환은 열 가지다.

첫째, "배타주의에서 다원주의로."

기독교민 유일한 진리 종교요, 예수님만 인류의 유일한 구원자라는 생각에서 벗어나 모든 종교들을 진리와 구원의 길을 함께 가는 동반자로 생각하고 함께 이야기하고 서로 배우고 같이 협력하는 관계를 수립하기 시작한다는 것이다.

둘째, "상하 구조에서 평등 구조로."

종래 교회의 상하 계급 구조가 민주 사회에 알맞은 수평 구조로 변해가고 있다는 것이다. 성경에서 당연시하는 노예 제도라든지 남녀차

---

* Stephen Glauz-Todrank, *Transforming Christianity* (New York : Crossroad, 1996).

별 같은 것은 말할 것도 없고 일체의 인종차별이나 빈부차별 같은 것이 없는 평등 사회를 이루기 위해 노력한다는 것이다.

셋째, "저 위에 계시는 신에서 내 안에 계시는 신으로."

지금껏 믿어왔던 대로 저 위에 계시는 백인 아버지로서의 신이 아니라 내 속에 그리고 이 세상에 임재하시는 신으로 생각한다는 것이다.

넷째, "교리 중심주의에서 깨달음 중심주의로."

전통적인 교리나 신조를 아무런 반성이 없이 그대로 진리라고 받아들이던 피동적 태도 대신에 우리 스스로 깊은 영적 통찰과 형안을 통해 우리의 가장 깊은 현실적 문제에 적용될 수 있는 실존적 진리를 직접 찾아 나서는 적극적인 태도가 점증한다는 것이다.

다섯째, "죄 강조에서 사랑 강조로."

인간이란 시조 아담 하와의 불순종으로 시작된 원죄를 뒤집어쓰고 나온 비참한 존재라는 것을 주제곡으로 하던 음산한 기독교 교향곡에서 인간은 신의 형상으로 지어진 존재, 신이 사랑하시는 대상이라는 것을 강조하는 밝고 건강한 교향곡으로 재편곡한다는 것이다.

여섯째, "육체 부정에서 육체 긍정으로."

영혼과 육체를 분리하고 육체를 죄악시하던 생각에서 육체와 영혼을 분리할 수 없는 하나로 보고, 적절한 음식, 적당한 운동으로 육체의 건강을 위해서도 힘쓴다는 것이다. 바울의 경우도 몸(soma) 자체보다 육욕이나 교만으로서의 살(sarx)을 부인했던 것이다.

일곱째, "현실 야합에서 예언자적 자세로."

사회나 정치 문제에서 강자의 입장을 변호하고 야합하던 태도를 버리고 진실과 정의와 사랑의 원칙에 따라 현실을 고발하는 예언자적 입장을 취한다는 것이다.

여덟째, "종말론에서 환경론으로."

예수님이 오셔서 함께 하늘로 올라갈 날만 기다리는 것이 아니라 지금 여기서 병들어가고 있는 자연을 보살피고, 앓고 있는 지구를 치료하기 위해 힘쓰고 기도한다는 것이다.

아홉째, "분열에서 연합으로."

교회가 자기들의 교리만 참된 진리라는 생각 등으로 다투고 분열하는 일을 그만두고 사랑의 신을 중심으로 서로를 더욱 사랑하는 일에 연합한다는 것이다.

열째, "예수님에 관한 종교에서 예수님의 종교로."

예수님이 누구신가? 예수님은 인간인가 신인가? 그는 동정녀에게서 탄생했는가? 그는 언제 다시 오시는가? 하는 등 예수님에 '관한' 교리를 믿는 믿음에서 신을 '아빠', 아버지로 모시고 살아간 예수님 '의' 믿음, 그가 가지고 계셨던 것과 같은 믿음을 갖는 믿음에 중점을 둔다는 깃이다.

저자는 이런 일이 지금 일어나고 있다고 주장한다. 이것은 애벌레에서 나비로 변하는 일종의 '탈바꿈(metamorphosis)'과 같이 엄청난 변화다. 기독교도 살아 있는 생물이기에 이런 탈바꿈은 불가피할 뿐만 아니라 환영할 일이라는 것이다. 그는 이런 탈바꿈을 '신종교개혁(New Reformation)'이라 일컫고 이렇게 탈바꿈을 거쳐서 생겨나는 기독교를 '신세계 기독교(New World Christianity)'라 부르고 있다. 이 새로운 형태의 기독교는 예수님의 가르침에 더욱 충실하면서 새 시대의 필요에 더욱 효과적으로 부응하는 기독교가 될 것이라 한다.*

이런 이야기를 하는 사람을 모두 비기독교인이라 치부하고 모두 출교시켜버린다면 지금 미국이나 캐나다 각 대학의 종교학과는 말할 필요도 없고, 웬만한 신학대학에도 교수로 남아 있을 사람이 별로 없을 것이다. 목사님 중에서도 물론 쫓겨날 사람이 많다.

지금까지 미국이나 캐나다의 경우 학자가 이런 생각을 가지고 있어도 보수파 교회, 특히 근본주의자가 세운 대학에서는 이런 말을 함부로 할 수가 없었다. 그들 대부분은 책이나 논문이나 학회를 통해서만 자기들의 생각을 서로 나누어왔다. 그런데도 이를 눈치챈 보수파 교회는 대학을 버리고 자기들 교파 전용의 성경 대학(Bible College)이나 신학교(Seminary)를 설립했다. 1960년대 후반에서 1970년대와 1980년대에 일반 대학들은 종교학과를 설립하고, 이들 학자들이 학문적으로 자유롭게 연구한 후 그 연구 성과를 일반 독자를 위해 발표할 수 있는 기회를 제공했다.

---

* 이 책의 내용과 비슷한 주장을 하는 목사 한 분을 더 소개한다. Robin Meyers, *Saving Jesus From The Church: How To Stop Worshiping Christ And Start Following Jesus*(HarperCollins, 2009), 한국어 번역: 김준우 옮김, 『예수를 교회로부터 구출하라 — 어떻게 그리스도 예배를 중단하고 예수를 따르기 시작할 것인가』(한국기독교연구소, 2012). '예수를 교회로부터 해방시키라'는 이야기다. '교회의 그리스도'와 '역사적 예수'를 대비하고 우상 숭배하듯 그리스도를 숭배하지 말고 역사적 예수의 모본을 본받을 것을 강조하고 있다. 이 책에서도 열 가지 변화를 강조한다. 존 쉘비 스퐁 신부, 데즈먼드 투투 대주교, 빌 모이어스 저널리스트 등이 극찬한 책이다.

벌거벗은 임금님과 당나귀 귀 임금님

— 정직한 믿음과 무오설(無誤說)의 무요(無要)

어렸을 때 들었던 '벌거벗은 임금님' 이야기.

옛날 어느 임금이 이 세상에서 가장 훌륭한 옷을 지어 오라고 명령했다. 오랜 시간이 흘러 재단사가 임금에게 와서, 이 세상에서 가장 훌륭한 옷감으로 가장 훌륭한 옷을 지어 왔다고 했다. 그런데 그 옷이 거짓말을 하는 사람에게는 보이지 않는다는 것이었다. 재단사가 지어서 가져왔다는 옷이 임금님 눈에는 보이지 않았다. 그러나 자기가 거짓말쟁이라는 사실을 그대로 드러낼 수는 없는 처지. 임금님은 옷이 아주 훌륭하다고 칭찬을 하면서 그 보이지 않는 옷을 입었다. 신하들 모두 자기들 눈에 보이지 않는 그 옷을 아름답기 그지없는 옷이라고 침이 마르도록 찬양했다. 이렇게 훌륭한 옷을 백성들에게도 보여주는 것이 좋겠다며, 임금님이 궁 밖으로 행차를 하시게 했다. 백성들 모두 자기들 눈에는 보이지 않았지만 그 옷이 기가 막힌 옷이라며 서로 경탄의 말을 주고받았다. 그러던 중 한 아이가 임금님이 지나가는 것을 보고, "임금님이 발가벗었다!"라고 외쳤다는 이야기다.

이 이야기를 좀 더 확대해보자. 그 어린아이가 "임금님이 발가벗었다"라는 말을 하지 않았다면 어떤 일이 일어났을까? 신하들은 분명임금님 옷의 아름다움을 서로 자기가 가장 잘 알아볼 수 있다고 주장하며, 그것을 입증하기 위해 나라 안에서 가장 훌륭하다는 학자들을불러다가 그 옷에 대해 연구하라고 한다. 그러면 학자들은 옷에 관한 참고문헌이란 문헌은 다 뒤적여 그 옷감이 분명 페르시아산 비단임에 틀림이 없다고 보고한다. 또 다른 학자는 그 이론을 연장해 페르시아 비단의 기원과 역사, 그 제조 과정 등을 연구하고, 다른 학자는 다시 페르시아 비단과 중국 비단의 차이, 페르시아 비단의 미래 등을 연구하고, 또 다른 쪽에서는 페르시아 비단에 수놓인 황금 무늬의 특색 등등에 대해 끊임없이 연구를 계속해간다. 이렇게 하여 이루어진 연구 성과를 백성들에게도 가르쳐준다. 드디어 임금님의 옷에 얽힌 이 모든 이론, 이 모든 역사를 다 아는 것이 훌륭한 신하나 백성으로서의 임무를 다하는 것이라고 여기고 서로 다투어 이를 학습하기에 이른다. 그야말로 웃지 못할 희극이다.

우리의 신앙생활에서 이런 희극이 벌어지고 있는 것은 아닐까? 그 황금빛 찬란한 페르시아 비단으로 만든 임금님의 옷이 눈을 닦고 보려 해도 보이지 않는다. '보이는 것은 임금님의 알몸뿐. 임금님의 알몸에 관한 것이라면 나도 일가견이 있지만 비단옷이라. 큰일이구나. 내 믿음이 약한 탓일까? 믿음이 생길 때까지 기다리자. 그러나 우선은 사람들에게 분명 비단옷이 보인다고 하고, 그 비단옷에서 가장 마음에 드는 면은 임금님의 키에 딱 맞게 된 재단쯤이라고 해두자.'

그뿐이 아니다. 이런 학자들이 엮어 놓은 이론 체제를 '교리'라는 이름 아래 마치 하늘에서 그대로 떨어진 진리나 되는 것처럼 여겨야 하겠는데, 지금 같은 개명 시대에, 그렇게는 도저히 할 수 없는 것이다. '지성의 희생을 감수하지 않는다면, 그런 엉뚱한 이야기를 다 받아들일 수는 없다. 그러면 어떻게 해야 하는가? 그저 참자. 믿는 척 정도로 하고 살자. 좋은 게 좋은 것.' 그러나 만에 하나 우리가 지금 이런 식으로 신앙생활을 한다면, 우리는 우리 스스로를, 그리고 남을 속이고 있는 것이 아닌가?

벌거벗은 임금님 못지않게 딱한 임금님이 한 분 더 있다. 바로 당나귀 귀 임금님이다. 이발사에게 자기 귀가 당나귀 귀라는 사실을 "절대 발설하지 말라. 발설하는 날에는 반드시 엄벌에 처할 것이다" 하고 엄명을 내렸다는.

그런데 임금님 귀가 당나귀 귀면 어떻단 말인가? 당나귀 귀라고 해서 임금 노릇을 하는 데 치명적인 장애가 생긴다면 모를까 그렇지 않고서야 그 귀가 당나귀 귀면 어떻고 고양이 귀면 어떤가? 임금 노릇만 잘하면 되는 것이다. 이런 피상적인 결함 때문에 본질적인 것 자체를 배척할 필요가 없다. 영어식 표현으로 하면 목욕물을 버리기 위해 아기까지 버리는 일이 있어서는 안 된다는 것이다.

백성들도 마찬가지이다. 임금님의 귀가 당나귀 귀라는 사실을 알아냈다고 당장 딴 나라로 이민 가겠다 생각할 필요가 없다. 임금님이 임금님으로서 지금까지 잘해왔는데, 지금 와서 그 사실 하나 때문에 임금님으로서의 자질을 의심할 것인가. 오히려 당나귀 귀를 가진 임금님을 더욱 사랑하게 될지도 모른다.

철수의 경우도 마찬가지다. 철수가 철이 들어, 자기 아버지가 객관적으로 모든 면에서 어느 누구보다 뛰어나거나 완전무결한 사람이 아님을 발견한다 하더라도 그 사실 하나 때문에 자기 아버지를 덜 사랑하거나 버리는 일은 없을 것이다. 극단적으로 말해 다리가 한쪽 없다 하더라도, 그와 상관없이, 오히려 그 때문에 더욱, 아버지를 사랑할 수도 있다.

기독교가, 혹은 성경이, 혹은 역사적으로 형성된 교회의 가르침이, 혹은 어느 지도자가, 우리 모두 지금껏 생각하던 것과 같이 완전무결해야 믿고 따를 가치가 있다고 생각하는 것도 유치한 생각이거나 좋게 말해 소박한 생각이다. 임금님에게 당나귀 귀가 있어도 임금님 노릇 하는 데 지장이 없듯이, 성경이나 기독교의 가르침 등이 모든 면에서 흠잡을 데 없이 완전무결하지는 않다 하더라도 그 본래의 역할을 충실히 해오고 있으면 그것은 그것으로 좋은 것이다. 임금님이나 부모나 기독교나 모두 객관적으로 최고이기 때문에 따른다는 믿음은 필요 없는 믿음이다. 어느 면에서 이것은 우리 주위에서 흔히 볼 수 있는 일류병 증상이거나 지나친 결벽증 현상이라 할 수도 있다.

우리는 흔히 우리가 우리의 믿음을 지켜야 한다고 한다. 그러나 사실은 우리가 믿음을 지켜야 하는 것이 아니라 믿음이 우리를 지켜주도록 되어야 한다. 마치 우리가 신을 옹호하는 것이 아니라 신이 우리를 옹호해야 하는 것과 같은 이치다. 우리를 주눅 들게 하고 거짓되게 하는 믿음 아닌 믿음을 믿음이라 붙들고 있어야 믿음이 있는 것으로 믿는 믿음은 참된 믿음일 수가 없다. 믿음은 임금님의 비단옷이나 거기에 관련된 이론 체계나 의식(儀式) 등을 문자 그대로 받아들이는 것이 아니다. 믿음은 어떤 특정 사실을 받아들이는 것과 직접적인 상관이 없다. 믿음이란 근본적으로 일종의 마음가짐이요 신뢰와 귀의 같은 것이기 때문이다.

기독교의 가르침 중 새로운 환경과 처지 때문에 분명 고쳐야 할 부분이 있으면 "임금님이 벌거벗었다"라고 한 그 아이처럼 정직하게 인정하고 고쳐나가야 한다. 처음부터 그런 결함이 전혀 없어야 한다는 '무오설(無誤說)' 같은 것을 주장하거나 결함을 발견했을 때 일거에 관계를 청산해버리려 하거나, 그런 결함을 쉬쉬하며 호도하기 위해 안간힘 쓰거나 하는 것은 아직도 성숙한 지경에 이르지 못했다는 증거다. 성숙한 믿음은 우리를 신나게 한다. 우리에게 시원함과 툭 트임을 가져다준다.

허스키와 진돗개

— 내 종교만 종교인가?

서부 캐나다 북쪽 어디에 외딴 마을이 있었다. 그 마을에는 개라면 눈썰매를 끄는 허스키라는 개밖에 없었다. 마을에 사는 사람들은 '개' 하면 떠올리는 것이 회색 털, 반 미터 정도의 키, 우뚝 솟은 귀, 뾰족하게 튀어나온 입, 늑대 같은 짖음 등이다. 그들에게 개라면 무조건 허스키다.

그러다가 세월이 바뀌어 이 마을에서도 점점 많은 사람이 대도시나 다른 주로 나들이를 나가거나 멀리 다른 나라에까지 여행을 하게 되었다. 어느 날 어디 먼 곳에 여행을 갔다 온 사람이 중국산인가 하는 시추라는 개 한 마리를 데리고 왔다. 갈색인 데다가, 손안에 들어올 만큼 작은 몸집, 귀는 척 늘어졌고, 긴 털이 온통 얼굴을 가리고 있고, 주둥이는 뭉툭하고, 짖는 것도 캥캥하는 소리뿐이다. 마을 사람들은 이 개를 놓고 이것이 개냐 아니냐 하고 토의하기 시작한다. 몇몇 사람은 이것도 우리가 알고 있는 허스키와 기본적으로 같은 특성이 있으므로 개로 인정해야 한다고 주장하는 반면, 다른 대부분의 사람은 이렇게 요상하게 생긴 짐승을 개로 인정하는 것은 우리가 지금껏 사랑하던 허스키에 대한 모독으로서 도저히 받아들일 수 없는 이단설이라고 주장한다.

이제 사람들의 여행이 더욱 잦아지고, 그에 따라 이 마을에도 셰퍼드, 도베르만, 래브라도레트리버, 토이 푸들, 테리어, 치와와, 진돗개 등등의 개가 들어오기 시작했다. 점점 많은 마을 사람이 개라는 것도 한두 가지가 아니구나 하는 것을 발견하고, 각자의 기호에 따라 이런저런 개를 사서 키우며 자기들의 '개 경험'을 더욱 풍요롭게 한다. 아직도 허스키만 개라는 믿음을 굳게 지켜야 한다고 믿는 사람은 모든 개를 개로 여기는 사람들의 '타락상'을 안타까운 눈으로 바라보게 된다. 그리고 그중 더러는 적극적으로, 다른 모든 개를 개로 인정하려는 사람의 오류와 그런 오류를 퍼뜨리려는 사람의 기도를 박멸하는 것이 허스키에 대한 그들의 충성심을 입증하는 일이라 생각하기까지 한다.

그런데 얼마 후부터 그 허스키 충성파 사이에서조차 난리가 났다. 그 충성파 사이에 누구의 허스키가 순종 허스키냐 하는 논쟁이 생긴 것이다. 각자 그 마을의 많은 허스키 중에서도 눈 위에 흰 점이 박힌 자기 집 허스키만 순종 허스키요, 그와 다르게 생긴 다른 집 허스키는 모두 허스키가 아니라는 식으로 주장한다. 허스키면 다 허스키냐? 허스키 중에서도 이상스럽게 눈 위 흰 점이 흐리거나 색깔이 좀 다르게 보이는 것이 있는데, 이런 허스키는 요즘 새로 들어온 잡개의 피가 잘 못 섞여서 생긴 가짜 허스키라는 것이다.

이런 극진한 순종 허스키 충성파 사람 중 몇몇이 한국에 와서 그들의 생각을 전하기 시작했다. 한국의 똥개는 개가 아니라는 것은 말할 것도 없고, 진돗개처럼 허스키 비슷하게 생긴 개도 진짜 개가 아니라고 한다. 많은 한국 사람이 그들의 말을 믿기 시작했다. 얼마 지나자 어처구니없게도 그 캐나다 서부 북쪽 마을 사람들보다 한국 사람들 사이에 허스키만이 개라고 주장을 하는 사람의 수가 훨씬 더 많아지게 되었다.

그러다가 한국에서 허스키에 관심이 깊은 두 젊은이가 그것을 본격적으로 연구하겠다고 허스키의 본고장인 캐나다 마을로 유학을 갔다. 가서 보니 놀랍게도 그 마을에서는 이미 허스키만 개라는 생각이 그렇게 강하지 않았다. 한 젊은이는 허스키만 개라고 믿었던 자기들의 믿음이 사실 근거도 없고 필요도 없는 것이었음을 깨닫는다. 한편 다른 젊은이는 이 마을이 타락해서 아름다운 허스키 전통에서 멀어져도 한참 멀어졌구나 하고 개탄한다. 둘은 다시 한국으로 귀국해서 각자가 발견한 것을 말한다. 또 한 번 어처구니없게도 처음 젊은이는 우리의 믿음을 흔드는 이단이라 하여 강단에서 쫓겨나고, 둘째 젊은이야말로 배울 것을 잘 배워 왔다고 떠받들어진다. 그리하여 한국에서는 허스키만, 그것도 특종 허스키만 진짜 개라는 생각이 더욱 굳어지고 더욱 널리 퍼진다. 가히 허스키의 종주국이라 할 만하다.

인류학자의 말을 빌리면 인간이든 짐승이든 '순종'이란 있을 수 없다. 정도 차이는 있지만 모두가 서로 섞여서 된 잡종이다. 허스키도 늑대의 피가 섞여서 나온 종자라 한다. 종교사나 사상사를 연구하는 사람은 종교나 사상의 경우 잡종이란 말 대신 '융합(fusion)'이란 말을 쓴다. 역사적으로 모든 종교나 사상은 고립된 진공관 속에서 보관·유지되어온 것이 아니라, 어쩔 수 없이 서로 '지평융합'을 하면서 계속된다는 것이다. 세상에 판에 박힌 한 가지 순수 종교나 순수 기독교라는 것도 있을 수 없다. 다들 잘 알고 있듯이 유대교도 바벨론 포로 때 조로아스터교로부터 천사, 부활, 최후 심판, 낙원 등의 개념을 받아들였고, 기독교도 이런 혼합된 유대교 사상에다 그리스의 밀의(密儀) 종교나 철학 사상을 결합시켜서 생겨난 합작품이다. 중국의 선(禪)불교가 인도 불교와 중국 도가 사상의 결합이고, 신유학(新儒學)이 유불도(儒佛道)의 습합에서 생긴 산물이라는 것도 잘 알려진 사실이다. 종교도 살아 있는 종교라면 다른 모든 살아 있는 유기체와 마찬가지로 서로 관계를 맺으면서 자라나고 변화하는 것이다. 이렇게 자라나고 변화하지 않는 종교란 죽은 종교이다.

　서양에서는 천몇백 년 동안 거의 아무런 외부적 도전 없이 기독교만 종교라는 생각을 가지고 살았다. 그러면서 스스로 '종교'라 하면으레 기독교가 가진 교리상의 특성만 생각했다. 저 위에 계시는 초월자로서의 신의 존재를 인정해야 한다, 신이 인간으로 나타나야 한다, 특히 천당 지옥 등 내세를 말해야 한다, 계시의 교리가 있어야 한다, 부활을 믿어야 한다 등의 기독교적 범주를 설정하고, 이 범주에 맞지 않는다고 생각되는 종교는 모두 종교가 아니라고 하든가, 종교라도 기독교와 유를 달리하는 유사종교(religio falsa) 내지는 '그릇된 종교'라 생각해왔다. 만약 그런 것이 종교라면 기독교는 종교가 아니라고 하기도 한다. 특히 스위스 신정통주의 신학자 카를 바르트(Karl Barth)의 영향을 많이 받은 사람은 다른 종교는 모두 종교지만 "기독교는 종교가 아니다"라고까지 주장한다.

그러다가 19세기 중반이 되어 남의 종교도 함께 비교 연구하는 '종교학(Religionswissenschaft)'*이라는 학문이 등장하게 되었다. 그 창시자 막스 뮐러**는 "한 종교만 아는 사람은 아무 종교도 알지 못한다"라는 전제 아래 여러 종교를 비교 연구하기 시작했다. 주로 이런 종교학자들의 공헌에 힘입어 서양에서도 이웃 종교의 존재와 그들의 가르침이 대략 무엇인가 하는 것을 좀 더 객관적으로 알게 되고, 심도 있는 연구와 직접적인 접촉을 통해 이웃 종교와 나의 종교를 다시 생각해보는 기회를 갖게 되었다.

이제 점점 많은 기독교 신학자가 이웃 종교가 얼른 보아 나의 종교와 다른 것을 가르치는 듯 보이더라도 그것도 결국 인간의 '궁극 관

---

*   'Religionswissenschaft'라는 말은 독일어인데 본래 뜻은 영어로 치면 'Science of Religion'이다. 종교에 대한 과학적·학문적인 접근이라는 뜻이다. 그러나 영미 사회에서는 '과학'이라는 말이 주로 자연과학 분야에 쓰이기 때문에 지금은 보통 'Religious Studies'라 한다. 영국에서는 좀 더 구체적으로 '비교종교학(Comparative Religions)'이라 하기도 하고, 시카고 대학은 이를 '종교사학(History of Religions)'이라 하기도 한다. 세계적인 종교학회는 영어로 'Association of the History of Religions'라 한다.

**   Max Müller(1823~1900). 독일에서 슈베르트 노래, 〈아름다운 물방앗간 집 아가씨(Die schöne Müllerin)〉와 〈겨울 나그네(Winterreise)〉의 가사를 지은 시인 빌헬름 뮐러(Wilhelm Müller)의 아들로 태어나 라이프치히 대학을 졸업하고 27세에 영국 옥스퍼드 대학교로 건너가 강의하다가 45세부터 산스크리트어와 인도학의 학문적 업적을 인정받아 옥스퍼드 최초의 비교언어학 종신 교수가 되었다. 그가 종교학의 창시자로 인정받는 이유는 무엇보다 힌두교, 불교, 도교, 유교, 조로아스터교, 자이나교, 이슬람교 경전을 각 분야 전문가들이 번역한 원고를 엮어 『동양의 성전(Sacred Books of the East)』이라는 50권짜리 전집으로 출간해낸 기념비적 업적 때문이다.

심'을 반영하는 것이고, 그 궁극 관심에 대한 나름대로의 이해를 통해 삶의 의미와 방향을 잡아나가도록 해준다는 점에서 기독교와 기본적으로 서로 통할 수 있다는 사실을 발견하게 되었다. 개라면 반드시 허스키여야만 한다는 생각에 변화가 온 셈이다.

그러나 아직도 기독교계에는 이웃 종교를 종교로 인정하지 않음은 물론이고, 기독교 교리사에서 어느 한때 그 시대의 정황에 따라 생겨난 자기들의 특수한 신학적 입장이나 교리 체계를 절대적으로 순수한 기독교 진리 자체라고 주장하면서 그것과 다른 것은 모두 잡종으로 아예 기독교도 아니라고 하는 분이 많다. 새로운 시대를 맞아 기독교 신앙을 더욱 의미 있게, 그리고 더욱 실감나게 이해하고 해석해보려는 시도는 모두 '신신학'이나 '자유주의 신학'이란 딱지를 붙여 일거에 배척한다. 이렇게 새로운 신학을 생각해내거나 그것들을 받아들이는 기독교는 기독교이기는커녕 기독교를 파괴하려는 사탄의 음모, '트로이의 목마'라 생각한다. 자기들만 진짜 순수한 기독교, 순수한 진리 전통을 보수하는 참된 정통파 기독교인이라 주장하는 것이다. 대단한 영적 오만과 신학적 무지라 하지 않을 수 없다.

그러한 옹고집과 독선 때문에 자기네가 정통파라 주장하는 이들일수록 더욱 사분오열 찢겨나가게 된다. 그러면서 서로 그것이 진리를 '옹호'하는 길이라고 굳게 다짐한다. 그 다짐을 위해서는 죽음도 불사하는 '용사'가 된다. 19세기 팽배했던 군국주의적 사고의 잔재에 발맞추어 〈믿는 사람들은 군병 같으니〉 등 전의를 불태우는 군가 같은 찬송을 부르면서 자기들의 믿음을 만방에 전하겠다고 극히 공격적인 '선교 사업'에 돌진하는 것이다. 다 아는 것처럼 한국도 이들 외방 선교의 주요 대상국이었다. 나는 한국에 온 선교사를 모두 나쁘게 평가할 생각이 전혀 없다. 그들 대부분은 개인적으로 크나큰 희생을 감수하면서 스스로 올바르다고 생각한 일을 실천한 사람들이다. 그들이 교육, 의료, 과학 기술 면에서 한국 근대사에 끼친 공헌은 어느 누구도 부인할 수 없는 일이다. 나 자신도 그 수혜자라 생각한다. 그리고 내가 개인적으로 아직까지 존경하는 사람 중에도 선교사 몇 분이 있다.

그러나 한국 교회사를 연구하는 사람들이 공통적으로 지적하듯 한국에 온 선교사 대부분은 중국이나 일본에 간 선교사와는 달리 극단의 근본주의자가 주류를 이루었다. 허버트, 게일 등 몇몇 예외를 제외하면, 이들은 거의 모두 한국에 있던 전통 종교는 보나마나 똥개요, '허스키만' 유일한 진리 개라는 것을 전하는 데 전력을 다한 것이다.

이런 초기 선교사가 남겨놓은 좋지 못한 유산이 현재 한국에 팽배한 기독교 배타주의이다. 한국에서도 물론 유학생들이 서양에 가서 신학을 공부하고 돌아왔다. 개인의 이름을 대는 것이 좀 뭣하지만, 고 변선환 박사 같은 분은 유럽이나 미국 신학계에서 공부하면서, 지각 있는 서양 신학자 사이에 '기독교만'이라는 배타주의적 생각이 사라진 것을 발견하고, 한국에 돌아와 이른바 '종교 다원주의'를 선창하다가 신학교 학장직은 물론 목사직까지 박탈당하는 '변'을 맞았다. 순수한 '허스키'의 혈통, 그 순종을 더럽히는 일을 한다는 이유 때문이었다.

다시 말하지만, 허스키만 개가 아니다. 허스키 중에서도 어느 한 사람이 생각하는 형태의 특종 허스키만 허스키가 아니다. 어느 누구도 자기 잣대를 절대적인 기준으로 하여 누구를 순종 허스키다 아니다 할 수 없다. 어느 누구도 그런 사람들로부터 그리스도인이 아니라는 소리를 듣는다고 슬퍼할 필요가 없다. 셰익스피어가 말했다. "장미가 무슨 이름으로 불리든 그 향기는 마찬가지"라고.

한 가지 특기할 사항으로, 캐나다 연합교회에서는 감리교 선교사가 그리스도의 이름하에 원주민을 기독교로 인도한다면서 그들의 말과 종교와 문화를 경시 내지 말살하려고 했던 과거에 대해 1986년 캐나다 원주민에게 정식으로 사과를 했다.

이 일과 관련하여 원주민이 남긴 유명한 말이 있다.

"유럽 백인이 들어올 때 우리는 땅을 가지고 있었고 그들은 성경을 가지고 있었다. 이제 우리는 성경을 가지고 있고 그들은 땅을 가지고 있다."

세 부류의 사람

부처님이 보리수 아래에서 진리를 깨닫고 나서(불교 용어로 '성불' 하시고 나서, 혹은 부처님이 되시고 나서) 한참 동안 그 자리에 그대로 앉아 궁리를 하셨다 한다. 자신이 깨친 진리를 가지고 나가 사람들에게 가르칠까 말까 하는 문제 때문이었다. 이렇게 망설이는 데에는 두 가지 이유가 있었다. 하나는 사람들이 진리니 뭐니 하는 것에 관심이 없을 것이라 보았기 때문이다. 부처님은 대부분의 사람들이 먹고살기 바빠 '그냥 지금까지 내려오는 대로 살면 됐지 골치 아프게 무슨 진리 고 뭐고 따질 게 있느냐' 하는 태도를 가지고 있음을 잘 알고 계셨다.

둘째 이유는 비록 사람들이 진리니 뭐니 하는 데 관심을 갖는다 하더 라도 부처님 스스로 깨친 진리가 너무나도 심오하고 신비스러워서 사 람들이 도저히 깨닫지 못하리라 생각했기 때문이다. 그가 발견한 진리 는 일반 상식의 세계를 뛰어넘기 때문에 상식적인 사람은 이해를 못할 뿐 아니라 비웃기나 할 터였다. 그러니 뭣하러 나가 입만 아프게 떠들면 서 시간과 정력을 낭비할 필요가 있을까 주저했던 것이다.

그런데 브라흐마(Brahma)라는 신이 부처님에게 와서, 제발 세상에 나가 불쌍한 사람들에게 진리를 가르쳐주라고 부탁했다. 또한 부처 님 스스로도 연못에 핀 연꽃을 보고 느끼는 바가 있었다고 한다. 연못 에 세 종류의 연꽃이 피어 있는 광경을 보았는데, 한 종류는 흙탕물 밑에 아주 잠겨 있는 것, 다른 한 종류는 물에 잠겼다 나왔다 하는 것, 또 한 종류는 온전히 물 위로 나와서 피어 있는 것이었다.

부처님은 이를 보고 생각했다. 사람들 중에도 이렇게 세 부류의 사 람이 있을 것이다. 물 아래 잠긴 꽃이나 물 밖에 나와 있는 꽃은 나의 도움이 필요 없는 사람이다. 물 아래 잠긴 꽃은 당분간 아무리 도와주 려 해도 희망이 없고, 밖에 나와 있는 꽃은 나의 도움이 없이도 벌써 나와 있는 것. 나의 도움이 필요한 사람은 물에 잠겼다 나왔다 하는 사람. 이들을 위해서 나가 진리를 가르쳐야겠다. 이렇게 마음을 먹고 세상에 나와 80세로 돌아가시기까지(불교 용어로 하면 입멸하기까지, 혹 은 열반에 들기까지) 45년간 사람들에게 진리를 가르쳤다.

노자(老子)도 비슷한 말씀을 했다. 그가 썼다는 『도덕경(道德經)』제41장에 보면, 세상에는 세 부류의 사람이 있다고 했다. 상사(上士) 중사(中士) 하사(下士). 내가 번역한 것을 여기 옮겨본다.*

　　뛰어난 사람은 도에 대해 들으면 힘써 행하려 하고,

　　어중간한 사람은 도에 대해 들으면 이런가 저런가 망설이고,

　　못난 사람은 도에 대해 들으면 크게 웃습니다.

　　웃음거리가 되지 않으면 도라고 할 수가 없습니다.

　우리는 어느 부류의 사람인가? 더러운 흙탕물 속에 잠겨 진리니 도니 하는 것과 상관없이 하루하루를 보내면서 그것만이 현실 삶의 전부라고 생각하며 사는 사람은 아닌가? 어떤 진리, 어떤 가르침, 어떤 빛이 오더라도 거기에 콧방귀를 뀌거나 크게 웃고나 있는 사람이 아닌가?

　브루스 보워라는 미국의 문명비평가가 지적했다. "무슨 증거, 무슨 논리, 무슨 개인적 체험, 그 어떤 것을 들이대도 '계시된 진리'에 대한 근본주의자의 마음을 바꿀 수는 없다."** 그렇다. 우리가 이런 식으로 꽉 막힌 기독교인이 될 때 어느 누구도 우리를 도와줄 수 없다. 심

---

*　오강남, 『도덕경』(현암사, 개정판 2010), 192쪽. "上士聞道, 勤而行之,/中士聞道, 若存若亡,/下士聞道, 大笑之,/不笑, 不足以爲道."

**　Bruce Bawer, *Stealing Jesus: How Fundamentalism Betrays Christianity*(Braodway Books, 1998), p. 8. "No evidence, no logic, no personal experience, nothing can change the fundamentalist's mind about revealed truth."

지어 하나님도 성령님도 어쩔 수가 없다. 성경 용어대로 하면 우리가 성령의 세미한 음성을 거절하고 있기 때문이다.* 이런 경우 누구라도 우리에게 할 수 있는 유일한 일은, 안타깝지만 어느 분이 말한 것처럼, "잘 먹고 잘 살아라" 하는 말과 함께 당분간 그냥 놓아두는 것뿐이다.

그러나 놀라운 것은 우리 중에, 우리 주변에 생각보다 훨씬 더 많은 사람들이 진리에 갈급하고 있다는 사실이다. 부처님의 말씀대로 흙탕물 위에 떠서 어떤 때는 물에 잠기지만 그래도 물 위에 오르기를 원하는 연꽃, 노자의 표현대로 도에 대해 들으면 이런가 저런가 생각하고 알아보려는 중간치 사람이 생각보다 많다는 것이다. 비록 남 앞에서는 자기 교회의 교리를 줄줄 외우는 골수파 근본주의 교단에 속하는 사람이라도 개인적으로는 자기 교회의 가르침을 100퍼센트 다 옳은 것으로 수긍하지 않고 있는 사람이 의외로 많다. 고무적인 현상이라 하지 않을 수 없다.

그런 이들은 경험으로 알고 있다. 자신들이 지금 가지고 있는 믿음이란 것이 뭔가 개운하지 못하고 찜찜하다는 것을. 그러나 이런 자각에도 우리의 믿음이란 자라나는 것이라는 이야기를 교회에서 들어본 적이 없기 때문에, 옛날 한번 들었던 것을 그대로 고수하는 것이

---

* 예수님의 말: "누구든지 말로 인자를 거역하면 사하심을 받으려니와 성령을 모독하는 자는 사하심을 받지 못하리라."(눅 12:10) "아버지를 모독하는 사람도 용서를 받을 수 있고, 아들을 모독하는 사람도 용서를 받을 수 있습니다. 그러나 성령을 모독하는 사람은 이 땅에서도 하늘에서도 용서를 받을 수 없습니다."(도마복음 44절) 스데반의 말: "목이 곧고 마음과 귀에 할례를 받지 못한 사람들아 너희도 너희 조상과 같이 항상 성령을 거스르는도다."(행 7:51)

'처음 믿음'을 지키는 것이라고 배워왔기 때문에, 어쩔 수 없이 '옛 신앙'을 본받는다고 이를 악물거나, 영어로 "Give me that old time religion. That's good enough for me(내게 그 옛 신앙을 주소서, 그것만으로 충분합니다)"라는 노래를 악을 쓰며 부르거나, 믿음이 있는 척만 하거나 하는 삶을 살게 되는 것이다. 그러느라 자연히 신앙에서 남에게 보이기 위한 '대외용' 신앙과 나 자신이 남모르게 가지고 있는 '대내용' 신앙이라는 어처구니없는 이중성 내지는 이중장부를 지닐 수밖에 없게 된다.

이제는 그럴 필요가 없다. 아니 필요가 있고 없고를 떠나 그러면 안 된다는 사실을 깨달아야 한다. 신앙은 자라나는 것이다. '옛 신앙'이란 결국 유치한 신앙이다. 성숙한 사람은 성숙한 신앙을 가져야 한다. 우리가 살아가는 날까지 우리는 매일 성숙을 향한 발돋움에 성실해야 할 것이다. 이제 이렇게 신앙이 일정한 단계를 거쳐 자라나는 것이라는 데 관해 분명한 이야기를 해보도록 하자.

신앙의 여섯 단계

믿음은 어느 면에서 자전거 타기와 같다. 앞으로 나가지 않으면 그 자리에 서 있을 수조차 없다. 바울도 "너희 믿음이 더욱 자라"기를 바란다고 했다.(살후 1:3)

하버드 대학교를 거쳐 에모리 대학교 교수로 있던 제임스 파울러(James Fowler)가 쓴 『신앙의 단계(*Stages of Faith*)』라는 책이 있다.* 그는 유명한 발달 심리학자인 스위스의 피아제(Jean Piaget)와 미국의 콜버그(Lawrence Kohlberg)의 이론을 종교 심리학 분야에 적용했다.

피아제는 아기가 자라나면서 나이에 따라 인식능력이 어떻게 발달하는가를 연구한 사람으로, 콜버그는 인간이 자라나면서 나이에 따라 도덕적 의식이 어떻게 발달하는가를 연구한 사람으로 각각 유명하다. 그러니까 피아제는 인간의 인식 발달(cognitive development)에, 콜버그는 인간의 도덕 발달(moral development)에 관심을 가지고 연구한 것이다

파울러는 이들의 방법론을 받아들여, 인간의 신앙심이 어떻게 발달하는가를 연구하는 데 적용했다. 그는 여러 사람을 직접 면접하고 관찰해서 인간이 갖는 신앙에도 뚜렷한 발달 단계가 있다는 결론을 발표하여 1980년대 많은 사람의 주목을 끌었다.

파울러의 연구 결과에 따르면, 인간이 살아가면서 신앙적으로 완전히 자라게 된다면 모두 6단계를 거친다고 한다. 이제 그 여섯 단계를 간략하게 훑어보자.

먼저 첫 단계에 들어가기 전, 단계 아닌 단계로 '전 단계(pre-stage)'라는 것이 있다. 이것은 갓난아기가 배가 고프면 울고, 엄마가 와서

---

* 에모리 대학교 윤리 연구소(Emory Center for Ethics) 및 신앙과 윤리 발달 연구소(Center for Research on Faith and Moral Development) 소장으로 봉사하고 2015년 75세로 사망했다. 이 책의 한국어 번역은 사미자 옮김, 『신앙의 발달단계』(한국장로교출판사, 1987)가 있다.

먹을 것을 주거나 안아주면 그냥 좋아하는 것처럼, 아직 지적 능력과는 아무 상관 없이 긍정적이든 부정적이든 우주와 신성에 대해 본능적인 반응을 나타내는 단계이다. 이때 갖는 신앙을 원초적 혹은 '무분별적 신앙(Primal or Undifferentiated faith)'이라고 한다. 아직 이분법적 사고가 생기기 전 단계인 셈이다.

제1의 단계는 '직관적·투사적 신앙(Intuitive-projective faith)' 단계다. 이 단계의 신앙은 3세에서 6~7세 사이에 나타나는데, 이때 아이들은 무의식의 세계에 무방비로 노출되어 상상과 환상의 세계를 자유롭게 노닐면서 이에 걸맞은 믿음을 키워간다. 이 시기에 처음으로 자의식(self-awareness)을 갖게 되고, 죽음과 성(性)과 금기사항 등을 알기 시작한다.

제2의 단계는 '신화적·문자적 신앙(Mythic-literal faith)' 단계다. 이 단계는 초등학교 학생들에게 찾을 수 있는 것으로서, 자기가 속한 공동체의 이야기, 설화, 신화나 신앙 내용이나 의식(儀式)을 받아들이되 문자적으로 받아들이는 단계이다. 아직 이런 것들의 상징적 뜻에는 관심이 없고 세상이 이런 이야기가 말하는 것과 같이 문자적으로 이렇게 생기고 굴러간다고 믿는다. 예를 들어 자기는 착한 아이이기 때문에 산타 할아버지가 와서 선물을 많이 주고 갈 것이라 그대로 믿는 것이다.

제3의 단계는 '종합적·인습적 신앙(Synthetic-conventional faith)' 단계다. 이 단계는 사춘기 때 형성되어 어른이 되기까지 이어지는 것으로, 자기가 지금껏 문자적으로 믿어오던 자기 공동체의 이야기나 신앙 내용, 의식(儀式)이 문자적으로만 받아들여질 때의 모순을 의식

(意識)한다. 이런 의식을 잠재우기 위해 모순을 종합해주고 자기의 정체성을 확립하는 데 도움이 될 수 있는 종합적·인습적 신앙 형태를 받아들이게 된다. 그러나 이 단계에서도 아직 독립적 사고에 의해 스스로 결정할 수 있는 능력이 생기지 않았기 때문에 주위에 있는 다른 사람들의 인정과 외적 권위에 의존하게 된다. 그런 의미에서 다른 사람들의 사고와 행동에 맞추려는 획일적 사고가 강하게 나타나고, 또 주어진 이데올로기에 따라 모든 것을 설명하려 한다. 그리고 그 테두리에서 벗어나 그것을 객관적으로 성찰해보는 기회를 갖지 못한다. 자기 교회에서 가르쳐주는 것을 그대로 받아들이고 그것을 사수하겠다고 애를 쓰는 열성파 사람들 대부분은 이 단계에서 주저앉은 사람들이다.

제4의 단계는 '개성화와 성찰의 신앙(Individuative-reflective faith)' 단계다. 이 단계는 20대 중반의 청년기, 경우에 따라서는 30대 후반이나 40대 초반에서도 형성되는데, 자기 자신의 신앙 내용이나 가치관에 대해 심각하게 반성하고 통찰하면서 자기의 신념 체계에서 모순을 발견하고, 새로운 발견에 스스로 열린 태도를 갖게 되는 단계다. 반드시 기억해야 할 사실은 나를 포함하여 많은 사람이 이 단계에조차 이르지 못하고 한평생을 마치는 수가 있다는 것이다.

그런 의미에서 이 제4단계는 아주 중요한 단계다. 자기가 지금까지 속했던 그 집단의 구성원으로서 집단이 주는 가치관이나 신앙 내용이나 이데올로기에 그대로 안주하느냐, 혹은 자기 스스로 하나의 독립적 인격체로서 자유롭고 비판적인 사고와 태도를 가질 것이냐 하는 것이 결정되는 단계이기 때문이다. 이 단계에 성공적으로 진입하게 되면 자신과 세계를 보는 눈이 새롭게 열리고, 지금까지 검토되지 않던 상징체계가 의미 있는 것으로 보이기 시작한다. 그러나 이런 의미는 아직도 '의식(意識)'의 영역에 속한 것으로 남아 있다.

제5의 단계는 '접속적 신앙(Conjunctive faith)' 단계다. 주로 중년기 이후에 생기는 단계로, 이분법적 양자택일이나 이항대립적 사고방식을 넘어서서 '양극의 일치'를 받아들이게 되는 단계이다. 우리가 계속 말하는 '이것이냐 저것이냐(either/or)'의 '냐냐주의'에서 '이것도 저것도(both/and)'의 '도도주의'를 깨닫는 단계, 변증법적(dialectical) 사고, 대화적(dialogical) 태도, 역설적(paradoxical) 논리, 다차원적(multidimensional)이고 상호연관된(interdependent) 실재를 이해할 수 있는 단계이다. 빛이 파동도 되고 입자도 된다는 사실을 아는 것처럼, 한 가지 사물의 양면을 동시에 볼 줄 아는 마음이다. 자기가 지금까지 가지고 있던 선입관으로 사물을 보는 대신 있는 그대로 사물을 보려는 마음이다. 내 편이냐 네 편이냐, 내가 어디에 속했느냐에 따라 각각 다른 말을 하는 것이 아니라, 어디까지나 진리 자체가 전해주는 바에 따라 소신을 가지고 말한다.

여기 제5단계는 의식(意識)의 영역을 넘어선 단계라는 면에서 앞에 나온 제4단계와 구별된다. 5단계는 의식과 무의식이 통합되는 단계다. 진리란 단순한 일차방정식 같은 것이 아니라 다차원적이라는 것, 사물이 서로 얽히고 어울려 있다는 것, 교리나 상징체계 등은 어차피 궁극 실재에 대한 부분적 표현일 뿐이라는 것, 자기의 종교를 포함하여 모든 종교가 궁극 실재와 비교할 때 상대적이라는 것, 따라서 모든 종교가 서로 대화하고 협력해야 한다는 것 등등을 발견하게 된다. 무엇보다 종교적 상징이나 의례가, 그것이 나의 것이든 다른 사람의 것이든, 깊이 이해될 때 진정으로 새로운 의미를 전해준다는 것을 실감하게 된다는 것이다.

마지막으로 제6의 단계는 '보편화하는 신앙(Universalizing faith)' 단계다. 이 단계는 극소수의 사람만이 도달할 수 있는 것으로서, 자아를 완성한 이른바 성인(聖人, sage), 도통(道通, enlightenment)의 경지다. 어떤 외적 걸림이나 거침이나 울타리에 구애되지 않는 자유와 무애(無礙)의 사람이 되는 것이다. 상대방이 누구인가 상관하지 않고 사랑과 자비와 껴안음을 실천하는 사람, 그러면서도 세상을 변화시키기 위해 정의와 공평함을 위해 헌신하는 사람이다.

파울러는 구체적으로 근래 우리 주위에서 발견할 수 있는 분들 중 마하트마 간디, 마틴 루터 킹, 테레사 수녀, 전 유엔 사무총장 다그 함마르셸드, 히틀러 암살 기도에 실패해 처형당한 독일 신학자 디트리히 본회퍼, 유대인 사상가 아브라함 헤셸, 미국의 신비사상가 토머스 머턴 같은 사람이 이에 속할 것이라고 본다.*

한 가지 기억해야 할 것은 이 경지에 도달한 사람이 도덕적인 면을 포함해 모든 면에서 완전한 것은 아니라는 사실이다. 비폭력을 삶의 원칙으로 삼았지만 자기 부인에겐 거칠게 대한 간디 같은 경우가 그 예이다. 루돌프 오토(Rudolf Otto)가 말한 것처럼 성(聖)의 경지는 근본적으로 도덕적 차원과 다르기 때문이다.

---

* 이런 현대의 성인과 불교에서 가르치는 보살을 비교한 훌륭한 책으로, Taigen Daniel Leighton, *Bodhisattva Archetypes: Classic Buddhist Guides to Awakening and their Modern Expression* (New York: Penguin Arkana, 1998)이 있다.

이런 경지에 도달한 분들은 일반적으로 인습적 사고방식, 가치 체계, 사회질서를 '뒤집어엎는' 면을 지니고 있다. 이 단계는 또 기독교적 용어로 하면 '하나님의 나라'라고 하는 보편적 가치를 위해 다른 모든 일상적 가치를 종속시킨다는 뜻이기도 하다. 그러나 보편적 가치를 위해 구체적 전통이나 윤리 체계를 완전히 무시하거나 버려야 한다는 것은 물론 아니다. 이 단계의 사람들은 모든 것을 감싸 안을 정도로 큰 그릇이 된 것이다. 이들의 사랑과 희생, 열림과 감싸 안음으로 인간 개인의 미래뿐만 아니라 인류 역사에 미래와 희망이 있다.

파울러의 연구 결과가 모든 면에서 다 맞는지, 특히 그의 연구 대상이 모두 미국인이라는 점에서, 그것이 동양 문화권에서도 그대로 적용되는지에 대해서는 논의의 여지가 있을 줄로 안다. 그러나 우리의 신앙이 자라나고 발전한다는 것을 강조한 그의 기본 입장에는 전적으로 동감하는 바다. 그리고 우리의 신앙이 지금 어디쯤 와 있나 하는 것을 점검하기 위한 임시 '좌표'로도 유용하다고 생각한다.

파울러의 주장에서 특히 흥미로운 점은 모든 사람이 이 여섯 단계를 다 거치지는 않는다고 한 사실이다. 그의 연구에 따르면, 우리는 어느 단계에서든 더 이상 발달하지 않고 그대로 주저앉고 말 수 있다. 신앙의 여정에서 대부분의 북미 기독교인은 사실 제2단계나 제3단계에서 성장을 멈춰버린다고 한다. 교회의 권위를 절대적인 것으로 인정하고 성경을 문자적으로 받아들이는 단계에서 일생을 끝내는데, 사실 이 단계에 있는 사람을 교회는 가장 좋아한다고 한다. 교회의 입장에서야 그런 사람을 다루기가 가장 쉽기 때문이다. 교회로서는 권위에 도전하는 자주적 사고나 기존 질서와 가치에 도전·저항하는 차원 높은 믿음을 경계할 수밖에 없다. 제도적인 교회, 제도적인 신학의 한계다.

신앙은 발전하는 것이란 이런 견해와 기본적으로 같은 의견을 피력한 대표 인물로, 동양에도 당(唐)나라의 종밀(宗密, 780~840) 같은 사람이 있다. 그는 천당 지옥 같은 내세의 인과응보 사상이 주 관심이 된 믿음을 '인천교(人天敎)'라 부르고 이를 가장 저차적인 형태의 믿음이라 분류한 다음 신앙이 거기서 점점 발달해가야 한다는 생각을 명쾌하게 논하고 있다. 종밀의 경우에서 보듯이, 이런 생각은 옛날부터 많이 있어왔다.*

이제 함석헌 선생님의 말씀을 인용하며 이번 장 '신앙의 6단계' 논의를 마치고자 한다. 내가 보기에 함 선생님도 파울러가 열거한 간디 등과 같이 제6단계에 이른 분이라 여겨지기 때문이다.

신앙은 생장기능(生長機能)을 가지고 있다. 이 생장은 육체적 생명에서도 그 특성의 하나이지만, 신앙에 있어서도 그러하다. 그는 개체적으로나 종족적으로나 다 자람이 있다. 신앙에서 신앙으로 자라나 마침내 완전한 데 이르는 것이 산 신앙이다. ― 함석헌

* 신앙의 계단 문제를 다룬 것이라 볼 수 있는 종밀의 『원인론(原人論)』에 나타난 이른바 그의 교판(敎判) 이론에 대해서는 Peter N. Gregory, "The Teaching of Man and God : The Doctrinal and Social Basis of Lay Buddhist Practice in the Hua-yen Tradition" in Robert M Gimello, et al. ed. *Studies in Ch'an and Hua-yen*(Honolulu : University of Hawaii Press, 1983), pp. 253~296을 참조할 수 있다. 신앙의 자라남에 관한 기타 문헌들은 책 뒤쪽에 붙은 참고문헌을 참조할 것.

두 가지 사유 방식

그러면 대부분의 사람들이 왜 파울러가 말하는 신앙의 단계에서 겨우 제3단계 정도에 이르러 더 나아가지 못하는가? 제4단계는 독립적 사고로 사물을 보는 단계요, 제5단계는 사물의 양면을 다 볼 수 있는 능력을 갖게 되는 단계라고 했는데, 이런 단계에 이르지 못하고 기존의 고정관념에 매이고 마는 이유가 무엇일까? 결론부터 말하면, 우리가 저도 모르게 가지고 있는 피상적인 '흑백 이분법의 논리'에 근거하여 사물을 보기 때문이 아닌가 한다. '내가 생각하는 것이 진리다. 그러므로 내가 생각하는 대로 생각하지 않는 너의 생각은 진리일 수 없다'는 생각을 철칙처럼 여기는 태도는 주로 서양적 사유 방식의 산물이다. 우리는 어느 면에서 우리도 모르게 모두 이런 서양식 사고의 희생자 내지 피해자들이라 볼 수 있다. 이게 무슨 소리인가?

서양은 이천 년 이상 기본적으로 '이분법적 사고'에 지배받은 사회였다. 영어로 하면 'either/or'라 하고, 우리말로 하면 '냐냐주의'라 할 수 있을 것이다. '이것이냐, 저것이냐?' 하는 양자택일, 이항대립의 논리. 이런 식의 논리를 간단히 'A형 논리'라 하는데, 지금까지 서양 사상사를 지배해온 아리스토텔레스(Aristoteles), 아우구스티누스(Augustinus), 아퀴나스(Aquinas) 세 사람의 머리글자를 딴 이름이다. 좀 더 전문적인 용어로 말하면 동일률, 모순율, 배중률을 근간으로 하는 형식논리다. 서양식 현대 교육을 받은 사람들 거의 전부가, 혹은 상식적 사고를 하는 대부분의 사람들은, 이런 용어를 알든 모르든, 혹은 의식하든 못 하든, 이런 논리로 사물을 보고 있다.

그런데 이런 일방적인 논리 말고도 '초이분법적(trans-dualistic) 사고'에 의한 논리도 있다. 영어로는 'both/and'의 논리라고 한다. '이 것도 저것도' 동시에 가능하다고 본다는 뜻에서 '도도주의'라 할 수 있다. 역설의 논리라고도 하고, A형 논리와 대조적으로 이런 논리를 펴트린 기원전 5세기 에피메니데스(Epimenides), 그보다 몇 세기 먼저 살았던 에우불리데스(Eubulides), 중세 신비주의 신학자 에크하르트 (Eckhart)의 머리글자를 따서 'E형 논리'라 하기도 한다.*

최근 어떤 부류에서보다도 과학자들 사이에서 실재(reality)를 설명하는 데 고전주의적인 이분법적 논리만으로는 이해도 설명도 할 수 없다는 사실을 발견하고 인정한 사람들이 생겨나기 시작했다. 예를 들어 빛이 파동이냐 입자냐 하는 문제가 있을 때, 이분법적 논리를 따른다면 그것은 파동이든지 입자든지 둘 중 하나여야만 한다. 그러나 과학자들은 도저히 그럴 수 없다고 보고, 빛은 파동이자 동시에 입자도 된다는 입장을 취하게 되었다. 이렇게 과학 분야를 필두로 하여 철학이나 신학에서도 이제 'both/and'의 태도가 널리 퍼지기 시작했다.

옛날 같았으면 신이 인격적이냐 비인격적이냐 하는 문제를 놓고도 인격적이든가 비인격적이든가 그중 한 가지만이라고 주장했겠지만 이제 그럴 필요가 없음을 알게 되었다. 이런 이항대립 자체가 무의미하다는 것이다. 신은 인격적이면서 동시에 비인격적(더욱 정확히 말

---

* 이 문제에 대해서 깊이 알아보고 싶다면 김상일 교수의 책 『동학과 신서학』(지식산업사, 2000) 등을 참조하라.

하면 초인격적)임을 쉽게 인정할 수 있게 되었다. 앞에서 언급했듯, 사실 이는 최근에 알아낸 생각이 아니다. 중세의 유명한 신비 사상가 니콜라우스 쿠자누스(Nicolaus Cusanus)가 말한 '양극의 일치(coincidentia oppositorum)'라는 개념이 바로 이런 것이다. 최근에 와서 더욱 보편화되고 있을 뿐이다.*

정말 아니러니한 현상은 지금까지 이원론적인 사고에 지배받아오던 서양에서는 이분법적 사고방식만으로는 사물의 실상을 제대로 볼 수 없다고 깨닫는 지성인이 놀라울 정도로 증가하는 반면, 전통적으로 비이분법적 사고가 주류를 이루던 동양에서는 서양식 이분법적 사고방식을 사물을 보는 유일한 진리의 방법으로 떠받드는 사람이 너무나 많아졌다는 사실이다. 동양은 19세기 말, 20세기 초 서양의 이원론적 사고에 깊이 물들기 전에는 비이분법적 사고가 주류를 이루던 사회였다. 도가 사상이나 화엄 사상이 그 대표라 할 수 있다.

한 가지 부언하고 싶은 것은 여기서 '서양', '동양'이라 할 때 동서양이 딱 부러지게 100퍼센트 정반대가 된다는 뜻은 아니라는 것이다. 동서 양쪽의 전체적 경향을 지칭하는 편의상의 구분일 뿐이다. 앞서 지적한 대로 예로부터 서양에서도 E형 논리를 가진 사람이 많았고, 동양에서도 A형 논리에 따라 사고한 사람이 있었다. 편의상 여

---

* 과학의 새 패러다임이 종교 사상에 미치는 영향에 대해서는 Ian G. Barbour, *Religion and Science: Historical and Contemporary Issues*(San Francisco: HarperSanFrancisco, 1997); Fritjof Capra, *The Tao of Physics: An Exploration of the Parallels between Modern Physics and Eastern Mysticism*(Boston: Shambala, Revised ed. 2010). 한국어 번역: 프리초프 카프라 지음, 김용정·이성범 옮김, 『현대 물리학과 동양사상』(범양사, 2006) 등을 참조할 수 있다.

기에서 서양적 사고라고 하는 것은 주객 이분의 의식에 초점을 두는 A형 논리를 뭉뚱그려 지칭하는 것이고, 동양적 사고라고 하는 것은 초이분법에 역점을 두는 E형 논리를 일괄적으로 지칭하는 것이라 보아야 한다. 엄격히 말해서 이것은 사실 동서양의 문제라기보다 종교의식의 '심천(深淺)'에 관한 문제다.

아무튼 서양에서 이분법적 세계관의 문제점을 직시하고 이를 넘어서겠다는 이들의 대표 격이 바로 초인격 심리학자나 과정철학자, 과정신학자 같은 사람들이다. 한편 동양에서 이분법적 사고를 고집하는 사람들의 대표는 인간사를 모두 선과 악, 빛과 어둠, 나와 원수 간의 쟁투로만 보는 고전주의적 기독교를 맹목적으로 신봉하는 사람, 그리고 기독교의 이원론적 역사관을 그대로 받아 역사와 사회를 착취자와 피착취자, 억압하는 자와 억압당하는 자 사이의 투쟁으로만 해석하는 정통 마르크스주의에 물든 사람들이다.(지금까지의 남북한은 그런 의미에서 다 같이 이원론적 병을 앓고 있던 '한통속'이었다 할 수 있다.)

한번 해병대면 영원히 해병대라는 말이 있다지만, 이런 이분법적 사고에서는 한번 진리면 영원히 진리요, 한 곳에서 진리면 어디서나 진리다. 이른바 시공을 초월하는 '보편타당한 진리'를 이야기하게 된다. 역사의식이 모자라는 이른바 고전주의적(classicist) 사고다.

커피잔이 동그랗다고만 생각하던 사람이 커피잔을 앞에서 똑바로 보니 네모로도 보인다는 사실을 발견하고 커피잔에는 동그란 면과 함께 네모난 면도 있다는 것을 알아내어 "그것은 동그랗기도 하고 네모이기도 하다"라고 말하게 되었다고 하자. 그가 진리를 버리거나 비진리와 타협하는 것인가? 물론 아직도 "커피잔은 반드시 동그랗기만

해야 한다", 따라서 "네모난 면이 동시에 있을 수는 없다" 하는 이분법적 사고를 영구불변의 진리로 삼고 있는 사람에게는 그렇게 여겨질 수도 있다. 그러나 커피잔에 대해 한때 특수한 환경, 특수한 사정, 특수한 지적 능력에 의해 형성된 하나의 '견해'를 옹호하는 것이 진리 자체를 수호하는 일은 아니다.

　정말로 진리를 사랑하고 계속 추구하기를 원하는 사람이라면 이렇게 한때 형성된 커피잔에 대한 하나의 견해를 당연하게 여기지 말고 끊임없이 그 잔의 다른 면을 계속 검토하고 실험해야 한다. 그리하여 진리의 다른 면, 더 깊은 면을 발견하고 자연스럽게 그 사실을 받아들일 것이다. 파울러가 말하는 제4, 제5의 단계는 기본적으로 이와 같은 방향으로 나아가는 과정이다. 우리가 추구하는 지적, 영적 자라남에 관한 한, 그야말로 "우리들의 이야기는 끝이 없어라"가 되어야 한다.

Ⅱ. 성경대로 믿는다?

김 목사의 성경관

— '성경대로' 믿는다?

믿음이 계속 자라도록 하기 위해서는 무엇보다 먼저 우리의 성경관이 새롭게 정립되어야 한다. 어떤 의미에서 기독교 믿음은 성경에 기초하고 있다고도 볼 수 있기 때문이다. 이제 성경이 우리에게 무엇인지, 우리는 성경을 어떻게 읽고 이해해야 하는지의 문제를 생각해 보아야 할 것이다. 이 문제를 위해 우선 '김 목사의 성경관'을 소개해 본다.

이곳 캐나다 토론토에서 나온 《한국일보》에 김 목사라는 분의 짤막한 글이 한 편 실린 적이 있었다. 내용인즉, 자기는 학생 때 치섬이라는 신부의 글을 읽고 깊이 감명을 받았다는 것, 중국에 가서 선교사로 일한 치섬 신부의 헌신적 삶을 본받아 자기도 목회자의 길을 가기로 결심하게 되었다는 것, 그러나 '기독교만이 유일한 구원의 종교라는 생각을 가지고 있지 않은' 치섬 신부의 신학 사상이 '치명적 문제'라는 것, 물론 자기도 속으로는 치섬 신부의 생각에 찬동했고 지금도 그런 생각에 끌리는 것이 사실이지만 자기는 '기독교가 유일한 구원의 종교'라는 사실을 그대로 믿을 수밖에 없다는 것, 그 이유로 자기는 '성경대로 믿기 때문'이라는 것, 성경에 "다른 이로써는 구원을 받을 수 없나니 천하 사람 중에 구원을 받을 만한 다른 이름을 우리에게 주신 일이 없음이라"(행 4:12) 했으니 달리 어떻게 할 도리가 없다는 것, 성경대로 생각하고 행동하면 실수할 일이 없다는 것

등이었다.

도대체 성경을 믿는다, 성경대로 생각하고 성경대로 행동한다는 것이 무슨 뜻인가? 단도직입적으로 말하면, '성경대로 생각하고 성경대로 행동하면 실수할 일이 없다'고 하는 이 생각 때문에 김 목사님은 큰 실수를 범하고 있다. 성경을 믿고 그대로 생각하고 그대로 행동한다는 것이 보기처럼 그렇게 간단한 일이 아니라는 데 문제가 있다. 그것은 불가능할 뿐 아니라 전혀 의미가 없는 말이다. 김 목사님의 훌륭한 믿음과 선한 의도에도 불구하고 김 목사님도 '성경대로' 살 수가 없기 때문이다.

몇 가지 약간 극단적인 예를 들어보자. 성경 십계명에서 "아무 형상(image)이든지 만들지 말라" 했다 해서 그 가르침에 충실하느라 사진 찍기를 거부하고, 그래서 운전 면허증도 내지 못한 사람이 있는데, 김 목사님도 형상을 만들지 말라는 이 말씀을 믿고 그렇게 행동하고 있는가? 성경에는 분명히 "믿는 사람들에게는 이런 표징들이 따를 터인데, 곧 그들은 내 이름으로 귀신을 내쫓으며, 새 방언으로 말하며, 손으로 뱀을 집어 들며, 독약을 마실지라도 절대로 해를 입지 않으며, 아픈 사람들에게 손을 얹으면 나을 것이다"(〈새번역〉 막 16:17-18)라는 말씀이 있고, 이 말씀에 충실해서 예배 시간에 뱀을 집어 옷 속에 넣으며 예배 보는 교파도 있는데, 김 목사님도 이런 말을 믿고 그대로 따르는가? 성경에는 분명 피는 생명이니 피를 취하지 말라 했고, 여기에 충실하여 여호와의 증인은 죽는 한이 있어도 수혈을 거부하는데, 김 목사님도 그렇게 할까? 십계명 중에는 "안식일을 기억하여 거룩히 지키라"라는 항목이 있는데, 김 목사님도 유대인이나 안식일교인이 지키듯 토요일을 안식일로 지키고 있는가? 하와가 죄를 짓고 그 벌로 해산의 고통을 받아야 한다고 했으니 해산 시 무슨 일이 있어도 마취 등 고통을 없애려는 노력은 결국 하나님의 명을 어기는 일이라 믿는 사람이 있는데, 김 목사님도 이런 말씀을 그대로 실천해야 한다고 가르치는가?

이런 예를 들자면 사실 한이 없다. 내친김에 몇 가지 더 들어보자.

성경 「창세기」에 "생육하고 번성하라" 했다고 해서 지금도 계속 산아조절 없이 최대한 많은 수의 자녀를 낳아야 하는가? 「창세기」에 보면 노아의 아들 중 함의 자손은 '종이 되어' 셈과 야벳에서 나온 자손을 섬기게 되었다고 했으니, 얼마 전까지 상당수 미국 남부 그리스도인이 그랬던 것처럼 우리도 노예 제도나 인종차별을 성경의 이름으로 옹호해야 한다는 말인가? 성경에는 월경을 부정한 것으로 보았고 일부다처제를 용인했을 뿐 아니라 여자는 남자에게 종속되어야 하고 또 교회에서 조용히 하라고 했는데 지금도 이렇게 성차별을 해야 마땅한가? 바울은 모든 권세는 하나님에게서 난 것이므로 거기 복종해야 한다고 했는데,(롬 13:1) 그 권세가 히틀러나 공산 독재나 우익 독재나 좌익 독재 같은 것이라도 하나님에게 난 것으로 여기고 무조건 복종해야 하는가? 성경에는 계속 전쟁을 미화 내지 찬양하고 있는데 지금도 그렇게 해야 하는가?

이런 질문에 "그건 그렇지만……" 하는 사족을 달려고 하는 마음이 든다면 벌써 성경 '그대로'가 아니라, 나 나름대로 해석하려는 것이다. 성경을 읽는다는 것은 어쩔 수 없이 각자의 처지, 지적 능력, 영적 성숙도, 문제의식 등에 의해 해석이 달라질 수밖에 없다. 따라서 우리 자신의 믿음이나 의도와는 관계없이 우리는 성경을 '그대로' 읽을 수가 없다. 결국 성경을 읽는다는 것은 어쩔 수 없이 나름대로 '해석'하는 일이다. 인식론적으로 따져보아도, 각자의 해석을 떠난 읽음이란 있을 수 없다. 따라서 우리는 우리의 성경 해석이 절대적이라는 오만을 버리고 계속 마음을 열어놓고 겸허하게, 성경이 우리에게 말해주려는 더 깊은 뜻을 받아들일 자세를 갖추어야 한다.

김 목사님이 인용한 「사도행전」 4장 12절만 해도 그렇다. "천하 사람 중에 구원을 받을 만한 다른 이름을 우리에게 주신 일이 없음이라"라는 베드로의 이 말은, 하버드 대학교 신학대학원장이었던 크리스터 스텐덜(Krister Stendahl)이 지적한 대로 '고백적 언어'다. 병 고치는 일 등 모든 것이 '자기들 스스로 하는 것이 아니라 주님의 이름, 주님의 힘으로만 가능하다는 것을 자각한 사도들의 겸손'을 고백한 말이다. 이런 언어는 결국 '사랑의 언어'로서, 불교, 유교, 힌두교 등 세계 종교를 열거하고 비교해서 그중에서 기독교만이 유일한 참 종교임을 입증하는 객관적 진술 같은 것이 아니었다는 뜻이다.

물론 우리는 성경을 믿어야 한다. 그러나 성경을 믿는다고 함부로 자기 식이나 자기 교파식 성경 해석만을 절대화하는 어리석음을 범하지 말아야 하겠다. 이것은 자기 성경 해석을 우상화하는 일로서, 성경의 깊은 가르침과 정반대되는 일이다.

흥부전과 성경

— 성경을 '믿는다'?

누군가에게 "흥부전을 믿는가?" 하고 묻는다면 그 사람은 무어라 할까? 틀림없이 어리둥절해할 것이다. 질문이 초점에서 빗나가 있기 때문이다.

그러나 어찌되었든 질문을 받은 사람이 "흥부전을 믿는다"라고 했다 치자. 이 말이 '조선 시대 언제 어디엔가 흥부 놀부라는 연(延)씨 형제가 살고 있었다. 제비가 땅에 떨어져 다리가 부러졌다. 흥부가 고쳐주고, 제비가 나중에 박 씨를 갖다 주고, 박이 열리고 그 박에서 금은보화가 쏟아져 나왔다. 놀부도 그것을 보고……' 하는 등의 이야기를 역사적 사실로, 정말 그런 일이 일어났던 것으로 믿는다는 말인가? "흥부전을 믿는다"는 것이 그런 의미였다고 하면 그 사람은 물론 흥부전을 믿지 않는다고 했을 것이다. 그렇게는 믿을 수가 없다. 믿을 수가 없는 것이 아니라 그렇게 믿을 필요도 없고, 또 믿어서도 안 된다. 그렇게 믿는 것은 사실 흥부전이 줄 수 있는 깊은 뜻, 그 속내를 놓쳐버리는 일이기 때문이다.

우리는 흥부전이 과거에 실제로 일어났던 일에 대한 역사적 기록이라는 '믿음' 같은 것 없이도, 흥부전을 사랑하고 즐길 수 있다. 우리가 흥부전에서 얻으려는 것은 흥부전에 나오는 흥부 놀부에 관한 역사적 진리도 아니고, 제비가 물어다 준 박 씨에 그런 보화가 들었을 수 있다는 양자물리학적 지식도 아니다. 그런 것을 문자대로 믿지 않는다고 해서 흥부전을 믿지 않는 것이 아니다. 흥부전에서 말하려 하는 바를 우리 자신의 입장에서 받아들이고, 신나는 판소리를 즐기면 된다. 구태여 '흥부전을 믿는가 안 믿는가'를 따질 일이 아니다. 흥부전 같은 이야기는 결국 우리에게 지적 내용을 주입하기 위한 것이 아니라, 우리 안에 이미 있던 어떤 생각이나 깨달음을 불러일으키기 위한 것, 영어로 'evoke'하기 위한 것이기 때문이다. 근본적으로 우리에게 '정보(information)'가 아닌 '변화(transformation)'를 주기 위한 이야기란 뜻이다.

흥부전을 믿느냐고 묻는 것이 부질없는 질문인 것처럼 성경을 믿느냐고 묻는 것도 의미 없는 일이다. 성경을 믿는다는 말은 대체 무슨 뜻인가?

어느 성서 고고학 교수의 이야기이다. 성경에 의하면 이스라엘 백성이 이집트의 종살이에서 해방되어 광야로 나와 40년을 헤매다가 모세의 후계자 여호수아의 지도 아래 드디어 가나안 땅을 정복해 들어간다. 특히 첫 번째 공격 대상이었던 여리고 성의 함락은 가장 잘 알려진 이야기다. 여리고 성을 매일 한 바퀴씩 돌고 제7일에는 성을 일곱 번 돈 후 제사장들의 나팔 소리에 따라 백성들이 큰 소리로 외쳐 부르니 그 견고하던 성벽이 무너져 내렸다는 것이다. 그런데 이 고고학 교수는 캐슬린 케넌(Kathleen Kenyon) 등 성서 고고학자들이 옛 여리고 성터를 파본 결과 여호수아 시절 그렇게 무너질 성벽이 없었다는 결론에 이르렀다는 사실을 소개했다. 그러면서 사람들에게 쉬쉬하라고 했다는 것이다.

그 고고학자들처럼 여리고 성터를 곧이곧대로 직접 파보는 것이 성경을 믿는 것인가? 여호수아가 해를 보고 "태양아 너는 기브온 위에 머무르라"(수 10:12)라고 하자 해가 정말로 잠시 그 운행을 중단했다고 하는데, 이것을 역사적, 과학적 사실로 받아들이는 것이 성경을 믿는다는 것인가?

그런 것들이 성경을 믿는 것이라면, 정신이 제대로 박힌 사람치고 성경을 믿을 수 있는 이는 어디에도 없을 것이다. 그런 내용들을 문자 그대로 믿는 것과 성경을 믿는다는 것은 완전히 별개의 문제다. 성경은 문자적으로 모두 정확해야 믿을 수 있도록 된 책이 아니다. 성경이 주려는 더 깊은 뜻은 문자를 넘어서 있다. 성경이 '하나님의 말씀'이라는 말은 문자를 넘어서 들려오는 소리에 하나님의 뜻이 서려 있다는 의미다.

성경을 어떻게 흥부전과 비교할 수 있는가 의문을 제기하는 독자도 있을 수 있다. 물론 성경이 '궁극적 변화'를 목적으로 하는 책이라면, 흥부전은 윤리적, 사회적, 오락적 관심을 위한 책이다. 그러나 이 두 책에 나오는 이야기가 정확한 역사적, 과학적 정보를 제공하는 것을 일차 목적으로 삼지 않았다는 사실에 있어서는 성질이 같다. 둘 다 역사적 과학적 정확성과 관계없이 우리에게 나름대로의 의미와 깨달음을 주는 것이다.

성경을 믿는다는 것. 그것은 성경이야말로 우리의 '궁극적 변화'를 위한 수단이 될 수 있다는 사실을 받아들이는 것이다. 마음을 열고 우리 속에 있는 무한한 잠재력을 일깨우는 것, 우리의 의식구조와 가치관이 바뀌어 우리의 삶이 더욱 풍요롭고 자유스럽게 되는 데 성경이 절대적 힘을 가졌음을 믿는 것, 이것이 성경을 믿는다는 것의 기본 의미가 아닌가.

성경을 문자 그대로 믿어야 하고, 자기들이 믿는 대로 믿지 않는 사람은 성경을 믿지 않는 사람이라고 무조건 정죄하려는 이들. 성경을 마치 자기들의 독점물처럼 생각하는 이들. 어느 신학자는 "그런 사람들이야말로 성경을 도둑질해 간 사람들이며, 그들로부터 성경을 '해방'시켜야 한다"라고 했다.*

창조 이야기의 딜레마와 교훈

성경을 문자적으로 읽어서는 곤란하다는 것을 구체적으로 이해하기 위해 성경으로 좀 더 깊이 들어가 보자. 우선 「창세기」에 나오는 창조 이야기다.

「창세기」 1장에 나오는 창조 이야기와 2장에 나오는 창조 이야기 둘을 대비해 보면, 이 둘은 문자적으로 해석하는 한 도저히 서로 양립할 수 없다. 꽤 잘 알려져 있듯, 「창세기」 1장 1절에서 2장 3절까지의 창조 이야기와 2장 4절 이후의 창조 이야기는 두 가지 완전히 상이한 고대 문서가 짜깁기 식으로 연결된 것이다. 현재 대부분의 성서학자

---

* 존 셸비 스퐁 성공회 주교의 말이다. 한성수가 옮긴 그의 책 『성경을 해방시켜라』(한국기독교연구소, 2002)는 많은 사람들이 읽어야 할 그의 여러 저서 중 초기 작품이다.

는 첫 번째 이야기를 기원전 6세기에 생긴 P문서(제사 문서)에 속하는 이야기로, 두 번째 이야기를 기원전 10세기경에 생긴 J문서(야훼 문서)에 속하는 것으로 보고 있다.

우선 1장 1절에서 2장 4절 전반부에 나오는 P문서와 2장 4절 후반부 이후에 나오는 J문서는 문체부터가 완전히 다르다. P문서는 제사에 쓰는 문서답게 축문 식으로 근엄하고 공식적인 문체로 쓰인 데 반해, J문서는 완전히 간결한 이야기식 문체로 쓰여 있다. 더욱 뚜렷한 차이점은 P문서의 신과 J문서의 신은 그 이름부터가 다르다는 사실이다. 처음 문서에 나오는 신은 엘로힘(Elohim)이라는 이름의 신이고, 두 번째 문서에 나오는 신은 야훼(Yahweh)라는 이름의 신이다. 우리말로 엘로힘은 그냥 "하나님"으로, 야훼는 〈개역개정〉에 "여호와 하나님", 〈새번역〉에는 "주 하나님"으로 되어 있는 이스라엘 백성들의 고유 신이다.

엘로힘 신과 야훼 신은 이름만 다른 게 아니라 각각 천지를 창조하는 방식도 완전히 다르다. 엘로힘 신이 우주를 창조하시는 방식은 그야말로 장엄하다. 그는 "땅이 혼돈하고 공허하며, 흑암이 깊음 위에 있고, 하나님의 영은 수면 위에 운행"하시는 우주적 장면을 배경으로 삼아 등장한다. 그러고는 "빛이 있으라" 말씀하시니 빛이 생겼다. 하루가 지났다. 다음 날은 "물 가운데에 궁창이 있어, 물과 물로 나뉘라" 하시니 그렇게 되어 하늘이 생겨나게 되었다. 이런 식으로 제3일에는 바다와 육지, 그리고 식물들을, 제4일에는 해와 달과 별들을, 제5일에는 물고기와 새들을, 제6일에는 모든 짐승들과 남자 여자를 만드셨다. 이렇게 6일간의 창조 사업을 마치신 다음, "지으신 그 모든 것을 보시니 보시기에 심히 좋았더라"라고 하셨다. 이렇게 훌륭한 창조의 세계를 보시고 큰 만족감과 성취감을 느끼시며 제7일에는 "하시던 모든 일을 그치고" 쉬셨다. 안식일이었다. 그러고는 무대 뒤로 사라진다.

야훼 신이 세상을 지으시는 방법은 이보다 훨씬 인간적이다. 우선 무대 배경부터 완전히 다르다. 혼동과 공허, 흑암과 깊음 같은 우주적 스케일이 전혀 아니다. 야훼 신은 비가 내리지 않아 "나무도 없고 풀 한 포기도 없는" 삭막하기 그지없는 사막에 등장하는 신이다. 그러다가 어떻게 "땅에서 물이 솟아" 땅을 적시기 시작하자 드디어 창조 사업에 착수하신다. 손수 흙을 빚어 사람의 모양을 만들고, 그 코에다 '후!' 하고 생명의 기운을 불어넣으시니 그 진흙 덩어리가 드디어 생명체로 바뀌게 되었다. 이렇게 '흙'이라는 히브리말 '아담아'에서 나왔기 때문에 '아담'이 되었다. 히브리어로 '아담'은 '사람'이란 뜻이다.

그런 다음 야훼 신은 사람을 위해 에덴동산을 창설하셨다. 거기에는 여러 가지 과일 나무와 함께 '선악을 알게 하는 나무'도 있었다. 신이 사람에게 "동산 각종 나무의 열매는 네가 임의로 먹되 선악을 알게 하는 나무의 열매는 먹지 말라. 네가 먹는 날에는 반드시 죽으리라"라고 하셨다.

뒤늦게 신이 보시니, 사람이 "혼자 사는 것이 좋지 아니"하다고 생각되었다. 그래서 사람을 위해 다시 손수 흙으로 각종 짐승과 새들을 하나하나 지어주셨다. 그러나 짐승이나 새만으로는 완전히 만족해하는 눈치가 아니었다. 그래서 그 사람을 위해 특별히 "돕는 배필"을 지어주시리라 작정했다. 사람을 깊이 잠들게 하시고, 그의 '갈빗대(?)'

하나를 취해 그것으로 여자를 만들어주셨다. 짐승들과 새들만 보고 살던 아담은 자기의 분신인 이 여인을 보자 "이는 내 뼈 중의 뼈요, 살 중의 살이라" 하면서 감격하였다. 둘은 "벌거벗었으나 부끄러워하지 아니"하며 함께 잘 살았다.

둘째 이야기는 여기서 그치지 않고 계속된다. 우리가 잘 아는 대로 어느 날 큰 사건이 터졌다. 하와가 그 "선악을 알게 하는 나무의 열매"를 먹으면 눈이 밝아지고 신같이 되어 무엇이 선이고 무엇이 악인가를 분별하는 지식을 얻게 된다는 뱀의 유혹에 빠져 그만 그것을 먹었다. 그러고는 그것을 남편에게도 주어 그도 먹었다. "이에 그들의 눈이 밝아져 자기들이 벗은 줄을 알고 무화과나무 잎을 엮어 치마"를 만들어 입었다. 날이 서늘할 때에 동산을 거니시는 신의 음성을 듣고 그들은 신의 낯을 피하여 나무 사이에 숨었다.

신이 아담을 향해 "네가 어디 있느냐?" 하고 찾았다. 그러고는 그들이 왜 그 나무의 열매를 먹었는지 그 사연을 물어보았다. 아담은 당신이 나를 위해 만들어준 이 여인이 그 열매를 주므로 먹었다고 하면서 신과 하와 양쪽에다 책임을 떠넘기고 하와는 뱀의 핑계를 댄다. 핑계 대기 경연대회였다. 오로지 상대 쪽으로 공을 떠넘기는 배구 시합의 시작이다.

신이 먼저 뱀을 향해 앞으로 배로 기어 다니고 종신토록 흙을 먹게 되리라는 등의 형벌을 내렸다. 하와에게는 해산의 고통을 크게 더함과 동시에 남자를 '사모하는' 마음을 심어주어 영영 그 해산의 고통에서 벗어날 수 없게 하였다. 아담에게는 그로 인해 땅이 저주를 받아 가시덤불과 엉겅퀴를 내고 얼굴에 땀을 흘려야 거기서 먹을 것을 얻을 수 있게 되리라 했다. 그리고 그들을 에덴동산에서 쫓아내시고 '에덴의 동쪽'에 화염검을 두어 그들이 다시 동산에 접근하지 못하게 했다는 것이다.

이와 같은 두 가지 창조 이야기를 문자적으로 읽을 때 그것이 가져다주는 딜레마를 다루기 전에 이와 관련하여 몇 가지 재미있는 사실을 살펴보자.

첫째, '아담'이라는 이름은, 앞에서 잠깐 언급했듯, 고유명사가 아니라 그냥 '사람'이란 뜻으로, 본래 '흙'을 의미하는 '아담아'에서 유래했다. 영어의 'human'이라는 말의 어원이기도 한 라틴어 'homo'가 라틴어에서 흙을 의미하는 'humus'에서 나온 원리와 같다. 신이 처음 만드신 인간은 '남자'가 아니라 그냥 '사람'이었다. 아직 여자가 없었기 때문에 자연히 남녀의 구별이 있을 수 없었다. 이 문제는 나중에 다시 별도로 이야기하자.

둘째, 아담과 하와가 먹은 과일이 사과인지 복숭아인지 누구도 모른다. 어른들 목에 튀어나온 목뼈를 보고 서양에서는 '아담의 사과'라 하지만 아담이 '사과'를 먹었다는 기록은 없다. 한국의 어느 교과에서는 그것이 복숭아라 믿고 복숭아를 안 먹는다고도 하지만, 그것이 복숭아였다는 증거도 물론 없다.

셋째, 아담 하와의 경우 신이 직접 손으로 만드셨으니 탯줄이 없었을 것이고, 따라서 배꼽이 없었을 것이라 하는데, 사실 여부는 확인할 길이 없다. 배꼽이 없는 배를 상상하기가 힘들지만, 그런 배는 보기가 좋았을까, 좀 이상스러웠을까. 아담의 '갈빗대'에 대해서는 나중에 이야기하겠다.

넷째, 17세기 제임스 어셔(James Ussher)라는 아일랜드 신부가 성경에 나오는 아담과 그 자손들의 생존 연대를 전부 계산해서 아담이 흙으로 빚어진 시기(생년월일이 아니라 '조성일?')가 기원전 4004년이라 주장하고, 그것이 오랫동안 가톨릭교회의 공식 교리로 채택되어왔는데, 아직도 그것을 그대로 믿는 사람들에게는 섭섭한 일이겠지만, 더 이상 공식 교리가 되지 못하고 있다. 한술 더 떠서 영국 케임브리지의 세인트캐서린스 칼리지 학장인 존 라이트푸트(John Lightfoot) 박사는 그것이 정확하게 10월 23일 오전 9시 정각이었다고 공표하기도 했다.

그런데 더 심각한 문제는 이런 것이 아니다. 우리 앞에 펼쳐진 이 두 가지 창조 이야기 중 어느 쪽을 정말로 믿어야 하는가의 문제다. 첫째 이야기에서는 5일에 새들을, 6일에 짐승들을 만드시고, 그러고 나서 사람을 만드셨다고 했는데, 둘째 이야기에서는 사람을 먼저 창조하시고 그 사람이 혼자 사는 모양이 좋지 못하다고 하여 짐승들을 지으시고 이어서 새들을 지으셨다고 했다. 우리는 어느 쪽 순서를 옳다고 믿어야 하나? 짐승과 새들이 두 번 창조되었다고 보아야 하는가? 물론 첫째 이야기는 천지창조의 총체적인 이야기고, 둘째 이야기는 몇 가지 세부적인 부분을 만든 부연적 설명이므로 보완적이지 상충되는 것이 아니라고 주장하는 사람도 있다. 그러나 이것이 그렇게 간단히 해결될 문제가 아니라는 데 그 심각성이 있다. 몇 가지만 지적하면 다음과 같다.

첫째 이야기에서는 전지전능한 신이 완전히 원대한 계획에 따라 천지와 그 안에 있는 모든 것을 말씀으로 단숨에 다 지으시고, 일이 완성되었을 때 극히 만족해하시면서 작업에서 손을 떼신다. 그리고 수정 작업이나 추가 보수 작업 같은 것을 하시지 않는다. 물론 일곱째 날 쉬신 것을 보면 완전히 '전능'하신 것만도 아니라는 반론이 나옴직도 하지만 그것은 그렇게 중요한 사항이 아닌 것 같다. 문제는 이 신이 둘째 이야기에 나오는 신과 너무나도 다르다는 사실이다. 둘째 이야기 속 신은 일단 사람을 만들어놓고 보니까 있어야 할 곳이 필요하구나 생각하시고 동산을 일구신다. 또 사람이 거기서 쓸쓸히 지내는 것을 보시고 나서 뒤늦게나마 자기의 실수를 알아내시고 짐승과 새들을 만드신다. 그러나 그렇게 하여 사람이 만족하리라고 생각했던 것은 오산이었음을 발견하게 된다. 그리하여 다른 인간을 만들어주기로 작정하시는 것이다.

야훼 신은 이렇게 일을 해가면서 계속 계획을 수정 보완해가고 있다. 아담 하와의 추방으로 결국 실패작이 되고 말 에덴동산 조성 사업마저도 미리 알지 못하고 그대로 추진했던 신이다. 그런 실수 때문에 에덴동산은 쓸데없는 공터로 남게 된 것이다. 우리는 첫째 이야기에 나오는 신과 둘째 이야기에 나오는 신 중 어느 신을 참신으로 모셔야 하는가?

이 이야기들을 문자적으로 받아들이게 되면, 문제는 여기에 그치지 않는다. 우리는 이 이야기들, 특히 둘째 이야기에서 도저히 전지전능하신 신을 상상할 수가 없다. 전지전능하신 신이라면 아담 하와가 숨어 있다고 "네가 어디 있느냐?" 하고 찾으실 필요가 무엇인가? 모든 것을 끝까지 다 아시는 신이 아담 하와가 따 먹을 것을 뻔히 아시면서 왜 그런 나무를 만들어놓으셨는가? 인간이 자유의지를 가지고 자발적으로 순종하는가 아니하는가를 시험해보시기 위한 것이라 해석하지만, 모든 것을 미리 다 아시는 신이 구태여 그런 시험을 해볼 이유가 무엇이었을까? 그뿐이 아니다.

인간에게 자유의지를 주셨기 때문에 따 먹도록 놓아두셨다고 하지만, 아이가 부모의 말을 거역하여 벼랑으로 갔다가 거기에서 떨어져 죽을 것 같으면, 그것이 아무리 부모 말을 듣지 않은 결과에서 오는 일이라 하더라도 일단은 붙잡는 것이 부모의 일반적 심정일 터인데, 신은 그런 마음마저도 없었다는 말인가? 선과 악을 알게 하는 나무의 열매를 먹고 무엇이 선하고 무엇이 악한가를 아는 것이 도대체 왜 그리 못 할 짓인가? 선악을 판단할 능력이란 인간으로서 가지고 있어야 할 기본 요건이 아닌가? 하나님도 우리가 서로 변론하자고 했는데. 선과 악을 알게 하는 나무의 열매를 먹고 신처럼 눈이 밝아지는 것을 막아야 할 정도로 신은 질투심과 이기심이 많으신가? 어떻게 단 한 번의 실수로 그렇게 심한 벌을 주실 수 있으신가? 그것도 당사자들뿐 아니라 땅도, 그리고 자자손손이 저주를 받아야 한다는 것인가? 선과 악을 알기도 전에 선악과를 먹으면 나쁘다는 것을 어떻게 알 수 있었 겠는가? 뭐가 좋은지 나쁜지도 모르고 무조건 시키는 대로 순종하여 열매를 따 먹지 않았다면 그런 로봇 같은 순종이 뭐 그리 대단하단 말 인가? 모두 초등학교 상급반이나 중학생 때 열심히 물어보던 유치한 질문들이다. 그야말로 꼬리에 꼬리를 무는 질문이다. 그러나 성경을 문자적으로 읽어야 할 경우 불가피한 질문이요, 또 문자적으로 해석 해서는 시원한 답이 있을 수 없는 질문들이기도 하다.

계속 말해왔지만, 이런 이야기의 일차 목적은 정보(information)가 아니라 변화(transformation)를 주기 위한 것이다. 기본적으로 과학적,

역사적 사실을 가르치려는 것이 아니라 종교적 의미를 전달하려는 것이다. 그러면 창조 이야기에서 우리는 어떤 종교적 의미를 찾을 수 있을까?

이런 상징적 이야기가 들려주는 의미는 한 가지만일 수 없다. 카를 야스퍼스(Karl Jaspers)가 말한 대로 상징이란 "백만 가지 뜻의 원천"이다. 각자의 처지와 성숙도에 따라 서로 다른 뜻을 찾아낼 수 있다. 이제 이 이야기를 특히 오늘을 사는 우리에게 힘이 되고 지침이 될 수 있는 방향으로 한번 풀이해보기로 한다.

첫째, 우리는 이 이야기에서 우주 만물이 '신'이라는 한 가지 근원, 같은 태에서 나온 형제자매라는 사실을 확인하게 된다. 인류는 물론이고 새와 짐승, 풀과 나무, 하늘과 땅, 산과 바다 모두가 다 한배 속에서 나와 한솥밥을 먹고 사는 형제자매다. 우주 자체가 이렇게 한 식구, 하나의 신령스러운 공동체라는 의식을 가질 수 있다. 이제 이런 장엄한 우주 창조의 대서사시를 앞에 두고 '인간들만' 한다든가, 인간들 중 '내 민족만' 한다든가, 더욱 좁아져 '나만' 하는 좁고 좀스러운 배타주의적 인간 중심주의, 국수주의, 이기주의의 태도로 산다는 것이 부끄러운 일임을 깨달아야 하리라. 이제 모든 인류를 감쌀 뿐 아니라 생물 무생물을 다 함께 얼싸안는 우주적 동류의식을 배양해야 하는 것이다. 이것이 성경에서 배울 수 있는 새로운 의미의 '호연지기(浩然之氣)'다.

둘째, 만물은 서로 연관되어 있음을 알 수 있다. 앞에서 지적한 바와 관계되는 이야기지만, 여기서는 근원이 같을 뿐 아니라 존재 양식 자체가 서로 유기적인 얼개 속에 있음을 강조하는 것이다. 물론 창조 이야기에서 인간에게 특별한 위치가 주어진 것이 사실이긴 해도, 이 인간 역시 다른 피조물 없이는 혼자 살 수 없도록 만들어졌다. 결국 모든 피조물은 모두가 모두에게 의존해 있고, 모두에게 연결되어 있다.

이런 만물의 상호 의존, 상호 연관을 근거로 하는 유기체적 세계관은 오늘 우리에게 그 무엇보다도 절실한 세계관이다. 지금까지 서양의 근대 문명은 데카르트와 뉴턴의 기계론적 세계관에 입각해서 사물을 이해하고 해석해왔다. 따라서 생존경쟁, 상호 투쟁, 적자생존 등 상극(相剋)의 원리가 지배하는 사회였다. 우리는 이런 살벌한 상극의 질서에서 호혜의 원칙, 상생(相生)의 원리가 편만한 사회로 넘어가야 하고, 바로 창조 이야기에서 이런 더불어 삶, 어울려 있음의 모습을 읽어내야 한다.

셋째, 우리는 우리의 존재를 가능하게 하는 그 엄청나고 신비스러운 힘 앞에서 겸허하게 옷깃을 여미는 태도를 배워야 한다. 물론 이와 동시에 인간은 신의 형상으로 지음받았다는 사실을 기억하고 인간으로서의 존엄을 지켜나가야 할 것이다. 인간으로서의 존엄을 지킨다는 말은 물론 나 자신뿐 아니라 형제자매들의 존엄도 함께 존중한다는 뜻이다. 그리고 어느 누구의 인간적 존엄이나 인권이 침해당하는 일이 있을 때라도 다 함께 아파하고 함께 대처하는 용기를 가져야 할 것이다. 따라서 창조 이야기는 우리에게 겸허하면서도 의연한 사람됨, 자기의 분수를 알면서도 당당한 사람됨을 심어주는 이야기가 될 수 있다.

넷째, 좀 더 구체적으로 들어가 보자. 창조 이야기에서 우리는 신이 창조한 세계를 사랑할 줄 아는 것은 물론, 이를 아끼고 보존하는

데 최선을 다해야 한다는 교훈을 배운다. 풀 한 포기 나무 한 그루에서 신의 손길을 보고, 높은 산 넓은 바다에서 신의 숨결을 느낄 수 있어야 하겠다. 그럴 수 있을 때, 신의 걸작인 자연을 함부로 훼손하거나 파괴하는 일은 결국 레오나르도 다빈치가 그린 〈모나리자〉에 칼을 들고 대드는 일과 다를 바 없다는 사실을 깨닫게 될 것이다.

우리 중에 진화론은 마귀의 이론이고 창조론만 진리라고 주장하는 그리스도인들을 많이 만나게 된다. 몇 번씩 강조하지만 창조론이고 진화론이고 그런 이론 자체가 우리를 구원하는 것이 아니다. 창조론이 진리라며 입에 거품을 물고 외치면서도 무의식적으로 신이 손수 지으신 환경을 오염시키고 자연 파괴에 동참하는 사람들과, 진화론을 믿지만 일회용 볼펜이나 종이 수건 쓰기도 거부하면서 자연보호에 시간과 정력을 바치는 캐나다의 데이비드 스즈키 교수, 누가 창조주의 정신에 더 부합하는 삶을 살아가고 있다 하겠는가?

노르웨이 오슬로 국립대학에서 한국학을 가르치고 있는 러시아 출신의 박노자 교수가 창조론을 믿는 사람이 거의 없는 노르웨이 사람들에 대해 쓴 다음 글은 우리에게 시사하는 바가 크다고 본다.

노르웨이에 온 첫날부터 오슬로 시내에서 왔다 갔다 해야 했던 내가 맨 처음 놀란 것은, 자동차보다 자전거가 훨씬 더 많이 보인다는 사실이었다. 특히 대학의 경우에는, 학생·직원·교수 너나없이 거의 모두 자전거로 출퇴근한다. 자동차를 끌고 나가는 사람은 극소수에 불과하고, 체력 쇠약 등의 이유로 자전거를 못 타는 사람은 거의 전부 대중교통을 사용한다. 자동차에 대한 이러한 혐오증은 무엇과 관련이 있을까.

일차적으로 매연으로 인한 환경오염에 대한 뚜렷한 의식이 보편화된 것이 원인이었다.

아담의 갈빗대?

아담의 '갈빗대'를 취하여 하와를 만들었다는 이야기와 관련해서 몇 가지 재미있는 일화와 해석이 있다.

첫째, 옛날 독실한 그리스도인들은 남자가 여자보다 갈빗대 하나가 적을 것이라 믿었다. 1543년 현대 해부학의 창시자 안드레아스 베살리우스(Andreas Vesalius)가 '대담하게' 남녀 공히 같은 숫자의 갈빗대를 가지고 있다고 공표하자 많은 기독교인은 그를 두고 성경을 믿지 않는 사람이라 공박했다. 성경에 뭐라 했든 현재 남녀 갈빗대 수는 그가 지적한 대로 한쪽에 열두 개씩 좌우 스물네 개 모두 같다. 아마 아담의 경우 배꼽도 없고 갈빗대도 하나 모자랐는지 모르지만, 그것이 남자에게 유전적으로 내려오지는 않았던 모양이다. 그런데 내가 아는 정형외과 의사에 의하면 지금도 남자의 갈빗대 숫자가 여자보다 하나 적지 않으냐고 물어오는 사람들이 있다고 한다.

둘째, 갈빗대 이야기를 놓고 남녀의 본성이나 지위에 관한 이야기로 해석하는 일이다. 여자는 남자의 일부에 불과한 갈빗대로 지어졌기 때문에 남자보다 열등하다고 한다거나, 혹은 남자의 원재료는 흙이지만 여자의 원재료는 갈빗대였으므로 여자가 더 고급 제품이다 하는 따위가 그런 예다. 여자는 남자가 혼자 사는 것이 좋지 않게 보였기에 그를 "돕는 배필"로 지어졌으므로 남자의 종속물이라고 하거나, 혹은 신이 남자를 지어놓고 보니 뭔가 모자란 제품 같아 다시 지었는데, 그것이 여자요, 그 긴 창조 과정에서 그 대미를 장식한 것이 바로 여자다 하는 주장도 마찬가지이다. 여자는 남자의 옆구리에 있는 갈빗대로 만들었으니 기껏해야 'side issue(곁다리로 생긴 것)'에 불과하고 또 여자의 성격도 갈빗대 모양처럼 구부러졌다고 하거나, 여자는 남자의 중간쯤에 있는 갈빗대로 만들어졌으니 남자보다 높지도 낮지도 않다 하는 해석도 있다. 재미있는 해석들이지만, 이 이야기가 이렇게 남녀 우열의 문제를 말해주려는 이야기로 생각되지는 않는다.

셋째, 이 갈빗대 이야기를 비교종교학적 시각이라고 할까, 비교신화학적 시각에서 살펴보는 것이다. 여러 문화권에서 전해 내려오는 신화를 살펴보면 상당수의 신화에서 최초의 인간은 남녀 성을 한 몸에 지녔던 것으로 나타난다. 이런 인간을 영어로는 'androgyne'라고 하는데, 그리스어로 남자란 뜻의 'andros'와 여자란 뜻의 'gyne'가 합쳐진 말이다. 우리말로는 '양성구유인(兩性具有人)'쯤으로 옮길 수 있겠다. 힌두교에서도 저 옛날 최초의 인간은 양성을 한 몸에 지니고 있었기 때문에 지금의 인간보다 몸집이 두 배나 컸다고 나와 있다. 그러다가 외롭고 쓸쓸하여 "콩이 반으로 나누어지듯" 나누어졌다고 한다. 이렇게 갈라진 반쪽들이 서로 만나 결합하는 것이 곧 결혼이라 본다. 조로아스터교에서도 비슷한 이야기가 나오지만, 우리에게 가장 잘 알려진 것은 플라톤의 『향연』이라는 책에 나오는 이야기다.

이 이야기에 따르면, 옛날에는 세 종류의 인간이 있었다고 한다. 남자와 남자가 붙어서 하나로 이루어진 순남성 인간, 여자와 여자가 붙어서 하나로 이루어진 순여성 인간, 그리고 남자와 여자가 붙어서 하나로 된 양성구유 인간이었다. 이 세 종류의 인간은 그러니까 모두 등과 옆구리를 밖으로 하고 서로 앞으로 붙어 있었다. 네 개의 팔과 네 개의 다리에다 오장육부도 모두 둘씩 있었고, 얼굴도 물론 두 개인데, 두 개의 얼굴은 서로 바깥쪽을 향해 있었다. 보통 때는 네 개의 다리를 사용하여 걸어 다녔지만 바쁠 때는 네 개의 다리와 네 개의 팔, 모두 여덟 개를 사용하여 바퀴 돌듯, 굴렁쇠 구르듯, 올림픽 체조 선수들이 공중제비 돌듯 굴러다닐 수도 있었다. 이렇게 다니는 것이 너무 빠르고, 힘도 셀 뿐만 아니라 그로 인해 마음이 자고해져 신에게 도전하기까지 했다. 위협을 느낀 신들은 서로 의논한 끝에, 제우스의 제안에 따라 인간을 반으로 갈라놓기로 하고 "삶은 계란 자르듯" 모두 반으로 잘라, 남자와 남자, 여자와 여자, 남자와 여자로 분리해놓았다. 그러고는 얼굴을 반대 방향으로 돌려놓고, 성기도 앞쪽으로 옮겨놓았다. 인간의 사랑(에로스)이란 이렇게 본래 붙었다가 잘려서 떨어져 나간 다른 쪽에 대한 동경이라고 한다. 이렇게 동경하다가 자기의 진짜 짝을 찾으면 다시 팔다리를 '얼크렁설크렁' 하고 붙어서 함께 살아가게 된다는 이야기다.

아담의 갈빗대에서 하와를 만들었다는 이야기도 이런 맥락에서 이해할 수 있다. '갈빗대'라고 번역된 히브리어 원문은 '첼라(tsela)'라는 단어다. 그런데 이 말을 반드시 '갈빗대'라 번역할 필요는 없다. 기원전 3세기에 나온 그리스어 70인 역에서, 이 이야기에 나오는 아담의 '첼라'에 한해서만은 그것을 '갈빗대'로 번역했기 때문에 그 후 계속 '갈빗대'로 이해되어왔을 뿐, 그 단어 자체는 그냥 '한쪽(side)' 이라는 뜻이었다. 「출애굽기」 26장 20절에 보면 "성막 다른 쪽"이라 는 말이 나오는데, 이 '다른 쪽'의 원문이 바로 '첼라'다. 첼라를 다른 한쪽이라든가 다른 한편으로 번역한다면, 아담의 갈비뼈를 꺼내서 하와를 만든 것이 아니라 아담의 '한쪽'을 잘라 하와를 만든 것이 된 다. 다시 말해 사람인 '아담'을 둘로 갈라 한쪽은 남자(이쉬)가 되고 다른 한쪽은 여자(잇샤)가 되었다는 것이다.

영어에서 'man'이라고 하면 '남자'를 뜻하기도 하지만 남녀를 포 괄하는 '인간 전체'를 뜻하기도 했던 것과 마찬가지로 '아담'이라는 말도 남자를 뜻하기도 하지만 일차로는 남녀 모두를 포괄하는 '사 람'이라는 의미이다. 우리말 〈개역개정〉 성경에서 "흙으로 사람을 지으시고"(창 2:7)라 한 것이나 "사람의 혼자 사는 것이 좋지 아니하 니"(창 2:18)라 한 말 등에 나오는 '사람'은 '아담'의 번역이다. 따라 서 '아담'은 이 경우 '양성구유 인간'이었다고 보아 틀릴 것이 없다.

아담과 하와의 이야기를 이렇게 읽으면 그것은 남녀 우열의 문제 가 아니라, 인간은 본래 남녀 한 몸이었다는 것, 사랑은 그 본래의 모 습을 회복하려는 노력이라는 것, "남자가 부모를 떠나 그의 아내와 합하여 둘이 한 몸을 이"(창 2:24)룬다는 것은 이렇게 인간의 원초적 모습으로 되돌아감이라는 것, "하나님이 짝지어주신 것을 사람이 나 누"(막 10:9)어서는 안 된다는 예수님의 말씀은 바로 창조 질서에 근 거한다는 것 등을 일깨워주는 내용으로 이해할 수 있지 않겠는가?

선악과

─ 이분법적 의식의 출현

이번에는 아담과 하와가 '선악을 알게 하는 나무의 열매'를 먹은 일, 이른바 인류의 '타락'을 어떻게 해석할 수 있는가 하는 문제를 중심으로 이야기를 계속해보자. 우선 바람직하지 못한 해석들부터 몇 가지 예로 든다.

첫째, 이 이야기를 여자의 본성에 관한 이야기로 해석하는 것이다. 하와가 유혹에 빠져 세상이 이 지경이 되었으니 여자는 책임을 지고 설치지 말아야 한다, 그뿐 아니라 남자를 유혹했으니 여자는 언제나 위험한 존재라는 해석이다. 이런 생각이 가장 극명하게 나타난 예가 신약「디모데 전서」다. "여자는 일절 순종함으로 조용히 배우라. 여자가 가르치는 것과 남자를 주관하는 것을 허락하지 아니하노니 오직 조용할지니라. 이는 아담이 먼저 지음을 받고 하와가 그 후며 아담이 속은 것이 아니고 여자가 속아 죄에 빠졌음이니라."(2:11-14) 많은 성서학자들은 이 글이 "남자나 여자나 다 그리스도 안에서 하나"(갈 3:28)라고 말한 바 있는 바울 자신의 글일 수 없다고 믿는다.

둘째 해석은 이 이야기를 특별히 성(性)의 문제와 연결하는 것이다. 이런 해석을 따르는 사람들은, 세계 공통의 현상이기는 하지만 특히 중동 지방에서 뱀은 남자의 성기를 상징한다고 이해되었으므로, 하와가 뱀의 꾐에 넘어갔다는 것은 여자가 성적으로 눈을 뜨게 되어 결국 뱀의 성적 유혹에 넘어갔다는 뜻이라고 주장한다. 이는 외경

「마카베오」 4서 등에 나오는 해석으로, 유스티누스나 아우구스티누스 등 초대 교부들도 이런 해석에 찬동했다.

셋째, 이 이야기로 인간의 '원죄'를 설명하려 하는 것이다. 우리의 조상인 아담과 하와는 신의 명령을 어기고 신이 금한 실과를 먹었다. 따라서 우리는 모두 본성적으로 죄인들이다, 하는 식이다. 까마득한 옛날 우리 조상이 지은 죗값을 우리가 치러야 하는 셈이다. 지독한 연좌제라 할 수 있다. 그러나 대부분의 정통 기독교에서 받아들이는 해석이기도 하다.

이런 피상적인 해석보다 더 시원스러운 해석들이 있을 수 없을까? 가장 의미 있다고 생각되는 것 하나만 이야기해보겠다.

선악과에 관한 이 이야기를 인간의 의식 발달사의 관점으로 보는 해석이다. 갓난아이는 처음엔 자기와 외부 세계의 분리를 의식하지 못한다. 자기도, 어머니도, 요람도, 창밖의 세계도 분간 없이 모두 하나인 '두루뭉수리'의 세계다. 그러다가 일정 기간이 지나면 자기와 구분된 어머니라는 실체가 존재한다는 것을 어렴풋하게나마 알게 되고, 좀 더 시간이 지나면 자기와 외부 세계가 독립적으로 존재한다는 사실을 의식하게 된다. '자기'라는 존재가 점점 더 확실해짐에 따라, 뚜렷한 '자의식'이 형성되는 것이다. 이렇게 인간 개인의 의식 발달과 마찬가지로 인류 전체도 일정한 단계를 거치는 의식상의 발달이 있었다는 얘기다.

인류는 한때 자기 자신과 외부 세계를 분간하지 못하는 '주객미분(主客未分)'의 세계에 살았다. 마치 꿈에서 나·너, 이것·저것, 여기·저기, 어제·오늘 등의 구별이 모호하여 모두 범벅이 되어 돌아가듯,

그런 꿈꾸는 듯한 의식 상태로 산 적이 있다는 것이다. 이른바 자의식이 없는 상태였다. 이렇게 나를 독립적으로 의식하지 못한 상태였기 때문에 "벌거벗었으나 부끄러운 줄 모른" 것이다. 독립된 개체로서의 '나'가 없는 상태이기 때문에 나를 위해 뭘 한다고 애쓸 일도 없고, 과거를 후회하거나 내일을 걱정할 필요도 없었다. '개 팔자 상팔자'의 상태와 같다. 이런 상태는 어느 면에서 '행복한' 상태이기도 했다. 그야말로 '낙원'이다.

그러다 '선과 악을 알게 하는 나무의 열매'를 먹으므로 이런 주객 미분의 의식 상태에서 주객분리(主客分離)의 이분법적 의식으로 넘어오게 된 것이다. 우선 세계와 분리된 나 스스로를 의식하고 벌거벗었음을 부끄러워하게 된다. 나의 근원인 신과 분리되었음을 의식한다. 드디어 무엇이 선한가 악한가를 분별하게 되고, 특히 나를 위해 무엇이 좋고 나쁜가 따지게 된다. 나와 너의 대립에서 내가 유리한 입장에 서야 하고, 결국 내가 이겨야 하고…… 나를 확대하고, 나를 위하는 '자기중심적' 사고가 움트는 것이다. '자기중심적' 사고란 결국 내가 '신과 세계와 이웃'으로부터 분리되고 소외되었음을 의미한다. 고달픈 일임을 발견한다. 이것저것 구별하지 않고 걱정 없이 살 수 있었던 때에 비하면 말할 수 없이 힘든 삶이다. 그런 의미에서 이것은 '실낙원(失樂園)'이요, '타락'이다.

그러나 인간이 주객미분 상태의 동물적 의식으로 만족하며 계속 살 수 있겠는가? 개 팔자가 상팔자이기는 하지만 정말로 그렇게 살기를 원하는 사람은 없다. 그런 행복은 진정한 의미의 행복일 수가 없기 때문이다. 인간은 부단히 자기의 한계성을 초극하려 노력한다. 이런 노력의 일환으로 선과 악을 알게 하는 나무의 열매를 먹은 셈이다. 이것은 어느 면에서 보면 인간이 스스로의 분수에 도전하는 자고함(hubris)일 수 있다. 그렇기에 벌을 받은 것이다. 그러나 이렇게 과거에서 해방되어 인간으로서의 가능성을 실현하려는 데 따르는 희생이라면 그것을 운명적으로 받아들일 각오가 되어 있었다. 그런 의미에서 타락은 켄 윌버(Ken Wilber) 같은 학자가 표현한 대로 "Fall Down"이 아니라 "Fall Up"이라 할 수 있다. 아우구스티누스 같은 신학자나 헤겔, 베르자예프 같은 철학자도 이것을 "행복한 타락(Happy Fault)"이라 불렀다.*

물론 이렇게 타락한 상태가 최종적 이상 상태는 아니다. 우리는 이런 이분법적 사고를 초월해야 한다. 이분법적 사고 이전으로 되돌아가는 것이 아니라 그것을 뛰어넘는 것이다. 이렇게 초이분법적 의식 상태가 성경에서 말하는 '메타노이아'요, 바로 종교가 지향해야 하는 궁극 목표다.**

* 이 문제를 본격적으로 다룬 책으로 Ken Wilber, *Up From Eden: A Transpersonal View of Human Evolution*(Boulder: Shambhala, 1983)을 참고할 수 있다. 이 책에 대해 심리학자 롤로 메이(Rollo May)는 "켄 윌버의 저술을 누구든지 그의 책을 읽을 수 있을 만큼 큰 행운을 지닌 사람의 마음과 상상력을 일깨워준다"라고 했다. 의식 문제에서 아인슈타인으로 일컬어지기도 하는 켄 윌버는 현재 초심리학(Transpersonal Psychology)과 통합심리학(Intergral Psychology)의 선두주자라 할 수 있다. 이 책은 조옥경, 윤상일 옮김, 『에덴을 넘어』(한언출판사, 2009)로 번역되어 있다. 그 외에 한국어로 번역된 책이 다수 있다.

** '메타노이아'에 대해서는 마지막 부분에 가서 별도로 이야기한다.

노아 홍수를 따져보면

성경 「창세기」 6장부터 나오는 노아 홍수 이야기에 따르면, 신이 사람들의 죄악이 세상에 가득함을 보시고 땅 위에 사람 지음을 후회하신 나머지 땅 위에 있는 것을 모두 "지면에서 쓸어버리"기로 작정하신다. 그러나 "노아는 은혜를 입어" 그의 아내, 그리고 세 아들과 세 며느리를 거느리고 구원을 받게 된다. 신은 노아에게 잣나무를 잘라 길이 300규빗, 폭 50규빗, 높이 30규빗 크기의 방주를 지으라고 했다. 현대 미터법으로 고치면 길이 약 150미터, 폭 25미터, 높이 15미터 정도 되는 직사각형 배다. 거기다 창 하나와 문 하나를 내라고 했다. 7년 뒤에 홍수가 있을 터인데, 그때까지 배를 완성하고 거기 들어갈 노아의 식구들과 종류별로 한 쌍씩 들어갈 동물들이 먹을 양식을 장만하라고 했다. 이 이야기는 각각 다른 자료들을 모아 엮어놓은 이야기이므로 "한 쌍씩"이라 하기도 하고 "정결한 짐승은 암수 일곱씩, 부정한 것은 암수 둘씩, 새도 암수 일곱씩"이라 하기도 했다. 편의상 한 쌍씩이라 하자.

드디어 그날이 오고, 노아의 가족 여덟 명과 모든 들짐승, 모든 가축, 땅에 기는 모든 것, 모든 새들 등 "무릇 생명의 기운이 있는 육체가 둘씩 노아에게 나아와 방주로 들어갔"다. 노아가 600세 되던 해 2월 17일 "큰 깊음의 샘들이 터지며 하늘의 창문들이 열려 사십 주야를 비가 땅에 쏟아졌"다. 물이 불어나 결국 "천하의 높은 산이 다 잠겼"다. 배는 150일 동안 물에 떠다니다가 물이 빠지면서 7월 17일 아라

랏 산에 닿게 되고 거기서 7개월 이상 물이 더 빠지기를 기다렸다가 드디어 다음 해 2월 27일에 배 밖으로 나오게 되었다고 했다.(비가 온 기간 등도 자료에 따라 저마다 다르다.)

이런 이야기를 놓고 역사성이나 과학성 여부를 따진다는 것 자체가 쑥스럽기 그지없는 일이다. 그러나 이왕 말이 나온 김에 몇 가지만 지적해보자.

우선 방주를 만드는 일이다. 신이 뚝딱하고 지어주셨으면 모를까 성경대로 노아가 직접 지었다고 하면, 도끼나 톱 같은 연장도 없던 철기시대 이전의 시기에 그 큰 잣나무를 자르고 운반하고 판자로 제재를 하고 그것들을 짜 맞추어 그 많은 동물들을 다 싣고도 끄떡없을 정도로 튼튼한 배를 만들었다는 것이다. 그것도 노아 가족 여덟 명이서.*

그뿐 아니다. 자연사를 연구하는 사람들의 말을 빌리면, 공룡시대 전후 지구에는 포유동물이 약 4만 종, 파충류가 1,600백 종, 날짐승이 수천 종, 곤충이 70만 종 정도 있었을 것이라고 한다. 이런 생물들이 다 한 쌍씩 신의 명령에 따라 자기 발로, 혹은 자기 날개나 배로 방주로 들어왔다고 하자. 어떻게 여덟 가족이 이 많은 동물들, 그것도 식성이 각각 다른 그들에게 날마다 먹이를 줄 수 있었을까? 호랑이나 곰이나 늑대가 사슴이나 토끼, 염소와 같이 기거하고, 독수리나 매가 비둘기나 참새 같은 것과 동숙하면서 모두 얌전하게 노아의 가족이 주는 음식만 먹고 있었겠는가? 동물 중에는 일주일에 자기 체중에 해

* 「창세기」 4장 22절에 보면 홍수 이전에 두발가인이라는 사람이 있었는데, "그는 구리와 쇠로 여러 가지 기구를 만드는 자"였다고 한다. 따라서 홍수 이전에 지금보다 더 훌륭한 과학기술이 존재했을 것이라는 기발한 주장을 하는 이들도 있다.

당하는 양의 음식을 먹어치우는 것이 많은데, 그 많은 동물이 1년 이상 먹을 것을 실으려면 배가 태산보다 더 커야 했을 것이다. 또 어떤 짐승은 날고기나 특정한 생선만 먹고 어떤 짐승은 신선한 야채 혹은 특정한 과일만 먹는데, 냉장고도 없는 배에서 이런 것들을 어떻게, 그것도 1년 치나 저장할 수 있었을까? 창과 문이 하나밖에 없고 그것도 신이 직접 봉하셔서 환기도 안 되는 캄캄한 배 안에서 이 많은 동물들이 매일 쏟아내는 배설물, 그리고 그 지독한 오물 냄새를 어떻게 해결했을까?

물론 어떤 사람은 신이 이런 동물들을 모두 동면 비슷한 상태에 들게 하셔서 이런 문제를 해결하셨을 것이라 주장하기도 하지만, 성경에서는 찾을 수 없는 이야기이다. 설령 배 안에서는 동면을 했다고 하더라도 배 밖으로 나와 1년간 물에 잠겨 먹을 것이라고는 거의 없는 세상에서 뭘 먹고 살아남을 수 있었을까? 비둘기가 감람나무 잎을 물고 들어왔다고 하지만, 1년간 물에 잠겼던 나무의 잎이 성하게 남아 있었다는 것도 도저히 이해할 수 없는 일이다.

한 가지만 덧붙이자. 지구 표면, 지하, 그리고 대기권 안에 있는 물과 수분을 다 합쳐도 에베레스트 산까지 물에 잠기도록 하기에는 절대량이 부족하다고 한다. 요즘엔 그 당시 지구의 대기권이 물로 싸여 있었는데, 그 물이 한꺼번에 지상으로 쏟아져 내렸다고 주장하는 사람도 있는 모양이다. 그렇다면 홍수 후 그 많은 물은 다 어디로 간 걸까?

아무튼 이 모든 것을 신이 다 알아서 하신 일이라 한다면 할 말이 없어진다. 신이 다 하신 것이라면, 신이 왜 노아에게 번거롭게 배 같은 것을 짓고 노아의 가족이나 짐승들이 거기서 고생하게 할 필요가 있었겠는가? 모두 잠시 외계로 피신시켰다가 데리고 오면 되는 것을. "신의 마음을 우리가 어떻게 알겠느냐" 하겠지.

다시 강조하지만, 우리가 노아의 이야기를 '믿는 것'은 그것이 역사적으로나 과학적으로 사실이어서가 아니다. 이야기의 역사적 과학적 가능성을 따지는 데 시간과 정력을 소모하는 대신 조용히 그 이야기가 지금 나에게 주려는 더 깊은 뜻이 무엇인가 헤아려보고 거기서 얻을 교훈이 있다고 믿기 때문에 이 이야기를 '믿는 것'이다. 흔히 말하는 대로 "성경이 진리이기 위해 반드시 문자적으로 진리여야 할 필요는 없다(No need to think the Bible must be literally true to be true)".

경상도 시리즈와 성경

어머님이 살아 계실 때 백수 잔치가 있었다. 어머님의 연세가 꼭 백이 된 것이다. 그때 내가 손님들을 위해 몇 가지 농담을 했다.

"어머님이 옛날 저희가 서울에서 공부를 하고 있을 때 저희를 보러 안동에서 기차를 타고 서울로 오셨습니다. 청량리역에서 내려 택시를 타셨습니다. 택시 기사가 어머님을 보고 '할머니, 어디 가시나요?' 하고 물었습니다. 그러자 어머님이 '경상도 가시난데, 왜 그러요?' 하셨습니다.(웃음) 택시가 경희대학교 앞에 있던 우리 집에 섰습니다. 요금계산기에 1,500원의 요금이 나왔습니다. 어머님은 기사에게

1,000원만 건네주셨습니다. 기사가 놀란 표정으로 왜 1,000원만 주느냐고 따졌습니다. 그러자 저의 어머님 왈, '촌 할마이라고 깔보지 마이소. 내사 아까 그거 500원부터 시작하는 것 봤더.'(웃음) 택시에서 나오셔서 그때 마침 제 고향 친구 가 군(賈君)이 있는 것을 보시고 저에게 누구냐고 물으셨습니다. 제가 우리 마을에 사는 가씨 집 아들이라고 일러드리니, '가가 가가가?'라 하셨습니다.(웃음) 며칠 계시다가 버스를 타고 시내로 구경을 나가셨습니다. 그때만 해도 버스에 여자 차장이 있었는데, 돌아오는 버스에서 차장이 종로2가 내리세요, 종로3가 내리세요 외쳤습니다. 종로4가를 지나고 종로5가에 가까이 오게 되었습니다. 차장이 '종로5가 내리세요' 하고 외쳤습니다. 어머님이 차장에게 가서 '해주오가(海州吳家)도 여기서 내리나?' 하고 물으셨습니다.(웃음)"

이렇게 계속해서 '경상도 시리즈'를 엮어갔다. 손님들이 모두 즐거워하는 것 같아 다행이었다. 잔치가 끝나고 어떤 손님은 어머님이 정말로 그런 경험들을 다 하셨는가 물어보았다. 나는 그냥 웃고 말았다.

이 농담 시리즈에서 어머님이 정말로 그런 일을 경험하셨던가 하는 역사성(?)의 문제는 조금이라도 잔치의 흥을 돋우어보자고 한 나의 본의도와는 상관이 없는 일이다. 물론 여기에 약간의 역사성이 들어가 있는 것은 사실이다. 우리 고향이 안동이라는 것, 내가 중학교 때 누님들과 함께 서울로 올라와 경희대학교 앞에서 살았다는 것, 그때 버스를 타면 차장이 큰 소리로 정거장 이름을 외쳐대던 것 등은 역사적 사실이다. 그 당시 택시에 요금계산기가 부착되어 있었던가는 내가 중학교 때 택시란 것을 타본 기억이 없기 때문에 역사적인 사실

같기도 하고 비역사적인 허구 같기도 하다.

아무튼 여기서 이런 사실들은 내가 의도하는 바의 근본 목적을 위한 배경이나 무대장치에 불과하다. 요금이 150원이었는지 1,500원이었는지 아무려나 별상관이 없다. 청량리역에서 경희대 앞이라 해도 좋고, 동대문운동장 앞이라 해도 좋다. 이런 역사적 배경의 진위나 정확성은 아무런 문제도 아니다. 그날이 어머님의 백수 잔칫날이었기 때문에 그냥 어머님을 그 농담의 주인공으로 등장시킨 것이다. 어머님도 물론 그 농담을 들으시고, "저놈이 사람들 앞에서 별 거짓말을 다 하고 있네"라고 힐난하지 않으셨다. 모두 즐겁자고 하는 소리임을 아셨기 때문이다.

이렇게 농담에서는 주변 사항을 얼마든지 바꾸어 넣을 수 있다. 영어로 '펀치라인(punchline)'이라고 부르는 핵심 구절만 정확히 해서 사람들이 웃도록 하면 되는 것이다. 사람들이 기억하는 것도 그런 '골자'다. 영어로 'gist(요지)'나 'core(핵심)' 같은 것으로, 그 밖의 부분은 달라져도 아무 상관 없다. 따라서 한 가지 농담에 여러 가지 이본(異本)이 있을 수 있다. 이런 이본들 사이에 서로 상충하는 점이 있다 하더라도 어느 것이 맞고 틀리고를 따질 일이 아니다. 강조점, 배열 순서, 길게 한 것이냐 간단하게 한 것이냐의 차이일 뿐이다.

내 농담을 들었던 사람이 나중에 다른 자리에서 누가 그 비슷한 농담을 하는데, 요금 부분에 가서 2,000원이라는 소리를 듣고, 벌떡 일어나 "당신 틀렸소. 그건 1,500원이었소" 하고 소리친다면 기억력의 정확성에서는 칭찬을 받을지 몰라도 농담의 참뜻은 모르는 사람이다. 또 어떤 사람이 "어디 가시나요?" 부분을 빼든가 나중에 넣는다고 항의할 일도 아니다.

왜 여기서 이렇게 장황하게 '농담론'을 전개하고 있는가? 내가 지적하고 싶은 것은 성경책이 쓰일 때 그 과정이나 방법이 농담의 형성 과정이나 전달 방법과 비슷했다는 점이다. 예를 들어, 예수님이 돌아가시고 거의 40년이 지나서 복음서들이 쓰이기 시작한다. 그 전까지 예수님에 대한 이야기는 구전으로 내려오던 토막 이야기들이었다. 복음서 기자(記者)가 이런 토막 이야기들을 모아 예수님의 이야기를 엮어가는데, 설혹 150원이다 1,500원이다의 차이나, "어디 가시나요?"를 앞에 넣느냐 뒤에 넣느냐의 차이나, 다른 토막 이야기를 덧붙일까 말까의 차이나, 같은 토막 이야기를 좀 길게 서술할까 말까의 차이 등등이 있다 하더라도 크게 문제될 것이 없다는 말이다. 복음서 저자가 목적하는 바, 의도하는 바, 이루려고 하는 바는 그런 배경의 역사적 사실이나 논리적 일관성이나 기술(記述)상의 정확성 같은 것이 아니었다. 그들의 가장 큰 목적은 예수님의 이야기가 '복된 소식(evangelion)'이라는 믿음을 전하는 것이었다. 복음서는 이런 뜻에서 믿음에 의한, 믿음을 위한, 믿음의(by faith, for faith, of faith) 책이다.

성경을 이런 식으로 이해한다면, 예를 들어 성경 4복음서 사이에 무수히 산재하는 모순들, 예수님이 받으신 시험들의 순서처럼 앞뒤 순서가 뒤바뀌어 나오는 부분의 성격을 좀 더 쉽게 이해할 수 있다.*

---

* 「마태복음」에서는 1) 돌을 떡으로 만들라는 것, 2) 성전 꼭대기에서 뛰어내리라는 것, 3) 높은 산에서 천하만국과 그 영광을 보여주고 무릎을 꿇으면 이를 모두 주겠다는 것의 순서로 나왔는데, 「누가복음」에는 2번과 3번이 바뀌어 1), 3), 2)의 순서로 되어 있다. 「마가복음」은 시험받았다는 이야기만 하고 시험 내용은 기록하지 않고 있다. 마 4:1-12, 눅 4:-13, 막 1:12-13을 참조할 것.

그런 모순이나 상충되는 부분이 그렇게 많다 해서 놀랄 필요도 없고, 그 때문에 성경을 믿지 못하겠다고 포기할 필요는 더구나 없다. 또 성경에는 그런 모순이나 상충되는 부분이 없다고 우기는 것은 더더구나 필요 없는 억지 짓이다. 이런 억지를 부려야 참된 그리스도인이라고 착각하는 것은 더더더구나 쓸데없는 떼씀이다. 성경이 우리에게 전하려는 메시지는 이런 외부에 나타난 배경적 장치보다 훨씬 깊고 중요한 것이다.

성경은 하늘에서 떨어진 책인가?

이제 성경의 형성 과정을 역사적으로 한번 살펴보자.

'성경이 하나님의 말씀'이라고 해서 누가 하나님이 말씀하시는 것을 녹음했다가 종이에다 옮겨 적고, 그것을 가죽으로 제본해서 땅으로 뚝 떨어뜨린 것이라 생각하는 사람은 별로 없겠지만(그렇게 믿는 사람도 가끔씩은 있다!), 그래도 상당수의 사람은 '성경이 하나님의 말씀'이라는 생각 때문에 성경이 마치 처음부터 우리가 지금 가지고 있는 것과 같은 모양으로 쓰이고 묶여 전해 내려온 책쯤으로 생각한다. 그리고 성경에 나타난 것은 '하나님의 말씀' 그대로이기 때문에 처음부터 '일점일획'도 틀림없이 완벽한 책으로 쓰였고, 우리가 그것을 읽을 때 일점일획도 고쳐 읽을 수 없다고 생각하기도 한다.

그러나 분명한 사실은 성경도 어쩔 수 없이 다른 모든 책과 마찬가지로 오랜 세월에 걸쳐 이루어진 하나의 역사적 산물이라는 것이다. 한 가지 구체적인 예로 신약성서의 복음서가 어떻게 형성되었는지 살펴보기로 하자. 이를 위해 편의상 미국 성서 신학자 로버트 W. 펑크(Robert W. Funk)와 그의 동료들이 펴낸 『5복음서(*The Five Gospels*)』(1993)라는 책 서론 부분에 나오는 이론을 먼저 정리해본다.

첫째, 사본 문제다. 우리가 잘 알고 있듯이 성경에는 원본이라는 것이 없다. 물론 이론적으로 원본이 존재하기는 했었겠지만, 지금 우리가 가지고 있는 것은 원저자들이 쓴 원본이 아니라 후대 사람들이 손으로 베껴서 내려온 사본뿐이다. 복음서의 경우 가장 오래된 사본이 예수님 사후 175년경에 필사된 것이라 여겨지는 사본이다. 이 175년이란 세월의 깊이를 쉽게 느낄 수 있도록 한국 역사에 비겨 생각해보면, 조선시대 영조(1694~1776)와 그의 아들 사도 세자에 대한 기록으로 가장 오래된 것이 1950년에 쓰인 문헌이란 얘기가 된다.

서양의 경우 1454년 구텐베르크의 활자가 나오기 전까지는 모든 문헌이 하나하나 손으로 베껴 쓴 것이었다. 쓰는 사람들이 아무리 훌륭한 신앙을 가지고 있었다 해도 그들 역시 인간인지라 필사 과정에서 실수를 하지 않을 수 없었다. 따라서 완전히 똑같은 사본이라는 것은 있을 수 없다. 아무 성경이나 한번 펴보라. 무수한 난외주가 있는 것은, 사본들마다 다르기 때문에 그 다른 면을 함께 적어놓았기 때문이다. 성경이 일점일획도 틀릴 수 없다는 말은, 적어도 그 텍스트를 두고서는 할 수 없다.

둘째, 복음서 저자와 저작 연대의 문제이다. 이제는 거의 상식에 속하는 이야기지만 마태, 마가, 누가, 요한이 차례대로 자기들의 복음서를 써 내려간 것이 아니다. 또 마태, 마가, 누가, 요한이 그 복음서의 실제 저자도 아니다. 마가와 누가만은 실제적 저자의 이름이라 보는 성서학자도 있지만, 아무튼 복음서들은 처음에는 저자 이름이나 제목도 없이 돌아다니다가 후에 가서 이름이 붙었는데, 이 이름은 실제 저자의 이름과 상관이 없다고 보는 것이 보통이다.

대부분의 성서학자들은 복음서 중 「마가복음」이 기원후 70년경 제일 먼저 쓰이고, 그 후 20년 정도 있다가 「마태복음」과 「누가복음」이 쓰이고, 기원후 100년 전후해서 「요한복음」이 쓰였다고 본다. 「요한복음」은 여러 면에서 처음 세 복음서와 너무나도 달라서, 처음 세 복음서를 '공관복음(synoptic gospels)'이라 하여 한데 묶는 데 비해, 「요한복음」은 완전히 따로 취급하고 있다.

셋째, 복음서 자료의 문제이다. 공관복음서만 보면 「마태」와 「누가」 두 복음서 기자들은 「마가복음」을 거의 그대로 인용하고 거기다가 별도로 얼마를 덧붙여서 자기들의 복음서로 꾸몄다. 「마태복음」의 경우 「마가복음」에 나오는 내용의 90퍼센트 정도, 「누가복음」의 경우 50퍼센트 정도를 그대로 인용한다. 물론 인용하면서 나름대로 고치기도 하고, 늘리거나 줄이기도 하고, 순서를 바꾸고 생략하기도 했다.

「마태복음」과 「누가복음」의 저자들이 사용한 「마가복음」 이외의 자료가 별도로 있었던가, 있었다면 그것이 무엇일까 하는 문제에 관해서 많은 학자들은 그것이 Q자료일 것이라 한다. Q는 독일말로 '자료'를 뜻하는 'Quelle'의 머리글자이다. 이 자료는 예수님이 하셨다는 간단한 말씀만 모아놓은 '어록' 같은 것이라고 본다. 최근에 발견된 「도마복음」도 그런 종류의 복음서이다. 물론 Q자료의 존재를 인정하지 않고 「마태복음」과 「누가복음」 저자들이 스스로 여기저기에서 듣거나 생각해낸 것을 덧붙였을 것이라 믿는 사람도 있다.

「마태복음」, 「마가복음」, 「누가복음」 저자들은 복음서를 쓸 때 자기들이 직접 보고 들은 바를 쓴 것이 아니다. 목격자로 쓴 것이 아니라, 그 전 목격자들이 한 말이 전해 내려오는 것을 듣고 쓴 것이다. 말하자면 목격자의 증언이 아니라, 간접 자료에 입각해서 작성한 보고서인 셈이다. 마태나 요한은 예수님의 제자가 아닌가 생각할 수 있겠지만, 앞에서 잠시 언급한 대로 마태가 정말 「마태복음」의 저자였다면 자기가 직접 보고 들은 것을 적으면 되었지 무엇 때문에 목격자의 증언도 아닌 「마가복음」에 그렇게 의존할 필요가 있었겠는가? 「요한복음」의 경우도 세베대의 아들 요한이 저자라면 그가 이것을 쓸 당시 나이가 100세를 훨씬 넘었어야 한다. 그뿐 아니라 요한에 관한 이야기가 「요한복음」에는 전혀 나오지 않는다. 복음서 저자들은 자기들이 가지고 있던 자료를 참조하여 자기들의 입장에서 자기들의 삶에 의미를 주는 방향으로 복음서들을 쓴 것이다.

초대교회 당시, 한국 교회 초창기에 유행하던 '쪽복음'이라든가 '쪽편지서'들이 돌아다녔다. 교회에서는 이 가운데 어떤 것이 '정경'이라는 확정을 못 짓고 내려오다가, 우여곡절 끝에 기원후 4세기 후반(367년)에 가서야 우리가 지금 가지고 있는 27권의 기독교 경전이 정경화(canonization)된다. 그 후에도 5~6세기까지 공동 서신 등 어떤 책은 일반적으로 달갑지 않게 여겨졌다. 「계시록」의 경우 10세기까지 전체적으로 인정받지 못한 책이었다. 성경은 이처럼 오랜 과정을 거쳐서 이루어진 하나의 역사적 산물이다. 하늘에서 그대로 뚝 떨어진 책이 아니다.

단군신화와 기독교

한국 기독교인 중 상당수가 단군을 믿지 못하겠다고 한다. 단군이 역사적 인물이 아니고, 단군에 관한 모든 이야기가 한갓 신화에 불과하기 때문이라는 것이다. 이에 대해 그 누구도 가타부타 할 수는 없지만, 적어도 그리스도인으로서 그렇게 말하는 것이 어불성설이라는 점만은 지적할 수 있다.

현재 기독교 신학자로서 고집불통의 몇몇을 제외하면 기독교인이 '믿음의 조상'이라 여기고 있는 아브라함을 역사상 실재했던 인물이라 간주하거나 그에 관한 이야기가 실제 사건의 기록이라고 생각하는 사람은 거의 없다.*

아브라함이 실제 인물이냐 아니냐, 그에 관한 기록이 신화적이냐 아니냐 하는 것과 상관없이, 아브라함은 그대로 믿음의 조상이요, 그의 이야기는 기독교인들의 삶을 꼴 지우고 그들의 생각과 삶에서 여

* 아브라함은 기독교의 조상일 뿐 아니라 유대교, 이슬람교의 조상이기도 하다. 그래서 서양에서는 이 세 종교를 뭉뚱그려 "아브라함 종교(Abrahamic religions)"라 부른다.

전히 살아 있는 믿음과 용기의 원천이 되고 있다.

또, 「마가복음」과 「누가복음」에 나타난 예수님의 탄생 이야기가 역사적으로 정확하다고 믿는 신학자나 역사가도 거의 없다. 「누가복음」 2장에 보면 로마의 아우구스투스 황제가 칙령을 내려 로마제국의 통치를 받는 모든 사람이 고향으로 돌아가 호적 등록을 하도록 했는데, 그 첫 번째 호적 등록이 구레뇨가 시리아 총독으로 있을 때 시행되었다고 했다. 우리가 다 아는 대로 갈릴리의 나사렛에 살던 요셉은 약혼자 마리아를 데리고 자기 선조들의 고향인 유대 땅 베들레헴에 등록을 하러 가고, 그때 거기서 아기 예수를 낳게 됐다는 이야기다.

한편 「마태복음」 2장 첫 부분에 보면, "헤롯 왕 때에 예수께서 유대 베들레헴에서 나"셨다고 되어 있다. 여기서부터 우리가 익히 아는 이야기가 전개된다. 동방으로부터 박사들이 별을 보고 아기 예수를 경배하러 오다가 헤롯 왕에게 "유대인의 왕으로 나신 이가 어디에 계시냐"고 물었다. 헤롯 왕은 대제사장들과 율법학자들의 말에 따라 그 장소가 베들레헴이라고 일러준다. 그러고 나서 박사들을 가만히 불러 "가서 그 아기에 대해 자세히 알아보고 찾거든 내게 고하여 나도 가서 그에게 경배하게" 해달라고 하였다. 박사들이 아기 예수를 경배하고 꿈에 본 지시에 따라 그대로 돌아가 버리자, 헤롯 왕은 그들에게 속았음을 알고 그 박사들에게서 들은 때를 기준으로 하여 베들레헴과 그 인근 지역에 태어난 두 살짜리로부터 그 아래의 남자 아기들을 모두 죽였다는 이야기다.

유대인 역사가 플라비우스 요세푸스(Flavius Josephus)가 남긴 역사 기록에 의하면 구레뇨 총독 시절 정말로 호구조사가 있었다고 한다.

헤롯 왕이 기원전 4년에 죽고, 그의 아들 아켈라오가 그 뒤를 이어 왕이 되었지만, 백성들의 원성 때문에 결국 기원후 6년 왕위에서 쫓겨나고, 유대는 시리아 총독의 관할로 넘어가게 되었다. 바로 그해에 구레뇨가 총독으로 임명되었고, 자기 관할의 자산 정도를 정확히 알아보기 위해 호구조사를 실시했다는 것이다. 이런 역사적 사실을 감안한다면 아기 예수가 헤롯 왕 재위 시에 태어나서 헤롯 왕이 아기 예수를 죽이려 했다는 「마태복음」의 기록은 역사적 신빙성이 결여된 이야기가 되는 셈이다. 만약 아기 예수가 정말 헤롯 왕 때 태어났다면 예수의 탄생과 관련하여 호구조사를 언급한 「누가복음」이 믿을 것이 못 되는 셈이다. 이 문제는 뒤에 가서 좀 더 자세히 이야기하겠다.

이렇게 성경에 나타난 예수님의 이야기가 역사적으로 불확실하거나 사실과 다르다고 해서 예수님의 이야기가, 또 그의 삶과 가르침이 그리스도인에게 아무 의미가 없는 것이 되고 마는가? 그럴 수 없다. 역사적 정확성과 상관없이 그의 삶과 가르침은 오늘을 사는 많은 그리스도인들에게 여전히 삶의 의미를 주는 역할을 하고 있다.

단군이 역사적 인물이 아니고, 『삼국유사(三國遺事)』 등에 나타난 그에 관한 이야기가 역사적 사실이 아니라고 하자. 그렇다고 그를 믿을 수 없다고 하는 일부 기독교인의 주장은 결국 역사적 인물이 아닌 아브라함이나 역사적 사실이 불분명한 예수를 역사적 사실과 상관없이 그대로 믿고 있는 그들 자신의 신앙에 대한 자가당착이라 하지 않을 수 없다.

사실 신화란 역사성과 직접 관계가 없다. 신화란 역사적 사실을 객관적으로 말해주려는 것이 그 일차 목적일 수 없기 때문이다. 신화는 사실적 서술로 표현하기 불가능한 뜻을 전달하기 위한 특수 전달 방법이다. 각자 자기가 처한 삶의 정황에서 그 신화에 담긴 깊은 뜻을 나름대로 간취하고 그것을 생활에 옮김으로써 자기 삶을 더욱 풍요롭고 아름답게 하는 것이 문제지, 그 역사성을 따지고, 거기서 역사적 사실이나 과학적 정보를 얻으려는 것은 신화의 본질적 성격에 대한 오해라고 할 수밖에 없다.

단군이 역사적 인물이냐 아니냐와 상관없이 그의 가르침이라고 전해 내려오는 '홍익인간(弘益人間)'의 이상이라든가 그가 우리 심성에 자리 잡고 있는 시조로서의 위상, 민족정신의 구심점으로 작용할 가능성 등이 오늘 우리를, 나아가 우리 민족을 더욱 훌륭하고 착한 사람, 더욱 의젓하고 늠름한 민족으로 살아가게 하는 데 도움이 된다고 여겨지면 그것으로 그를 믿어 나쁠 것이 전혀 없다는 이야기다. 기독교인도 "이 나라 한아바님은 단군이시니"를 마음을 다해 노래할 수 있다. 이런 믿음이야말로 일종의 '실존적 결단'에 관계되는 일이라 할 수 있고, 우리에게 필요한 것은 사실 이런 결단에 의한 믿음인 것이다.

베들레헴과 백두산 기슭

북한의 지도자였던 김정일 위원장의 출생지에 대해 말이 많았다. 본래 모스크바나 시베리아 어디 출생인데, 북한에서는 그가 백두산

기슭에서 났다 하고 그곳을 성역화했다는 것이다.

역사가가 아니니 정확한 사정이 어떤지 잘 모르겠지만, 한 가지 분명한 사실은 김정일 위원장이 정말 어디에서 났든지 간에 그의 출생지를 백두산 기슭이라 한다고 하여 전혀 이상스러울 것이 없다는 것이다. 종교사의 관점으로 볼 때 이런 일은 얼마든지 가능하고 또 충분히 이해할 수 있는 일이기 때문이다. 북한의 정치체제도 어느 면에서는 일종의 종교적 체제라 할 수 있는데, 종교 전통에서는 그 시조나 지도자의 삶과 업적을 자기들의 종교적 필요에 부응하도록 재구성하고 다듬는 일이 극히 자연스러운 현상이다.

한 가지 잘 알려진 예를 들면, 예수님의 출생지에 관한 것이 있다. 기독교인 대부분은 예수님이 베들레헴에서 태어났다고 믿고 있다. 「마태복음」과 「누가복음」에 그렇게 기록되어 있다. 지금 이런 믿음을 두고 좋다 나쁘다 왈가왈부할 사람은 별로 없다. 그러나 역사적으로 따져서 예수님이 정말로 베들레헴에서 출생했는가는 별도의 문제다. 결론부터 말하면, 예수님이 베들레헴에서 태어났을 확률은 극히 작다.

베들레헴이 예수님의 출생지일 수 없다고 하는 이유를 여기서 낱낱이 다 거론할 수는 없지만, 학자들이 주장하는 주요 이유 몇 가지를 요약하면 다음과 같다.

우리가 익히 아는 대로 「누가복음」 2장에 의하면, 로마 황제 아우구스투스가 로마제국에 속한 모든 사람이 각자 자기 '고향'으로 가서 호구조사에 응하라는 칙령을 내려, 갈릴리 땅 나사렛에 살던 요셉도 마리아를 데리고 유대 땅 베들레헴으로 내려갔는데, 그곳 여관에 방이 없어서 마구간에 머물게 되고, 거기서 아기 예수를 낳게 되었다는 이야기가 아닌가? 그런데 이 이야기에는 역사적으로 맞지 않는 구석이 한두 가지가 아니다.

첫째, 로마제국 역사상 모든 사람들에게 각자 자기 고향으로 가서 호구조사에 응하라는 칙령을 내린 황제가 없었다는 것이다. 기원전 366년 이래 로마에서는 5년마다, 로마제국에 속한 속국들에서는 필요에 따라 부정기적으로 호구조사를 벌였는데, 이는 조세를 목적으로 한 조사였기 때문에 각자 거주지 관할 관서에 가서 가족 사항과 재산 정도를 신고하면 되는 일이었다. 지방 관서로서는 그 지방에 살지도 않고, 거기 토지를 남겨두지도 않은 사람을 조상이 그 지방 출신이라는 이유 하나로 호적 신고하라고 불러들일 까닭이 없었다. 말하자면 강원도에 사는 김 씨더러 김해 김씨라는 이유 하나로 김해에 가서 호적 신고를 하라는 것과 마찬가지로 쓸데없는 일이었다.

둘째, 설령 고향으로 가서 호적 신고를 하라는 칙령이 내려졌다 하더라도, 호주만 가서 등록하면 될 일이지 가족을 동반할 필요가 없었을 것이다. 더욱이 오늘내일을 모를 정도로 만삭이 된 여자를 데리고 우리 식으로 따지면 330리나 되는 거칠고 위험한 길을 가겠다고 만용을 부릴 남자가 있겠는가.

셋째, 땅이 많은 지주가 잠시 외지에 가 있었을 경우 고향에 돌아와 호적 신고를 하는 수는 있었다. 그러나 요셉은 고향에 땅도 없었고, 또 그가 살던 나사렛은 임시 거처가 아니었다. 만약 요셉에게 땅이 많았다면, 베들레헴 소작인의 집에서 후한 대접을 받으면 됐지 여관 문을 두드릴 필요가 없었을 것이다. 고향에 토지도 없는 사람이 고향에 가서 재산 신고를 할 필요가 어디 있었겠는가 하는 점이다.

넷째, 이런 호구조사는 유대인에게 가장 중요한 절기를 피하여 했을 것인데, 주요 절기들에 해당되는 기간을 제외하면, 예루살렘에는 숙박 시설이 남아돌았다는 점이다. 그런데도 예루살렘에 방이 모자라 20리 밖에 있는 베들레헴 여관방까지 다 채워졌다고 하는 것은 상상할 수 없는 일이다.

아무튼 이런저런 역사적 이유로 베들레헴에 가서 아기 예수를 낳았을 가능성은 극히 희박하다. 그러면 왜 베들레헴이 예수님의 탄생지로 설정되었을까? 초대교회 당시 예수님을 따르던 사람들에게는 예수님이 '구약'의 예언에 따라 나타난 메시아여야만 했다. 구약 「미가」서 5장 2절에 "베들레헴 에브라다야, 너는 유다 족속 중에 작을지라도 이스라엘을 다스릴 자가 네게서 내게로 나올 것"이라고 했기 때문에 메시아는 다윗의 동네에서 나와야만 한다고 믿었고, 이 믿음을 그들의 예수 이야기에다 반영했던 것이다.

북한 사람들은 왜 백두산 기슭을 김정일의 출생지로 설정했을까? 그 자세한 사연은 모를 일이지만, 백두산이 우리 민족 역사에서 차지하는 위치, 특히 항일 독립운동과 연관된 사실 등을 감안하면, 백두산 정기와 씩씩한 민족혼을 받아 태어났다고 하는 편이, 컴컴무리한 모스크바 전세방이나 음산한 시베리아 어디에서 태어났다고 하는 편보다 훨씬 신나는 일일 것이다. 또 앞으로 사람들이 모스크바나 시베리아 어디로 참배하러 가는 어색함이나 번거로움도 덜어주는 일임에 틀림이 없다.

예수님이 베들레헴에서 났다고 하는 믿음, 김정일 위원장이 백두산에서 났다고 하는 확신이 그들을 따르는 사람의 마음에 뭔가 플러

스가 된다면 그것은 그런 대로 좋다는 얘기다. 종교적 진술은 일차적으로 믿음과 확신에 대한 '고백'이다. 이런 엄연한 사실에도 불구하고 종교에서 말하는 과거사를 놓고 모두 문자 그대로 역사적 사실 이라고 우기는 것은 '종교적 진리'의 고백적 특성이 무엇인지를 모르기 때문이다. 진정한 의미의 종교적 믿음은 역사적 사실에 좌우되는 것이 아니다.

성경이 사람을 죽이는 몇 가지 경우

우리가 신앙생활을 하면서 우리도 모르게 범하고 있는 가장 큰 오류 중 하나는 성경이 무조건 우리를 살리는 '생명의 말씀'일 뿐이라는 믿음이다. 이런 잘못된 믿음 때문에 성경이 가져다줄 수 있는 크나큰 위험을 알지 못하고 함부로 다루다가 그야말로 믿는 도끼에 발등 찍히는 경우가 많다.

성경은 우리를 살리는 책인가, 죽이는 책인가? 이런 질문은 마치 도끼가 우리를 살리는 도구인가, 죽이는 도구인가 하는 질문과 같다. 성경이 우리를 살리는 '생명의 말씀'이라는 말은 너무나도 많이 들어온 터이므로 여기서 그 이야기는 생략하고, 성경이 어떻게 우리를 죽이는 책이 될 수 있는가 하는 데 논의의 초점을 맞추고 우리의 경각심을 새롭게 일깨워보기로 하자.

언젠가 신문에서, 김제 어디에 있는 S교회에서 목사와 장로가 회의 도중 언쟁을 하게 되었는데, 그 광경을 보고 있던 김 모 집사가 성경 책을 들어 장로의 머리를 치는 바람에 장로가 실신, 병원으로 가던 도중 숨을 거두었다는 기사를 본 적이 있다. 이런 경우 생명의 책 성경 은 사람을 죽이는 직접적인 흉기로 둔갑한 셈이다. 물론 여기서 생각 해보고자 하는 것은 이런 극단적이고 이례적인 일은 아니다. 우리의 일상생활에서 성경이 어떻게 우리를 죽이는 책으로 변할 수 있는가 하는 실례를 세 가지만 들어 살펴보자.

첫째, 성경을 가지고 '남을' 죽이려 할 때 성경은 사람을 죽이는 책 으로 바뀐다. "성경은 하나님의 감동으로 된 것으로 교훈과 책망과 바르게 함과 의로 교육하기에 유익"(딤후 3:16)한 책이다. 그러나 그 것으로 무엇보다 '나를' 교훈하고 '나를' 책망하려 하지 않고, 오로 지 '남을' 교훈하고 '남을' 책망하고 '남을' 바르게 하고 '남을' 의로 교육하려 하고 '남과' 싸워 이기려 하는 데서 문제가 생긴다. 이렇게 하면 상대방도 똑같이 성경으로 자기를 교훈하고 자기를 책망하지 않고 오히려 나를 훈계하고 책망할 것이다. 이럴 경우 성경은 싸움을 붙이는 책, 사망의 책으로 바뀌고 만다.

둘째, '성경대로'라는 것이 있다고 확신하는 경우이다. 내가 인간 인 이상 성경을 아무리 객관적으로 읽으려 하더라도 그것은 어쩔 수 없이 나의 구체적인 상황과 이해 정도에서 보는 나의 '해석'일 수밖 에 없다. 이른바 '전 이해(preunderstandings)'를 가지고 읽는 것이다.

어느 개인이나 집단의 '해석'을 떠난 성경 읽기란 없다. 성경이 아 무리 계시 자체라 하더라도 그것을 일단 내가 이해하면 그 이해는 결국 '나의' 이해일 수밖에 없다. 이런 엄연한 사실을 외면하고 나는 무슨 일이 있어도 성경을 '그대로' 읽고 '그대로' 믿고 '그대로' 따른다는 신념을 철두철미하게 가질 경우 결국 나는 내가 이해한 대로의 성경, 내가 받아들인 대로의 성경을 절대화하게 되고 만다. 따라서 스스로 '성경대로'에 충실하다고 자처하는 사람일수록 남의 말에 귀 기울이지 않게 된다. 남이 성경을 가지고 하는 말도 내 생각과 다르면 무조건 모두 성경대로가 아니라고 하기 때문이다.

이럴 경우 성경은 사람을 더할 수 없이 비참한 옹고집쟁이로 만들어버리고 만다. 영어로 하면 'wrongheaded(머리가 잘못되어 고집불통)'인 사람이 되는 것이다. 그야말로 이런 사람은 성령께서도 어쩔 수가 없다. 성령의 음성마저도 '성경대로'라는 말 한마디로 거절할 수 있기 때문이다. 이런 옹고집쟁이는 언제나 자기가 성경대로 사는 사람이라 믿기 때문에 다른 사람에 대해 "그대보다는 거룩하다(holier than thou)"는 태도를 드러내며, 그만큼 오만해질 수밖에 없다. 성경을 잘 안다 하고, 성경 구절을 줄줄 외우는 사람 옆에서 흔히 느끼는 거리감이나 싸늘함도 이런 데서 나오는 것이다.

셋째, 성경을 나 개인이나 내 집단의 정치적, 사회적, 조직적 이익을 위해 아전인수 식으로 사용하는 경우다. 이 경우는 물론 사용이 아니라 오용(abuse)이라 해야 할 것이다. 나 개인이나 내 집단이 이미 설정한 가치관이나 원칙이나 신조를 성경으로 뒷받침하려 하는, 이른바 "이데올로기에 따른" 성경 해석이다. 성경을 이런 식으로 해석하거나 사용하기 시작하면 세상의 어느 것도 성경으로 정당화되지 않는 것이 없다. 거의 모든 성서학자가 인정하는 바와 같이 성경 자체가 한 가지 목소리를 내는 책이 아니기 때문이다. 그 가장 구체적인 예가 착한 사람은 다 잘된다고 말하는 「잠언」과 착한 사람이라고 다 잘되는 것이 아님을 강조하는 「욥기」다.

몇십 년 전 미국 남부 기독교인 상당수는 흑인을 차별하는 것이 성경 말씀을 따르는 것이라 하며, 인종차별을 거부하는 사람은 참된 그리스도인이 아니라고 했다. 아직도 남녀 성차별을 없애는 것은 성경에 위배되므로 성차별이 성경적이라며 성경을 들이대는 사람도 있다. 아동 학대를 하고도 아브라함과 이삭의 이야기를 들먹이기도 한다. 역사적으로 이런 사례를 들라면 끝이 없다. 이럴 경우 성경은 나한 사람만 죽이는 것이 아니라 다른 수많은 사람의 생존권과 자유와 인권을 빼앗는 흉기로 쓰이는 셈이다. 폭탄보다 더 위험할 수가 있다.

성경은, 전문적인 용어를 쓰면, 기본적으로 우리에게 무슨 '인식 내용(cognitive contents)'을 주기 위한 것이 아니다. 성경은 "우리가 우리 스스로를 비춰서 내 속에 있는 내 자신의 어떠함을 보고 뭔가를 깨닫게 해주는 거울"이다. 매일매일 계속 더 높은 차원의 깨달음을 향해 매진하도록 도와주는 '일깨움(evocativeness)'을 위한 것이다. 한 가지 시각으로 고정된 절대적 해석이 있을 수 없다는 뜻이다. 전통적 용어로 하면 '성령'의 감화하심으로 매일매일 성경의 더욱 새롭고 깊은 뜻을 찾아내야 한다는 이야기다.

"문자는 사람을 죽이고 영은 사람을 살립니다."(〈새번역〉 고후 3:6) 성경의 문자에 얽매이지 말고 조용히 성령의 가르침을 통해 그 정신을 알아차리는 것이 핵심 문제다. 그리하여 그 정신에 따라 성경이 결국 우리의 썩어질 '옛사람'을 죽이는 책으로 쓰일 때 진정으로 우리를 새 생명으로 살리는 '생명책'으로써 그 진가를 다할 수 있을 것이다.

○

성경이 이렇게 우리를 죽이는 것까지는 아니더라도 우리를 불편하게 하고 위험에 처하게 하는 경우도 있다. 『예수는 없다』를 읽은 어느 교수가 내게 이메일을 보내왔다. 자기 할머니는 평생 성경에 쓰인 대로 '외식'을 한 번도 하시지 않았다는 내용이었다. 성경에 보면 예수님이 "외식하지 말라" 하셨기 때문이라고 했다. 그런데 이런 할머니의 믿음을 지금 와서 흔들어놓을 이유가 무엇이냐는 것이었다. 여기에 대해 어디다 쓴 짧은 글 하나를 여기에 덧붙인다.

성경을 문자적으로 읽을 경우 본인에게도 안된 일이지만, 심한 경우 그런 일이 남에게 큰 피해를 줄 수도 있다. 예를 들어보자.

〈개역개정〉판 성경에 보면 예수님이 '외식'하는 사람들을 못마땅해하셨다는 이야기가 자주 나온다. "또 너희는 기도할 때에 외식하는 자와 같이 하지 말라"(마 6:5)라고 하시든가 "외식하는 자여, 먼저 네 눈 속에서 들보를 빼어라"(마 7:5) 하는 등이 그 예다.

어느 할머니가 예수님이 외식하지 말라고 하셨기에 그 말씀에 충실하느라 일평생 밖에 있는 음식점에 나가 식사를 하지 않고 사셨다고 한다. 무릇 예수를 믿는 사람이라면 예수님의 말씀을 어길 수 없지 않냐고 생각하신 것이다.

물론 이 할머니는 남이 보라고 하는 외면치레의 외식(外飾)을 밖에 나가 식사하는 외식(外食)으로 오해하셨던 것이다. 최근 나온 〈새번역〉은 이런 오해를 없애기 위해 '외식'이라는 말을 '위선(僞善)'이라는 말로 고쳤다.

내가 쓴 책을 보고 어느 서평자가 자기 할머니는 예수님을 따르느라 평생 밖에서 식사를 하지 않고 살아오셨는데, 그런 분에게 이제 와서 성경에서 말하는 외식이 밖에 나가 식사하는 외식과 다르다는 것을 말씀드려 그분을 실망시킬 필요가 무엇인가 하고 따졌다.

어느 면에서 맞는 말이다. 사실 음식점 중 상당수는 위생도 좋지 않고, 음식에다 화학조미료를 너무 많이 넣어 건강에도 좋지 않고, 또 터무니없이 비싼 경우도 많다. 이런 환경에서 외식을 하지 않으신 것은 백번 잘하신 것이라 볼 수 있다. 서양에서도 음식 중에서 무엇이나 좋은 것은 '홈메이드(homemade)'라고 하지 않는가? 집에서 만든 음식이 최고라는 뜻이다.

그러나 이 할머니의 이야기를 조금 확대해보자. 이 할머니는 그러한 확신 때문에 호텔에서 열리는 친구의 생일잔치도 못 간다. 또 자식들이 할머니를 위해 밖에 나가 좋은 식사를 대접하려 해도 그때마다 손사래다. 안타까운 일이지만 이는 개인적인 영역이기에 별로 문제삼을 것은 아니다. 그러나 이야기를 좀 더 진전시켜보자. 이 할머니가 자신의 이런 확신 때문에 식당 앞에 가서 식사하고 나오는 사람들을 붙들고 "회개하라"라고 외친다면, 심지어 식당 안에까지 들어가서 식사하고 있는 사람들을 향해 그렇게 외친다면 어떻게 되겠는가?

만에 하나 이 할머니가 교계 지도자가 되어 교인 몇만 명을 동원하는 군중집회를 열고, 밖에 나가 식사하는 교인들의 회개를 촉구하고 심지어 전국 요식업체를 없애는 운동을 편다면……. 혹은 한 나라의 대통령이 되어 요식업으로만 먹고 사는 나라를 '악의 축'으로 규정하고 그 나라를 공격해야 한다고 주장한다면?

극단의 예이기는 하지만 성경의 본뜻을 꿰뚫지 못한 채 문자적 피상적 관찰에 머물고, 이런 문자적 피상적인 관찰에 따라 형성한 개인의 확신이 도를 넘어서게 된다면, 특히 공적 영역에까지 영향을 끼치게 된다면, 그것은 한 개인의 문제만일 수가 없지 않겠는가?

예수님의 성경 읽기
― '환기식 독법'

예수님은 신의 아들 내지 신이시니까, 혹은 '말씀' 자체시니까, '하나님의 말씀'인 성경을 읽을 필요가 없었으리라 생각할 수 있겠지만, 사실 예수님도 성경을 열심히 읽으시거나, (몇몇 학자가 주장하듯, 직접 읽으실 수가 없었다면) 남이 읽는 것을 잘 들으셨다. 그의 말씀 중에는 성경에서의 인용이 많다.

여기서 말하는 성경이란 물론 그리스도인의 입장에서 보면 '구약'이다. 한 가지 그리스도인으로서 알아두어야 할 사항은 유대인이나 비기독교인에게 '구약'이라는 말을 쓰면 안 된다는 것이다. 그것이 그리스도인에게는 '신약'과 대조되어 '구약'이지만 유대인이나 딴 사람들에게는 '구약'일 수가 없기 때문이다. 유대인의 경전은 율법서(Torah)와 예언서(Nevi'im)와 성문서(Ketuvim) 세 가지로 구분되는데, 이 낱말들의 히브리어 첫 자들을 따서 '타나크(Tanakh)'라 부르기도 한다. 학계에서는 일반적으로 그냥 단순히 '히브리어 성경(Hebrew Bible)'이라 한다.

그런데 여기서 주목할 것은 예수님의 성경 읽기 방법이 무척 흥미롭다는 사실이다. 「마태복음」 5장에 나오는 예수님의 산상 설교를 잘 읽어보면 이 사실이 분명해진다. 여기서 예수님은 "옛 사람들에게 말하기를 '살인하지 말아라. 누구든지 살인하는 사람은 재판을 받아야 할 것이다' 한 것을 너희는 들었다. 그러나 나는 너희에게 말한다. 자기 형제나 자매에게 성내는 사람은 누구나 심판을 받는다"(〈새번역〉마 5:21-22)라고 했다. 그러고 나서 또, "'간음하지 말아라' 하고 말한 것을 너희가 들었다. 그러나 나는……"(〈새번역〉마 5:27)이라는 말이 나온다. 이렇게 "그러나 나는"이라는 말이 모두 여섯 번 나온다.(성서 학자 중에는 이 '그러나 나는' 구절이 예수님 자신의 말씀이 아닐 가능성이 있다고 보기도 하는데, 그것이 여기서 중요한 문제는 아니다. 예수님이든 「마태복음」 저자든 초대교회든 그 성경 읽기 방식이 흥미롭기는 마찬가지이다. 편의상 일단 예수님의 말씀이라는 가정하에서 이야기를 계속한다.)

아무튼 여기서 예수님이 성경을 어떻게 읽으셨던가 하는 실마리를 찾아볼 수 있다. 말하자면 여기서 올바른 성경 읽기의 기본 태도를 엿볼 수 있고, 우리도 성경을 읽을 때 기본적으로 그와 같은 방식을 채택해야 하는 것이 아닌가 한다.

예수님은, "성경에 살인하지 말라고 했다. 그러니까 너희도 살인하지 말라"라는 식으로 말씀하시지 않았다. 예수님이 하신 말씀을 요즘 식으로 풀어보면, "성경에 살인하지 말라는 말씀이 있다. 물론 살인을 하지 말아야겠지. 그러나 사람을 죽이는 것만이 살인인가? 아니다. 형제자매를 향해 성내는 것도 살인이다. 그러고도 어찌 제단에 제물을 드리고 있겠는가. 먼저 가서 화해하는 것이 순서 아니겠는가" 하는 식으로 말씀하셨다.

성경에 있는 말씀을 있는 그대로 읽고 그냥 그대로 따르면 다 되는 것으로 생각하지 않고, 지금 우리가 처한 구체적 삶에 적용할 수 있도록 더욱 발전적이고 깊은 해석을 덧붙이신 것이다. 이렇게 성경을 이해하고 읽는 방식을 약간 거창한 용어로 말하면, '환기식 독법', 영어로 'evocative reading'이라 할 수 있다. 이에 대해 좀 더 생각해보자.

철수가 공연히 심통이 나서 자기 동생을 때려 울렸다. 싸움이 났다. 엄마가 아이들을 불러 앞에 앉혀놓고, 침착한 목소리로 "얘들아" 하고 불렀다. 철수는 그 목소리를 듣고, '아, 내가 잘못했구나, 동생을 때리면 안 되는데' 하는 생각을 하게 된다. 철수 동생은 '아, 울면 안 되는데, 울음을 그쳐야지' 하는 생각을 한다. 엄마의 "얘들아"를 철수와 동생은 각자의 처지에 따라 각각 다르게 들은 것이다.

이처럼 환기식으로 읽는다는 것은 첫째, 글이나 말이 고정된 어느 한 가지 뜻으로만 이해되어야 한다는 생각에서 자유로워지는 것이다. 둘째, 읽는 사람이 자기의 환경과 처지, 관점이나 정신적 성숙도 등에 따라 각각 여러 가지 뜻으로, 더욱 깊이, 더욱 의미 있게 읽을 수 있다는 것이다. 따라서 셋째, 어떤 글이나 말에서 얻을 수 있는 기별은 이처럼 얼마든지 다양할 수 있다는 것이다.

사실 이런 식으로 성경을 읽은 것은 예수님만이 아니다. 신약성서 저자들이 성경을 읽을 때도 마찬가지였다. 예를 들면 「마태복음」 저자가 2장 15절에서 "내 아들을 애굽에서 불러냈"다는 「호세아」 11장 1절의 말을 인용할 때 「마태복음」의 저자는 「호세아」의 본래 뜻과 상관없이 자기가 지금 의미 있는 분으로 소개하려는 예수님 사건을 생각하고 이 말을 자유로이 적용해서 읽은 것이다.

이것은 아주아주 중요한 이야기이다. 종교적 진술의 환기적 기능을 이해하지 못하면 그 진술의 상당 부분은 우리에게 의미 없는 헛소리로밖에 들리지 않는다. 다시 말하지만, 성경을 환기식 독법에 따라 읽는다는 것은 우리가 주어진 어느 한 가지 문자적 의미에 만족하는 것이 아니라, 우리 삶에 불가결한 의미를 스스로 창출해가며 읽는다는 뜻이다. 이럴 때 성경은 하나의 촉매 같은 작용, '달을 가리키는 손가락'과 같은 역할을 함으로써 우리가 달을 제대로 보도록 해준다. 성경을 읽을 때 "성경에 잡히지 말고 성경을 넘어가야 한다"는 말이 바로 이런 뜻이다.

물론 성경을 읽으면서 우리 스스로 의미를 창출한다고 하여 아전인수 격으로 제멋대로 해석해도 좋다는 뜻은 결코 아니다. 마치 촉매에 의해 새로운 물질이 생긴다고 해서 물리 법칙과 상관없이 아무것이나 마구 생기지는 않듯이, 환기적으로 읽는다고 해서 해석의 기본 원칙을 무시하고 아무렇게나 마구 읽어도 되는 것은 아닌 이치와 같다. 가장 중요한 해석상의 기본 원칙은 우리가 성경을 읽으므로 더욱더 나를 비우는 것, 성경적 표현으로 하면, 더욱더 "하나님을 사랑하고 내 이웃을 내 몸과 같이 사랑"할 수 있는 방향으로 읽고 해석하는 것이다. 좀 더 구체적인 표현을 쓰면, 사랑과 정의라는 하나님의 원칙이 구현되는 하나님의 나라 건설에 이바지하는 방향으로 읽고 해석한다는 뜻이다. 아무리 문자적으로 정확하고 신통한 해석이라 하더라도 이런 대원칙에 어긋난다면 잘못된 해석이라고 할 수밖에 없다. 이른바 '윤리적 해석학(ethical hermeneutics)'의 원칙이다.

예를 들어 "검을 주러 왔"다는 예수님의 말씀을 문자적으로 읽어 남을 무찌르겠다고 검을 휘두르며 다니는 것과, 환기식으로 읽어 그 검을 자기 스스로를 죽이는 데 쓰는 도구로 이해함으로써 겸손과 사랑의 사람으로 바뀌는 것. 어느 쪽이 예수님의 정신에 더욱 가깝다고 보아야 할까.

산타 할아버지는 언제 오시는가?

— 두 가지 문자주의

지금까지 성경을 문자주의의 태도로 읽는 것이 얼마나 위험한가 하는 문제를 이야기해왔다. 이 문제를 마무리 짓기 전에 한 가지 덧붙일 사항이 있다. 문자주의에는 두 가지 형태가 있다는 것이다.

〈산타 할아버지 우리 마을에 오시네〉. 유치원에 다니던 철수가 크리스마스 때마다 신나게 부르던 노래다. 그때 철수는 정말 말 잘 듣는 착한 아이로 살면 산타 할아버지가 크리스마스이브에 사슴이 끄는

썰매를 타고 동네로 와서, 집집마다 굴뚝을 타고 안방으로 내려와 거기 걸린 양말에 선물을 잔뜩 넣어주고 가는 줄로 알았다.

그러던 철수도 초등학교 2학년이나 3학년쯤 되면서 산타가 문자 그대로 그렇게 와서 선물을 주고 가는 것이 아니라는 사실을 알게 된다. 이 산타가 자기 부모님임을 발견한 것이다. 이것이 물론 철수로서는 하나의 놀라운 발견일 수 있다. 그러나 그 때문에 까무러치거나 인생이 허무하다거나 하는 일은 없다. 자기가 지금껏 부르던 노래는 거짓이니까 이제 더 이상 부르지 않겠다 하는 일도 없다. 다음 해 크리스마스가 와도 여전히 그 노래를 신나게 부르고 즐거운 축제에 동참한다. 물론 그 즐거움이나 뜻은 옛날하고 사뭇 다르다. 더 깊고 절실해진다. 이기적으로 내게 선물을 가져다줄 산타만 기다리는 것이 아니라 나도 남에게 산타가 되어야겠다는 생각까지 하기도 한다.

이야기를 더 확대해보자. 만약 철수가 문자 그대로 산타 할아버지가 오는 것이 아니라는 사실을 발견하게 되었을 때, '그러면 안 되지. 분명히 엄마 아빠가 산타 할아버지가 오셔서 선물을 주고 갔다고 했는데, 산타가 안 온다니. 지금까지 우리 엄마 아빠가 거짓말쟁이었다는 뜻 아닌가? 안 돼. 그럴 수는 없어. 산타는 정말 오는 거야. 산타를 기다리는 내 동생에게 실망을 주어서도 안 되지' 하는 등으로 그의 '처음 믿음'을 고집한다고 하자. 그뿐 아니라 산타가 실제로 오는 게 아니라는 것을 아는 친구가 그 노래를 신나게 부르는 것을 보고 그런 아이들에게 대든다. "산타를 믿지도 않으면서 그 노래는 왜 부르느냐, 너는 그런 노래를 부를 자격도 없다" 하고 윽박지르는 것이다. 이런 철수를 어떻게 봐야 할까?

이 두 가지 태도를 전문적인 용어로 하면, 처음 철이 들기 전에 산타가 문자 그대로 온다고 믿었던 철수의 믿음은 이른바 '자연스러운 문자주의(natural literalism)'라 하고, 철이 든 다음에 산타가 정말로 오는 것이 아니라는 사실을 알고 나서도 그것을 인정하면 엄마 아빠가 거짓말쟁이 되어버린다거나 하는, 여러 가지 자기가 설정한 이유 때문에 계속 문자주의를 그대로 고집하는 것은 '반동적 문자주의(reactive literalism)' 혹은 '의식적 문자주의(conscious literalism)'라고 한다. 신학자 폴 틸리히의 용어지만, 쉽게 우리말로 하면 처음 것은 '철 들기 전 문자주의'요, 다음 것은 '알면서도 고집하는 문자주의'라 옮길 수 있을 것이다.

틸리히에 따르면 자연스러운 문자주의 단계란 아직 인지가 발달하지 못해서 신화적인 것과 문자적인 것을 분명히 구별하지 못하는 순진한 단계다. 아직 어린 철수는 산타란 시적 혹은 "상징적 상상력에 의해 만들어진 것(the creations of symbolic imagination)"임을 깨달을 능력이 없었기 때문에 그것을 문자 그대로 받아들인 것이다. 이런 경우 철수의 믿음은 그가 스스로 철이 들어 사물을 바르게 볼 능력이 생겨 자연스럽게 이런 것이 '관찰과 실험에 의해 증명될 수 있는 사실'이 아님을 깨닫게 될 때까지 그대로 방해받지 않고 보존될 권리가 있다. 누구도 산타를 그대로 믿는 어린 철수를 야단치지 않고, 또 그래서도 안 된다.

그에 비해 의식적 혹은 반동적 문자주의의 단계란 나이가 들어 철도 들고 자주적으로 생각할 수 있는 능력이 어느 정도 발달해서, 여러 가지 증거나 정황으로 미루어 보아 산타가 말 그대로 오는 것이 아니란 사실을 점점 분명하게 인식하게 되는데도 여러 이유나 이해관계에 따라 그것을 의식적으로 억누르는 태도이다. 틸리히에 따르면 사람들이 이렇게 하는 주된 이유는 이들이 아직도 교회나 성경같이 절대적 맹종을 요구하는 '거룩한 권위'에 지배받기 때문이다.*

그래도 이 정도는 보아줄 수 있다고 한다. 아직 자주적인 탐구 정신이 완전히 발달하지도 않았고, 또 권위로부터 완전히 자유로울 만큼 성장하지 못했기 때문이다. 계속 탐구하고 추구하면 언젠가는 그런 문자주의를 극복할 수도 있다.

그러나 정말로 '정당화될 수 없는(unjustifiable)' 반동적 문자주의는 철이 들대로 들어서 이 모든 것이 문자 그대로 사실이 아님을 뻔히 알면서도 자기나 자기 집단의 '정치적, 심리적' 목적이나 이익을 위해 모두가 문자적으로 사실이라고 외치는 인격파탄적이고 정신분열적인 자기기만성 문자주의다. 틸리히는 "비판적 신학의 적은 자연스러운 문자주의가 아니라 자주적 사고를 억누르고 공격하는 의식적 문자주의"라고 결론 내린다. 이는 그리스도인이기에 앞서 한 지성인으로서, 아니 한 인간으로서의 정직성과 성실성(integrity)에 관계되는 일이다.

여기서 다시 강조한다. 성경 이야기가 산타 이야기와 같다고 주장하려는 것이 아니다. 당연히 성경과 산타 할아버지 이야기는 하늘과 땅만큼이나 차이가 나는 이야기다. 산타 이야기는 전설적인 것이고 성경 이야기는 하나님의 말씀이다. 그러나 둘 다 문자적으로만 이해

---

* Paul Tillich, *Dynamics of Faith*(1958, 최신판 HarperOne, 2009), 제2장 참조.

해서는 곤란하다는 점에서는 같은 성질의 것이라 할 수 있다.

　서양 정신사에서, 300여 년 전 계몽 시대 이전 인류는 모두 자연적 문자주의를 견지했던 셈이다. 아직 인간의 인지가 발달하기 전, 지구가 판판하다고 생각할 때에는 성경에서 말하는 모든 것이 문자 그대로 사실인 줄로 아는 도리밖에 없었다. 물론 계몽주의 이전에도 성경을 완전히 문자적으로만 볼 수 없다고 생각한 사람이 더러 있긴 했다. 예를 들면 3세기 오리게네스(Origenes)라는 신학자는, 예수님이 시험을 받으실 때 사탄이 산으로 데리고 가서 천하만국을 보여주었다는 이야기가 있는데, 그 부근에는 천하만국을 한눈에 다 볼 수 있을 만큼 높은 산은 없었다는 말을 했다. 그러나 이 말도 성경을 문자적으로 읽은 데서 나온 의심에 지나지 않는다. 그 시절에는 기독교인 모두가 성경에 나오는 이야기를 모두 문자적으로 믿고, 그저 당연하게 생각했다. 지금껏 내려오던 권위에 그대로 따른 것이다.

　그러다가 17~18세기 이른바 계몽 시대가 오면서 이야기는 달라진다. 서양 전체가 철이 들기 시작한 것이다. 초등학교 3학년이 된 것이다. 이제 권위 있는 누가 '카더라' 하는 정도로 모든 것을 다 그대로 믿기엔 머리가 너무 커진 것이다. 진리나 지식의 영역에서 종전의 '권위'가 그대로 먹혀들지 않게 되고, 실험을 통해 증명된 것만 참된 진리로 받아들이는 태도가 퍼지기 시작했다. 우선 코페르니쿠스가 16세기 초에 지동설로 세상을 깜짝 놀라게 했다. 뒤이어 갈릴레이가 나타났다. 전통적 권위에 따르면 무거운 물체가 가벼운 물체보다 더 빨리 낙하한다는 것이 정설이었다. 갈릴레이는 이런 권위에 도전해서, 실험을 통해 그것이 그렇지 않다는 사실을 증명했다. 이런 일련의 사건들은 인간 정신사에 하나의 획을 그었다. 권위가 아니라 실험과 검증이 우위를 차지하는 시대를 여는 사건이었다.

이런 실험 정신은 과학 분야에만 국한되지 않고 문헌학, 역사학 등에도 그대로 적용되었다. 성경에 나오는 창조, 노아 홍수, 동정녀 탄생 등등의 이야기들을 모두 역사적 문맥에서 새롭게 이해하고 해석하려는 시도가 생겨나게 된다. 약 200년 전의 일이다.

이렇게 해서 생겨난 것이 이른바 '역사 비판적 연구'라는 것이다. 한국식 기독교에 익숙한 분에게는 놀라운 사실일지 모르지만, 유럽의 기독교계에서는 거의 다, 미국에서도 이른바 주류 교회에 속하는 종파에서는 거의 다 이런 방법을 환영하고, 이런 방법에 의해 발견된 새로운 역사적 사실을 훌륭한 학문적 업적으로 받아들인다. 그리고 우리의 성경 이해를 깊게 하는 데 도움이 되는 것으로 여긴다.

성경이 문자대로 다 맞지 않더라도 그것은 여전히 하나님의 말씀이다. 산타 할아버지가 문자 그대로 우리 동네에 오시지 않아도 〈루돌프 사슴코〉를 비롯한 크리스마스캐럴은 우리 마음에 기쁨과 희망을 가져다주는 훌륭한 노래이다.

이렇게 철이 들면서 문자주의에서 해방되려 하는데, 이를 거부하는 반동적 문자주의가 기승을 부리기 시작한다. 예를 들면, 1697년 에든 버러의 토머스 에이큰헤드(Thomas Aikenhead)라는 학생은 모세 오경은 모세가 쓴 것이 아니라 모세 시대에서 800년 뒤에 쓰인 것이라고 말했다가 교수형에 처해졌다. 그 후 이 비슷한 주장으로 감옥 생활을 하거나 교수직에서 쫓겨나는 등의 일이 비일비재하게 일어났다.

20세기에 들어오면서는 앞서 언급한 것처럼 하늘이 무너지고 땅이 꺼져도 성경에는 오류가 없다는 이른바 '성경 무오설'을 믿는 것이 기독교 신앙의 '근본'이라 주장하는 이른바 '근본주의자들'이 나타나 성경을 문자적으로 믿어야 한다고 소리치기 시작했다. 이들의 지도자 중 상당수는 현재 신학, 종교학, 과학 분야에서 어떤 일이 일어나는지를 알면서도 이를 그대로 받아들이면 믿음이 없어진다, 교회가 무너진다, 신자들에게 혼란이 온다, 교인을 잃게 된다 등등 이런저런 정치적, 심리적, 사회적, 교회적, 목회적 이유로 이를 무조건 거부한다. 물리적인 힘으로 반대 세력을 억누르거나 공격하기까지 한다. 그런 의미에서 이들 대부분은 철저히 '반동적, 의식적 문자주의'에 속하는 사람들이다. 틸리히는 점잖게 "unjustifiable(정당화될 수 없는)"이라고 말했지만, 나보고 이 단어를 번역하라고 한다면 정말로 '봐줄 수 없는 사람들,' '용서할 수 없는 사람들'이라 하고 싶다.

우리 주위에서 보는 상당수 사람의 경우 아직 신앙의 연륜이 낮거나 이런저런 이유로 정말 '철들기 전 문자주의' 단계에 머물러 있다고 생각된다. 산타 할아버지가 정말로 오는 것이 아니라는 형이나 언니들의 대화를 듣고, 산타가 안 온다면 이번 크리스마스에 난 어쩌란 말이냐고 울고불고 야단하는 어린이와 같은 경우다. 그런 이들은 아직 우리 이야기를 듣지 말았어야 했을지도 모른다.

그러나 적지 않은 상당수의 또 다른 이들은 산타가 정말로 오는 것이 아님을 뻔히 아는 사람이다. 그야말로 진리 자체가 문제 되지 않고, 자기 개인이나 집단의 진리 외적 관심과 이익을 위해 죽어라 문자주의를 고집하는 경우다. 내심으로는 믿지 않으면서도 믿는다고 큰소리치고 있는 것이다. 동료 인간으로서 안타까운 일이 아닐 수 없다.

우리는 이런 문자주의의 위협에서 자유스러워야 한다. 문자주의에 빠지면 신앙의 자라남이란 기대할 수 없다. 믿을 수 없는 것을 믿어야 한다는 이런 신앙관에 매여 있으면 우리의 신앙은 모두 억지와 뒤틀림과 위선으로 가득 차게 된다. 성경 용어로 하면 우리에게 오늘도, 이 순간에도 계속 말씀하시는 성령의 음성에 귀를 막는 일이기 때문이다. 이런 문자주의를 훨훨 털어버리고 나서야 신앙이 줄 수 있는 자유스러움과 해방을 맛볼 수 있다.

그러면 좀 더 구체적으로 문자주의를 벗어나면 산타 이야기가 무엇을 의미할 수 있을까? 앞에서 말한 대로 우선 엄마가 선물을 주는 것을 알면 아하! 사랑하는 가족끼리 사랑을 나누는 것이구나 생각하고 자기도 선물을 줄 생각을 갖는다. 좀 더 크면 동네에 불우한 사람을 돕는 것이 산타의 정신이구나 깨닫게 된다. 거기서 더 성숙해지면 동네뿐 아니라 사회에, 나아가 전 세계에 사랑을 베푸는 것이 산타 정신이구나 하는 생각으로 발전한다. 한 걸음 더 나아가 물질적으로 사랑을 베푸는 것만이 아니라 불공평 사회를 바꾸어야 한다고 생각하고 사회정의를 위해서, 더 나아가 인권을 위해서, 성평등을 위해서, 환경을 위해서 사회활동을 전개할 수도 있다. 정말 성숙했다면 산타 이야기에서 하늘이 내려오고 땅이 화답하는 천지합일, 신인합일의 진리를 찾을 수도 있다. 이런 것이 바로 문자주의에서 해방될 때 얻을 수 있는 의식의 확장이요, 종교의 심화다.

Ⅲ. 잘못된 신관은 무신론만 못하다

"시온을 기억하며 울었도다"

> 우리가 바벨론의 여러 강변 거기에 앉아서 시온을 기억하며 울었도다. 그중의 버드나무에 우리가 우리의 수금을 걸었나니 이는 우리를 사로잡은 자가 거기서 우리에게 노래를 청하며 우리를 황폐케 한 자가 기쁨을 청하고 자기들을 위하여 시온의 노래 중 하나를 노래하라 함이로다. 우리가 이방 땅에 어찌 여호와의 노래를 부를까.(시 137:1-4)

기원전 586년 바벨론의 포로로 끌려 간 유대인들. 이제 바벨론 여러 강변에 앉아 고향을 생각하며 하염없이 눈물을 훔치고 있었다. 바벨론 사람들이 그들에게 그들의 흘러간 노래를 좀 불러보라고 청하지만 그런 노래를 더 이상 부를 수가 없었다. 왜 노래를 부를 수 없었을까?

유대인은 자기들의 신 야훼 신, 모세에게 나타난 그 신이 열방 중에서 가장 힘 있는 신이라는 철석같은 믿음을 가지고 살아왔다. 그들이 믿고 모시던 신은 '승리의 신(triumphalist God)'이었다.

그런데 어찌된 일인가? 그 힘 있는 신을 모시고 사는 선택받은 백성이 이방신을 섬기는 바벨론의 공격에 무참히 쓰러져 이제 이렇게 처량한 포로의 신세로 전락하고 말았으니. 이러고도 어찌 옛날처럼 "여호와의 노래를 부를" 수 있겠는가 탄식한다는 이야기다.

우리가 다 아는 대로 이처럼 엄청난 역사적 정황 속에서 유대인은 자기들만을 사랑하고 보호해주시는 신이라는 옛 생각이 결국은 얼마나 허망한 것이었던가 하는 사실을 발견하고 자기들의 생각을 근본적으로 수정하기에 이른다. 종래까지 자기들 민족만을 위해 역사하신다는 이른바 '부족신(tribal god)의 신관'을 버리고 야훼 신은 온 세상을 위한 신, 온 우주를 다스리는 신이라는 '보편신(universal God)의 신관'으로 발전시키게 된 것이다.

출애굽 등 이스라엘 백성의 안녕을 위한 일이라면 애굽(이집트)인이나 가나안 사람을 무자비하게 죽이는 일도 불사하는, 한 민족이나 한 집단의 신이라는 믿음이 새로운 역사적 정황에서 이제 뒷전으로 물러나고, 제2이사야나 「예레미야」에 나오는 신처럼 세상 만민을 위해 보편적인 사랑과 공의를 베푸시는 신, 그들을 위한 슬픔과 애통함, 안타까움으로 가득하신 신이라는 생각이 등장하게 된다.

오늘의 우리도 새로 등장한 자연과학, 철학, 심리학, 인류학, 정치학, 문헌학, 예술, 정보, 대중매체 등 다시 완전히 새로운 정황과 환경에 둘러싸여 살고 있는 포로들이다. 옛날 바벨론에 포로로 잡혀갔던 유대인들처럼 우리도 우리의 이 새로운 정황 속에서 참담한 심정을 가눌 수 없는 형편이다. 지금껏 우리가 '당연하다 여기던 것'이 당연한 것이 아니라는 사실을 발견하게 되었다. 이전까지의 세계관, 신관, 가치관, 성경관, 예수관, 종말관 등등이 그 문자적, 표피적 의미에서는 완전히 힘을 쓰지 못하는 황당함을 목격하게 된 것이다. 옛날 순진하고 단순하게 살 수 있던 때를 떠올리면 "울었도다"의 심정이다.

상황이 이럼에도 우리는 언제까지 예전 시대에 받들던 것을 그대로 신주 모시듯 모시고, 그에 대한 옛 노래를 계속 불러야 한다고 강요받아야 하는가? 우리에게 새 노래를 지어줄 사람은 누구인가?

어쩌면 이는 오늘을 사는 우리 모두가 짊어져야 할 공동의 과업이라는 것이 가장 적절한 생각일 터이다. 새로운 시대를 맞이한 오늘 우리 각자가 지닌 사명의 막중함이 바로 여기 있는 것 아닌가? 이런 의미에서 우리가 가진 한계성을 뼈저리게 절감하면서도, 우리의 이야기를 계속하지 않을 수 없다. 다시 한번 우리 삶에 생기를 불어넣어줄 수 있는 노래, 누가 강요해서가 아니라 진심에서 저절로 우러나는 노래를 부르고 싶기 때문이다.*

신은 남자인가?

이제부터 신에 대해 그야말로 솔직하게 이야기해보자.

예수 바로 믿기는 성경관과 함께 신관(神觀) 바로 세우기에서 출발한다고 해도 과언이 아니다. 내가 지금 지니고 있는 신관이 정말 바로 선 것인가 한번 정직하게 물어보아야겠다.

신관과 관련하여 쉬운 것부터 이야기해보자면, 우선 신은 남자인

---

* 상당수 문명 비평가들은 우리 시대에 등장한 가장 큰 특징 세 가지로 1) 새로운 과학 정신, 2) 역사의식, 3) 다원주의적 태도를 든다. 이런 새로운 정신적 환경에서 옛 노래를 그대로 부를 수가 없다고 보는 것이다. C. David Grant, *Thinking through our Faith: Theology for 21st Century Christians* (Nashville: Abingdon Press, 1998) 참조. 바벨론 포로의 비유는 존 셸비 스퐁 지음, 김준우 옮김, 『기독교 변하지 않으면 죽는다』(한국기독교연구소, 2001)를 참조.

가, 여자인가 하는 문제가 있다. 근래 여성 신학이 등장하기 전에 기독교인 중 신을 여자라고 생각한 사람은 별로 없었을 것이다. 아직도 신을 여성으로 생각할 수 있다는 말을 하면 그것을 곧 신에 대한 모독이요, 기독교에 대한 파괴 공작쯤이라 여기는 이들이 많다. 신은 과연 남성인가 여성인가? 남성도 되고 여성도 되는 것인가? 아니면 남성도 아니고 여성도 아닌가?

결론부터 말해본다. 신은 남성이면서 동시에 여성도 되고, 또 남성·여성임과 동시에 이 둘을 다 넘어서서 둘 다 아닌 분이기도 하다. 이런 결론에 이르게 되는 데에는 두 가지 이유가 있다. 첫째, 논리적으로 생각해서, 우리가 신을 절대적인 신으로 생각한다면 그 신은 어쩔 수 없이 남녀성을 구유(具有)하고 있어야 하기 때문이다. 둘째, 역사적으로 볼 때 성경에 나오는 신이 반드시 남성으로만 묘사되어 있지 않다는 이유에서다.

우선 신이 절대적이라면, 절대적인 것은 그 본성상 어느 한쪽에만 치우칠 수가 없다. '절대'라면 어쩔 수 없이 한쪽으로 치우쳐 크기만 할 수도 없고, 다른 한쪽으로 치우쳐 작기만 할 수도 없다. 절대적인 것은 무한히 크면서 동시에 무한히 작을 수밖에 없다. 이렇게 일견 모순되는 것같이 보이는 두 개의 명제가 '절대적인 것'에서는 모순 없이 만나는 것이다. 이것이 바로 절대적인 것을 논할 때마다 등장하는 '양극의 조화(coincidentia oppositorum)'라는 원칙이고, 이런 식으로 신을 보는 것이 이른바 '변증법적 시각' 혹은 '역설의 논리'다. 따라서 절대적인 신이 한쪽으로 치우쳐 남성만일 수도 없고 다른 한쪽으로 치우쳐 여성만일 수도 없다. 신의 문제에서는 이렇게 양자택일이나 이항대립이 성립할 수 없다. 더 쉬운 말로 표현하면 '만만주의'나 '냐냐주의'가 아니라, '도도주의'다. '남성만이냐 여성만이냐'가 아니고 '남성도 여성도'라는 것이다.

그러면, 성경에서는 신을 꼭 남성으로만 보았던가? 여성으로 본 일이 없던가? 이 문제에서는, 앞에 언급했던 '종교와 성' 문제 전문가 빌 핍스의 연구 결과에 의존하여 설명하고자 한다.

전체적으로 볼 때 성경은 신을 남성으로 묘사하고 있는 것이 사실이다. 그러나 좀 더 자세히 살펴보면, 아무리 남성 중심의 가부장 사회에서 신을 남성으로 보는 것이 당연시되었다 하더라도, 신을 남성으로만 볼 수 없었던 고충이 여기저기 충분히 드러나 있음을 발견할 수 있다.

우선 히브리어 성경에 나오는 신의 이름에서 그 흔적을 찾을 수 있다. 신의 이름들 중에 히브리어 성경에 2,500번가량 나올 정도로 중요한 '엘로힘'이라는 이름은 어원적으로 따져보면, '엘'이라는 남성신과 '엘로아'라는 여성 신의 이름을 합한 복합명사에다가 복수를 나타내는 말 '임'을 붙여서 된 것이다. 다시 말하면, 엘로힘은 남성 신들과 여성 신들을 총체적으로 대표한 이름으로서 그 속에 남성적인 요소와 여성적인 요소를 함께 포함하고 있다.

이렇게 신의 '양성구유성'은 「창세기」 1장에서 신 '들'이 "우리가 우리의 형상을 따라서, 우리의 모양대로 사람을 만들자"(〈새번역〉 1:26)라고 하시고 "사람을 창조하시되 남자와 여자를 창조"(〈새번역〉 1:27)하셨다고 한 사실에서도 그 일면을 볼 수 있다. '우리의 모양'에서 '남자와 여자'가 나왔다면 그 '우리의 모양'에는 '남자와 여자'가 함께 있어야 하는 것이다. '전능하신 신'이라는 뜻의 히브리어 '엘샤다이(El Shaddai)'라는 이름 역시 적어도 어원적으로는 본래 '젖가슴을 가진 신'이라는 뜻이었을 것이라 보는 신학자도 있다.

이스라엘 백성 고유의 신이었던 '야훼' 신도 사정은 비슷하다. 「신명기」 32장(《새번역》)에 나오는 모세의 노래 속에 "그는 너희를 지으신 아버지가 아니시냐"(32:6) 하면서 야훼의 아버지 됨을 이야기하고 있지만 좀 내려가서 "너희는 (……) 너희를 낳은 하나님을 잊었다"(32:18)라고 했다. 여기서 '낳다'라는 히브리말은 우리 노래 "아버지 날 낳으시고 어머니 날 기르시니"에서의 '쓰임'과는 달리 '어머니로서 산고를 치른다'는 뜻이다. 따라서 야훼 신도 '아버지이시며 동시에 어머니로서 그 안에 남성적 요소와 함께 여성적 요소도 포함하고 있다'고 할 수 있다.

「이사야」(《새번역》)에 보면 바벨론에서 포로 생활을 하고 있는 유대 백성을 위하여 야훼는 "어머니가 그 자식을 위로하듯이, 내가 너희를 위로할 것"(66:13)이라고 했다. 야훼 신은 "내가 숨이 차서 헐떡이는, 해산하는 여인과 같"(42:14)다고 했다. 무엇보다도 신의 어머님 됨을 가장 극적으로 표현한 것이 바로 "어머니가 어찌 제 젖먹이를 잊겠으며, 제 태에서 낳은 아들을 어찌 긍휼히 여기지 않겠느냐! 비록 어미가 자식을 잊는다 하여도, 나는 절대로 너를 잊지 않겠다"(49:15) 하는 말씀이다.

물론 「이사야」가 신을 이렇게 어머니에 비유한다고 해서 그것을 문자 그대로 받아들여서는 곤란하다. 한 가지 명심해야 할 것은 신을 아버지로 표현한 말이 상징적인 것과 똑같이 신을 어머니로 표현한 말도 역시 상징적인 것이라는 사실이다. 「이사야」는 "너희가 하나님을 누구와 같다 하겠으며, 어떤 형상에 비기겠느냐?"(40:18)라고 하였다. 문자적으로 따진다면, 신은 결국 아버지일 수만도, 어머니일 수만도 없다는 말이다.

이스라엘 백성들은 신의 형상을 만들지 못하도록 되어 있었다. 신에 관해서라면 "남자의 형상이든지 여자의 형상이든지, 너희 스스로가 어떤 형상을 본떠서도, 새긴 우상을 만들지 않도록 하여라"(신 4:15)라고 했기 때문이다. 그러나 금속이나 나무로 된 것만 우상이 아니다. '신은 남성이다' 하는 식으로 우리 머릿속에 단단히 새겨진 형상도 그 상징적 성격이 망각될 때 역시 우상이 된다.

그러니까 다시 처음에 한 말로 되돌아간다. 신에 대한 표현을 문자적으로 받아들일 경우 신은 아버지도 어머니도 아니시다. 그러나 그것을 상징적으로 받아들일 경우 신은 남성일 수도 있고 여성일 수도 있고, 동시에 둘 다일 수도 있다. 그런데 이 중에서 가장 아름다운 상징을 하나 고르라 한다면 우리는 무엇을 고르게 될까?

하나님 어머니

앞에서 나는 '신을 남성으로 볼 것이냐 여성으로 볼 것이냐?' 하는 물음에 대해 남성으로 보아도 좋고 여성으로 보아도 좋다고 했지만,

지금껏 몇천 년 동안 남성으로 생각해온 것을 감안하면 이제부터는 여성으로 보는 것이 어떤가 하는 생각이 든다. 사실 성령을 의미하는 히브리어 단어 '루아흐(ruach)'는 본래 여성 명사였다. 그것이 라틴어로 번역되면서 'Spiritus'라는 남성 명사로 바뀌었다. 그러니까 성부·성자·성령에 여성적인 요소는 전혀 끼어들 틈이 없어져 버리고 지금까지 기독교는 남성적 요소만을 띤 신을 받들어오고 있다.

내가 가깝게 지내면서 존경하던 분으로 미국 감리교계 드루 대학교(Drew University)에서 가르치다가 요절하신 고 이정용(Jung Young Lee) 교수는 작고하기 직전 펴낸 책 『동양의 관점에서 본 삼위일체(The Trinity in Asian Perspective)』에서 자신의 전문 분야인 『주역(周易)』의 음양설을 적용하여, 하나님 아버지를 양(陽)으로 보고 성령 하나님을 음(陰)으로 보고 아들 하나님을 그 중간으로 보아야 한다고 주장했다. 말하자면 그분은 기독교 신관에서 일방적으로 남성적인 요소만을 강조하는 데서 오는 불균형을 시정하려는 노력에 앞장서신 분이었다.

잘 알려진 것처럼, 근래에 와서는 여성 신학에 종사하는 신학자 사이에서 신을 남성으로 생각할 때 따르는 불합리성 내지 부작용에 관한 연구가 매우 활발하다. 그들의 주장을 직접 듣지 않더라도 우리 스스로 조금만 생각해봐도 금방 알 수 있는 것들이다.

우리가 살아가면서 가장 아름답게 여기고, 또 절실하게 바라는 것이 무엇인가? 사랑, 자비, 부드러움, 포근히 감쌈 같은 것들 아닌가? 그런데 이런 특성들을 놓고 볼 때 아버지와 어머니 중 어느 쪽이 이런 것에 더 잘 어울린다고 생각되는가? 아기가 아플 때 꼬박 밤을 새우며 지켜보는 쪽이 아버지인가 어머니인가? 우리가 사랑과 자비의 하나님, 우리를 감싸고 지켜주시는 하나님을 말하면서 하나님을 아버지로만 본다는 것은 뭔가 사위가 맞지 않는 일일 수밖에 없다.

초등학생들에게 기도하면서 하나님을 어떻게 부르는가 물어보았다. 모두가 하나님을 아버지라 부른다고 했다. 그러면 그 하나님 아버지께 제일 바라는 것이 무엇인가 물었다. 거의 모두가 '용서'라고 대답했다. 하나님은 사랑이라고 하지만, 하나님을 남성으로 보는 한 사랑보다는 정의가 먼저 머리에 떠오르고, '정의' 하면 잘못한 것에 대한 시정 혹은 응징, 그러다 보니 결국 용서라는 말에까지 이른, 일반적 등식의 결과가 아닌가?

어느 여자아이는 "하나님, 남자아이들이 여자아이들보다 정말 잘난 건가요? 물론 하나님이 남자라는 건 저도 잘 알아요. 그렇지만 공평하게 말씀해주셔야 해요"라는 기도를 했다고 말했다. 이런 기도가 나온 것은 그 여자아이의 마음속 깊이에, '왜 신이 남자인가? 이건 여자인 나에게 당연히 불리하고 억울한 일 아닌가' 하는 심사의 발로였다고 볼 수 있다. 어린 여자아이의 이런 불편한 심기는 이해할 수 있는 일이다. 세계 인구의 반 이상을 차지하는 여성들의 심기를 이런 식으로 계속 불편하게 할 필요가 무엇인가?

생각해보라. 우리가 어렸을 때 신을 어머니라 생각할 수 있었다면 우리의 종교관이나 신관에 어떤 변화가 있었을까? 신과 훨씬 더 가까운 관계를 유지하면서 살아올 수 있지 않았을까?

한 가지 재미있는 것은 『도덕경』에 보면 도(道)를 어머니로 표현하고 있다는 사실이다. 도란 도가(道家)에서 말하는 궁극 실재다. 이 궁극 실재에 대한 상징으로 물, 계곡, 어린아이, 다듬지 않은 통나무 등이 등장하지만, 그중에서 여인, 여인 중에서도 특히 어머니가 매우 중요한 상징으로 나타나 있다. 제1장에 보면 "이름 붙일 수 없는 그 무엇이 하늘과 땅의 시원. 이름 붙일 수 있는 것은 온갖 것의 어머니"라고 했다. 여기서 '이름 붙일 수 없는 그 무엇'이란 '없음(無)'의 측면에서 말하는 도, '이름 붙일 수 있는 것'이란 '있음(有)'의 측면에서 본 도를 의미한다. 도에서 하늘과 땅이 생기고, 도에서 온갖 것들이 나왔다는 뜻에서 도는 '어머니'라는 것이다.

제6장에서도 "계곡의 신은 결코 죽지 않습니다. 그것은 신비의 여인. 여인의 문은 하늘과 땅의 근원. 끊길 듯하면서도 이어지고, 써도 써도 다할 줄을 모릅니다"라고 하여 도를 '여인'으로 표현하고 있다. 여인의 신비성, 생산성, 개방성, 창조성 등이 남성의 공격성, 진취성, 지배성, 경쟁성 등보다 도의 본성에 더 가깝다는 얘기다. 우리를 낳고 기르고 먹이고 감싸주는 어머니……. 도에 대해서 이보다 더 아름다운 표현이 어디 있겠는가?

물론 여기서 신의 남성적인 면을 완전히 무시해야 한다는 의미는 아니다. 앞에서 말한 것처럼, 절대자로서의 신은 어느 한쪽만일 수가 없다. 따라서 여기서도 '양극의 조화'라는 원칙이 적용될 수밖에 없다. 그런 의미에서 독일 신학자 위르겐 몰트만(Jürgen Moltmann)이 말한 것처럼 우리가 신을 "어머니 같은 아버지, 아버지 같은 어머니(a motherly father and a fatherly mother)"로 생각하는 것이 바람직할지도 모르겠다. 크리스천 사이언스의 창설자 매리 베이커 에디(Mary Baker Eddy)의 기도도 이런 생각을 잘 나타내고 있다.

저를 사랑해 주시는

아버지 어머니 하나님,

이 밤 제가 잠잘 때

저를 지켜주시고,

제 작은 발이 당신께 향하도록 하여주세요.

그러나 다시 말하지만, 이천 년 가까이 '아버지 하나님'이나 '하나님 아버지'를 써왔으니, 한번쯤 '어머니 하나님'이나 '하나님 어머니'를 주로 쓰는 것이 어느 의미에서 더 바람직한 일이 아닌가, 적어도 그렇게 하겠다는 사람을 이해할 수는 있어야 하지 않겠는가 하는 것이 나의 작은 소견이다.

실제적 다신론

신(神)에 대한 논의에는 여러 가지가 있다. 우리가 잘 알고 있는 것처럼, 우선 신이 여럿이라 주장하는 것을 다신론(多神論, polytheism)이라 한다. 신이 여럿 있음을 인정하지만 그중에서 특히 어느 한 신을 택해 그 신을 경배하는 것을 단일신론(單一神論, henotheism)이라 한다. 신이란 하나밖에 없고 그 하나밖에 없는 신에게 정성을 다해야 한다는 생각을 유일신론(唯一神論, monotheism)이라 한다.

우리가 다 아는 바와 같이 기독교는 유대교나 이슬람교와 마찬가지로 유일신론의 종교로 분류되고 있다. 나는 여기서 기독교나 이슬람교의 모태가 되는 유대교에서 처음에는 유일신관이 발달하지 않고 있다가 기원전 8세기 선지자 아모스 때, 그리고 그 후 제2이사야에 와서야 확실하게 유일신관으로 정착했다든가 하는 신관의 역사 문제를 따지려는 것이 아니다. 현재 교리로는 기독교가 유일신관의 종교임이 틀림없지만, 실제로도 기독교가 정말로 신이 한 분뿐이라 믿고 그 신에게 충성을 다하는 종교라 할 수 있겠는가 하는 문제에 초점을 맞춰보고자 한다. 교리적으로는 유일신관인 기독교지만, 내가 보기에 대부분의 기독교인이 현재 받들고 있는 종교는 오히려 '다신론'이나 '단일신론'의 종교에 더 가깝다. 한 걸음 더 나아가 그것은 어느 면에서 '무신론'이라고도 할 수 있다. 사실 엄격하게 말하면, 기독교 자체가 다신론이나 단일신론적 종교, 혹은 무신론적 종교라기보다는 기독교인이 기독교를 그런 종교로 '만들고 있다'고 할 수 있다.

우선 기독교를 '다신론'의 종교로 볼 수 있다는 이유부터 살펴보자. 그 이유는 대략 두 가지다.

첫째, 상당수의 기독교인은 기독교의 하나님이 따로 있고, 이슬람교의 알라 신, 힌두교의 시바 신, 중국의 상제(上帝), 한국 전래의 하늘님 등이 별도로 존재하는 것처럼 생각하고 또 일상 대화에서 그런 식으로 말하고 있다. 이런 식으로 생각하고 말하는 한 우리는 '유일신관'을 견지하는 것이 아니다.

우리가 진정으로 유일신론을 믿고 그 믿음에 충실하다면 알라 신, 시바 신, 상제, 하늘님 등의 신이 기독교 신과 다른 별개의 존재들이라 생각해서는 안 된다. 이런 신들은 각각 개별적으로 존재하는 독립적인 실체일 수가 없다. 절대적이라는 말은 말 그대로 절대적이어서 가장 큰 것보다 더 크기에 그 밖이 없고, 가장 작은 것보다 더 작기에 그 안이 없다. 이은 줄이나 경계가 있을 수 없는 전체(the seamless totality) 그대로이다. 절대적인 것을 떠나서는 아무것도 따로 있을 수가 없다. 절대적인 신을 상정한다면 신이 여럿일 수가 없다.

그럼 알라 신이나 시바 신이나 상제나 하늘님은 누구인가? 기독교인으로서 유일신관에 투철하다면, 이런 신들은 한 신에 대한 각이한 견해(views), 생각(ideas), 표현(expressions), 관념(concepts)이라 보아야 할 것이다. 기독교 신이 따로 있고 다른 종교의 다른 신이 따로 있는 것이 아니라, 우주의 궁극 실재에 대해 각각의 종교가 각각 다르게 생각하고, 각각 다르게 표현한 것으로 이해해야 한다는 것이다. 마치 먼 산을 놓고 각기 자기들의 지리적 위치나 문화적 환경에 따라 달리 보고 다른 이름, 다른 표현을 붙이는 것과 비슷하다.

이런 기본적 사실을 망각하고 기독교인이 섬기는 신과 이웃 종교에서 섬기는 절대 신이 생판 다른 신들이라 생각한다면 우리는 우리의 의도와는 다르게 유일신론이 아니라 다신론 내지 단일신론을 받드는 어리석음을 범하는 셈이다. 유일신관에 충실하려면 신은 어디까지나 절대적인 '하나', 그래서 그 바깥도 따로 있을 수 없고 그 안도 따로 있을 수 없는 통전적 전체(totality)라는 생각에 투철해야 한다. 베다경에서 "진리는 하나, 성인들이 그것을 여러 가지 이름으로 부를 뿐"이라고 했듯이 신은 하나이며, 여러 종교에서 그 신을 여러 가지로 본 것뿐이다. 각각의 신들은 하나의 신의 여러 가지 얼굴들

(personae), 여러 가지 모습들인 셈이다. 기독교인이 예수님에게서 '신의 얼굴(the face of God)', 신의 제2위('삼위일체'라는 말에서 '위(位)'의 원어 'persona'는 본래 '탈바가지' 혹은 '얼굴'이라는 뜻이다)를 보는 것과 비슷한 이치다.

둘째, 기독교를 다신론으로 만드는 더욱 보편적인 이유는 우리가 우리의 일상생활에서 기독교에서 가르치는 신을 정말로 절대 유일한 신으로 모시지 않고 오히려 기타 잡신들을 떠받들며 살아가고 있기 때문이다. 종교철학자 존 힉(John Hick)은 "종교적으로 민감한 외계인이 우리한테 와서 본다면 분명히 우리가 우리의 정성을 많은 신들, 즉 황금의 신, 사업체의 신, 출세의 신, 권력의 신, 체면 유지의 신, 그리고 (일주일에 한 번 잠깐씩) 유대-기독교에서 믿는 신 등등에게 분산해서 바치고 있음을 발견하게 될 것"이라고 했다.* 그렇다. 기독교인으로서 하나님을 믿는다고 하면서 돈을 하나님보다 더 귀하게 여긴다거나 심지어 하나님을 돈을 벌기 위한 수단으로 믿고 있다면, 우리는 결코 하나님만을 받드는 유일신론자일 수가 없다. 우리가 출세를 위해 좋은 대학에 들어가야 하고, 대학 들어가는 것이 모든 가치에 우선해야 할 무엇이라 떠받들고 있는 한 우리는 하나님을 유일무이한 최고 가치로 받드는 유일신론자일 수가 없다.

우리가 이렇게 여러 가지 세속적 가치를 절대시, 신성시하는 관행을 신학자 한스 큉은 "거룩하신 황금 신, 거룩하신 섹스 신, 거룩하신

---

* John H. Hick, *Philosophy of Religion*(Pearson, 4th Edition 1989), 곁들여서 그의 책 *God Has Many Names*(Westminster John Knox Pre; Revised ed. 2016)를 참조하라.

권력 신, 거룩하신 과학 신, 거룩하신 민족 신, 거룩하신 정당 신께"
우리의 정성을 바치는 일이라 했다.* 이렇게 여러 신들을 모시고 있
는 한 우리는 누가 뭐라 하더라도 유일신관의 소유자일 수가 없다.

현재 기독교가 일반적으로 견지하고 있는 유일신관이 가장 바람직
한 신관이므로 유일신관을 옹호하고 우리 모두 그런 신관을 받아들
여야 한다는 뜻에서 이 이야기를 하는 것이 아니다. 신관에 관한 패러
다임이 새로운 시대에 걸맞게 변해야 한다는 것은 말할 나위도 없는
일이다. 여기서 지적하고 싶은 것은 우리가 이웃 종교의 신을 별개의
신, 구원도 못 주는 신, 심지어 거짓 신 등으로 본다든가, 우리 일상생
활에서 신 이외의 가치를 절대적 가치로 모시고 거기에 목줄을 매고
있다면 우리는 우리도 모르는 사이 아직도 '다신론적 신관'을 가지고
사는 사람들이며, 이런 '실제적 다신론(practical polytheism)'도 더 깊은
신관을 위해 극복해야 할 대상이라는 것이다.

실제적 무신론

기독교인을 보고 무신론자라고 하면 대다수의 기독교인은 펄쩍 뛰
면서 당장 반론을 제기하고 나올 것이다. 무슨 일이 있어도 인격자로

---

* Hans Küng, *On Being a Christian* (London : Collins, 1974), p. 297.

서의 하나님이 계시다고 하는 '유신론(有神論)'적 명제를 양보할 수는 없다고 주장한다. 우리는 이처럼 우리 스스로 충실한 유신론자라고 공언하며 살고 있다.

그런데 우리 주위에서 들려오는 기독교계의 각종 비리와 부조리, 성직자의 탈선이나 부정행위에 대한 보고들을 잠시 생각해보자. 하나님이 살아 계셔서 잠시도 쉬지 않으시고 친히 우리를 굽어보고 계신다는 그 믿음에 정말로 철두철미한 사람이 어떻게 이리도 매일매일 하나님께 부끄러운 일을 하며 살아갈 수 있는지 물어보지 않을 수 없다. 이렇게 부끄러운 일을 한다는 것 자체가 의식의 영역을 넘어 무의식 차원에서는 진정으로 하나님이 계시다는 것을 인정하지 않는다는 뜻 아닌가?

이렇듯 입이나 머리로는, 이론이나 교리로는 신이 계시다는 것을 금과옥조처럼 받들고 살지만, 실제 생활에서 신이 안 계신 것처럼, 혹은 돌아가신 것처럼 하고 사는 태도를 일러 '실제적 무신론(practical atheism)'이라 한다면, 이것은 사실 우리 주위에서 우리도 모르는 새 가장 널리 퍼진 신관인 셈이다. 신이 우리의 머리나 입술에만 살아 계시고, 심중이나 행동에는 안 계시는 상태다.

결국 현재 많은 교회의 문제는, 이런 '실제적 무신론자'들이 영어식 표현으로 립서비스만을 위해 신을 가방에 넣어 다닐 뿐 실제로는 신과 상관없이 살면서도, 신의 일을 한다고 떠들면서 결국은 자기들의 잇속을 위해 일한 데서 생긴 것이 아닌지 모르겠다.

우리는 결국 이런 실제적 무신론자, 실천적 무신론자가 아닌가 모두 심각하게, 그리고 정직하게 반성해볼 일이다. 물론 여기서 우리가 고전적 유신론을 그대로 믿어야 한다고 주장하려 이런 이야기를 하는 것이 아니다.

나중에 이야기가 나오겠지만, 이런 실제적 무신론에 빠질 수밖에 없는 것은 21세기에 사는 우리에게 걸맞지 않은 신관을 강요하기 때문이다. 믿어지지 않는 것을 믿는 척 위선을 떨지 않을 수 없는 것이다. 안 믿어지면 안 믿어도 된다는 사실을 모르기 때문에 억지로 믿는 척이라도 하는 것이다. 어느 면에서 우리는 이런 강요에 희생된 사람들이다. 이런 억울한 일을 면하기 위해서라도 구시대적이고 시대착오적인 신관을 정리할 필요가 있다. 철든 사람에게 걸맞은 새로운 신관의 정립이 필요한 것이다.

부족신관

우리가 지닌, 혹은 아직도 강요받고 있는 신관 중 제일 먼저 정리되어야 할 것이 있다면 나는 그것이 다름 아닌 부족신관(部族神觀)이라 생각한다.

우리는 '신' 하면 사랑과 정의(공의)의 신을 생각한다. 그러나 히브리어 성경(앞에서도 언급했듯, 현재 일반 학계에서는 '구약'이라는 말을 쓰지 않는다. 유대인에게 실례가 되는 말이기 때문이다)에 나타난 대로의 신이 이렇게 사랑과 정의의 신이신가? 우리가 다 외우고 있는 성경 구절, "하나님이 세상을 이처럼 사랑하사"라는 말 그대로 신은 온 세상을 정말로 '이처럼 사랑'하셨는가?

적어도 히브리어 성경 초반에 나타난 야훼 신, 혹은 여호와는 그런 신이 아니시다. 온 세상을 그처럼 사랑하신 신이 어찌 그리 불공평하게도 중동 지방 그 조그만 부족 이스라엘만을 택하셔서 '택한 백성'으로 삼으시고, 다른 족속은 모두 흑암 가운데 내팽개치신 채 레이저 빔 쏘듯이 그들에게만 진리의 빛을 주시고, 온통 그들의 안녕에만 그렇게 신경을 쓰실 수 있는가? 더구나 그들 편에 서서 그들과 반대하는 모든 족속은 무자비하게 쳐부수는 신, 이런 신을 어찌 천지를 창조하시고 모든 인류를 한결같이 사랑하는 공의의 신이라 할 수 있겠는가?

이런 신이 우리가 생각하는 사랑과 정의의 신이실 수 없는 구체적인 예를 두 가지만 들어본다. 하나는 출애굽 이야기고, 다른 한 가지는 가나안 정복 이야기다.

자기 백성밖에 모르는 신 — 출애굽 이야기

성경 「출애굽기」를 보면 이스라엘 백성이 애굽(이집트)에서 종살이를 하고 있었는데, 그 고생이 이루 말로 다 할 수 없었다. 야훼(여호와) 신이 그들의 부르짖음을 들으시고 그들을 구출하기로 작정하신다. 그러고는 마침 살인죄를 짓고 미디안에 피신해서 양을 치고 있던 모세를 부르신다. "떨기나무 불꽃 가운데" 나타나셔서 모세를 보고 애굽으로 내려가 이스라엘 백성을 종살이에서 구해 "젖과 꿀이 흐르는" 가나안 땅으로 인도하라는 명령을 내리신다.

모세는 마음이 내키지 않았으나 결국 부름에 응해 '이적의 지팡이'를 들고 형 아론과 함께 애굽으로 내려가서 바로 왕을 만난다. 모세는 "히브리 사람의 하나님 여호와의 말씀에 내 백성을 보내라"했으니 그들을 놓아 보내라고 요구한다. 물론 바로 왕이 피라미드나 기타 토목공사에 없어서는 안 될 그 중요한 인력을 그대로 놓아줄 리가 없다. '너희가 말하는 여호와가 누구인지 내가 알게 뭐냐' 하는 태도로 일거에 거절한다. 일이 이렇게 돌아가자 모세가 하나님께 불평한다. 하나님은 "내가 바로에게 하는 일을 네가 보리라"라고 하면서 우리가 익히 들어온 대로 열 가지 재앙을 하나씩 내리기 시작한다.

우선 애굽에 있는 모든 물이 피로 바뀌는 재앙이었다. 강의 모든 고기가 죽고 거기서 나오는 악취가 천지를 진동했다. 이어서 개구리, 이, 파리, 피부병, 우박, 메뚜기, 깜깜함 등의 재앙이 계속됐다. 그래도 바로는 이스라엘 백성을 놓아주지 않는다. 성경에 보면, 하나님이 계속해서 "바로의 마음을 완악하게 하셨으므로 이스라엘 자손을 보내지"않았다고 했다.

드디어 열 번째 재앙이 내린다. 애굽 전역에서 처음 난 것들, 처음 난 자식, 가축, 짐승이 모두 죽게 되는 재앙이다. 물론 이스라엘 백성은 이 재앙에서 제외된다. 그들에게는 양을 잡아 그 피를 문설주에 발라 놓으면 "내가 피를 볼 때 너희를 넘어가"겠다고 하셨다. 드디어 밤이 되었다. 야훼 신이 친히(천사에게 시키신 것이 아니다) 그 밤에 애굽 땅을 두루 다니시며 사람과 짐승을 막론하고 처음 난 것들, "왕위에 앉은 바로 왕의 장자로부터 옥에 갇힌 사람의 장자까지와 가축의 처음 난 것을 다 치"셨다. 무죄한 어머니들은 그들의 아들이 죽임당하는 광경을 보고 통곡하는 것밖에 달리 손쓸 수 있는 일이 없었다. 애굽 천지에 "죽임을 당하지 아니한 집이 하나도 없었"다. "온 땅에 전무후무한 큰 부르짖음"이 들렸다. 그야말로 하늘에 사무쳤겠지만 신이 친히 하시는 일이니 들어줄 이 없는 울음일 뿐이었다.

바로 왕은 그날 밤 모세와 아론을 불러 애굽 사람들이 다 죽게 되었으니 어서 이 땅을 떠나라고 간청할 지경에 이르렀다. 하나님은 애굽 사람들의 마음을 움직여 이스라엘 백성이 요구하면 뭐든 다 주도록 했다. 그래서 그들은 떠나면서 애굽 사람들의 은붙이 금붙이와 의복을 모두 "빼앗아 가지고"(《새번역》) 나왔다. 이때 나온 사람이 남자 어른만 60만 명이라고 했다. 여자와 아이들을 합하면 모두 200만이 훨씬 넘는 인원이었을 것이다. 가축까지 끌고 나왔다니 거대한 무리였다.

이들이 애굽에서 나와 홍해 부근에 이르렀을 때 하나님은 모세에게 지시하여 광야에서 길을 잃고 헤매는 것처럼 하여 바로의 군대를 광야로 끌어내는 유인작전을 쓰라고 한다. 스스로도 다시 바로의 마음을 완악하게 해서서 바로가 이스라엘 백성을 내보낸 것을 다시 후회하도록 한다. 그리하여 바로는 직접 군대를 이끌고 그들을 추격한다. 우리가 잘 아는 대로 모세가 "지팡이를 들고 손을 바다 위로 내밀"자 기적적으로 홍해의 물이 양쪽으로 갈라져 이스라엘 백성은 바다 가운데를 육지처럼 건넜다. 그 뒤를 쫓던 애굽 군대가 바다 가운데 이르렀을 때 물이 다시 합쳐져 그들은 모두 수장당하고 만다. 이 모든 일이 하나님께서 당신의 "영광"을 위해, 그리고 애굽 사람이 "나를 여호와인 줄 알게" 하기 위해 한 일이라고 했다. (역사가들은, 바로 왕이 람세스 2세라면 그는 물에 빠져 죽은 것이 아니라 자기 침대에서 죽었다고 한다.)

도대체 이게 무슨 이야기인가? 이런 일이 사랑과 자비와 공의의 신이 하실 일인가? 이스라엘 백성이 죽도록 고생하고 있었는데 그동안 야훼 신은 뭘 하고 계시다가 그들의 고통이 극에 달해서야 갑자기 나타나신 것인가? 늦게나마 그들의 고통을 덜어주는 것은 좋지만, 이렇게 꼭 무차별한 재앙들을 보내 무고한 사람들을 괴롭히고 죽이는 방법 외에 다른 길은 없었던가? 이스라엘 백성이라는 이유 한 가지만으로 생명을 구하고 애굽인이라는 이유 한 가지만으로 무조건 죽임을 당하도록 하는 이런 극단의 인종차별 정책이 도대체 사랑과 공평의 신으로서 하실 일인가?

더구나 계속해서 열세 번씩이나 바로의 마음을 완악하게 하셔서 바로로서는 다른 선택의 여지가 없도록 해놓으시고, 이스라엘 백성 내보내기를 거절한다고 계속 재앙을 내리는 것은 도대체 어떻게 된 논리인가? 아무리 양심이 비뚤어진 사람이라도 이런 일을 두고 사랑이나 공평을 논할 수는 없을 것이다.

잔인하신 신— 가나안 정복 이야기

이렇게 모세의 지도 아래 이집트의 종살이에서 풀려난 이스라엘 백성은 일주일이면 들어갈 수 있는 거리를 두고 시내 광야에서 40년간 헤매다가 드디어 여호수아의 통솔 아래 "젖과 꿀이 흐르는 땅"(그러나 공교롭게도 그 부근에서 기름은 한 방울도 흐르지 않는 땅) 가나안을 정복해 들어가게 된다. 이 정복 과정에서 이 땅은 젖과 꿀이 아니라 피가 넘쳐흐르는 땅이 된다.

정복을 시작하기 전에 야훼 신이 이스라엘 백성에게 용기를 주신다. "강하고 담대하라. 두려워하지 말며 놀라지 말라. 네가 어디로 가든지 네 하나님 여호와가 너와 함께 하느니라" 하셨다. 만반의 준비가 갖추어졌다. 요단강 너머 여리고 성이 첫 정복 대상이었다. 야훼 신의 명령대로 여리고 성을 돌아 그 성을 무너뜨렸다는 이야기는 앞에 했다. 여기서 주목할 것은 신의 명령에 따라 "성 안에 있는 것을 온전히 바치되 남녀노소와 우양과 나귀를 칼날로 멸하"였다는 사실이다. 성 안에 있는 생명이란 생명은 모조리 죽여 하나님께 희생 제물로 바치고, 결국은 그 성마저도 불태워버리고 말았다는 것이다.

다음은 아이 성을 칠 차례였다. 여리고 성을 치고 난 후 모든 전리품을 신께 바치라고 했음에도, 아간이라는 자가 외투 한 벌과 얼마간의 은과 금을 착복했다가 신의 진노를 사서 이스라엘 군대는 아이 성에서 참패를 당한다. 특별한 방법으로 아간을 찾아내어 아간은 물론 "은과 외투와 금덩이와 그 아들들과 그의 딸들과 그의 소들과 그의 나귀들과 그의 양들과 그의 장막과 그에게 속한 모든 것을 이끌고 아골 골짜기로 가서" 돌로 치고 불사르고 그 위에 돌무더기를 크게 쌓았다.

이제 화가 풀린 신은 여호수아에게 아이 성을 치는 데 필요한 전략을 일러준다. 이스라엘 군대 중 일부는 성 뒤에 매복하고 일부는 성 앞으로 가서 아이 성 사람을 성 밖으로 유인해낸 후 성 뒤에 숨었던 군대가 진입해서 불을 지른 다음 양면 공격하라는 것이었다. 작전이 성공해서 성 밖으로 나왔던 아이 성 사람을 모두 전멸시키고, 다시 성으로 들어가 성에 있던 사람까지 완전히 진멸시키니 그날 죽은 사람이 "남녀가 일만 이천"이었다.

여호수아의 군대는 신의 비호를 받으면서 이런 식으로 가나안을 정복한다. 때로는 신이 직접 가세하기도 하는데, 한번은 도망가는 적군에게 우박을 퍼부으셔서 "이스라엘 자손의 칼에 죽은 자보다 우박에 죽은 자가 더욱 많았"다. 또 한번은 밤이 되어 적군이 도망가자 그들이 도망치지 못하게 하려고 여호수아가 "태양아 너는 기브온 위에 머무르라. 달아 너도 아얄론 골짜기에 그리할지어다" 하니 신이 해와 달을 멈추게 하시므로 "백성이 그 대적에게 원수를 갚기까지 하였"다는 것이다.

도대체 이보다 더 잔인한 전쟁사가 어디에 또 있겠는가? 인간이 하는 전쟁이라면 그래도 이해를 하겠는데, 이 모든 것이 신이 직접 진두지휘하셨다는 사실은 아무리 이해하려 해도 이해가 안 되는 일이다. 현대전에서처럼 폭탄이나 총에 맞는다면 그나마 금방 죽음을 맞지만, 이와 달리 창이나 칼에 찔린 사람은 며칠씩 끔찍한 고통을 겪다가 죽게 마련이다. 이스라엘이 이기기만 하면 이런 참혹한 꼴을 보고도 좋아하신 신이라니 이런 신은 도대체 어떤 신이신가?

여기서 신을 욕하고 깎아내리기 위해 이런 말을 하는 것이 아니다. 우리가 아주아주 중요한 사실에 눈떠야 함을 강조하기 위해 이 이야기를 꺼낸 것이다. 이 이야기에서 신이 어떤 분인가 하는 것을 보려 한다면, 이렇게 한 민족만을 위해서 물불을 가리지 않고 맹목적으로 맹활약하시는 잔인하고 옹졸한 신 이상 무엇을 찾을 수 있겠는가? 그러나 이 이야기는 신 자신이 어떠함을 말해주는 이야기가 아니다.

이 문제를 더 분명히 하기 위해 한 가지 예를 들어보겠다. 백몇십 년 전 미국 시골 어느 교회의 이야기다. 교회에 높이 세워진 뾰족한

첨탑에 벼락이 떨어지는 일이 가끔씩 있었다. 그럴 때마다 그 교회에서는 하나님이 이 교회에 죄인이 있음을 보고 진노하셨기 때문에 이처럼 벼락을 내리시는 것이라 믿었다. 벼락이 떨어질 때마다 모든 교인이 모여 기도하면서 교인 중 '아간'을 찾아내어 아골 골짜기로 데려가거나 회개시키는 일을 계속했다. 그들에게 하나님은 인간이 죄만 지으면 용케 아시고 벼락을 내리는 전지하시고 전능하시고 공의로운 분이셨다. 그러다가 누가 와서 그 뾰족탑에다 피뢰침을 설치해주고 갔다. 그러자 분명 교인 중에 '아간'이 있는데도 벼락 떨어지는 일이 없어졌다. 이제 교인들은 하나님이 그 피뢰침에도 꼼짝하지 못할 정도로 무력한 신인가 이상하게 생각했다.

여기서 교인 중에 죄를 지은 자가 있으면 벼락을 내려보내는 신이라든가 피뢰침보다 무력한 신이라든가 하는 것은 신 자신의 속성과 아무 상관이 없다. 피뢰침의 원리를 모르던 당시 사람들이 자기들의 제한된 지식에 따라 신을 그렇게 이해(오해)한 것뿐이다. 이런 신관은 신 자체가 어떠함을 보여주는 것이 아니라 그 당시 교회 교인이 신을 어떻게 생각했던가를 보여주는 데 지나지 않는다. 히브리어 성서에 나오는 여호와(야훼) 신에 관한 이야기도 이런 맥락에서 이해해야 한다. 거기 나오는 신 이야기는 신 자체의 본성을 말하는 것이 아니라 그 당시 중동 사막 지대를 떠돌아다니던 유목민이 그들의 특수한 역사적, 문화적, 사회적 여건에 따라 자신들의 신을 그런 식으로 믿고 그 믿는 바를 기록한 것이다.

사안의 중요성 때문에 다시 한번 강조하겠다. 히브리어 성서에 나오는 이야기는 신이 스스로 하신 일을 직접 일기처럼 적어놓으셨다가 나중에 선지자에게 그대로 받아 적도록 불러주신 것이 아니다. 이스라엘 백성이 자기의 역사를 이해할 때 신이 그런 식으로 자기들을 도왔다고 믿은 바를 적어놓은 신앙고백의 기록이다. 한마디로 이 이야기에 나타난 신은 이스라엘 부족이 가지고 있던 신관, 그 신관에 비친 신일 뿐이다.

몇천 년 전 부족 사회에서는 어느 부족이든 처절한 생존경쟁에서 살아남기 위해 이런 신을 모시지 않을 수 없었다. 더 정확하게 말하면, 이런 신을 모신 것이 아니라 신을 이렇게밖에 생각할 수가 없었던 것이다. 신은 무엇보다 전쟁에 능한 신, "만군(萬軍)의 주", 전투 사령관이어야만 했다. 이런 식으로 신이 자기들 편이라 생각하고 그 신에게서 용기와 확신을 얻고 거기에 힘입어 이웃 부족을 무찌를 수밖에 없었다. 이런 신은 자기들이 미워하는 나라는 무조건 다 미워하는 신이어야 한다. 이렇게 신이 자기들만의 신이라고 보는 신관을 '부족신(tribal god)' 신관이라 한다.

우리가 지금 몇천 년 전 이스라엘 백성이 가지고 있던 이런 부족신관을 그대로 이어받아 거기에 목줄을 매고 살 필요가 있겠는가? 인류 전체를 상대로 하는 보편적 사랑이나 정의하고는 사돈의 팔촌도 안 되는 이런 신을 받들며 살 필요가 어디 있는가? 지구를 판판한 것으로 보던 그들의 생각을 우리가 받아들일 필요가 없듯, 신을 이렇게 자기들만의 신으로 보던 그들의 부족신관도 우리로서는 그대로 받아들일 필요가 없다. 받아들일 필요가 없는 것이 아니라 받아들여서는 안 된다. 진정으로 사랑과 정의의 신을 모시려면 이런 편파적이고 무분별한 부족신관을 뛰어넘지 않고서는 불가능하기 때문이다.

이런 신관은 앞에서도 말한 것처럼 유대인 내에서마저 바벨론 포로와 함께 의미 없는 신관으로 취급되어 대부분 방기된 신관이다. 제2이사야서나 「예레미야」에서는 이런 한 민족만을 위한 전투적이고 무자비한 신은 사라지고 만국을 통치하는 보편 신(Universal God)의 신관이 등장한다. 이런 신은 '무찌르자 신'이 아니라, 인간을 불쌍히 여기시고 인간과 함께 고통을 당하는 자비의 신이시다. 미리 말하지만, 예수님은 이런 부족신관을 거부하고 자비의 신을 가르치신 분이다. 이런 부족신으로서의 신은 예수 그리스도 안에서 죽었다. 죽었어야 한다. 만에 하나 기독교에 이런 부족신이 아직도 남아 있다면 그것은 부족신의 망령(亡靈)이다.*

장애인을 차별하는 신— 제사장 제도

야훼 신은 이처럼 자기 부족만의 안녕을 위해 싸우는 인종차별만한 것이 아니다. 성경을 좀 더 세심하게 읽어보면 이 신은 요즘 말로 해서 장애인을 비롯하여 나와 같지 않은 사람, 나와 같은 집단에 속하지 않은 사람을 무조건 차별하는 신이기도 하다

---

* 부족신관은 엄격히 말하면 히브리어 성경 중 'D문서' 전통에 속한다고 본다. 사실 'J문서' 전통에서는 바벨론 포로 이전부터 이런 부족신관에서 보편적 신관으로 넘어가고 있었다. D문서 전통은 포로 이후에까지도 부족신관을 유지했다고 보는 것이 일반적 견해다. 기독교에서 왜 이런 문서들을 정경으로 받아들였을까 하는 의문을 제기할 수 있다. 정확한 역사적 정황을 이해하려면 복잡하겠지만, 일단 이런 역사적 문제를 옆으로 미루고 생각해보면, 우리는 현실적으로 이런 문헌을 통해 우리가 그런 부족신관에 매여서는 안 된다고 하는 역사적 교훈을 얻을 수 있다. 그런 의미에서라면 이 역시 우리에게 유익한 문헌이라 볼 수 있다.

구약성서의「레위기」(《새번역》 21:16~23절)를 보면, 다음과 같은 구절이 있다.

너는 아론에게 이렇게 말하여라. 대대로, 너의 자손 가운데서 몸에 흠이 있는 사람은 하나님께 음식 제물을 바치러 나올 수 없다. 몸에 흠이 있어서 하나님께 가까이 나아갈 수 없는 사람은, 눈이 먼 사람이나, 다리를 저는 사람이나, 얼굴이 일그러진 사람이나, 몸의 어느 부위가 제대로 생기지 않은 사람이나, 팔다리가 상하였거나 손발을 다쳐 장애인이 된 사람이나, 곱사등이나, 난쟁이나, 눈에 백태가 끼어 잘 보지 못하는 사람이나, 가려움증이 있는 환자나, 종기를 앓는 환자나, 고환이 상한 사람들이다. 제사장 아론의 자손 가운데서 이처럼 몸에 흠이 있는 사람은, 누구든지 주에게 가까이 나아와 살라 바치는 제사를 드릴 수 없다. 몸에 흠이 있는 사람은 하나님께 음식 제물을 바치러 나올 수 없다.

그 이후에도 계속 "악성 피부병을 앓는 환자나 성기에서 고름을 흘리는 환자" 등은 부정한 사람들이기 때문에 "그 병이 깨끗해질 때까지는 거룩한 제사 음식을 먹지 못한다"(《새번역》 22:4)라고 했다. 그뿐 아니라 "나그네나 그가 쓰는 품꾼도, 그 거룩한 제사 음식을 먹지 못한다."(《새번역》 22:10)

「신명기」(《새번역》 23:1-3)에도 이 비슷한 말이 있다.

"고환이 터졌거나 음경이 잘린 사람은, 주님의 총회 회원이 되지 못합니다. 사생아도 주님의 총회 회원이 되지 못하고, 그 자손은 십 대에 이르기까지 주님의 총회 회원이 되지 못합니다. 암몬 사람과 모압 사람은 주님의 총회 회원이 되지 못합니다. 그 자손은 십 대가 아니라, 영원히 주님의 총회 회원이 되지 못합니다."

요즘 말로 고치면, 어떤 종류의 장애인이든 장애인은 모두 신체 결함을 가지고 있다는 그 한 가지 단순한 이유 때문에 하나님께 헌금이나 예물을 바칠 자격이 없는 것은 고사하고 교회에 발을 들여놓을 자격도 없다는 뜻이다. 더구나 몹쓸 병에 걸린 사람, 심지어 사생아까지도, 본인의 책임도 아닌 그 한 가지 단순한 신체적, 사회적 이유로 '부정한 사람' 취급을 받아 교회에서 주는 것을 받아먹을 수도 없다. 외국이나 타 교회 사람이 오면 그들은 교회에서 하는 성만찬이나 식사에 참석해서도 안 된다는 이야기다. 그뿐 아니라 외국인이라는 단 한가지 이유만으로 "평생에 그들이 조금이라도 번영하거나 성공할 틈을 주어서는 안"(신 23:6) 된다고 하였다.

이처럼 철두철미하게 배타적이고 차별적인 이스라엘 백성의 야훼신, 정확히 말해서 몇천 년 전 인간의 인지가 발달하기 전 중동의 어느 민족이 자기들 나름대로 생각한 그 신을 우리가 그대로 받아들여서 거기에 연연해야 할 아무런 이유가 없다는 것이다. 이런 신관은 예수님도 단연히 거부하셨다. 예수님은 이렇게 피비린내 풍기는 '야훼(여호와)' 하나님의 이름을 한 번도 입에 담으시지 않았다.(예수님이 제사장 제도에서 나온 이런 '정결 제도'를 거부하신 이야기는 나중에 예수님 이야기를 할 때 살펴본다.)

이런 특수한 고대 부족신관은 우리가 극복해야 할 신관 중 하나이다. 종교적으로 말하면 이런 신은 예수님의 십자가 죽음에서 완전히 죽어 없어졌어야 할 신이다. 불행하게도 기원후 312년 그리스도의 그리스어 이름 첫 두 글자인 'XP'를 투구에 써 붙이고 나가 싸우므로 밀비아 다리 전투에서 승리를 거둔 로마 황제 콘스탄티누스 이후 이런 부족신관이 기독교에서 다시 기승을 부리기 시작했다. 이제 이런 부족신관의 잔재는 떨쳐버려야 한다. 우리를 진정으로 해방시키고 자유롭게 할 새로운 신관, 새로운 패러다임이 필요한 것이다.*

율법주의적 신관

부족신관이 바람직하지 못한 신관이라면, '율법주의적 신관'도 이에 못지않게 부작용이 많은 신관이라 할 수 있다.

왕으로서의 신

문들아 너희 머리를 들지어다. 영원한 문들아 들릴지어다. 영광의 왕

---

* 신관의 변천사를 다룬 책으로 최근에 손쉽게 구할 수 있고 일반인이 알기 쉽게 풀이한 책으로 Karen Armstrong, *A History of God*(Knopf, 1993)과 Jack Miles, *God: A Biography*(Knopf, 1995) 등을 볼 수 있다. 이 책들은 오랫동안 《뉴욕타임스》 베스트셀러에 들었던 책으로 전자는 한국어로도 번역되어 나왔다.

이 들어가시리로다. 영광의 왕이 누구시냐. 강하고 능한 여호와시요 전쟁에 능한 여호와시로다.(시 24:7-8)

성경에는 물론 신을 나타내는 상징이 많다. 신을 만왕의 왕이라든가, 만주(萬主)의 주, 용사, 전사, 재판장, 법을 주신 이, 목자, 토기장이, 의원, 아버지, 어머니, 친구 등 인간관계를 중심으로 한 상징도 있고, 독수리, 반석, 사자, 곰, 구름, 산성, 방패 등 자연이나 인공물에서 따온 상징도 있다.

이런 간단한 상징물을 영어로 메타포(metaphor)라 하고 한국말로는 은유라고 한다. 여기서 우선 이런 메타포가 본질적으로 가지고 있는 두 가지 특성에 대해 잠깐 언급하고 지나가자. 그 첫째 특성은 소위 '이중성'이라는 것이다. 우리가 '하나님은 나의 반석'이라고 말할 때, 이 말은 하나님이 상징적으로는 반석이시오, 문자적으로는 반석이 아니시라는 뜻이다. 이처럼 어느 메타포든 그것을 문자적으로 이해하면 틀린 말이 되고 상징적으로 이해하면 맞는 말이 된다. 따라서 우리가 신에 대해 메타포를 쓸 때 그 상징성을 망각하면 큰 오해를 불러일으킬 수 있다.

메타포의 두 번째 특성은 '환기성(evocativeness)'이다. 메타포는 우리 머릿속에 어떤 형상이 떠오르게 한다. 그러고는 우리와 그 형상과의 관계를 생각하게 한다. 우리가 하나님을 목자라고 한다면 우리는 우리를 이끌고 앞서가시는 목자를 상상함과 동시에 우리 스스로를 그의 인도를 따라가고 있는 양으로 생각하게 된다. 하나님을 반석이라 한다면 하나님은 변함이 없으시고 튼튼하신 보호자, 우리는 그 밑에서 보호를 받는 사람으로 상상하게 된다.

이제 이런 점을 염두에 두면서 '하나님은 왕'이라는 메타포가 우리에게 어떤 영향을 줄 수 있는가 하는 데 논의의 초점을 맞추어보자. 사실 신을 왕으로 생각하는 것은 지금까지 기독교에서 신에 대해 쓰는 가장 중요한 상징이었다. 어느 면에서 기독교 신학은 신을 왕으로 여기는 생각을 중심으로 짜인 이론 체계라 해도 과언이 아니다.

우선 신을 왕이라고 생각하면, 무엇보다 신을 남성으로 떠올리게 된다. 물론 고대에도 여왕이 있긴 했지만, 왕이라면 일차적으로 남성의 독점물 비슷했기 때문이다. 그리고 무엇보다 왕으로서의 신은 권세가 많으신 분이다. 절대적 권력을 가지신 분이다. 나라의 모든 법이 왕에게서 나오고, 왕은 그 법이 실행되도록 살필 뿐 아니라 그 법을 어기는 사람을 처벌하는 분이기도 하다. 왕은 또 보통 인간과 어울려 동고동락하는 분이 아니라 저 멀리 구중궁궐에서 우리 서민과는 거의 상관없이 사시는 분이다. 우리가 할 일은 그저 이런 왕에게 절대적으로 충성하고 그의 법에 죽도록 순종하는 것, 그리고 성실하게 세금을 바치는 것뿐이다. 만에 하나 잘못하여 그의 법을 어기면 우리는 그 죄의 형벌을 받아 마땅한데, 이때 살아남을 수 있는 유일한 길은 왕의 선처를 믿고 기다리는 것뿐이다.

왕으로서의 신도 물론 세상의 왕들이 그런 것처럼 그의 백성을 사랑하기도 한다. 백성을 모두 죽여버릴 수가 없다. 노아 홍수처럼 "지면에서 쓸어버리는" 싹쓸이 작전은 한 번으로 끝이라고 했다. 그래서 그들이 지은 죄를 탕감할 길을 마련해준다. 이스라엘 백성의 경우 진정으로 회개하고 자기들의 죄를 대신 지고 갈 희생양을 잡아 제사를 지내도록 하는 것이었다. 그리스도인의 경우 예수님이 그 일을 대신 하신 것이다. 예수님은 우리 죽을 수밖에 없는 죄인들을 위해서 십자 가를 지고 대신 죽으신 속죄 제물이시다. 우리는 우리를 위해 대신 죽 으신 예수님의 사랑에 감동할 뿐 아니라, 이것이 궁극적으로는 신의 자비에서 이루어진 일이므로 신의 무한한 사랑에 대해서도 감읍해야 하는 것이다. 이렇게 살길을 마련해 주셨는데도 우리가 그것도 모르 고 우왕좌왕할 경우 나중 최후 심판에서 그 모든 것을 가려내신다는 것이다.

이런 메타포가 메타포로 이해된다면 우리에게 다양하면서도 깊은 상징적 의미를 줄 수 있다. 그러나 이것이 문자적으로 이해될 때 산통 이 깨진다. 현재 대부분의 그리스도인은 위에서 말한 왕으로서의 신, 그리고 그 이미지에서 파생되는 신학적 체계를 거의 문자적 사실로 받아들이고 있는 형편이 아닌가? 신을 이렇게 생각하는 것을 '율법주 의적 신관'이라 한다. 신은 무엇보다도 우선적으로 우리에게 율법을 주셨고, 우리는 그 율법에 따라 살아가야 하는데, 인간으로서는 그 율 법을 완전히 지키기가 불가능하므로 결국 우리는 스스로 죄인임을 고 백하고 신의 자비하심에 의존할 수밖에 없다는 것이다.

그러나 분명히 말하지만, 이런 메타포에 얽힌 생각은 신이 본성적 으로 어떤 분인지를 객관적으로 말해주지 않는다. 이것은 '율법주의 신관에 비친 신'일 뿐이다. 율법주의가 판을 치던 고대, 특히 로마 문 화권에서는 모든 것이 율법적으로 이해되고 해석되었다. 신이나 예 수님을 이해하고 해석하는 데 가장 의미 있는 방법이 이렇게 율법주 의의 원칙을 적용하는 것이었다. 이제 우리는 이런 율법주의적 메타포만 유일한 진리라고 떠받들고 살 필요가 없다. 율법주의적 신관은 부족신관과 마찬가지로 극복해야 할 구시대의 유물이다.

율법주의적 믿음과 삶

이왕 말이 나온 김에 율법주의적 신관이 가져다줄 수 있는 폐해를 구체적으로 지적하고 넘어갔으면 한다. 한마디로, 율법주의적 신관을 가지고 있으면 율법주의적 믿음, 율법주의적 삶을 살아갈 수밖에 없다.

율법주의적 믿음이란 무엇인가? 모든 것을 순종이냐 불순종이냐로 따지는 것이다. 무조건 신의 계명을 잘 지켜 지상에서도 복을 받아 남보란 듯 잘살고, 죽어서 내세에서도 천당에 가든지 무슨 상을 많이 받는 것, 그리고 계명을 어길 때는 이 세상에서도 별 볼 일 없고 죽어서도 지옥으로 떨어지든지 큰 형벌을 받을 수밖에 없다는 믿음이다. 이런 믿음을 가지고 있으면 무조건 기계적으로 신의 계명에서 요구하는 사항을 문자대로 준수하는 것이 최대의 관심사가 된다. 자연히 우리가 하는 일 하나하나가 계명에 어긋나지 않나 전전긍긍하는 삶을 살아갈 수밖에 없게 된다.

이런 식의 믿음을 가지면 내가 충실한 신앙인이냐 아니냐 하는 것을 순종, 불순종의 잣대로 잴 뿐 아니라, 남의 신앙마저 같은 잣대로 재면서, 믿음이 좋다느니 믿음이 없다느니 하는 생각을 하게 된다. 어쩔 수 없이 내면적이고 체험적인 신앙이 아니라 신의 눈치나 다른 사람의 '코치'를 의식하면서 자기 행동을 조절하거나 치장하는 외면적이고 위선적인 삶, 엄격하게 말하면 '처신(how to behave)'이 주를 이루는 삶으로 전락하게 마련이다.

율법주의적 신관, 율법주의적 믿음을 가지고 살면 이렇게 우리의 삶은 '해야 된다,' '하면 안 된다'의 차원으로 떨어지고 만다. 믿음이라는 것이 큰 부담이 된다. 종교적 삶이 자유와 해방이 아니라 '수고하고 무거운 짐'으로 느껴지게 된다. 우리 삶에서 무엇이든 '해야 한다'의 얼개에서 이루어지는 것치고 신나는 것이란 없다.

이처럼 의무감, '해야 한다'의 세계, 영어로 'ought'나 'should'의 세계에 들어가면 모두가 회색 의무만 무겁게 드리워질 뿐 신바람 나는 자발성 같은 것을 기대할 수 없다. 그 좋은 휴가 여행도 '가야 한다'는 강압감에서 가게 된다면 준비부터 부담이 된다. 여기서 이런 말을 해도 되는지 모르겠지만, 그 좋다는 섹스마저도 꼭 해야 하는 의무감으로 한다면 문제라는 얘기다. 정신과 의사 빅토르 프란클(Viktor E. Frankl)에 의하면 서양에서 성생활에 문제가 있는 부부들 대부분이 이처럼 섹스를 해야 한다는 의무감이나 강박감에서 하려 하기 때문이라고 한다.

종교 생활도 마찬가지다. 종교 생활이 온통 '해야 한다', '하면 안 된다'의 연속이라면 그 같은 고역이 없을 것이다. 종교 생활을 이렇게 생각하기 때문에 어떤 사람은 어릴 때부터 그리스도인으로 살아온 삶을 억울하게 생각하기까지 한다. 자기는 이렇게 오랫동안 신앙생활을 하고, 자기 친구는 어른이 되어 신앙생활을 시작했는데, 그런데도 죽어서 똑같이 하늘에 가 똑같은 상을 받는다면 억울하다는 것이다. 자기도 예수님을 모르고 살다가 십자가에 달리신 예수님 오른편에 있던 강도처럼 죽기 직전에 예수님을 믿게 되었으면 좋았으련만 하는 생각도 해본다. '신앙생활이라는 것이 얼마나 신나는 삶이냐, 나는 50년 동안이나 이렇게 신나는 삶을 살았고 내 친구는 이제 겨우 1~2년 그런 맛을 보았으니, 같이 천당에 간다면 나는 벌써 상을 먼저 받아 쓴 셈, 그러니까 저 친구가 나보다 더 큰 상과 위로를 받아야 마땅하지' 같은 생각은 꿈에도 할 수 없다. 예수님의 비유 중 아침 일찍부터 포도원에서 일하던 품꾼이 저녁 해 질 무렵부터 일하기 시작한 품꾼과 똑같은 삯을 받는다고 불평하던 심사와 같다. (마 20:1-15)

우리가 아무리 율법주의 정신에 투철하다 하더라도, 아니 투철하면 할수록, 우리가 신의 계명에 절대적으로 순종한다는 것이 현실적으로 불가능함을 절감하게 된다. 따라서 우리는 어쩔 수 없이 죄인이다. 율법주의적 삶은 이렇게 '죄'라는 것이 중심 문제로 등장하는 삶이다. 온 신경을 죄 문제에 집중하므로 일거수일투족 노심초사할 수밖에 없다. 이런 율법주의적 믿음에 처해 있는 한 바울과 같이 "오호라 나는 곤고한 사람이로다. 이 사망의 몸에서 누가 나를 건져내랴"(롬 7:24) 하는 절규를 피할 수 없다. 정말 얼마나 주눅 드는 삶, 암울하고 처절할 수밖에 없는 삶인가? 미국의 철학자 겸 종교심리학자 윌리엄 제임스(William James)는 이렇게 '죄'를 중심 문제로 하여 돌아가는 종교를 '병든 영혼(sick soul)의 종교'라 하면서 '건강한 마음(healthy mindedness)의 종교'와 대비시키고 있다.*

물론 이런 율법주의적 믿음이 완전히 나쁜 것만은 아니다. 인류의

---

* Wiliam James, *Varieties of Religious Experience*, Lecture VI, VII을 참조하라.

의식발달사로 보거나 개인의 정신발달 과정에서 볼 때, 어느 단계에서는 필요한 것이다. 착한 일을 하면 엄마가 사탕을 주고 나쁜 일을 하면 종아리를 때린다는 상벌의 등식은 어린아이들이 나쁜 길로 빠지는 것을 막아줄 수 있다. 하루가 멀다 하고 술주정으로 가족을 못살게 하는 사람이나 매일 앉아서 은행 털 일만 생각하는 이에게는 이런 믿음이 나쁜 일을 못 하게끔 하는 역할을 할 수 있다.*

그러나 우리가 평생 우리 어머니를 사탕을 주거나 매를 드는 어머니로만 생각하고 살아간다면 그 같은 비극도 없다. 참된 모자간의 사랑이 어떤 것인지 모르고 일생을 마치는 셈이다. 우리의 신앙에서 율법주의적 차원의 믿음이 이렇게 필요한 때가 있었다고 해서 그것이 유일한 믿음이고 한평생 그대로 지켜야 할 믿음이라고 생각하며 살아간다면, 우리는 참된 믿음이 가져다주는 신바람, 트임, 역동성, 기쁨을 모르고 살아가는 비극을 자초하는 셈이다. 이제 이런 율법주의적 믿음, 그와 관련된 율법주의적 신관을 극복해야 할 때가 된 것 아닌가? 사실 종교사를 통해서 이런 율법주의적 신관이 가져다주는 질식할 것 같은 종교적 삶을 정직하게 꿰뚫어 보고 이를 극복해야 한다고 주장한 사람이 수없이 많았다. 그 대표자가 바로 예수님이시다. 예수님은 이런 율법주의 신관이나 종교관에서 우리를 해방시키시는 분이시다. 그러기에 그는 우리에게 '쉼'을 주신다고 했다.

---

* 앞에서 언급한 아라 노렌자얀, 『거대한 신, 우리는 무엇을 믿는가』(김영사, 2016)는 인간의 행동을 지켜보는 '거대한 신'이 있다는 믿음이 어떻게 인간으로 하여금 나쁜 일을 못 하게 하는 역할을 하는가의 문제를 잘 설명하고 있다.

조건부 신관

― 이기적 신앙

철수는 형제들 중에서 엄마의 말을 제일 잘 듣는 착한 아이였다. 자연히 엄마도 철수를 제일 귀여워했다. 물론 열 손가락 깨물어 안 아픈 손가락이 있나 보라는 말은 자주 하지만, 그래도 철수가 가장 마음에 드는 것은 어쩔 수 없었다.

엄마는 좋은 음식이 있어도 철수에게 제일 먼저 주고, 용돈도 철수에게 제일 많이 주고, 어디 마을이나 시장에 갈 때도 철수만 데리고 나간다. 어쩌다가 사탕이라도 하나 생기면, 쉬쉬하며 철수에게 딴 아이들 몰래 너한테만 주는 것이니 감춰놓고 잘 먹으라고 한다.

철수는 엄마가 그렇게 하는 것이 신이 났다. 그래서 점점 더 엄마의 말을 잘 듣는다. 엄마는 점점 더 자기의 말을 잘 듣는 철수가 더욱 귀여워져서 더욱 많은 축복을 내린다…….

우리가 일반적으로 가진 신 개념을 이렇게 철수의 이야기로 바꾸어 놓으니 유치하게 들리지만, 사실 이것이 우리 주위의 지극히 보편적인 신관 아닌가? 우리가 선한 일을 많이 하면 신이 기뻐하시고, 그로 인해 신이 우리에게 큰 축복을 내리신다는 생각. 이제 이런 신관의 불합리성과 부작용에 대해 잠깐 이야기해보자.

상당수의 사람이 신이 내려주신 축복에 감사하고 즐거워한다. 특히 주위에 여러 가지로 고생하고 있는 사람이 많지만 자신에게만은 은혜를 베푸셔서 이렇게 고생 없이 살아갈 수 있도록 하신 신의 선하심과 자비하심을 찬양한다. 한 걸음 더 나아가, 신을 믿지 않는 사람보다 신을 믿는 자기들에게 복을 만 배나 더 주셔서 신을 믿는 것이 얼마나 큰 축복인가를 드러내시는 신의 놀라우신 지혜와 능력에 찬송을 드린다. "주께서 내 원수의 목전에서 내게 상을 차려주시고 기름을 내 머리에 부으셨으니 내 잔이 넘치나이다"(시 23:5) 하고 노래한다.

주위에서 너무나 자주 듣는 이야기이지만, 이런 생각이 과연 온당한 것인가? 철수의 경우, 자기가 착하게 굴었다고 엄마가 형이나 누나 몰래 자기에게만 사탕을 주시면, 그러한 어머니의 자비하심을 계속 찬양만 하고 있어야 하는가? 자기처럼 착한 아이에게는 당연히 그래야 하는 것, 엄마의 말을 잘 안 듣는 형이나 누나가 이렇게 좋은 음식을 얻어먹을 수 없는 것도 당연한 것, 하면서 어머니의 그 공의로우심에 계속 감탄만 하고 있어야 하는가? 그러면서 계속 자기 혼자 착하게 굴 결의만 다짐하고 그 결의를 실천하여 자기 혼자 더욱 큰 축복을 받을 생각만 하면 되는 것인가?

이런 것이 생판 철이 들기 전 생각이라면 그런대로 이해할 수 있다. 그러나 철수도 조금만 철이 들면 생각이 달라질 수밖에 없을 것이다. 또 달라져야만 한다. 아무리 엄마 말을 잘 안 듣는 형이나 누나라 하지만 그들은 맛도 못 보는 사탕을 자기 혼자 먹는 데 대해 우선 미안한 마음을 가져야 한다. 그리고 자기에게만 사탕을 주시는 엄마에게 계속 감사와 찬양만 할 것이 아니라 엄마에게 간구하여 다른 형제들에게도 사탕을 같이 나누어주셨으면 좋겠다고 부탁해야 한다. 그래도 계속 자기에게만 사탕을 주신다면, 자기 몫을 다른 형제들과 나누어 먹을 줄도 알아야 할 것이다.

혼동하면 안 된다. 위에서 든 예는 세상이 어떻게 돌아가든 나만 축복을 받아 잘 살면 그것으로 그저 감사할 뿐이라는 태도에 문제가 있음을 지적하기 위해 한 이야기이다.

물론 우리가 모셔야 할 신은 철수 엄마 같은 신일 수 없다. 철수 엄마처럼 말 잘 들으면 귀여워서 뭐든지 더 주려 하고 말 안 들으면 거들떠보지도 않거나 심지어 형벌도 내린다는 신관은 그 근원을 따지면 결국 율법주의적 신관이다. 그러나 여기서는 특히 신의 사랑이 우리의 어떠함, 우리의 행위에 좌우된다고 생각한다는 점에서 그런 신관을 일단 '조건부 신관'이라 불러보자.

대부분의 경우 우리는 신의 사랑을 조건적인 사랑으로 생각하고 있다. 신의 무조건적인 사랑, 우리가 '오히려 죄인 되었을 때' 사랑하시는 그 절대적인 사랑을 잊어버리고 산다. 그래서 그 절대적이고 조건 없는 사랑에 감동해 착한 일이 저절로 솟아나는 것이 아니라, 우리가 착한 일을 하여 신의 사랑과 환심을 사겠다는 쪽으로 기운다.

그러나 신이 이렇게 인간적 감정에 좌우되어 누구에게는 햇빛을 더 주고 누구에게는 덜 주는 따위의 일을 하실 분이신가? 신을 편애하시는 신, 속 좁은 신, 옹졸한 신으로 만들어서는 안 된다. 예수님 말씀처럼 들에 핀 백합화는 특별히 잘 보일 일이나 간구하는 일을 하지 않아도 한결같으신 신의 한결같은 사랑에 힘입어 아름답게 피는 것 아닌가?*

---

* "하나님이 그 해를 악인과 선인에게 비추시며 비를 의로운 자와 불의한 자에게 내려주심이라."(마 5:45) 『도덕경』 5장에도 "하늘과 땅은 편애하지 않는다(天地不仁)"라고 했다.

예수님은 가르침에서 내내 이런 무조건적인 사랑의 신을 강조하셨다. 가장 잘 알려진 이야기로 탕자의 비유에서 탕자가 돌아올 때 무조건 받아주는 신을 소개하신 것이 있다. 그 당시 보편적이었던 율법주의적 제사 종교에서는 상상할 수 없었던 이야기다. 신의 용서에는 반드시 피 흘림이든 무엇이든 대가를 먼저 지불해야 하는 것으로 믿고 있던 때 신은 이렇게 무조건적으로 용서하고 사랑하시는 분이라는 사실을 밝히신 것이다. 이른바 '팔복'이라는 것도 마찬가지이다. "심령이 가난한 자는 복이 있나니 천국이 저희 것임이요"(마 5:2)라고 했을 때, "심령이 가난하라, 그러면 복을 받아 천국이 너희 것이 될 것이다" 하는 명령이나 조건이 아니었다. "그대들 지금 심령이 가난한 분들, 걱정하지 마시라. 하나님은 여러분을 그대로 사랑하신다. 천국이 여러분을 위해 준비되어 있다" 하는 식으로 인간의 행위를 뛰어넘으시는 신의 일방적 사랑과 행위를 그대로 선포하신 것이다. 예수님은 이런 파격적인 가르침 때문에 율법주의 제사장 제도에 묶여 있던 그 당시 종교 지도자들의 미움을 사신 것이다.

신은 무조건적인 사랑을 베푸시는 분이라는 생각은 우리의 신앙생활을 넉넉하게 해준다. 신에게 잘 보이겠다고 쓸데없이 안달하거나 아양 떠는 일을 하지 않아도 된다. 우리 스스로를 신에게 턱 맡기고 그와 함께 자연스럽게 흘러가기만 하면 된다. 그것이 진정으로 더욱 깊은 의미의 '축복'임에 틀림이 없다.

스스로 신이 된 사람들

"주님의 뜻을 이루소서. 고요한 중에 기다리니……."

우리 모두가 좋아하는 찬송가 중 하나이다.

"내 뜻대로 마옵시고 당신의 뜻대로……."

예수님이 하신 기도다.

우리가 신앙생활을 할 때 이렇게 신의 뜻대로 살려고 하는 마음보다 더 아름다운 것이 또 어디 있겠는가? 그런데 가만히 생각해보면, '신의 뜻'이라는 것이 오해되거나 오남용될 때 이 말이 우리에게 줄 수 있는 피해는 상상을 초월하는 것 같다.

'주님의 뜻'은 찬송가에서 말하고 있듯 '고요한 중에 기다림'이 있을 때, 그리고 예수님의 경우처럼 '내 뜻을 완전히 비움'이 가능할 때 비로소 우리에게 들려오는 무엇임에 틀림없는 것 같다. 그런데 우리 대부분의 사람들은 기도를 하더라도 아뢸 것만 죽 나열하고 나서 아멘으로 끝나는 '일방통행'식 기도를 하기 때문에, 고요한 중에 기다리면서 세미한 음성을 통해 들려오는 신의 목소리를 들을 기회가 거의 없다. 그보다 더욱 근본적으로, 대부분의 경우 아직도 '내 뜻'이 그대로 성성하게 살아 있기 때문에 신의 뜻이 들어올 자리가 없다. 이래저래 우리는 결국 '신의 뜻'을 알아보거나 받아들일 기회 없이 엄벙덤벙 '내 뜻' 그대로를 가지고 살아갈 수밖에 없는 형편이다.

그러면서도 우리는 입버릇처럼 '신의 뜻'을 찾는다. 대학 입시에 합격해도 신의 뜻, 떨어져도 신의 뜻. 사업에 성공해도 신의 뜻, 실패

해도 신의 뜻이다. 한데 주로 일이 잘 안 되었을 때 신의 뜻을 들먹이는 경우가 훨씬 많다. '잘되면 내 덕, 잘못되면 조상 탓' 하듯이 잘되는 쪽은 주로 내 뜻이고 안 되는 쪽은 내 뜻과 다른 신의 뜻이라 믿는 것이다.

이렇게 신의 뜻을 내 개인의 문제에 국한해서 적용하는 것은 그래도 남에게 피해를 주는 일이 별로 없으니까 별상관이 없다. 그리고 우리는 언제나 모든 것을 '내 탓'으로만 여기고 계속 죄책감 속에서 살아갈 수 없는 노릇이기에, 이렇게 신의 뜻을 들먹이는 것은 일종의 심리적 부담감에서 해방되는 방식이기도 하다. 또 실제로 이 모든 일에서 내 뜻보다 더 큰 뜻이 작용하고 있다고 믿는 믿음은 건실하고 아름다운 믿음일 수도 있다.

문제는 대인 관계에서 신의 뜻을 찾는 것이다. 누구와 사이가 좋아졌으면 하는 생각이 들어도 신의 뜻, 사이가 나빠져도 신의 뜻, 사이가 나빠진 사람을 미워하면서도 신의 뜻, 그에게 욕을 하면서도 신의 뜻. 만사가 신의 뜻이다. 이런 경우 상대방은 신의 뜻이든 뭐든 이제 그만두자고 해도, 자기는 싸울 마음이 없는데 신의 뜻이 그러하니 싸울 수밖에 없다며 자기의 증오심과 감투(敢鬪) 정신을 정당화하거나 미화한다. 이렇게 막무가내로 신의 뜻을 찾고, 신의 뜻을 등에 업고 나오는 사람에게는 어떻게 해볼 도리가 없다.

여기서 한 걸음 더 나아가, 여러 사람에게 영향력을 많이 미치는 자리에 있는 분이 분명 빗나가는 일을 자행하면서도 그것이 '신의 뜻'이라고 고집하면 그 피해가 한두 사람에게만 미치는 것이 아니다. 물러나라고 해도 신의 뜻이니 어쩔 수가 없다고 한다. 나가라는 사람도 우리가 이렇게 물러나라고 요구하는 것이 신의 뜻이기 때문이라고 주장한다. 어쩔 도리 없이 '신의 뜻'이라는 깃발 아래 서로가 피 터지게 싸우게 된다. 현재 우리 주위에서 일어나고 있는 일들을 살펴보면 '신의 뜻'은 이렇게 이현령비현령, 귀에 걸면 귀걸이 코에 걸면 코걸이 식으로 편리에 따라 공격용이나 방어용 무기쯤으로 취급되고 있는 형편이다.

결국 우리는 대부분의 경우 '나의 뜻'을 신의 뜻, 주님의 뜻이라 여기고 있는 것이 아닌가? 이것은 굉장히 심각한 문제다. 나의 뜻을 신의 뜻으로 여긴다는 것은 결국 나를 신의 자리에 앉힌다는 의미이기 때문이다. 내가 신이 되는 것이다. 그렇기에 신의 뜻, 주님의 뜻을 업고 나오는 사람들끼리의 싸움은 어쩔 수 없이 이렇게 스스로 신이 된 '신들의 전쟁'일 수밖에 없다. 우리는 돌이나 나무로 새겨진 우상에게 절하는 것을 두고는 우상숭배라고 생각한다. 그러나 이렇게 모든 것에서 상대적인 나를 절대자의 위치로 끌어올리는 '자기 우상숭배'가 얼마나 더 엄청나고 무서운 일인가에 대해서는 별로 생각하지 않는다.

그러면 어떻게 해야 이런 엄청나고 무서운 일을 줄일 수 있을까? 우선 생각나는 몇 가지를 열거해보겠다.

첫째, '신의 뜻'이란 것이 우리가 우리의 편리에 따라 마음대로 써먹을 수 있게 객관적으로 독립해서 존재하는 그 무엇이 아니라는 사실을 깨닫는 것이다. 우리가 '신의 뜻'이라고 생각하는 것도 그것이 내 인간적인 생각에 들어와 구체화되었을 때는 이미 순수한 의미로서의 '신의 뜻'이 아니다. 그것은 현재의 내 특수 입장에서 '내 식대로' 이해한 '신의 뜻'이란 사실을 분명히 깨달을 필요가 있다.

둘째, 그렇기에 어느 한 가지 일에 대해 내가 가진 '신의 뜻'은 다른 사람이 이해한 대로의 '신의 뜻'과 다를 수도 있고, 또 정면으로 상치될 수도 있다는 사실을 이해해야 한다. 다른 사람에게도 그 사람대로의 '신의 뜻'이 있다. 무조건 하나는 절대적으로 옳고 다른 하나는 절대적으로 그른 것이라고 주장할 수가 없다. 내가 하는 결단은 '신의 뜻'에만 의한 결단이 아니라, 내가 신의 뜻이라고 생각하는 것과의 변증법적 대화를 통해 얻어진 나대로의 결론에 입각해서 내려진 '나 자신의' 결단이라는 사실을 겸허히 받아들이라는 말이다. 아무리 신의 뜻에 따른 결단이라 하더라도 내가 내리는 모든 결단은 나의 인간적 제약이 들어간 불완전한 결단일 수밖에 없다는 사실을 인식하고 그런 결단을 최종적인 것이거나 절대적인 것으로 고집하지 않아야 한다. 그러지 않는다면 그것은 말썽의 근원이 될 수 있다.

셋째, 우리가 사는 동안은 모든 것이 '거울로 보는 것'과 같지만, 그래도 조금이라도 더 신의 뜻을 밝게 알고 싶으면 '고요한 중에 기다리'는 자세, '내 뜻을 비우는' 일에 더욱 정진할 일이다. 이런 태도는 '교리 중심주의' 종교에서 가장 모자라는 면일 수도 있다. 아무리 공식 교리 책을 뒤져보아도 거기에 신의 뜻이 그대로 나와 있지는 않다. 신의 뜻이란 진정으로 마음을 비우고 조용히 기다리는 일을 떠나서는 결코 얻을 수 없는 무엇이다.

넷째, 이렇게 해서 얻어진 신의 뜻이라고 여겨지는 무엇이 있다면, 그것을 남을 공격하기 위한 근거로 사용하지 말고 우선 나 자신에게 적용하여 스스로를 더욱 깊이 살피는 일에 써야 할 것이다. 신의 뜻 때문에 싸우기보다는 신의 뜻 때문에 내가 죽고 우리 사이에 평화가 깃들이는 것이야말로 진정한 신의 뜻 아닌가?

아, 무엇보다도 내 뜻을 함부로 신의 뜻이라 주장함으로써 나도 모르게 나 스스로를 우상화하는 우를 범하지 말아야겠다.

신과 생태계 문제

신을 저 위에 계시는 분이라고 생각하는 초자연 신관은 자연에 대한 우리의 생각에 영향을 미친다. 신이 저 위에 따로 계시기 때문에 신은 자연히 자연과 분리된 존재다. 자연은 신이 만드신 것일 뿐 신의 일부라든가 신의 몸이라든가, 보이지 않는 신의 보이는 모습이라는 등의 생각이 있을 수 없다. 물론 신이 원하시면 자연이나 자연 현상을 통해 나타나실 수는 있지만, 신과 자연 사이에는 넘나들 수 없는 존재론적 간극이 있다.

자연을 이렇게 신의 피조물로만 보는 데서는 자연의 신성성, 신비감이 덜할 수밖에 없다. 물론 자연이 신묘막측하고 놀랍긴 하지만, 자연 자체에 그 신비성이나 신묘막측함이 있는 것이 아니라 그 근본은 신이시라는 결론에 이르게 된다. 자연은 어디까지나 자연일 뿐이다. 이것이 이른바 자연의 비신성화 내지 세속화의 근거이다. 신비성이 사라진 자연, 영어로 해서 "disenchanted nature"가 되고 만다. 옥스퍼드 대학교의 신학자였던 존 매쿼리는 이런 현상을 "dedivinized"라는 말로 표현하고 있다.*

더욱이 신은 주로 인간과 상관하시는 분으로서, 자연을 신이 인간의 복지와 안녕을 위해서 주신 하나의 선물이라 생각한다. 신이 직접 "생육하고 번성하여 땅에 충만하라, 땅을 정복하라, 바다의 고기와 공중의 새와 땅에 움직이는 모든 생물을 다스리라" 하시고, 이어서 "내가 온 지면의 씨 맺는 모든 채소와 씨 가진 열매 맺는 모든 나무를 너희에게 주노니 너희의 먹을거리가 되리라"(창 1:28-29)라고 하신 것처럼, 자연은 벗하거나 더불어 살 대상이 아니라 일차적으로 정복하고 다스릴 대상으로 보는 것이다. "내 벗이 몇인고 하니 수석과 송죽이라. 동산에 달 오르니 긔 더욱 반갑고야. 두어라 이 다섯밖에 또 더하여 무엇하랴"라고 노래한 조선 시대 선비 고산 윤선도(尹善道)의 「오우가(五友歌)」에 나타난 자연관과 사뭇 다르다.

여기서 한 가지 강조하고 싶은 것은 위에 인용한 「창세기」의 말씀을 자세히 보면, 인간에게 다스리라고 한 것이 동물에 한하고, 또 인간에게 주어진 것이 음식을 위한 식물에 국한되어 있다는 사실을 발견하게 된다. 산을 헐고 강의 줄기를 바꾸고 들판을 벌집 쑤시듯 마음대로 하라는 말씀이 아님을 알 수 있다.

아무튼 오해에 기인했건 어찌 되었건 신의 초월을 문자적으로 이해하는 초자연적 신관에서는 신과 인간과 자연의 3자 관계에서 자

---

* John Macquarrie, *In Search of Deity: An Essay in Dialectical Theism*(The Gifford lectures)(London : Crossroad, 1985, paperback, 2012), p.224. 'disenchanted'란 마법에 홀린 듯한 황홀함이 없어진 상태를, 'dedivinized'란 신성성이 없어진 상태를 말한다.

연은 언제나 뒷전이다. 우주에서 신과 인간이 주역이요, 자연은 하나의 무대장치에 지나지 않는 것으로 여겨진다.

자연에 대한 이런 태도가 오늘날 우리가 당면한 생태계의 문제, 환경문제의 유일한 원인이라고 말할 수는 없지만, 오늘날 과학기술 문명의 근저에 이런 전통적 신관에 기초한 자연관이 중요한 작용을 했다는 데 이의를 제기하는 사람은 거의 없다. 매쿼리는 이 고전적 신관이 적어도 일부 사람들이 "자연에 대한 거침없는 지배와 착취"를 하는 데 이론적 근거를 제공했다고 못 박았다.*

옛날에는 "10년이면 강산도 변한다"라고 했지만, 요즘에는 하루에도 강산이 몇 개씩 바뀌는지 모르겠다. 어떻게 하면 자연을 대할 때 좀 더 큰 외경의 마음을 가지고 대할 수 있을까.

최근에는 생태계 신학이 나올 정도로 이 문제를 심각하게 생각하고 있다. 신을 저 위에 계셔서 우리를 다스리시는 임금쯤으로 보는 신관을 바꾸어, 신을 영(Spirit)으로 생각하는 신관을 채택해야 한다고 주장하는 신학자가 등장한다. 신을 영으로 생각하면, 창조를 태초에 한 번 있었던 일회적 사건으로 보는 것이 아니라 지금도 계속되는 일로 보게 된다는 것이다. 그렇게 되면 신의 영이 지금도 역사(役事)하고 계시는 창조의 현장으로서의 우주와 자연을 함부로 생각하는 일을 그만두게 되리라는 생각이다.

샐리 맥패그(Sallie McFague)를 비롯한 몇몇 여성 신학자들은 지구

---

* 이 문제에 대해서는 제임스 내시(James A. Nash)의 『생태계의 완전성과 기독교의 책임(*Ecological Integrity and Christian Responsibility*)』(Nashville: Abingdon, 1991)이나 샐리 맥패그(Sallie McFague)의 『신의 몸: 생태 신학(*The Body of God: An Ecological Theology*)』(Minneapolis: Fortress, 1993) 등을 볼 수 있다.

를 '신의 몸'으로 생각하는 것이 좋다는 의견을 제시한다. 북미 원주민처럼 지구 자체를 우리의 어머니로 보아야 한다고 주장하는 신학자도 있다. 우리를 낳으시고 우리에게 젖을 주시고 먹을 것을 주시는 어머니로서의 지구. 어떻게 그 어머니의 가슴에 다이너마이트를 터뜨리고 그 몸을 함부로 도려내는 일을 할 수 있겠느냐는 것이다.

요는 자연의 신비성, 그 신성성에 다시 눈 돌릴 수 있어야 한다는 것이다. 자연에서 신의 임재를 느낄 수 있고 체험할 수 있어야 한다. 이런 근본적인 태도의 변화, 의식구조의 개변은 물론 신과 피조물을 완전히 구분하는 이원론적 초자연 신관의 잔재를 극복하는 일이다. 그러한 극복 없이는 생태계 파괴라는 엄청난 도전에 효과적으로 대처하기가 곤란할 것이다.

"자연의 유기체적 구조(organic structures)를 강조하고, 통전적 견해(holistic view)를 권장하는 신관으로 바꿔야 한다. 신이 초월적임과 동시에 진정으로 내재한다는 가르침은 창조 질서의 위엄과 아름다움을 존중하게 하고, 무모하고 소모적인 착취를 막아주는 역할을 할 수 있을 것이다." 매쿼리의 말이다.*

---

* 주목할 만한 사실은 동학이 경천(敬天), 경인(敬人), 경물(敬物)의 삼경(三敬)을 강조하고 있다는 것이다. 한울님과 인간과 자연을 모두 존경해야 한다는 뜻이다. 만물이 한울님의 구체적인 표현이므로 풀 한 포기, 나무 한 그루라도 함부로 하면 안 된다고 한다.

신은 존재냐 비존재냐?

내가 하는 말을 듣고 나더러 '절대자 신'을 믿지 않는 사람이라고 하며 제발 그 절대자 신을 '절대적 존재'로 믿는 믿음으로 돌아오라고 권하는 분이 있었다. 그러나 사실 나는 나에게 그런 말을 한 그분보다 절대자 신을 더욱 철저하게 절대자로 믿으면 믿었지 그 이하는 아니라고 본다.

사실 나는 그분보다 한술 더 떠서 절대자는 너무나 절대적이기 때문에 '존재'라는 말로도 제약되어서는 안 된다고 생각하는 입장이다. 무릇 모든 존재(being)란 어쩔 수 없이 시공(時空)의 범주에 의해 제약된다. 그런 의미에서 절대자를 '존재(a being)'라고만 해도 그런 절대자는 진정으로 절대적인 절대자일 수가 없기 때문이다. 따라서 절대자는 다른 '존재(being)'를 가능하게 해주는 '존재의 근거(the ground of being)'든가, 일반 모든 존재와는 완전히 다르다는 의미에서 '비존재(non-being)'로, 혹은 일반 모든 '사물(thing)'과 절대적으로 다르다는 의미에서 'no-thing' 혹은 'Nothing'으로 보는 편이 더 적절하다. 그러나 물론 절대자는 존재와 비존재를 둘 다 넘어서는 무엇이다. 존재라는 범주뿐 아니라 비존재라는 범주에도 묶일 수 없기 때문이다.*

---

* 다석 류영모 선생은 이런 경우를 상정하고 절대자를 "없이 계신 이"라 칭했다. 불교에서 말하는 진공묘유(眞空妙有)와도 비슷하다고 볼 수 있다.

20세기 최대의 신학자로 인정되는 틸리히도 그렇지만, 이런 생각은 중세의 신비 사상가 마이스터 에크하르트(Meister Eckhart) 등이 특히 강조하던 생각들이다. 많은 사람들이 오해하듯 이른바 '신신학'이 아니다. 물론 베단타의 '니르구나 브라만(nirguna Brahman)'이나 도가의 '무(無)', '무무(無無)'나 불가의 '공(空, śūnyatā)' 같은 고전 사상도 이 점에 있어서는 대동소이하다고 볼 수 있다.*

아무튼 이런 절대적인 존재(혹은 비존재)는 시공을 초월할 뿐 아니라 우리의 인식능력을 초월한다. 우리의 한정된 머리나 지식으로는 감히 상상도 할 수 없고, 우리의 말이나 글로는 도저히 표현도 할 수 없다. 그 절대자에 대해 우리가 가지고 있는 앎이나 생각은 모두 한정되고 불완전한 것이다. 절대자를 놓고 '이렇다 저렇다' 한다는 것은 말도 안 되는 소리다.

그러므로 우리가 '아주아주 조심조심' 유념해야 할 것이 있다. 절대자는 절대적이지만 절대자에 대한 우리의 표현(expressions)이나 생각(ideas)이나 견해(views)나 개념(concepts)이나 범주(categories)나 이론(theories)이나 교리(doctrines) 등등은 모두 절대적일 수가 없다는 사실이다. 그 교설이 아무리 정교하고 훌륭하다 해도 절대자 자체가 아닌 이상 절대적일 수 없다. '절대자'와 '절대자에 대한 인간의 표현' 사이에는 하늘과 땅의 차이보다 더 큰 차이가 있다는 것이다. 한시라도 이 차이를 망각하는 일이 있으면 곤란하다. 다시 요약하면 다음과 같다.

---

* 더 자세한 내용은 필자가 쓴 『도덕경』 풀이나 『종교란 무엇인가』(김영사, 2012)를 참조하라.

절대자 = 절대적

절대자에 대한 인간의 교설 = 비절대적(혹은 상대적)

지금까지는 이런 구분을 잘 하지 못했다. 그래서 절대자를 절대적인 것으로 믿으면 절대자에 대한 어느 특정한 교설도 절대적인 것으로 믿어야 한다고 생각했다. 또 절대자에 대한 어느 특정한 교설을 믿지 않으면 절대자를 믿지 않는 것이라고도 생각했다.

우리는 절대자를 절대적인 것으로 믿는다. 이렇게 믿기 때문에 절대자가 아닌 것을 절대자로 인정할 수가 없다. 절대자에 대한 인간의 생각이 어쩔 수 없이 상대적일 수밖에 없다는 인식은 인간 자신의 지적 한계를 솔직히 인지하고 이를 겸허하게 받아들인 결과다. 따라서 절대자에 대해 우리가 어느 한때 형성한 우리의 생각을 절대화하는 것은 스스로를 절대자의 위치에 올려놓는 우상화다. 이른바 휴브리스(hubris), 인간의 자고(自高)함 혹은 자만함이다.

절대자와 거리가 먼 어머니만 놓고 생각해도 이것이 무슨 뜻인지 어느 정도 쉽게 이해할 수 있다. 우리가 네 살 때에는 어머니를 주로 우리가 착한 일을 하면 사탕을 주시고 나쁜 일을 하면 꿀밤을 주시는 분으로 생각한다. 그때는 사탕이냐 꿀밤이냐가 어머니와 나와의 관계에서 가장 중요한 생각이었다. 그러나 그 생각을 영원히 그대로 지닐 수는 없다. '처음 믿음'을 버리면 안 된다는 이유 하나 때문에 50세 어른에게 사탕이나 꿀밤을 주시는 어머니라는 생각을 그대로 붙들고 있도록 하는 것은 무리다. 성장하면서 계속 어머니에 대한 우리의 생각을 심화하고 의미 있는 방향으로 수정해야 한다.

절대자 신에 대한 생각은 물론 이것과 유를 달리하지만 그 원리는 비슷하다고 볼 수 있다. 인류는 개인적으로도 또 인류 전체로도 자라난다. 어느 한때 형성되었던 절대자에 대한 생각 혹은 일반적으로 말하는 신관을 영원불변의 것으로 붙들고 있을 수도 없고, 또 그렇게 해서도 안 된다. 아직도 사탕/꿀밤을 유일한 '어머니관'으로 생각하여 모자 관계에서 있을 수 있는 더 깊은 면을 놓친다면 그런 생각은 당연히 '비판'받아 마땅하다. 어머니를 비판하는 것이 아니라, 어머니에 대한 우리의 고착된 생각을 비판하고 고쳐가는 것이다. 이것이 이른바 '자라나는 믿음' 혹은 '열린 믿음'이다. 바울이 말했듯 "내가 어렸을 때는 말하는 것이 어린아이 같고 생각하는 것이 어린아이와 같다가 장성한 사람이 되어서는 어린아이의 일을 버렸노라"의 과정이다. '어린아이의 일'은 영어로는 좀 더 분명한 'childish'란 단어로 번역되어 있다. 예수님이 어린아이를 놓고 말씀하신 순진성이나 순수함을 나타내는 'child-likeness'가 아니라 'childishness', 그야말로 '유치한' 것을 버리라는 뜻이다. 이런 유치함을 순수함으로 오해하고 그것을 지키겠다고 고집하면 큰일이다.

물론 인류의 의식발달사를 다룬 윌버 같은 사람의 말대로 인류 전체는 정신사적으로 유아기, 청년기를 지나 이제 장년기에 와 있고, 기독교도 독일 신학자 디트리히 본회퍼(Dietrich Bonhoeffer)의 말처럼 '성년기'에 와 있다고 볼 수 있다. 그럼에도 개인적으로는 특수한 정신적 분위기나 환경 때문에 아직 정신적 유아기를 벗어나지 못한 경우 그런 사람에게는 '사탕/꿀밤' 신관이 필요하고, 또 그런 것을 그대로 가지고 있다고 해서 그들을 결코 나무랄 수는 없다고 생각한다. 그러나 그것을 우리가 간직해야 할 유일한 신관으로 고집해서는 곤란하다는 것이다.

지금까지 구미 사회를 지배하던 힘의 논리, 지배자의 논리에 의해 형성된 특수 신관을 절대적이라 주장할 수는 없다. 그런데도 이런 앎이나 생각 중 어느 시절 특수한 지역에서 형성된 특정한 것을 절대적이라 생각하고 그것을 절대적인 것으로 믿어야 구원을 얻을 수 있다고 하는 생각이 왜 그렇게 보편적인지 모르겠다. 그런 특수한 앎과 생각을 받아들이는 것이 무조건 다 나쁘다는 말은 아니다. 그런 것을 받아들이지 않으면 믿음이 없다거나, 또 그런 것을 한번 받아들였다가 고쳐나가면 믿음에서 떠나는 것, 그래서 구원을 받을 수 없다고 주장하는 데 문제가 있다.

중요한 것은 절대자 신 자신과 하나 되는 체험을 통해 삶을 완성하는 것, 그것을 신앙의 궁극 목표로 하고 살아가는 것이다. 우리가 가지고 있는 절대자에 대한 앎이나 생각은 우리를 이런 체험으로 이끌어 줄 수 있을 때만 그 효용성이 인정된다.*

---

* 1960년대에 "신은 죽었다"라고 주장하던 신학자들이 있었다. 일반인들은 그들을 오해하여 그들이 신 자신의 죽음을 선포하고 신을 믿지 않게 된 사람이라 생각했지만, 사실 그들은 절대자 자체가 죽었다고 한 것이 아니다. 우리 인간이 과거에 가지고 있던 신에 대한 여러 가지 생각이, 특히 서양에서 전통적으로 내려오던 절대자에 관한 '유신론적 교설들'이, 이제 별로 의미 없게 되었다는 것을 "신은 죽었다"라는 센세이션한 말로 표현한 것이다. 요즘은 "신은 실업자"라는 말을 한다. 창조 사업도 육천 년 전에 다 이루어 놓았고, 이제 어느 특수한 민족의 안녕을 위해 전쟁에 매달리는 일도 없고, 병든 사람들을 고쳐야 할 일도 없고, 천둥 번개로 죄인들을 처벌할 일도 없고, 잘하는 사람 골라 상 줄 일도 없고……. 결국 "unemployed God"이 되었다는 이야기다.

어느 신학자의 신관

1997년 미국 샌프란시스코에서 열렸던 미국종교학회 연례 회의에 참석했다가 우연히 미국 오리건 주립대학 철학과에서 종교학을 가르치던 마커스 J. 보그(Marcus J. Borg)가 펴낸 『우리가 모르던 신(*The God We Never Knew*)』(1997)*이라는 책을 샀다. 그는 이 책에서 자신이 어릴 때는 어떤 신관을 가지고 있었고, 점점 나이가 들면서 그 신관이 어떻게 바뀌었는가 하는 문제를 구체적으로 이야기하고 있다. 그는 '자기'가 모르던 신을 '자기'가 새로이 발견한 이야기지만 자신의 이 같은 경험은 결국 오늘을 사는 많은 사람이 공통으로 경험하는 일이라는 뜻에서 '나' 대신에 '우리'라는 말을 써서 "우리가 모르던 신"이란 제목을 붙였다고 했다. 그렇다. 그의 이야기는 우리 대부분이 겪은, 겪고 있는, 혹은 겪어야 하는 '우리'의 이야기임이 틀림없다. 신에 대한 우리의 이야기를 종합한다는 뜻으로 이제 그의 이야기를 한번 들어보기로 한다.

물론 여기서 보그가 가졌던 신관의 변천을 이야기한다고 해서 우리가 다 보그 같은 경험을 해야 한다거나 그가 이른 결론에 도달하거

---

* 이 책은 한국에서 한인철 옮김, 『새로 만난 하느님』(한국기독교연구소, 2001)이란 제목으로 출판되었다. 마커스 보그(1942~2015)는 이 책 외에도 수많은 책을 써서 기독교의 사상적 지평을 넓히는 데 크게 공헌한 신학자다. 그는 인습적 기독교, 즉 천당/지옥의 기독교와 대조적으로 새롭게 등장하는 기독교를 대비하여 새롭게 등장하는 기독교는 어떤 모습일까 뚜렷한 그림을 그려준다. 그의 책 중 가장 주목을 끈 저서는 김준우 옮김, 『기독교의 심장』(한국기독교연구소, 2009)이라 할 수 있다.

나 동의해야 한다는 뜻은 아니다. 다만 어느 한 가지 주어진 신관에 만족하지 않고 스스로 보다 의미 있는 신관을 찾아 나선 그의 끊임없는 구도자적 자세, 그리고 전통적인 신관 때문에 기독교를 떠날 수밖에 없던 처지에서 이렇게 새롭게 의미를 주는 신관을 발견하고 나서야 비로소 참된 의미의 그리스도인이 될 수 있었다고 하는 고백은 우리에게 시사하는 바가 크다고 본다. 그뿐 아니라 지금껏 우리가 다루어온 신에 대한 우리의 이야기를 종합 정리한다는 뜻에서도 그의 경험은 한번 살펴볼 가치가 있다고 여겨진다.

초자연주의 신관

마커스 보그는 어렸을 때부터 루터 교회에 다녔는데, 그때는 신이 자기 교회 목사님과 같으리라 생각했다고 한다. 신은 분명 그렇게 흰 수염에 검은 예복을 입은 아주 건장한 분일 것이라는 생각을 가지고 있었다. 최근 그 목사님과 함께 찍은 가족사진에서 목사님의 키가 자기 어머니나 누나들보다 작다는 사실을 발견하고 놀랐지만, 아무튼 어린 눈에 비친 그 목사님은 신을 대신하는 듯 당당하게 보였던 것이다.

어린 마커스는 기도할 때마다 목사님의 모습을 떠올렸다. 물론 아무리 어렸어도 신은 전지전능하시다는 말을 찬송가나 성구 암송을 통해 들어왔기 때문에 그 목사님이 신일 수 없음은 알고 있었지만, 그때 그로서는 하늘에 계시는 신을 달리 상상할 도리가 없었던 것이다. 이렇게 어린 마음에 새겨진 신은 '저 하늘 위에 계시는 남자 어른 같은 분'이었다. 어린 마커스가 가지고 있던 그런 신관을 신학에서는

'신인동형론(anthropomorphism)' 혹은 '초자연론적 신관(supernatural theism)'이라 부른다. 어린 마커스가 자라면서 교회에서 들은 이야기들은 이런 신관을 더욱 공고히 하기에 충분했다. 그때 그에게 있어 신은 로마 교황청 옆에 있는 시스티나 성당 천장에 그려진 미켈란젤로의 〈천지창조〉에 나오는 흰 수염의 건장한 백인 노인 같은 인상이었다.

그러다가 초등학교 4학년쯤 되었을 때 신이 '무소부재(無所不在)'하시다는 말을 들었다. 신은 어디에나 다 계시다는 뜻이다. 그때 처음으로 저 높은 보좌에 앉아 계시는 분이 어떻게 어디에나 다 계실 수 있을까 하는 의문이 생겼다. 아무리 전지전능하시지만 어떻게 한 분이 어디에나 동시에 계실 수 있을까 궁리궁리하다가 결국 무소부재라는 것은 저 하늘 보좌에 앉아 계시지만 그의 눈길이 닿지 않는 데가 없다는 뜻이거나, 그가 원한다면 어디에나 마음대로 가 계실 수 있다는 뜻이라 나름대로 해석했다.

이런 생각과 함께 어린 마커스의 머리에 새겨진 신상은 "손가락을 옆으로 흔드시는 분"으로서의 신이었다. 서양에서는 뭐든지 '그러면 안 된다'는 표시로 집게손가락을 세우고 옆으로 흔드는데, 그의 담임 목사님은 언제나 설교 중 그런 손짓으로 교인들을 훈계하고 경고했다. 그래서 어린 마커스의 머리에 새겨진 신도 자연히 뭐든지 '안 된다', '하지 말라'고만 하시는 신이었다.

이런 신은 우리의 생각과 행동을 다 보시고, 우리가 형편없이 표준 미달이라는 사실을 다 아시는 분, 그러나 교회에 열심히 다니고 예수님 잘 믿고 그의 말씀에 잘 순종하면 모든 것을 용서해주시는 그런 분이었다. 이런 신관을 신학 용어로 하면 '율법주의적 신관'이라 하는 것이다.

이제 마커스가 중학생의 나이가 되었다. 소박하지만 하나의 신학적 입장 같은 것이 형성되었다. 기독교란 신과 예수님을 믿고 천국에 가도록 하는 것, 천국에 가기 위해서는 신이 우리에게 요구하시는 것을 열심히 따라 순종해야 하는 것이라 믿었다. 그것이 전부라 믿었다. "주 예수를 믿으라. 그리하면 너와 네 집이 구원을 얻으리라"(행 16:31)라는 말이나 "누구든지 저를 믿는 자마다 멸망치 않고 구원을 얻으리라"(요 3:16)라는 말은 당연히 그런 기본적인 신조들을 받아들이고 믿으면 구원을 받는다는 뜻으로만 생각했던 것이다.

그러다가 나이가 점점 더 들면서 이렇게 당연시되던 신관, 기독교관에 동요가 오기 시작했다.

흔들리는 신관

이제 마커스 보그는 고등학생이 되었다. 물리학, 생물학, 천문학 등의 과학을 배우면서 자기가 어릴 때 믿어오던 것이 문자 그대로 사실일 수가 없다는 생각이 들었다. 특히 '초자연적 신관'과 '율법주의적 신관'을 그대로 받아들이기는 도저히 불가능한 일이었다. 이런 의심과 함께 심한 두려움과 죄의식이 따르게 되고, 그로 인해 크게 고민하고 기도도 많이 했다. 믿음이란 이렇게 믿을 수 없는 것을 믿는 것인가 하는 생각도 해봤다. 그러나 믿을 수 없는 것을 그대로 믿을 수는 없었다. 나는 어쩔 수 없는 죄인이구나 하는 좌절감에 휩싸였다.

그러면서 대학생이 되었다. '하늘에 계시는 신이라면 우주 어디에 계신다는 뜻인가? 우주 밖에 계신다면 이 무한한 우주에서 우리와 너무나도 멀리 떨어져 계신 신일 수밖에 없지 않은가? 그런 신이 우리와 무슨 상관이 있단 말인가?' 결국 이때쯤 하여 마커스 보그는 자기도 모르는 사이에 '이신론자(理神論者)'가 되어 있었다.

이신론이란 17~18세기 유럽의 뉴턴 같은 과학자나 미국의 제퍼슨, 워싱턴 같은 지성인 사이에서 유행하던 신관으로 신이 태초에 세상을 창조하셨지만, 일단 창조하신 다음에는 세상이 저절로 돌아가도록 만들어놓았다는 생각이다. 말하자면 자동 손목시계처럼 세상은 신의 관여나 간섭 없이 돌아가고 있다는 주장이다. 이를 보통 '궐석신관(absentee God)'이라 한다.

보그는 결국 자기의 신관이 무신론에 가깝다는 사실을 깨닫게 된다. 인간사와 관계없이 멀리 동떨어진 신이라면 있으나 마나 한 신일 수밖에 없다. 차라리 없다고 생각하는 편이 나은 셈이다. 이렇게 되니까 '죽어서 천국, 지옥' 하는 이야기도 의미가 없어지고 말았다. 심판이라는 것도 이제 별로 두려울 게 없었다. 은총의 교리 등을 깨달았기 때문이 아니라 심판할 신이 없어졌기 때문이다.

이런 혼란 속에서도 학부를 마치고 지적 호기심에 이끌려 신학교로 진학을 했다. 그러나 신학교에서 배우는 것은 그의 의심을 더욱 짙어지게 할 뿐이었다. 1960년대 개신교 신학계는 카를 바르트가 이끄는 '신정통주의' 신학의 영향이 지배적이었다. 따라서 하늘에 계시는 신, 신학 용어로 해서 '초월적 신'이라는 신관이 압도적이었기 때문이다. 바르트가 무엇을 의미했는지 정확하게 알지는 못했어도, '신은 절대타자(絶對他者)'라는 그의 기본 신학만은 보그로서 도저히 납

득할 수 없는 것이었다.

그러한 와중에, 신학교에 있으면서 이렇게 저 위에 계시는 신, 초월적인 신, 절대타자로서의 신을 받아들이지 못해 고민하는 사람이 자기 혼자만이 아님을 발견하게 된다. 신학자 중에서도 이런 초월적 신관이야말로 참된 그리스도인이 되는 데 걸림돌이 된다고 하여 이를 예리하게 비판하고 나서는 사람이 많음을 알게 된 것이다. 그는 성공회 신부 존 로빈슨(John Robinson)이 쓴 책으로, 당시 베스트셀러였던 『신에게 솔직히(*Honest to God*)』라는 책을 신나게 읽는다. 저자는 이 책에서 '유신론의 종말'을 선언하고, 신을 '저 위에 계시는 분'이라는 '높이'로 생각할 것이 아니라 각자의 체험 깊이에서 발견되는 분이라는 '깊이'로 이해해야 한다고 주장했다. 사실 이는 로빈슨 자신의 생각이 아니라 그 전에 틸리히가 이미 얘기했던 것이다.

보그는 이제 틸리히를 읽기 시작했다. 한 통계에 의하면 틸리히는 현재 미국 신학자들에게 가장 큰 영향력을 미치고 있는 신학자다. 나도 솔직히 말하면 대학생 때부터 틸리히의 사상에 깊이 영향을 받은 사람 중 하나다. 비교종교학을 가르칠 때도 그의 저서 『*Dynamics of Faith*(믿음의 역동성)』를 교과서로 채택했을 정도다. 앞에 얘기한 것처럼, 틸리히는 신을 '하나의 존재(a being)'로 보는 유신론적 신관을 배격하고, 신을 '존재의 근거(the ground of being)' 혹은 '존재 자체(being-itself)', '궁극 실재(ultimate reality)'라 주장한다. 그런 이유로 그는 이런 유신론적 신관에 비친 신을 넘어선 신, 곧 '신 너머의 신(God above God)'을 볼 수 있어야 한다고 가르친다. 우리가 일상 대화에서 말하는 신은 그런 궁극적 실재인 신을 가리키는 손가락과 같은 것이며, 따라서 '신은 신의 상징(God as a symbol of God)'이라는 말이 성립하는 것이다.

보그는 로빈슨과 틸리히의 가르침에서 새로운 희망을 보게 된다. 초월적 유신관은 결국 우리를 무신론으로 안내하는 길잡이라는 틸리히의 말이 자기 자신의 경험에 비추어 보아도 진실임을 절감한 것이다. 그러나 아직도 이들의 가르침을 완전히 이해하거나 실생활에 그대로 적용할 수는 없었다. '존재의 근거'를 향해 기도할 수는 없는 노릇이었다. 보그가 이런 가르침을 완전히 이해하기 힘들어한 것은 그가 어릴 때부터 주입받아온 문자주의적 성경관 때문이었다. 물론 그는 이런 문자주의적 성경관에서도 결국은 해방되어 더욱 깊은 신관을 수립하기에 이른다.

이렇듯 보그의 신학적 사상이 어떻게 바뀌어왔는가를 보고 있으면, 나도 그와 비슷한 때 태어나 비슷한 시대에 성장한 사람으로서 나의 사상적 자서전을 읽는 듯한 기분이 든다. 물론 나는 한국이라는 특수 환경에서 자라나고 캐나다에서 비교종교학이라는 학문을 했다는 데서 그와 여러 가지로 다를 수밖에 없지만, 기본적인 방향은 보그나 기타 여러 생각하고 고뇌하는 젊은이들이 걸어온 길과 별반 다르지 않음을 고백하지 않을 수 없다. '길벗'은 동서에 상관없이 어디에나 있는 법인가 보다.

초월이냐 내재냐

앞에서 우리가 어느 정도 이야기했고 또 우리의 이야기를 이끌어가면서 계속 다룰 제목들이지만, 이왕 말이 나왔으니 마커스 보그의 사상이 이런 부면에서 어떻게 변해왔는가 끝까지 살펴보자.

이제 보그는 자신의 성경관이 점차 바뀌는 것을 발견하게 된다. 먼저 그는 어릴 때 받아들였던 믿음, 곧 성경에 기록된 모든 것이 문자적으로 사실이므로 그것들이 모두 과학적으로나 역사적으로 틀림없는 것들이라는 믿음을 그대로 유지할 수 없게 되었다. 그 후 신학생이 되어 성경은 신이 주신 계시 자체가 아니라 인간의 문화적 산물임을 깨닫게 되었다. 성경의 말씀은 신이 직접 들려주신 말씀이 아니라 이스라엘 백성이나 초기 기독교인이 자기들대로 이해한 바를 적어놓은 것, 예컨대 성경의 창조 이야기는 이 세계에 대해 이스라엘 백성이 그들 나름대로 이해한 것을 써놓은 이야기이지 창조에 대해 신이 직접 이야기하고 가르쳐준 것이 아니라는 사실이다.

신학교 시절 배운 또 한 가지 사실은 '역사적 예수'였다. 교수들이나 책을 통해 예수님은 처녀에게서 태어나지 않았음이 거의 분명하다는 것, 예수님은 스스로를 신의 아들이라 생각하지 않았다는 것, 세상의 죄를 위해 죽는다는 생각도 하지 않고 죽었다는 것 등을 알게 되었다.

또한 예수님과 기독교만 우리를 구원에 이르게 하는 유일한 길이라는 기독교의 주장에 동의할 수 없음을 발견한다. 자기가 어릴 때 살던 조그마한 마을에서는 모두가 다 그리스도인이었기에 '예수만'이라든가 '기독교만'이라는 생각에 별다른 이의를 제기할 필요를 느끼지 않았다. 누구에게나 천국으로 가는 기회가 주어져 있었기 때문이다. 그러나 점점 커갈수록 동서고금의 수억만 인구가 예수님이나 기독교를 모르고 살았고 지금도 그렇게 살고 있는데, 그들이 모두 지옥행일 수밖에 없다는 것은 도저히 상상할 수가 없었다. 그것은 사랑의 신, 공평의 신으로서는 하실 수 없는 일이었다. 전 우주를 창조하신 신이 어느 한 가지 종교만을 택해서 그 종교에서만 자기를 알게 하고 다른 종교에 속한 모든 사람들은 몇천 년간 흑암 속에 살아가도록 그대로 방치하셨다는 것은, 아무리 보그 자신이 그 종교 속에 태어나는 행운을 입었다 하더라도 도저히 그대로 받아들이기에 낯부끄러운 일이라 생각되었다.

한국에 200여 년 전 가톨릭이 들어오지 않았을 때, 혹은 100여 년 전 개신교가 들어오지 않았을 때, 혹은 몇십 년 전 자기 교파가 들어오지 않았을 때 살았던 우리 조상들이 모두 지옥에 떨어진다는 생각을 하면서도 자기들만 천당 갈 단꿈에 젖어 있는 수많은 한국 기독교인과 얼마나 대조적인가? 보그는 신학적으로 보더라도 이런 주장은 신의 은혜라는 개념과 양립 불가능한 생각이라는 결론에 도달하지 않을 수 없었다.

아무튼 가장 중요한 문제는 신을 어떻게 이해해야 하는가였다. 앞에서 말한 대로 보그는 로빈슨과 틸리히를 읽었어도 아직 머릿속에서 '하늘에 계시는 신'이라는 생각을 완전히 씻어내지는 못한 채 20대를 마감했다. 그때만 해도 기독교에서는 아직 '초자연주의적 유신관'이 계속 판을 치고 있던 때라 어쩔 수 없었던 것이 아닌가 생각한다. 아무튼 이런 초자연주의적 유신관은 고전주의적 신관, 전통적 신관, 총칭적(generic) 신관 등의 이름으로 버티고 있었고, 보그는 이런 틈새에서 기존 신관에서 완전히 벗어나지 못하고 30대로 들어서게 되었다.

그러나 이렇게 신을 하늘에 계신 신으로만 보는 유신론적 신관을 가지고서는 이 세상에 창궐한 재난이나 고통의 문제를 어떻게 설명할 수 있는가, 이렇게 멀리 있는 신을 '믿는 것'만이 신앙의 전부라면 신앙이란 공허하기 그지없지 않은가, 그리고 그렇게 먼 데 있는 신께 기도한다는 것이 무슨 의미가 있는가 하는 등의 문제 때문에 도저히 이런 신관을 그대로 유지할 수 없다는 것만은 확실해졌다. 이와 동시에 이런 초자연주의 신관만이 정통 기독교의 유일한 신관은 아니었구나 하는 것, 그리고 이런 초자연적 신관을 받아들이지 않는다고 그대로 '무신론'을 의미하는 것은 아니구나 하는 점들을 깊이 깨닫게 된다.

보그가 새로이 깨닫게 된 신관이란 무엇인가? 물론 기독교에서도 교리적으로는 언제나 신의 초월과 내재를 동시에 이야기하고 있었다. 그러나 실제로 지금껏 일방적으로 강조해온 것은 신의 초월이었다. 그 초월적 신관을 보그가 극복하고 벗어났다 하여 그가 범신론(汎神論, pantheism) 진영에 가담한 것은 아니었다. 서양 철학사에서 스피노자(Spinoza)로 대표되는 범신론은 신의 내재만을 강조하는 입장이다. 범신론도 신의 내재만을 강조한다는 점이, 일방적으로 신의 초월만을 강조하는 초자연주의적 유신관과 '일방성'이라는 면에서 하등 다를 바가 없는 신관이다. 둘 다 '초월이냐 내재냐' 하는 이분법적 도식에서 어느 한쪽만을 선택하는 일방적 신관인 셈이다. 우리가 늘 쓰는 말로 '이것이냐 저것이냐에 입각한 '냐냐주의' 혹은 '이것만 저것만'을 강조하는 '만만주의'의 입장이다.

보그가 새롭게 발견하게 된 신관은 신이 저 위에 계신다는 것과 똑같이 여기에도 계신다는 것을 '함께' 강조하는 신관, 신의 초월과 동시에 내재를, 내재와 동시에 초월을 '함께' 강조하는 신관이다. 말하자면 '이것도 저것도'를 동시에 강조한다는 뜻에서 '도도주의적 입장이다. 이런 신관이란 도대체 어떤 것인가?

초월도 내재도

최근에 와서 보그뿐 아니라 점점 많은 철학자나 신학자들이 초자연주의적 유신론도 아니고 내재주의적 범신론도 아니고, 그렇다고 신을 완전히 무시하는 무신론도 아닌, 제3 혹은 제4의 입장이 있음을 발견하게 되었다. 이런 입장은 이들이 새로 만들어낸 입장이 아니라 기독교 전통에서도 예로부터 계속되어왔지만, 그동안 유신론의 극성에 압도되어 일반인이 보기에는 뒷전 차지나 하는 신관쯤으로 취급됐었다.

이렇게 초월과 내재를 동시에 강조하는 신관을 'panentheism'이라 하는데, 한국말로 '범재신론(汎在神論)'이라 번역할 수 있을 것이다. 초월만 강조하는 유신론이나 내재만 강조하는 범신론의 일방성을 극복하여 신의 초월과 내재를 동시에 다 강조하는 신관으로서, 전문용어를 쓰면 '양극적 유신론(dipolar theism)'이라 하기도 하고, 초자연주의적 신관과 대비하여 '자연주의적 유신관(naturalist theism)'이라 하기도 한다. 내가 좋아하는 용어는 '변증법적 유신관(dialectical theism)'이다. 앞서 언급한 존 매쿼리가 제창한 말인데, 뜻이 분명하고 오해의 소지가 덜하다는 점에서는 훌륭하지만, 말 자체가 너무 길다는 단점 때문에 계속 쓰기가 불편하다. 이런 이유로 여기서는 19세기 독일 철학자 카를 크라우스(Karl Kraus)가 만들어낸 이래 일반적으로 써오던 '범재신론'이란 용어를 그대로 쓰겠다.

한 가지 지적하고 싶은 것은 범재신론이 용어상 범신론과 비슷하다고 하여 이와 혼동하거나 엇비슷한 것으로 오해하면 큰일이라는 것이다. 범재신론은 초자연주의적 신관과 완전히 다를 뿐 아니라 범신론과도 그 못지않게 다른 입장이다. 또 초월과 내재를 동시에 강조한다고 해서 반쯤은 초월적이고 반쯤은 내재적인 신을 생각하는 신관이라 오해해도 안 된다. 완전히 초월하면서도 동시에 완전히 내재하는 신 특유의 변증법적 역설을 이야기하고 있는 것이다.

범재신론에 대해 역사적으로 알아보고 싶으면, 매쿼리 교수가 기퍼드 강연을 기초로 하여 쓴 『신성의 탐구(*In Search of Deity*)』(1985)라는 책을 읽어볼 수 있다. 나도 한때 대학에서 '신의 문제'라는 과목을 가르치면서 교재로 사용했던 책으로, 범재신론이 역사적으로 어떻게 전개되어 왔는가, 이런 생각들을 가졌던 사람의 대표자들은 누구고, 그들의 생각이 각각 어떠했던가, 그것이 유신론이나 범신론과 어떻게 다른가, 세계 여러 종교에서는 그런 생각이 어떻게 나타나 있는가 등을 일목요연하게 정리해놓았다. 범재신론에 관한 저술로서는 가장 잘 쓰인 책 중 하나가 아닌가 생각한다.

서설이 길어졌지만, 이제 이 신관이 어떤 것인지 간략하게 살펴보자. 우선 말 그대로 모든 것(汎, pan)이 신(神, theos) 안에(en) 있다(在)는 생각이다. 우리가 신 안에 있고 신도 우리 안에 계신다는 것이다.

범신론에서는 모든 것이 곧 신이다. 신은 별도로 존재하는 것이 아니라 우주가 그대로 신이라는 것을 주장하는 데 비해 범재신론은 우리와 신, 혹은 세상과 신을 분간한다. 분간은 하지만 물론 유신론처럼 신과 우리, 혹은 신과 세상이 동떨어진 개별적 존재로 있다고 생각하지는 않는다. 신은 세상에 존재한다. 그러나 세상의 모든 존재를 합한 것이 신이 아니다. 신은 그 이상이라는 것이다.

우리 대부분에게 이런 말들이 낯선 것임에 틀림없을 것이다. 그러나 낯설다고 해서 그대로 '범신론'으로 취급해버려선 안 된다. 많은 그리스도인은 자기들이 주장하는 초자연적 신관과 다른 신관, 자기들이 이해하기 어려운 신관이면 모두 도매금으로 "범신론이다!" 하며 일거에 배격하고 마는 것이 보통이다. 그러나 이런 범재신론의 신관은 보그 교수의 경우에서도 보듯 많은 우여곡절을 거쳐 도달한 신관으로, 함부로 정죄할 것이 아니다. 이것은 신에서부터의 탈출이 아니라 적극적으로 '우리가 모르던 신', 정확히 말해서 우리의 낡은 신관에 왜곡되게 비치던 신을 눈을 닦고 다시 보는 일이다. 그리하여 그 신과 새로운 관계에 들어가는 일이다.

그뿐 아니다. 보그에 의하면 이런 범재신론은 성경에 일부 나타난 신관이기도 하다. 물론 성경 전체를 통해 '저 위에 계시는 신'이라는 신관이 지배적인 것이 사실이지만, 이런 것들을 문자적으로 해석하기를 그만두기만 하면, 성경에서도 결국 신이 저 위에도 계시고 동시에 여기에도 계신다는 단서들을 얼마든지 찾아볼 수 있다. 여기서 그 구체적인 성구를 하나하나 들추어내고 싶지는 않다.

그러나 한 번만이라도 가만히 생각해보라. 인간이 신의 그 엄청난 신비스러우심, 더할 수 없이 큰 두려움과 떨림의 대상이면서도 동시에 우리를 사로잡는 힘, 루돌프 오토가 말한 대로, 그 '떨리면서도 끌리는 신비'를 말로 표현하려 할 때 '초월'이라는 용어 이상 적절한 말이 무엇이었겠는가? 이런 말을 공간적으로 표현한 것이 '저 너머'고 시간적으로 표현한 것이 '영원'이다. 우리가 신을 이야기할 때 이렇게 '초월'이라는 말, 혹은 개념을 이야기하는 것은 신과의 관계에서 어쩔 수 없이 느낄 수밖에 없는 심리적 거리감, 신의 무한한 신비성을 상징적으로 표현한 것이다. 이것을 문자적으로 생각해서 신과 우리, 신과 세계 사이에 넘나들 수 없는 존재론적 간극이 있는 것으로 생각하면 곤란하다. 전문용어로 신의 '심리적 초월(psychological transcendence)' 내지 '인식론적 초월(epistemological transcendence)'을 '존재론적 초월(ontological transcendence)'로 오해하면 안 된다는 것이다.

보그가 거친 신관의 변천은 어느 의미에서 신앙이 성숙하면서 거치는 과정과 같다. 많은 경우 깊이 생각하는 사람들은 유신론적 신관에서 다음 단계를 발견하지 못하면 신에 대한 생각 자체를 그만두거나 무신론, 이신론으로 끝나고 만다. 보그의 경우 유신론을 뛰어넘어 새로운 신관을 갖게 되면서 신앙의 돌파구 내지는 도약대를 발견한 셈이다. 우리 중에 보그와 비슷한 경험을 하는 사람이 많을 것이다. 이제 이전까지의 신관에서 의미를 찾기 힘든 경우, 신을 새롭게 볼 수 있는 방법, 실감 있게 체험할 수 있는 길은 결국 마음을 열고 우리 스스로 그의 임재를 체험하는 것, 그리하여 궁극적으로 그와 하나 됨을 경험함으로써만 가능하다는 이야기다.

나는 예수님이야말로 이런 신을 직접 체험하시고 이를 우리에게 가르쳐주신 분이라고 믿는다. 그렇기에 그의 가르침에 귀 기울이고 그가 하신 일에 주목하게 된다. 이런 의미에서 이제 예수님에 대해 본격적으로 이야기해보자.

참고로, 이 장(章) 서두에서 바벨론에 포로 되어 갔던 유대인이 그들의 포로 경험을 통해 그때까지 자기들의 신은 자기 민족만을 위해 존재한다고 믿었던 부족신관이 얼마나 허황했던가를 절감하지 않을 수 없었다는 것, 그래서 그들은 참담한 심정을 가누지 못하고 '보편신'이라는 새로운 신관을 갖게 되었다는 이야기를 했다. 그 후 이천몇백 년이 지나 독일 나치 정권에 희생된 현대 유대인도 그와 비슷한 체험을 했다. 현대 유대인은 그들의 비참한 대량 학살(영어로 Holocaust, 히브리어로 Shoa) 경험을 통해 그들이 이전에 가지고 있던 초자연적 유일신관이 여지없이 흔들리는 참담한 심정을 느낄 수밖에 없었다.

이런 심정을 가장 잘 나타낸 이가 바로 1986년 노벨 평화상을 수상한 루마니아 출생 유대계 미국인 엘리 위젤(Elie Wiesel)이다. 그는 『나이트(Night)』라는 유명한 자전적 소설에서 그 참담함을 다음과 같이 감동적으로 서술한다.

나는 수용소에서의 첫날 밤, 일곱 번씩 일곱 번 저주받고 일곱 번씩 일곱 번 봉인된 채 나의 삶을 기나긴 악몽으로 바꾸어 놓은 그 밤을 결코 잊을 수 없다. 나는 인육이 타서 올라오는 그 연기를 결코 잊을 수 없다. 나는 그들의 몸이 그 무심한 창공 아래서 연기 다발로 변하는 것을 목격한 그 어린아이들의 작은 얼굴들을 결코 잊을 수 없다. 나는 나의 믿음을 영원히 소멸해버린 그 불길을 결코 잊을 수 없다. 나는 나에게서 살아갈 의욕을 영원히 앗아가 버린 그 밤의 정적을 결코 잊을 수 없다. 나는 나의 신을 살해하고 나의 영혼을 죽이고 나의 꿈을 티끌로 바꾸어버린 그 순간들을 결코 잊을 수 없다. 나는 내가 비록 저주를 받아 신 자신만큼 오래 살게 된다 하더라도 이런 일들을 결코 잊을 수 없다. 결코.

상상을 초월하는 수용소의 역경 속에서도 신에 대한 믿음을 지키려는 사람도 있었다. 그들은 "신은 우리를 시험하시는 것이다, 우리가 우리의 비열한 본성을 다스리고 우리 속에 있는 사탄을 죽일 수 있는가 알아보시려는 것이다, 우리에겐 절망할 권리가 없다, 우리를 이렇게 극심하게 벌주시는 것은 그가 우리를 더욱 사랑하신다는 증거다"라고 주장했다.

그러나 위젤에게 결정적인 순간이 온다. 어느 날 수용소에 있던 발전소가 폭발했다. 게슈타포가 수사한 결과 용의자 세 명이 검거되었다. 일벌백계 원칙에 따라 수용소 사람이 다 보는 앞에서 세 사람이 교수형에 처해지게 되었는데, 그중 한 명은 '슬픈 눈을 가진 천사'처럼 아름다운 어린 소년이었다. 밧줄이 목에 감기고 발밑에 놓였던 의자가 치워지자 어른들은 "자유 만세!"라고 외친 후 금방 죽어 혀를 빼물었다. 그러나 소년은 체중이 너무 가벼웠기 때문에 금방 죽지 못하고 대롱대롱 매달려 몸부림칠 수밖에 없었다. 밧줄은 30분 이상 움직였고, 수용소에 있던 모든 이가 생사를 오가면서 죽어가는 그 아름다운 소년의 얼굴을 똑똑히 볼 수 있었다. 파란 하늘을 배경으로 하고 벌어지는 이 처참한 광경을 보면서 누군가 외친다.

"신은 지금 어디 계신가?"

위젤은 자기 속에서 저절로 나오는 소리를 듣는다. '그가 어디 계시냐고? 그는 여기 계시다. 여기 이 교수대에 매달려 처형되고 있다.'

물론 위젤이 우리가 상식적으로 생각하는 그런 무신론자가 되었다는 뜻은 아니다. 그러나 이런 경험을 통해 그가 천진난만하게 가지고 있던 전통적 유일신관이 영원히 무너져버리게 된 것만은 사실이었다. 그런 신은 그에게서 죽어버렸던 것이다.

참고로, 현재 서구 사회의 유대인 중에 불교 쪽 사상으로 기울어진 사람의 수가 상대적으로 많은데, 이런 특수한 경험 때문에 초자연적 신관을 강요하지 않는 불교를 선호하는 것이 아닐까 보는 견해가 있음은 흥미로운 일이다.*

---

* 학살 사건을 겪고 난 이후 유대인들이 자신들의 믿음을 어떻게 재정립하고 있는가 하는 문제를 간략하게 다룬 책의 한 예로 Steven L. Jacobs, *Rethinking Jewish Faith: The Child of a Survivor Responds*(Albany: SUNY Press, 1994)를 볼 수 있다. 2014년 4월 16일에 있었던 세월호 참사를 목도한 한국인들의 심정도 이와 비슷했으리라 볼 수 있다. 이 문제에 대해서는 오강남, 「세월호 앞에서 종교를 다시 생각한다」, 『불교평론』 60호(2014년 겨울호), pp. 236~257 참조. 이른바 '관여하는 신'을 받아들이기 어렵다는 뜻이다.

Ⅳ. 예수는 없다

예수님은 하나님이신가?

캐나다 최대의 개신교 교단인 캐나다 연합교회(United Church of Canada) 총회장으로 선출된 빌 핍스(Bill Phipps) 목사가 1997년 11월 2일 일간지《오타와 시티즌Ottawa Citizen》과의 인터뷰에서 예수의 신성과 부활에 대해 한 발언이 캐나다 교계에서 문제 된 적이 있다. 그 때의 인터뷰 내용 중 문제되었던 것을 몇 가지 추려서 여기 옮겨본다.

기자: 예수님을 믿지 않으면 구원을 받을 수 없다고 합니다. 그렇게 믿으십니까?

핍스: 예수님이 하나님께 가기 위한 유일한 길이냐는 질문입니까?

기자: 네.

핍스: 아닙니다. 저는 그렇다고 믿지 않습니다.

기자: 목사님은 예수님이 부활하셨다고 믿으십니까?

핍스: 저는 예수님이 사람들의 마음속에 살아 계신다고 믿습니다. 예수님은 그 부활 경험의 순간 이후부터 그러하셨습니다.

기자: 그렇지만 그가 돌아가셔서 죽은 상태로 3일간 계시다가 다시 살아나서 땅을 밟고 다니셨다는 것은?

핍스: 아니요. 저는 그것을 과학적 사실로 믿지는 않습니다. 저는 그런 일들이 실제로 일어났었는지 아닌지 알지 못합니다. (……) 그것은 우리와 상관이 없는 문제입니다.

기자: 그래도 그리스도께서 부활하지 않으셨으면 우리의 믿음이 헛

되다고 했는데요.

　　핍스: 절대로 그렇지 않습니다. 사람들의 마음속에 부활하신 그리스
도가 더욱 중요한 일입니다.

　　기자: 예수님이 하나님이시라고, 하나님의 아들이시라고 믿으십니
까?

　　핍스: 그 문제에 대해서는 따로 상세히 토론해볼 수 있겠습니다.

　그 이후 사회정의 문제, 윤리관 문제, 캐나다 원주민 등의 이야기를
하다가 기자가 다시 그리스도의 신성 문제를 불쑥 꺼낸다.

　　기자: 그러니까 그리스도께서 하나님이셨습니까?

　　핍스: 아니요. 저는 그리스도께서 하나님이셨다고 믿지 않습니다.

　　(중략)

　　기자: 제가 알고 싶은 것은 연합교회가, 혹은 빌 핍스 목사님이 동의
하시는 진리라는 것이 있는가 하는 점입니다. 우리는 이것을 믿는다,
이것이 연합교회에서 말하는 것이다, 이것이 총회장으로서 말하는 것
이다, 뭐 이런 것들요.

　　핍스: 제가 보기에 성경 이야기에서 가장 근본적인 진리가 있다면 그
것은 하나님이 우리와 세상을 조건 없이 사랑하신다는 것, 그리고 그
조건 없는 사랑의 일부가 우리 그리스도인의 경우 예수님에게서 나타
났다는 것입니다. 성경 전체는 하나님께서 조건 없이 사랑하신다는 이
야기입니다. 하나님을 배반한 사람, 하나님께 아니라고 말한 사람, 불
의했던 사람을 받으셔서 그들을 되돌려 놓으시는 것, 변화시키시는 것

입니다. 모세도 이런 사람 중 하나였습니다. 제가 보기로는 이것이 가장 중요한 진리 중 하나입니다. 많은 사람이 아직 하나님의 조건적인 사랑을 원하기 때문입니다.

계속해서 천국과 지옥에 관한 문제에 대해 질의응답이 이어진 후 인터뷰는 끝난다. 인터뷰를 다 옮겼으면 좋겠지만 이 정도로 줄인다. 여기서 일면이나마 핍스 목사의 이웃 종교관, 신관, 기독론, 부활관 등을 엿볼 수 있다. 극히 주관적인 견해지만 나는 이것 하나만으로도 핍스 목사가 정말로 이 시대를 위한 지도자로 존경받아 마땅하다고 생각한다.

말이 나온 김에 핍스 목사에 대해 잠깐 알아보자. 그는 1942년 토론토에서 태어났다. 캐나다 제일의 명문으로 꼽히는 토론토 오스구드 홀 법대를 졸업하고도 시카고 매코믹 신학대학원으로 진학했다. 학생 시절 그는 빈민가에서도 일하고 마틴 루터 킹 목사가 인도하는 인권 운동에도 가담했다. "세상에서 가장 풍요롭다는 미국, 캐나다의 빈민 지역을 보고 성경 말씀이 되살아남을 느꼈다"라고 했다. 1968년 토론토로 돌아와 1년 후 목사로 안수를 받고, 변호사 수습 과정도 밟았다.

핍스 목사는 예수님을 따르는 길이 지구 온난화, 굶주리는 어린아이, 집 없는 사람 등의 문제와 떨어질래야 떨어질 수 없는 관계를 맺는다고 확신했다. 그에게 중요한 것은 예수님에 대한 교리가 아니라 고통당하는 이웃과 세계를 위해 예수님처럼 힘쓰는 일이다.

핍스 목사와 관련하여 놀라운 것은, 그의 발언이 일반 교계에 파문을 일으키자 캐나다 연합교회가 실행위원회를 소집해서 이 문제를 논의하고, "본 실행위원회는 우리 총회장이 가져다주는 특유의 선물, 그리고 그가 임기 동안 우리 교회를 위해 할 수 있는 공헌에 감사와 존경을 표하는 바다"라는 결의를 채택해 그의 입장을 옹호한 것이다. 캐나다 연합교회는 이미 1940년에 새로운 신조를 채택하면서, "각각 새로운 세대의 그리스도인은 새 시대의 사상에 맞게, 그리고 시대의 필요에 부응하여 그 신조를 새롭게 천명할 의무가 있다"라는 입장을 표명한 바 있다. 실행위원회 서기의 말대로 "우리의 강점은 우리의 다양성과 우리가 교인에게 허용하는 자유"라는 것이다.

연합교회의 은퇴 목사 로버트 베이터(Robert Bater)도 "전에 거쳐 간 많은 총회장들, 그리고 저와 같은 직업에 종사하는 사람 중 많은 이가 수십 년 동안 같은 이야기를 해오고 있다"라며 이런 말이 새삼 논란을 일으키는 사실이 오히려 놀랍다고 했다.

이 얼마나 '신선한 충격'인가? 이 책 서문에서도 잠깐 밝힌 것처럼, 핍스에 대한 기사가 나오자 캐나다 극보수주의자와 특히 한국 교회에서 들고일어났다. 사실 내가 이런 책을 쓰게 된 동기도 토론토에서 나오는 《한국일보》에 핍스 목사를 비난하는 어느 한국 목사님의 글이 게재되었기에 그 글에 대한 반론을 편 데서 시작된 것이었다. 내 글에 또 다른 목사님이 반박을 하고…… 그러다가 이렇게 기독교에 대한 이야기가 길어지게 된 것이다.

지금 우리 주변에 있는 많은 그리스도인 중, 특히 한국인 그리스도인 중에, 핍스와 같은 생각, 그와 같은 태도를 가진 사람이 몇 명이나 되겠는가? 물론 일반 신학자 사이에서는 이런 생각이 상식처럼 받아들여지고 있는 것이 사실이지만, 보수주의 진영의 신학자나 많은 수의 목사님들, 평신도에게는 이런 생각이 놀라운 것일 뿐 아니라 심지어 '이단'적으로 여겨질 수 있다.

잘 알려진 것처럼, 예수님은 누구신가, 예수님을 어떻게 이해하면 좋은가 하는 이른바 '기독론(Christology)'의 문제는 이천 년간 계속하여 논의되고 있는 문제다. 이제 이 문제에 대해서 우리도 나름의 생각을 좀 정리해야 하겠다. 예수님에 대한 우리의 생각은 다원주의 시대에 살고 있는 그리스도인뿐 아니라 모든 종교인에게 지극히 중요한 문제이기 때문이다.

예수님의 성생활

앞에서는 캐나다 연합교회 총회장 빌 핍스가 예수님의 신성 및 부활에 대해 언급한 것이 캐나다 보수주의 교계에서, 특히 한국 이민 교회에서 말썽이 됐다는 이야기를 했다. 이왕 빌 핍스의 이름이 나왔고, 또 예수님의 인성·신성의 문제에서 다른 생각들을 살펴보는 판이니, 또 한 사람의 빌 핍스(William E. Phipps), 그리고 그가 주장하는 재미있는 이론에 대해 한번 살펴보자.

지금 말하려는 빌 핍스는 1930년 미국 태생으로 웨스트버지니아의 어느 대학 종교학과 교수였다. 이 빌 핍스는 종교와 성(性)의 문제를 전문으로 연구하는 사람으로, 그의 저술『예수는 결혼했던가(*Was Jesus Married?*)』라는 책에서 예수님이 결혼했음에 틀림없으리라는 주장을 펴고 있다. 그가 자기 주장을 뒷받침하기 위해 제시한 이유들을 요약하면 다음과 같다.

첫째, 예수님 시대 유대 사회의 정황으로 보아 멀쩡한 젊은이가 결혼을 안 한다고 하는 것은 거의 상상할 수 없는 일이었다. 그 당시 유대인은 결혼하여 아이를 낳는 것이「창세기」1장 28절, "생육하고 번성하여 땅에 충만하라"라는 하나님의 명령에 따르는 종교적 의무라 믿었기 때문이다.

둘째, 예수님은 결혼 문제에 대해 호의적으로 언급하고, 또 이혼 문제에 관해서도 남자가 여자를 간음 등의 이유도 없이 버리는 일이 얼마나 그릇된 일인가 등을 이야기하는데, 이것은 모두 결혼해보지 않은 사람의 말 같지가 않다는 것이다.

셋째, 예수님과 막달라 마리아와의 관계가 보통 이상이었을 것이라고 주장한다. 핍스는 막달라 마리아가 예수님의 부인이었던 것 같은데, 예수님이 공생애를 시작하기 전 가출을 하여 막달라라고 하는 갈릴리 해변 조그만 어촌, 성적으로 문란하기로 악명 높던 동리로 가게 되지 않았나 본다. 그러다가 예수님이 그녀를 다시 데려와 '귀신을 쫓아내고' 부인 겸 제자로 받아들였을 것이라는 주장이다. 핍스에 의하면, 이런 경험 때문에 예수님은 그 당시 유대 율법과는 달리 이혼에 대해 강력하게 반대하는 입장을 취했던 모양이라는 것이다.

성서학자 중에는 가나의 혼인 잔치(요 2:1-11)가 예수님 자신의 결혼식이었을 가능성이 크다고 보는 이들도 있다. 예수님의 어머니 마리아가 거기 초대된 것, 더욱이 포도주가 떨어지자 자기가 나서서 문제를 해결하려 한 것도 이상스럽고, 술을 마신 손님 중 연회장이 '신랑'더러 "이런 좋은 포도주를 어디에 두었다가 지금 가지고 나오느냐"라고 했던 말이 결국 예수님을 보고 한 말 아니겠느냐는 것이다.

말이 엉뚱한 데로 번지는 것 같지만 이 문제와 관련해 다른 사람의 견해도 한번쯤 들어보자. 그 다른 견해란 어처구니없게도 예수님이 분명 동성애자였으리라는 주장이다. 이 주장의 대표자로 케임브리지 성 마리아 교회 교구장이었던 휴 몬티피오리(Hugh Montefiore)를 들 수 있다.

그가 1967년 영국 옥스퍼드에서 교역자를 위해 연설을 하며 피력했던 주장에 따르면, 남자가 결혼을 하지 않는 이유는 대략 두 가지다. 하나는 결혼할 경제적 여유가 없는 것, 다른 하나는 장가갈 여자가 없는 것. 그런데 이 두 가지 이유 모두 예수님에게는 해당 사항이 아니라는 것이다. 예수님의 경우 전도자로서의 사명감 때문에 결혼하지 않았다고 주장할 수도 있겠으나 이것도 말이 안 되는 것이, 그가 이른바 '메시아 의식'을 갖게 되었다 하더라도 나이 서른에 이르러 세례를 받으면서였을 터인데, 그 이전에 결혼을 못 할 이유가 무엇이었겠느냐 하는 것이다. 결론은 한 가지, 예수님이 동성애자였기 때문이라는 것이다.

노엘 I. 가드(Noel I. Garde)라는 신학자는 예수님의 성의식에 관해 한 걸음 나아가 더욱 구체적인 이야기를 한다. 그에 따르면 예수님이 "어미의 태로부터 된 고자도 있고, 사람이 만든 고자도 있고, 천국을 위하여 스스로 된 고자도 있다"(마 19:12)라고 했는데, 이것이 성에 대한 예수님의 혐오감을 단적으로 말해주는 증거라고 한다. 그러나 예수님은 자기가 왜 이렇게 성에 대해 혐오감을 갖게 되었는지 그 이유를 모르다가, 나중에 제자들이 생기고 그중 특히 '사랑하는 제자' 요한과의 관계에서 자기의 동성애적 성향에 눈뜨게 되었다는 것이다. 그제야 자신이 성 자체에 대해 무관심하거나 혐오감을 가진 것이 아니라 이성 간의 성에 대해서만 그러함을 발견하게 되었다는 주장이다.

그의 주장은 계속된다. 당시 유대인 사회에서 동성애는 극히 금기시되었기 때문에 예수님은 이런 동성애적 충동을 억제하고 부정하려 노력했다. 그러나 도저히 억제하거나 부정할 수 없는 시점에 이르러 예수님은 심한 당혹감에 사로잡히게 되었다. 그래서 체포되어 죽을 것을 뻔히 알면서도 성전에 가서 환전상의 상을 뒤엎는 등 소란을 피운 것인데, 그것은 마치, 자신의 동성애적 경향을 발견한 옛날 미국의 청교도 젊은이가 너무나 무섭고 혐오스러운 나머지 죽음으로 이 문제를 청산하겠다고 군대에 자원입대하여 가장 위험한 임무에 스스로를 내던지던 행위와 맞먹는 일이라고 하였다.

그에 비해 캐나다의 신학자이자 심리학자인 존 W. 밀러(John W. Miller)는 저서 『30세의 예수』*에서 이 두 견해를 모두 반박한다. 예수님은 동성애자도 아니고 결혼한 것도 아니라는 기존 주장을 옹호한다. 동성애자가 아니라는 가장 큰 이유는 동성애 남자들의 경우 부성(父性)적 요소를 싫어하는 것이 보통인데, 예수님은 "아버지시여 이름이 거룩히 여김을 받으시오며" 하고 기도할 정도로 '아버지'와 가

---

* *Jesus at Thirty: A Psychological and Historical Portrait*(portress press, 1997).

까웠다는 것이다. 또 결혼을 안 한 것은 그의 아버지 요셉이 일찍 죽었기 때문에 장남이었던 예수가 어머니와 동생들을 돌보는 가장의 책임을 질 수밖에 없었고, 이런 특별한 사정으로 결혼을 늦추다가 결국 혼기를 놓친 채 전도자의 길로 들어서게 된 것이라는 주장이다.

예수님이 결혼을 했건 안 했건, 혹은 어떤 성적 경향성을 가지고 있었건 그것이 지금 우리에게는 그렇게 큰 문제가 아닌 것 같다. 다만 신학자들의 이런 논의가, 예수님의 인간성은 전혀 고려하지 않은 채 그를 완전히 신으로만 취급하여, 그가 마치 하늘에서 온 외계인처럼 지구에 잠깐 다녀가신 분, 그래서 우리 인간의 뜨거운 고뇌나 유혹과는 아무 상관이 없는 분쯤으로 생각하려는 우리의 일반적 '상식'을 깨고 되돌아보도록 하는 데 도움이 되지 않는가 여겨진다. 예수님은 "모든 일에 우리와 똑같이 시험을 받은 이"(히 4:15)라고 했다. 그러면서 우리와 그렇게 다르신 분. 여기에 그의 위대하심이 있고, 여기에 우리가 그에게서 배울 점이 있는 것 아닌가?

역사적 예수와 신앙의 그리스도

예수님을 이야기할 때 명심해야 할 매우 중요한 사실이 있다. 이른바 '역사적 예수(historical Jesus)'와 '신앙의 그리스도(the Christ of faith)'를 구별하는 일이다. '나사렛 예수(Jesus of Nazareth)'와 '교회의 그리스도(the Christ of the Church)', 혹은 '인간 예수(the man Jesus)'와 '신조의 그리스도(the Christ of the creed)'의 구별이라 하기도 한다. 역사적 예수, 나사렛 예수, 인간 예수는 기독교 역사를 통해 형성된 예수님에 대한 믿음 이전의 자연인으로서의 예수님을 의미한다. 신앙의 그리스도, 교회의 그리스도, 신조의 그리스도는 인간 예수님을 따르던 사람, 초대교회 교인, 그리고 그 후 많은 그리스도인과 신학자가 예수님과 예수님 사건에 대해 그들이 체험한 바, 반응한 바, 믿게 된 바, 의미 있게 해석한 바에 따라 형성된 예수님상(像)이다.

최근 신학계의 동향은, 앞에서도 약간 언급했지만 '예수님에 대한 믿음(faith about Jesus)'보다는 '예수님의 믿음(faith of Jesus)'을 더욱 중요하게 생각한다. 예수님에 대해 역사적으로 이루어진 이런저런 교리나 이론을 무조건 믿기보다는 예수님의 믿음, 예수님이 가지고 계셨던 믿음, 예수님이 지니고 계셨던 마음을 알고 우리도 그런 믿음, 그런 마음을 갖는 것이 더 중요하다고 보는 것이다. 예수님을 신앙의 대상으로 삼고 숭배하기 전에 그의 신앙이 어떠했던가를 살피는 것이 더욱 중요하다는 뜻이다.

이렇게 우리도 예수님이 가지셨던 믿음과 근본적으로 같은 종류의 믿음, 그가 채택한 삶과 본질적으로 같은 방향의 삶을 살기 위해서는 자연히 예수님이 어떤 생각을 하셨고, 어떤 가치관을 가지셨고, 어떤 행동을 하셨고, 어떤 것들을 가르치셨고, 어떻게 돌아가셨던가 하는 등 '역사적 예수'를 살펴보는 일이 중요하게 된다.

그런데 '역사적 예수'를 알아보기 위한 자료로 우리에게 있는 것은 4복음서뿐이다. 최근 발견된 「도마복음」 등을 거론할 수도 있겠지만, 아무튼 성경 이외의 일반 역사 문헌에서 예수님에 관한 언급은 전무하다고 해도 과언이 아니다. 그저 지나가는 말로 몇 군데 잠깐잠깐 언급된 것이 전부다. 이런 역사 문헌에 나타난 언급은 예수님의 역사적 실재성에 대한 암시 정도 이상으로는 도움이 되지 않고 있다. 따라서 우리는 죽으나 사나 4복음서에 의존해 인간 예수와 그의 가르침을 찾아볼 수밖에 없는 셈이다.

문제는 이 4복음서가 예수님에 대한 역사적 사실을 기록하여 후세에 남길 것을 목적으로 쓰인 '역사적 기록'이 아니라는 데 있다. 이것은 한마디로 '믿음의 기록, 믿음에 의한 기록, 믿음을 위한 기록'이다. 객관적 사실을 객관적으로 쓴 역사 문헌이 아니라 철두철미한 '신앙고백서'라는 말이다. 사진 기자가 무심정한 사진기로 찍어놓은 스냅 사진이 아니라 믿음의 사람이 믿음의 붓으로 유화 그리듯 그려놓은 초상화다.

그렇기에 복음서를 통해서 역사적 예수를 알아내기는 쉬운 일이 아니다. 19세기와 20세기 중반까지 많은 신학자들이 역사적 예수를 알아내려던 시도 끝에 얻은 결론은 그것이 불가능하다는 것이었다. 슈바이처(Albert Schweitzer) 박사의 『예수전 연구사(*Geschichte der Leben Jesu Forschung*)』(1906)가 이를 말해주는 고전적 문헌이다.

그러다가 1970년대에 들어와, 역사적 예수를 완벽하게 재구성하는 것은 불가능할지 모르지만, 그동안 다듬어진 여러 가지 문헌 비판적, 고고학적 방법 등을 동원하여 전보다는 뚜렷한 역사적 예수를 알아보는 것이 완전히 불가능하지만은 않다는 생각이 들기 시작했다. 이런 신학적 경향을 한스 큉은 "자료의 특성상 예수의 전기를 그대로 재생해낼 수는 없지만, 다른 한편 그의 선포, 그의 행동, 그의 운명 등에 대한 근본적인 특성은 묘사할 수 있다고 보는 것이 오늘날 널리 받아들여지고 있는 합의사항"이라는 말로 요약한다. 그 후 예수전 연구서가 많이 나오게 되었고, 또 실제로 괄목할 만한 발전을 보이고 있다.

나는 신학자도 아니고 예수전 연구 전문가도 물론 아니다. 그러나 한국에 있을 때 석사 논문을 예수의 종말관과 그것의 세속화를 주제로 쓴 인연 때문에, 그리고 그 후 계속된 개인적 관심에 따라, 지금까지 예수전 연구 경향과 이 분야에서의 학문적 성과를 예의 주시해오고 있다. 지금부터 여기 소개하려는 것은 이렇게 개인적 관심을 가지고 이 방면에서 이룩한 성서신학자의 공헌을 내 나름대로 이해하고 거기에 기초해서 풀어보는 것이다.

이제 가능한 한 예수님에 관한 초기 정보, 혹은 독일 신학자들이 말하는 '근본 사실(Urtatsache)'에 다가서 보도록 하겠다. 상당수의 신학자는 기독교의 역사적 비극 중 하나가 예수님 자신의 가르침보다 예수님에 대한 교회의 가르침이 더욱 중요하게 여겨지게 된 것이라 본다. 이런 생각을 영어로 표현하면 '가르치는 예수(teaching Jesus)'보다 '가르쳐진 예수(taught Jesus)', '선포하는 자(preacher)'로서의 예수보다 '선포되어진 자(the preached)'로서의 예수에 더욱 역점이 실리게 되었다는 이야기다.

물론 역사적으로 종교란 언제나 변하면서 자라나도록 된 것이라는 종교사적 기본 입장에서 볼 때, 이렇게 예수님이 신앙의 대상으로 바뀐 것이 완전히 비극이라는 생각에 전적으로 동의하지는 않는다. 불교에서도 부처님이 원시불교에서 나타난 것과 같이 꼭 인간 부처로 남아 있어야 하느냐 등의 문제가 있듯 이 문제는 종교사적으로 보아 그렇게 간단한 것이 아니다. 예수님이나 부처님을 신앙의 대상으로 삼는 전통 역시 역사적으로 많은 사람에게 용기와 희망의 원천이 되어왔다는 사실을 부인할 수는 없다.*

신학자가 역사적 예수를 중요시하고 그 역사적 예수를 찾는 데 심혈을 기울이는 일은 물론 훌륭한 일이라고 생각한다. 예수님이 정말로 어떤 분이셨던가 알아볼 수 있는 데까지는 알아보고 그의 삶과 행동과 가르치심과 죽음에서 오늘 우리가 살아가는 데 필요한 모델 내지 전범을 찾아볼 수 있을 것이다. 예수님은 정말 어떤 분이셨을까?

예수님의 탄생 이야기

예수님 탄생 이야기는 신앙의 눈으로 읽어야지, 역사적인 이야기로 읽어서는 곤란하다. 예수님의 탄생과 관계된 「마태복음」과 「누가복음」의 이야기는 결코 역사적 사실일 수가 없다는 말이다. 예수님 이야기 모두가 역사적 사건의 기술이 아니라고 하는 것이 물론 극보

---

* 역사적 예수를 너무 강조하다 보면 기독교 '전통 속에 살아 있는 예수'라는 면을 소홀히 하게 되는 것이 사실이다. 이런 점을 잘 지적한 책으로 Luke Timothy Johnson이 쓴 *Real Jesus*(San Francisco : HarperSanFrancisco, 1996)와, 같은 출판사에서 나온 *Living Jesus: Learning the Heart of the Gospels*(1999)를 참조할 수 있다.

수파 신학자나 일반 교인에게는 놀라운 사실일 수 있겠지만 웬만한 신학자는 거의 다 받아들이고 있다. 이런 결론에 이르게 되는 이유를 간략하게 들어보겠다.

첫째, 탄생 이야기는 복음서 중 가장 먼저 쓰인 「마가복음」에는 나오지 않고 그 후에 쓰인 「마태복음」과 「누가복음」에만 기록되어 있다. 신약성서에서 가장 먼저 기록된 바울의 서신에서도 예수 탄생에 대한 언급이 전혀 없다. 바울 서신에 이 이야기가 나오지 않는다는 사실은 바울이 예수님 탄생에 얽힌 이야기를 들어보지 못했거나, 이 이야기가 복음의 핵심이라 생각하지 않았음을 입증하는 셈이다. 바울이 만약 동정녀 탄생에 대해서 알고, 그것이 그렇게 중요한 사안이었다고 생각했다면 그가 쓴 편지 모두에 그 말을 전하고 모든 그리스도인이 믿어야 한다고 했을 것이다. 그는 예수님을 그냥 "여자에게서"(갈 4:4) 난 분으로 생각하고 있어서, 학자 중에는 바울이 처녀 탄생 같은 것은 들어보지도 못했으리라 생각하는 사람이 많다.

둘째, 「마태복음」과 「누가복음」에 나오는 두 가지 탄생 이야기가 상당히 다를 뿐 아니라 서로 상충하는 점이 아주 많아 두 이야기가 도저히 한 가지 역사적 사건에 관한 이야기일 수 없다는 사실이다. 몇 가지만 예로 들어보자.

1) 우선 두 복음서 첫머리에 나오는 족보부터 무슨 재주를 써서 맞추어보려 해도 안 될 만큼 생판 다르다.

2) 「마태복음」에 의하면 요셉과 마리아가 베들레헴 사람으로서 그들의 집에서 아기 예수가 태어났고, 애굽으로 피난 갔다가 돌아오면서 나사렛으로 이사를 간 것으로 되어 있는데, 「누가복음」에 보면 요

셉과 마리아가 나사렛 사람으로서 호구조사 때문에 고향 베들레헴으로 갔다가 여관방을 못 구하고 밖에서 아기를 낳아 구유에 눕혔다가 그 후 나사렛으로 돌아갔다고 나온다.

3)「마태복음」에는 동방박사들이 별을 따라 아기 예수를 찾아보고 갔다고 하였는데, 실재했다면 큰 사건일 수밖에 없는 이 이야기가 「누가복음」에는 전혀 언급되지 않았고, 천사의 기별을 받은 목자들이 찾아온 것으로 되어 있다.

4)「마태복음」에는 헤롯 왕이 아기들을 죽이려 했기 때문에 예수님이 애굽으로 피신하고, 그 후 많은 아기가 죽임을 당했다는 이야기가 나오는데「누가복음」에는 성전에서 아기 봉헌식에 참석하는 이야기가 나온다.

5)「마태복음」에 의하면 예수님 탄생 연대가 헤롯 왕이 죽은 기원전 4년 이전이고,「누가복음」에 의하면 호구조사를 명한 구레뇨가 총독이 된 기원후 6년 이후가 된다.

대략 이런 이유 때문에 동정녀 탄생을 포함하여 예수님 탄생에 얽힌 이야기는 역사적 신빙성이 희박한 것으로 보인다. 그러나 그리스도인 중에는 동정녀 탄생만은 무슨 일이 있어도 양보할 수 없다고 하는 이들이 있다. 이것이 기독교 신앙의 '근본'이라는 것이다. 동정녀 탄생이 기독교에서 왜 그리 중요하게 취급되었던가 하는 역사적 배경에 대해서는 나중에 따로 언급하기로 하고, 동정녀 탄생과 관련하여 우리가 명심해야 할 사항 몇 가지를 지적해본다.

첫째, 동정녀 탄생은 예수님에게만 국한된 이야기가 아니다. 종교사적으로 동정녀 탄생은 세계 어디서나 발견할 수 있는 극히 보편적

현상이다. 동정녀 탄생을 비롯한 여러 가지 비보통적 탄생 이야기는 고대 영웅 신화에서 영웅의 위대함을 묘사하기 위해 보편적으로 사용되던 하나의 신화적 화법, 혹은 문법이었다. 예수님이 동정녀 탄생을 했기 때문에 위대한 분이 된 것이 아니라 위대한 분이기 때문에 동정녀 탄생을 하지 않을 수 없었던 것이다.

예수님의 동정녀 탄생 자체가 그가 신의 아들임을 입증하는 것이라 한다면, 바벨론 왕이나 이집트나 그리스 신화에 나오는 영웅이나 로마의 신이 예수님과 동격으로 취급되어야 할 것이다. 부처님의 경우도 그의 어머니 마야 부인이 남편과 성관계 없이 꿈에 흰 코끼리가 오른쪽 옆구리로 들어오는 것을 보고 임신을 했다. 나중에 그는 어머니의 왼쪽 옆구리로 태어나셨다고 한다. 이처럼 비교종교학적 관점에서 본다면 예수님의 처녀 탄생 같은 요소는 거의 특별한 의미가 없다. 예수님뿐 아니라 그리스, 로마, 바벨론, 이집트, 인도, 중국, 한국(단군, 고주몽, 박혁거세, 김알지 등) 등 세계 여러 나라 영웅담에서 영웅은 모두 이렇게 '비보통적' 방법을 통해 출생하고 있다.

둘째, 동정녀 탄생과 같은 이야기는, 계속 말하지만 우리에게 생물학적 진리에 대한 정보를 제공하기 위한 것이 아니라 일차적으로 종교적 의미를 전달함으로써 우리를 변화시키기 위한 것이다.

그러면 동정녀 탄생 이야기에서 얻을 수 있는 종교적 의미는 무엇인가? 우선 예수님은 그 어머니와 하나님의 직접적인 관계에서 태어나신 분, 이렇게 예수님처럼 훌륭하신 분은 보통 사람과 달리 그 어머니를 통해 하나님의 신성을 그대로 채받은 분이라는 것을 상징적으로 말해준다고 생각할 수 있다. 또 이렇게 훌륭하신 분도 물론 보통 사람처럼 인성을 가지고 계시되, 신성을 직접 이어받으셨기에, 궁극적으로 인성에 제약받지 않고 그것을 초월하실 수 있음을 말해준다고 볼 수 있다. 결국 예수님 속에 신성의 씨앗·신성의 불꽃이 있음을 직감한 사람, 나아가 그분을 따름으로써 지금껏 자기 속에 드러나지 않고 내재하던 이런 신성의 임재를 새롭게 발견하고 감격한 사람, 이런 사람들이 동정녀 탄생 이야기를 통해 예수님이야말로 인성과 신성의 아름답고 조화로운 결합에 의해 태어나신 분임을 고백한 것이라 볼 수 있다.

셋째, 예수님의 탄생 이야기 전체를 놓고 볼 때 더욱 깊은 상징적 의미를 찾을 수 있다. 예수님은 어둠을 이기는 빛이라는 뜻을 전하기 위해, 마태는 밤하늘을 비추는 별을 등장시키고 누가는 목자들을 두루 비추는 '주의 영광'의 천사를 등장시킨 것이라 풀어볼 수 있다. 예수님은 이 캄캄한 역사의 현장에서 그들을 인도해낼 빛이셨다.

또 마태는 예수님이 유대인의 왕임을 강조하기 위해 이스라엘의 왕으로 구성된 족보를 열거하고, 누가는 예수님이 고통받고 있는 사람을 위한 선지자임을 강조하기 위해 이스라엘 선지자로 구성된 족보를 만든 것이다. 마태는 동방박사를 등장시키고 누가는 목자를 끌어들인 것도 같은 목적 때문이라 할 수 있다.

유대인이었던 초대교회 교인에게는 이런 이야기가 역사적일 이유가 하나도 없었다. 예수님에 대한 그들의 신뢰와 확신을 이런 이야기로 표현했던 것이다. 다시 말하지만 이런 이야기 때문에 예수님에 대한 신뢰와 확신이 생기는 것이 아니라, 그들의 신뢰와 확신이 이런 이야기가 생겨나도록 만들었다.

앞에서 말한 것처럼 이야기를 문자적으로나 역사적으로 받아들이는 것과 믿음이 있다 없다 하는 것과는 하등의 관계가 없다. 중요한 것은 이 이야기의 상징적 뜻을 파악하고 우리도 당시 예수님을 따르던 사람이 예수님, 그리고 그 속에 임재한 신성에 대해 가졌던 신뢰와 확신을 갖는 것이다.

탄생 이야기에 얽힌 몇 가지 의문

예수님의 탄생에 얽힌 이야기를 문자적으로나 역사적으로 받아들일 필요가 없다고 이야기했지만, 그래도 이것이 문자적, 역사적 사실이 아니면 안심이 안 된다고 생각하는 사람이 있을 수 있다. 이에 몇 가지 더 구체적인 이유를 들어보겠다.

첫째, 동방박사의 방문이다. 「마태복음」에 보면 동방박사들이 별을 보고 아기 예수님께 찾아왔다고 되어 있다. 크리스마스카드 같은 데 나오는 그림 때문에 보통 세 사람이 낙타를 타고 온 것으로 알고 있지만 성경에는 몇 사람이 왔는지 무엇을 타고 왔는지에 관한 기록이 없다. 아무튼 동방박사가 별의 인도로 지금의 이란이나 이라크 어디에서 예루살렘까지 온다. 예루살렘에 도착하자 별이 갑자기 없어진다. 할 수 없이 헤롯 왕에게 가서 유대인의 왕으로 나신 이가 어디에 있느냐고 물어본다. 그곳은 베들레헴일 것이라는 이야기를 듣고 길을 나서자 다시 별이 나타나 그들을 인도하기 시작했다. 그 별은 아기 예수님이 탄생한 집 위에 멈추었다.

이 이야기에서 이해하기 힘든 것은 왜 이 별이 예루살렘에서 갑자기 사라져버렸을까이다. 별이 사라지지 않고 계속 베들레헴까지 인도해주기만 했더라면 동방박사들이 헤롯 왕에게 가지도 않았을 것이고, 아기 예수의 탄생이 발각되지도 않았을 것이며, 베들레헴에서 태어난 아기가 모두 죽임을 당하는 비극적 사건도 없었을 것이다. 아무튼 이 별의 이상스러운 출몰 때문에 무고한 아기들만 죽임을 당했다.

동방박사들이 예루살렘을 떠나 베들레헴으로 갈 때 별이 다시 나타났지만, 두 도시를 연결하는 길은 뻔했기 때문에 사실 별이 필요 없었다. 이때 별이 나타난 것은 아기가 태어난 집이 정확하게 어느 집이냐를 가르쳐주기 위해서다. 그런데 높이 뜬 별이 어느 한 집을 지정하기 위해서는 특별히 레이저 광선과 같은 일직선의 빛을 쏘지 않는 한 불가능하다. 물론 그 별이 UFO 같은 것이어서 그 집 지붕 위에 머물렀다면 이야기가 달라지겠지만.

이 이야기를 천문학적으로 설명해보려는 시도도 있었다. 기원전 7년 5월, 10월, 12월에 목성과 토성과 지구가 일직선상에 들어간 일이 있었다는 것이다. 영어로 'triple conjunction'이라 하는데, 상당히 그럴듯하기는 하지만 이것도 말이 안 되기는 마찬가지이다. 이렇게 겹쳐 보인 별이 동방박사 "앞에 나타나 그들을 인도해 가다가 아기가 있는 곳에 이르러서 그 위에 멈추었"을 수는 없기 때문이다.

둘째, 베들레헴 아기들이 죽임을 당한 점이다. 그 아기들은 죽어야 할 아무런 이유도 없었다. 베들레헴이라는 작은 마을에 별이 그 한 집

위에 머물고 동방에서 박사들이 와서 경배하고 갔다는 큰 사건을 모를 사람이 없었을 것이다. 헤롯은 사람을 보내 물어보기만 하면 당장 알 일을 가지고, 두 살까지의 사내아이를 모조리 죽이는 일을 해야 했겠는가? 아무리 사람을 잘 죽이기로 소문난 포악한 왕이라 하더라도 쓸데없이 사람을 죽이지는 않을 터이다.

「마태복음」 기자는 이렇게 아기들이 죽임을 당한 것은 선지자 예레미야의 예언을 성취하기 위해서라면서 다음의 절을 인용한다. "라마에서 슬퍼하며 크게 통곡하는 소리가 들리니 라헬이 그 자식을 위하여 애곡하는 것이라."(2:18) 여기서 「마태복음」의 기자는 예레미야가 라마에 관해 이야기하고 있다는 사실을 무시한다. 라마는 예루살렘 북쪽으로 8킬로미터 떨어진 마을이고 베들레헴은 예루살렘 남쪽으로 8킬로미터 떨어진 마을로 이 둘은 완전히 다른 마을이다. 그뿐 아니라 「예레미야」에서 라헬의 통곡은 어린 아기들의 죽음 때문이 아니라 다 큰 자식들이 적군의 땅으로 포로가 되어 갔기 때문이라고 했다. 그것도 아주 죽은 것이 아니라 다시 돌아올 터이니 '최후의 소망'을 버리지 말고 기다리라고 했다.(렘 31:15-17) 두 이야기는 전혀 상관이 없다.

「마태복음」 기자는 왜 베들레헴에서 이렇게 어린아이가 죽임을 당했다는 이야기를 해야 했을까? 이것이 바로 미드라시적 기술 방법*

---

* 미드라시(midrash)란 새로운 인물이나 사건을 이야기할 때 옛날에 있었던 유명한 인물이나 사건에 빗대어 묘사하는 방법이다. 이 문제를 가장 명쾌하게 다룬 책으로 John Shelby Spong, *Liberating the Gospels:Liberating the Gospels: Reading the Bible with Jewish Eyes*(HarperOne, 1997)를 참고할 수 있다. 예를 들면, 동방박사의 방문 이야기(마 2:1-12)는 「이사야」 60장 "나라들은 네 빛으로,

이다. 「마태복음」 기자는 예수님을 모세와 같이 위대한 인물, 제2의 모세라 말하고 싶은 것이다. 그래서 「출애굽기」에 나오는 모세의 이야기 중 히브리인 가정의 어린아이들이 모두 바로 왕에 의해 죽임을 당하는 이야기(출 1:15)를 원용한 것이다. 그리고 모세가 애굽인을 죽이고 바로 왕을 피해 미디안으로 피신하는 것과 같이(출 2:12) 예수님도 헤롯 왕을 피해 이집트로 피신 가도록 하였다. 따라서 역사적으로 이런 사건이 있었던가 아닌가를 문제 삼을 필요가 없다. 베들레헴 아기들이 억울하게 죽었다고 슬퍼할 필요도 없다. 당시 위대한 인물을 유대인의 역사에 맞추어 묘사하던 문학 기법에서 나온 이야기이다.

셋째, '나사렛 예수'의 문제다. 「마태복음」과 「누가복음」 둘 다 예수님을 '나사렛 예수'로 보고 있다. 「누가복음」에는 요셉과 마리아가 본래 나사렛 사람으로서 호구조사 때문에 베들레헴에 왔다고 했으니까 '나사렛 예수'에 문제가 없었다. 그러나 「마태복음」은 그들이 본래 베들레헴 사람이라 했기 때문에 그들을 나사렛으로 이사시켜야만 했다. 「마태복음」의 설명에 따르면, 예수님과 그 부모가 애굽으로 피신 갔다가 헤롯 왕이 죽고 고향으로 돌아오게 되었는데, 아켈라오가 자기 아버지의 뒤를 이어 유대 지방의 왕이 되었다는 말을 듣고 유대 땅으로 돌아가기를 무서워하고 있던 중 꿈에 갈릴리 지방 나사렛으

왕들은 비치는 네 광명으로 나아오리라"라는 이야기에, 별이 나타나는 이야기는 「민수기」 22장부터 24장에, 마리아의 노래(눅 1:46-55)는 「사무엘상」(2:1-20)에 나오는 한나의 노래에, 아기를 밴 마리아가 아기를 밴 엘리사벳을 찾아가 복중에 있는 두 아기를 이야기한 것(눅 1:39-45)은 에서와 야곱을 밴 리브가의 복중 아기들이 나중에 나뉘어 한 민족이 다른 민족보다 더 강하리라는 이야기(창 25:19-26)에 근거한 것 등이 있다.

로 가라는 지시를 받고 거기로 가서 살게 되었다는 것이다. 그러면서 「마태복음」 기자는 예수님이 나사렛으로 간 것이 "선지자로 하신 말씀에 나사렛 사람이라 칭하리라 하심을 이루려 함이러라"(2:23)라고 했다.

그런데 "나사렛 사람이라 칭하리라" 하는 말씀이 히브리어로 된 선지서 어디서도 나오지 않는다. 이것은 「마태복음」 기자가 그 당시 거의 모든 사람이 그랬던 것처럼 '구약'을 읽을 때 히브리어 원문을 읽지 않고, 기원전 200년경 히브리어 성경에서 그리스어로 번역해 놓은, 70인 역이라는 그리스어 번역판을 읽었고, 거기에 따라 「이사야」 11장 1절을 완전히 오해한 데서 생긴 실수다. "이새의 줄기에서 한 싹이 나며 그 뿌리에서 한 가지가 나서 결실할 것이요"라고 한 구절 중 '가지'라는 말의 그리스어가 '네제르(nezer)'인데 「마태복음」 기자는 그것을 '나사렛 사람(Nazarene)'으로 잘못 읽었던 것이다. 다윗의 아버지 이새의 "뿌리에서 한 '나사렛 사람'이 나서 결실할 것이요"로 해석했던 것이다. 그래서 예수님을 나사렛으로 이사를 '보낸' 것이다.

이런 식으로 지적하자면 한이 없으니 이 정도에서 그치자. 다시 말하지만, 이런 이야기가 역사적 사실이냐 아니냐에 신경 쓸 것이 아니라 이런 이야기를 예수님에게 연결시킬 정도로 예수님이 '비보통'이셨고, 예수님에 대한 그들의 믿음이 컸다고 하는 사실에 주의를 집중할 필요가 있다.

동정녀 탄생의 신학적 배경

동정녀 탄생이 교회에서 왜 그렇게 중요하게 취급되었던가에 대해서도 한번 살펴보자. 이런 문제를 살피는 것은 종교사적 안목을 키우는 데 필요한 일이기도 하다. 그리고 이런 문제로 예수님을 믿겠다 못 믿겠다 하는 일에서 자유스러워져야 한다.

「마태복음」에 "보라. 처녀가 잉태하여 아들을 낳을 것이요, 그 이름을 임마누엘이라 하리라"(마 1:23)라는 말이 있다. 이 말은 이른바 '구약' 「이사야」 7장 14절에 나오는 말을 그대로 인용한 것이다. 그런데 「마태복음」 기자는 이 구절도 그 그리스어 번역판 70인 역에서 그대로 인용한 것이다. 그리스어 번역판에는 '파르테노스(parthenos)'라고 하여 '처녀'로 되어 있지만, 히브리어 원문에 나오는 히브리어 단어는 '알마(almah)'였다. 알마는 〈개역개정〉이나 〈새번역〉판의 난외주에 나온 것처럼 그저 '젊은 여자' '젊은 여인'이란 뜻이지 결혼도 안 한 처녀라는 뜻이 아니었다. 「마태복음」 기자는 그리스어 번역에만 의존하였기 때문에 처녀가 아이를 낳은 것으로 했다.

물론 그 '젊은 여인'이 처녀일 수도 있다. 비록 처녀라 하더라도 여기 「이사야」에 나오는 이야기는 처녀가 남자 없이 아기를 낳을 것이라고 못 박은 것이 아니다. 물론 처녀가 아기를 낳을 수 있다. 그러나 반드시 처녀 혼자서 아기를 낳았음을 의미하는 것은 아니다. 우리 속담에 "처녀가 아이를 낳아도 할 말이 있다"라는 말도 있지만 여기에는 처녀가 남자 없이 혼자서 아기를 낳았다는 뜻이 전혀 들어가 있지 않다. 처녀인 여자가 생물학적 관점에서 보아 정상적으로(윤리적으로 정상이냐 하는 것은 별문제이다) 임신을 해서 아기를 낳은 것뿐이다.

사실 동정녀 탄생이라는 것이 유대인에게는 문자 그대로 그렇게 중요한 개념이 아니었다. 그러나 기독교가 그리스화하기 시작하면서부터 처녀 탄생이 문자적인 의미로 그 중요성을 띠기 시작한다. 그리스 사상에 영향을 받은 그리스도인은 예수를 그리스 고대 신화에 나오는 신처럼 신의 아들로 믿기 원했고, 그런 소원에 따라 예수도 다른 신처럼 처녀 탄생을 한 것으로 받아들이기 시작한 것이다.*

초대교회는 예수님의 가르침과 삶에서 하나님의 임재, 성령을 체험했다. 이 놀라운 체험을 어떻게든지 의미 있게 표현하여 다른 사람도 그 체험에 참여하게 되길 원했다. 이런 일을 최초로 시작한 사람이 바울이다. 바울은 예수님 안에서 발견 될 수 있는 하나님의 임재, 혹은 성령의 임재가 예수님의 죽음과 부활에서 확연히 드러나는 것이라고 믿었다. "내가 확신하노니 사망이나 생명이나 (……) 우리를 우리 주 그리스도 예수 안에 있는 하나님의 사랑에서 끊을 수 없으리라"(롬 8:38-39) 선언하고, 이렇게 죽었다가 부활하신 그리스도를 그는 "하나님의 아들"(롬 1:4)이라 표현했다. 물론 유대인에게 '하나님의 아들'이란 은유적인 의미로 그냥 '위대한 분'이라는 뜻이지 그리스 사람이 생각하듯 본체론적으로(ontologically) 하나님과 '본성'에서 같다는 뜻이 아니었다.

그 후 10여 년이 지나 쓰인 「마가복음」에 보면(앞에서 지적했듯 복음

* 이 문제에 관해서는 이 꼭지 끝의 별첨을 참조하기 바란다.

서는 지금 성경에 나온 순서대로 쓰인 것이 아니어서, 지금 성경에 바울 서신보다 앞에 나와 있다고 해서 그보다 먼저 쓰인 것은 아니다) 처음부터 "하나님의 아들 예수 그리스도의 복음"이라는 말로 시작한다. 그리고 예수님의 하나님 아들 되심이 그가 세례를 받을 때라 말하고 있다. 그러다가 다시 세월이 얼마 흘러「마태복음」과「누가복음」이 쓰일 때쯤 되어서는 예수님의 하나님 아들 되심이 그의 출생 시로 당겨진다.「요한복음」이 이르러서는 예수님의 하나님 아들 되심이 그의 출생 이전으로 올라간다. 예수님은 태초부터 하나님의 '말씀'으로서 하나님과 함께 하시고 동시에 그대로 하나님이셨다는 것이다. 예수님은 말씀으로 하나님과 함께 창조에 참여하신 분이시다. 이 하나님의 "말씀이 육신이 되어 우리 가운데 거하"(요 1:14)시게 되었다는 것이다.

「마태복음」과「누가복음」에서 시작한 처녀 탄생설은 초대교회를 지나면서 더욱 이상한 방향으로 해석된다. 두 복음서에서는 마리아가 아기를 남자와의 관계없이 낳았다는 '출생 전의 처녀(virginitas ante partum)'설이었는데, 4~5세기에 와서는 마리아가 아기를 낳을 때 처녀막의 파열이 없었다고 주장하는 '출생 동안의 처녀(in partu)'설로 되었다가 결국에는 마리아가 아기를 낳고도 계속 처녀성을 유지하므로 일평생 처녀였다는 '출생 후 처녀(post partum)'설 및 '평생 처녀(semper virgo)'설로 발전하게 되었다. 이것이 '동정녀 마리아(Mary the Immaculate)'설이다.

특히 아우구스티누스 이후 교회의 중심 교리가 될 정도로 강조된 동정녀 설은 성(性)을 원죄와 연결해서 보던 아우구스티누스의 영향이라 할 수 있다. 아우구스티누스는 본인이 젊었을 때 방종한 삶을 살고 사생아까지 가졌던 경험이 있어서 그런지 성을 지극히 죄악시했다. 그는 인간이 가진 성욕이 하나님의 완전한 창조의 일부가 될 수 없다고 보고, 이 성욕이 바로 '원죄'라고 규정했다. 원죄가 없었으면 지금같이 정욕에 이끌려 아기를 낳는 것이 아니라 냉정한 이성을 유지하면서 아담의 정액이 처녀막 손상 없이 하와에게 자연스럽게 흘러 들어갈 수 있었을 것이라고 했다. 에덴동산 사건 이후 인간은 성욕을 억제하지 못하게 되었는데, 그 구체적인 예가 남자의 경우, 노새가 주인의 말을 듣지 않는 것처럼 남성의 성기가 주인의 의사와 상관없이 시도 때도 없이 발기하는 것이라고 했다. 아담이 벗은 자신을 부끄러워하게 된 것도 자기의 성기가 이렇게 제멋대로 되는 것 때문이었다는 이야기이다. 그는 아담의 죄가 그의 정액을 통해 아담 이후 모든 남성에게 내려와 모든 남성이 같은 운명에 처하게 되었다고 보았다. 그야말로 인간에게 씌워진 저주는 '아담에게서부터가 아니라 아우구스티누스에게서부터'라 할 정도로 아우구스티누스는 성욕을 가진 모든 사람을 다 죄인으로 만들었던 셈이다. 물론 아우구스티누스는 그의 『고백록(Confessiones)』에서 "오 하느님, 님은 저희를 님을 위해 지으셨기에, 저희 영혼은 님 안에서 쉼을 얻기까지는 쉼이 없습니다"라고 고백할 정도로 하나님의 사랑을 뜨겁게 체험하여 우리 모두의 귀감이 된다는 사실에는 이의를 제기할 사람이 없을 것이다. 그러나 원죄설에 관한 한, 그가 역사적으로 끼친 부정적 영향을 생각하면, 지금이라도 바티칸이 그를 성인의 자리에서 물러나게 해야 한다는 어느 학자의 주장도 이해할 만하다.

성을 이렇게 생각하는 마당에 '흠도 없고 점도 없는 어린 양' 예수님이 보통의 수단으로 태어났다고 볼 수가 없었다. 죄로 오염된 정자에서 나온 인간이 아니라 하나님으로부터 직접 나온 하나님의 아들이어야 했다. 물론 마리아에게도 성이라는 원죄가 있기는 하지만, 1827년 난자의 존재를 발견하기 전까지 여자란 남자의 씨앗을 키워주는 토양 정도에 불과하다고 생각했기 때문에 여자의 요소가 자식에게는 영향을 미치지 않는다고 보았다. 예수님은 이렇게 인간 아버지 없이 태어나 타락 이전의 아담과 같이 성욕에서 해방된 분이어야 했다.

한스 큉이 말한 것처럼 이런 이야기는 "대부분 불확실하고, 서로 모순되고, 심히 전설적이고, 궁극적으로 (특수한 목적을 가진) 신학적 동기에서 생긴 이야기"*임을 인정하지 않을 수 없다. 오늘 우리에게 필요한 것은 이런 동정녀 탄생설 자체가 아니라 거기에 얽힌 '종교적 의미'를 찾아내는 것이다.

이처럼 예수에 대해 우리가 가지고 있는 전통적 관념이나 교리에 의문을 제기하는 일이 결국 기독교를 반대한다거나 교회를 헐뜯는 일이라 생각하는 사람이 있을 것이다. 이런 논리는 마치 박정희 대통령 시절 정부 시책에 의문을 제기하면 무조건 나라를 사랑하는 것이 아니라고 몰던 논리와 비슷하다. 사실 기독교인은 하나님을 위하고 예수님을 위해서이지 교회의 교리를 위해 목숨을 거는 게 아니다. 어느 역사적 시점의 제약된 정보나 지식에 입각해서 형성되고, 그때의 특수한 필요에 부응하기 위해 만들어진 특수한 교리 체계를 영원불

---

* Hans Küng, *On Being a Christian*, p. 451.

변한 진리 자체라 여기면 곤란하다. 예수님의 참된 정신을 되살리는 것이 중요하다.

○

　지금까지 논의한 바와 관련하여 갈라파고스 출판사에서 나온 바트 D. 어만(Bart D. Ehrman) 교수의 『예수는 어떻게 신이 되었나?(*How Jesus became God : the exaltation of a Jewish preacher from Galilee*)』(2015)에 쓴 필자의 해제가 독자들에게 참고가 될까 하여 여기에 싣는다.

역사적으로 '재맥락화'된 예수

　미국 채플힐 노스캐롤라이나 대학 종교학부 바트 D. 어만 교수(1955~)의 책이 또 하나 한국어로 번역된다니 기쁜 일이다. 어만 교수는 학문적으로뿐만 아니라 대중적으로도 널리 알려져 있다. 우리말로도 번역된 『성경 왜곡의 역사』 등 《뉴욕타임스》 베스트셀러로 선정된 5권의 책을 비롯해 30권 가까운 책을 저술했으며, 그의 책은 27개 언어로 번역되었다.

　흥미롭게도 그는 극보수주의 무디 성서학교를 거쳐 보수주의 명문 휘튼 칼리지를 졸업하면서 성경을 문자 그대로 믿는 열렬한 그리스도교 근본주의자였지만, 프린스턴 신학대학원에서 신학석사와 박사학위를 받으면서 자기의 생각이 근본적으로 바뀌었다고 고백한다. 15년간 자유주의적 그리스도인으로 살다가 결국 악과 고통이라는 문제를 붙들고 씨름하던 끝에 현재 불가지론적 무신론자가 되었다고 한다.

그의 전문 연구 분야는 신약성서 문헌 비판, 역사적 예수, 초기 그리스도교 성립사 등인데, 이런 분야에서 극히 진보주의적 입장을 취하고 있다. 그럼에도 불구하고 그는 최근에 출간한 책에서 예수가 신화적 존재였다고 주장하는 학자들의 이론만은 통렬히 반박하면서 예수가 실제 역사적 존재였다고 역설한다.* 이 책『예수는 어떻게 신이 되었나?』는 이처럼 역사적으로 존재했던 예수가 어떻게 기독교에서 일반적으로 믿고 있는 대로 신의 위치로 격상되었는가 하는 것을 역사적으로 고찰하고 있다.

예수는 누구였던가? 이른바 '그리스도론', 흔히 말하는 '기독론'의 문제는 신학이나 종교학 분야에서 가장 뜨거운 문제 중 하나다. 예수가 누구였던가 하는 문제에 관해서는 그만큼 여러 가지 의견이 있을 수 있다는 뜻이다. 심지어 우리가 지금 가지고 있는 4복음서 내에서마저도 예수가 누구였던가 하는 데 대해 동일한 대답을 주고 있지 않다.

네 복음서는 모두 예수가 "하느님의 아들 예수 그리스도"라고 말한다. 그러나 네 복음서 중 기원후 65~70년경 제일 먼저 쓰였다고 하는「마가복음」에서는 예수의 하느님 아들 됨이 그가 세례를 받았을 때라 하고 있다. 그러다가 그 후 15~20년이 지나 쓰인「마태복음」과「누가복음」에서는 예수의 하느님 아들 됨이 그의 출생 시로 당겨진

---

* *Did Jesus Exist?: The Historical Argument for Jesus of Nazareth* (New York: HarperOne, 2012).

다. 그러다가 다시 10~15년이 지나 기원후 90~95년경에 쓰인 「요한복음」에서는 예수가 태초부터 하느님의 '말씀'으로 하느님과 함께하면서 창조에 참여하고, 그 후 육신이 되어 우리 가운데 거하게 되었다고 한다. 「마가복음」에서는 인간 예수가 신이 되었다고 하고, 「요한복음」에서는 신이 인간이 되었다고 주장한 셈이다. 이처럼 성서 4복음서에서마저 예수님을 보는 시각이 각각 달랐다는 뜻이다.

그 외에도 2~3세기에는 예수에 대해 다양한 시각을 지녔던 복음서들이 여럿 있었다. 그러다가 로마 황제 콘스탄티누스가 등장하면서 새로운 사태가 발생했다. 그는 그리스도교를 로마 제국을 통치하는 종교적 이데올로기로 삼으려고 하는데, 예수에 대한 견해가 분분한 것이 못마땅했다. 그리하여 325년 당시 그리스도교 학자들을 지금의 터키에 있던 니케아에 모이게 하여 예수에 대한 교리를 하나로 통일하라고 명령했다. 이때 채택된 그리스도론이 이른바 '호모우시아(homoousía)' 곧 예수는 하느님과 '동질'이라는 교리였다. 후에 이런 기본적인 그리스도론과 배치되지 않는 4복음서만 정경으로 채택되고 예수에 대해 다른 생각을 이야기하는 복음서들은 폐기처분되었다.

이렇게 폐기처분 대상이 되었던 복음서 가운데 몇몇이 1,600년이라는 세월이 흐른 1945년 이집트 나그함마디에서 발견되었다. 그 중 가장 잘 알려진 것이 「도마복음」으로, 이 복음서는 예수를 완전히 다른 각도에서 보고 있다. 공관복음서에서는 예수가 "나를 따르라", "나의 제자가 되라", "나를 배우라"라고 하고, 「요한복음」에서는 주로 "나를 믿으라"라고 하지만, 「도마복음」에 나오는 예수는 오로지 "깨달음(gnosis)"의 경험을 하라고 강조하고 있다. 「도마복음」은 '또 다른 예수'를 보여주고 있는 셈이다.*

한편 예수를 어떻게 이해할까 하는 문제를 중심으로 정통 교리가 형성되기 시작했다. 그 노력의 일환으로 이루어진 교리 중 한 가지 예가 아우구스티누스에 의해서 그리스도교 중심 교리가 된 예수의 동정녀 탄생설이다. 아우구스티누스는 성(性)을 죄악시하여 성욕을 인간이 짊어진 원죄라고 보았다. 아담의 죄가 그의 정액을 통해 모든 남성에게 내려와 모든 남성은 원죄를 이어받았기에 이런 죄 된 남자가 예수의 아버지일 수 없다고 보았다. 따라서 예수는 아버지 없이 어머니만으로 태어나야 했다는 동정녀 탄생설을 강력히 주장하게 된 것이다. 그 외에도 신이 인간이 되고 우리 죄인을 위해 피를 흘리셨다는 등 예수에 대한 교회의 공식적인 교리들이 확정되었다.

18세기 말 이후 현대 예수 연구자들은 교회의 이런 공식적 교리에서 주장하는 그리스도, 'the Christ of the Church'가 아니라 예수가 역사적으로 누구였던가 하는 역사적 예수, 'historical Jesus/Jesus of Nazareth' 문제에 관심을 기울이기 시작했는데, 그들 사이에서도 의견이 분분했다.

성서 신학자 대니얼 해링턴(Daniel J. Harrington)의 보고에 따르면 예수에 대한 의견으로 대표적인 것들로, 예수가 1) 성전과 유대인의 생활 방식을 개혁하려고 한 종말론적 예언자, 2) 열심당에 속하는 혁명가, 3) 기성 종교를 방해한 마술가, 4) 삼매파 바리새인에 대항하던 힐렐파 바리새인, 5) 갈릴리 지방의 카리스마적 지도자, 6) 토라를 가

---

* 필자의 『또 다른 예수: 비교종교학자 오강남 교수의 「도마복음」 풀이』(예담, 2009)를 참조하라.

르치던 랍비 등이다.* 그 외에도 예수는 귀신을 쫓아내는 퇴마사로서의 능력이 하느님 나라의 실현을 위한 증거로 믿고 활동하다가 그 노력이 실패로 돌아갔을 때 폭력에 의지할 수밖에 없었던 열성파 게릴라로 보는 시각까지 있다.**

어만 교수가 이 책에서 하고자 하는 것은 예수에 대한 여러 가지 설들 중 인간 예수를 신으로 보는 믿음이 어떻게 생겼을까 하는 역사적 과정을 살펴보려는 것이다. 그가 주장하는 바는 대략 다음과 같이 요약될 수 있을 것이다.

1) 고대 그리스나 로마 문화권에 속한 사람들에게는, 심지어 유대인들에게까지도, 현재 우리처럼 어떤 인물이 신이냐 인간이냐 흑백 이분법적으로 나누어 생각하지 않고, 인간이 신이 되기도 하고 신이 인간이 되기도 하여, 위대한 인물은 신이면서 동시에 인간이라 보는 시각이 보편적이었다.

2) 예수는 스스로를 메시아로 생각했을지는 모르지만 자기가 신이라고는 생각하지 않았을 것이다.

3) 그럼에도 불구하고 예수를 따르던 사람들이 예수라는 인물을 신이라 생각하게 되었다.

4) 그렇게 된 가장 큰 이유는 '예수가 죽음에서 부활했다'고 믿은 제자들의 부활 신앙 때문이었다.

---

* Marcus J. Borg ed., *Jesus at 2000* (Oxford: Westview Press, 1998), p. 94.
** 폴 버호벤 지음, 송설희 옮김, 『예수의 역사적 초상』(영림카디널, 2010). 최근 나온 레자 아슬란 지음, 민경식 옮김, 『젤롯: 예수는 정치적 혁명가였다』(와이즈베리, 2014) 참조.

5) 이렇게 부활했다고 믿은 예수가 더 이상 자기들과 함께 있지 않았기 때문에 그가 하늘로 올라갔을 것으로 믿게 되었다.

6) 하늘로 올라간 예수는 하느님의 아들로 격상되고 그 결과 예배의 대상이 되었다.

7) 공관복음서에서는 초기 제자들의 예수 신앙과 달리 예수가 세례나 출생에 의해서 하느님의 아들로 '고양'되었다고 믿었다.

8) 바울은 예수 그리스도를 겸손한 마음으로 세상에 온 하느님의 천사로 보고 그의 선재성(先在性)을 강조했다.

9) 「요한복음」에서는 한 걸음 더 나아가 예수가 선재하는 하느님의 육화(肉化)라 보았는데, 기본적으로 육화 그리스도론이 결국 대세를 이루게 되었다.

이런 주장을 설득력 있게 펼친 다음 초기 그리스도교 역사에서 예수에 관한 논쟁 중 이긴 편이 된 정통설들과 진 편이 된 이단설들을 소상하게 소개하고 있다.*

어만 교수는 예수의 신격화 과정에 대한 이야기를 자기 개인의 정신적, 영적 여정이 어떠하였는가와 연관시키면서 펼쳐나가고 있다. 진솔한 자기 고백이 아름답다. 특히 마지막 장에서 자기가 비록 불가

---

* 이 책을 읽으면서 불교 역사에서 대중부(大衆部, Mahāsāṃghika)에 속하는 설출세부(說出世部, Lokottaravāda)가 부처님을 '출세간적(lokottara, supramundane)' 존재로 보기 시작한 사건을 떠올리게 된다. 흥미로운 것은 이슬람의 경우 창시자 무함마드를 절대 신격화하지 말라고 가르친다. 이슬람의 입장에서는 예수를 포함하여 어느 인물이든 그를 인간 이상으로 보는 것은 '용서받을 수 없는 죄(shirk)'를 범하는 것이라 본다.

지론적 무신론자로서 예수를 인간으로 보게 되었다 말하면서도 예수가 선언한 윤리적 원칙들을 '재맥락화(recontextualization)'함으로써 그 원칙들을 자기의 삶속에 체화하고 있다는 고백은 우리가 귀담아 들어야 할 메시지가 아닌가 여겨진다. 예수의 가르침은 시대를 통해 언제나 재맥락화되어왔고 앞으로도 그렇게 되리라는 통찰은 역사가로서 그가 우리에게 줄 수 있는 선물이다.

이 책은 어만 교수가 쓴 다른 여러 가지 책과 마찬가지로, 상당수 한국 그리스도인들에게 충격적으로 받아들여질 수 있을 것이다. 그러나 예수를 보는 시각이 오로지 교회에서 가르쳐주는 정통 시각 한 가지만이라는 믿음을 강요받으면서도 거기에 쉽게 동의하지 못하던 많은 분들에게는 이처럼 역사적 접근에 의한 성찰을 제시하는 이 책이 또 다른 대안으로 읽히리라 믿는다. 많은 분들의 숙독을 권하고 싶다.

청년 예수

예수님의 탄생 이야기가 지나면, 12세에 예루살렘을 방문했다는 이야기가 잠깐 나온다. 그러고는 30세 무렵에 공생애를 시작하기 전, 그러니까 유년기, 10대, 20대 시절을 어떻게 보냈는가에 대한 이야기는 전무하다. 일반적으로 이 시기를 예수님의 '잃어버린 해'라고 하는데, 후대에 이 부분을 이야기하는 위서(僞書)가 많이 나타났지만 역사적으로 믿을 것이 못 된다.

예를 들면 2세기 후반에 나타난 『도마에 의한 유년기 복음』이라는 것이 있다. 여기에 보면 예수님이 5세경 안식일에 흙으로 참새 여러 마리를 만들었는데, 그렇게 안식일을 범하면 어떻게 하느냐는 말을 듣고 손뼉을 치자 흙으로 만든 참새가 다 날아갔다는 이야기가 있다. 6세경에는 친구들하고 놀다가 친구가 예수님의 어깨를 흔들었다. 예수님이 화가 나서 "너는 더 갈 수 없을 거다"라고 말하자 그 아이가 금방 땅에 쓰러져 죽었다고 했다.

비교적 최근인 1908년에는 『예수 그리스도의 수병좌 복음서(*The Aquarian Gospels of Jesus the Christ*)』 같은 것이 나왔는데, 이 책에 의하면 '아카샤'라고 하는, 인간 역사의 자료가 모두 저장된 하늘의 큰 디스크에다 주파수를 맞춤으로써 예수님의 공생애 전 삶을 재생해낼 수 있었다는 것이다. 거기에는 예수님이 인류의 대스승들이 다녔던 이집트의 알렉산드리아의 대학교를 나오고 그 길로 동양으로 향해 인도 등지를 여행하고, 심지어 중국 변경에서 중국의 현인들과 만나기도 했다는 것, 그러다가 나이 서른이 가까워 고향으로 돌아가 그동안 공부한 것을 사람들에게 가르치기 시작했다는 이야기 등이 나온다. 물론 모두 역사적 신빙성이 없다.

지금은 신학자들의 엄정한 문헌학적, 고고학적 연구에 의해 예수님의 초기 생활을 어느 정도 알 수 있기도 하다. 예수님은 갈릴리 남부 나사렛이라는 작은 마을에 살았다. 예루살렘에서 160킬로미터 정도 북쪽에 위치한 산간 지방이다. 인구가 200명이었다고 하는 학자도 있고 2,000명이었다는 학자도 있다. 인근 20리 이내에 인구 4만이었던 세포리스가 있었고, 그 주위로 꽤 큰 도시가 몇 개 더 있었다.

당시 보통 남자아이처럼 예수님도 어렸을 때 나사렛에 있는 회당에 나가 토라를 교과서 삼아 읽고 쓰는 것을 배웠을 것이라 본다.* 아무튼 그는 자라면서 목공 기술을 배워 목수가 되었다. 목수를 그리스어로 '테크톤'이라고 하는데, 집을 짓는 대목이 아니라 가구나 문짝 등을 만드는 목수라는 뜻이다. 그 당시 목수 계급은 농사짓는 사람보다 더 하층으로 대우받았다. 농사지을 땅이 없어서 목공일을 하는 경우가 대부분이었기 때문이다.

예수님의 종교는 물론 유대교였다. 당시 유대교 전통대로 매 안식일마다 회당에 나가 성경에 나오는 이야기를 듣고 찬송과 기도를 드렸다. 보통 유대인이 하듯 1년 중 봄철의 유월절, 그 후 50일 지나서 있는 오순절, 가을에 있는 장막절은 예루살렘에 가서 지키는 절기인데, 예수님도 가끔씩은 예루살렘으로 가서 그런 절기를 지켰을 가능성이 있다.

예수님은 그의 20대 후반이나 30대에 들어서면서 고향을 떠나 세례 요한을 찾아 광야로 나갔다. 세례 요한은 복음서에서는 물론 예수님의 길을 예비하는 자, 그의 신들메도 매기에 합당하지 아니한 자로 나와 있지만, 성서학자들의 이론에 의하면, 실제적으로 예수님이 요한의 제자였을 가능성이 더 크다.

우리는 흔히 예수님을, 수염에 긴 옷자락을 휘날리는 분이라는 선입견 때문에 나이가 많이 드신 '어르신네'쯤으로 생각하기 쉽다. 그

---

* 나사렛이 너무 작은 마을이라 회당이 없었을 것이라 주장하는 학자도 있다.

러나 제자를 이끌고 다니실 때 그는 서른 정도의 나이밖에 들지 않은 새파란 '젊은이'였다. 지금 내가 만나면 말을 놓아도 무례하지 않을 정도의 나이였다. 그가 30대 초반이 아니라 부처님처럼 80에, 공자님처럼 70대에 돌아가셨다면 어떤 가르침을 남겼을까 자못 궁금해진다. 그런 면에서만 따져도 그가 너무 일찍 돌아가신 것이 우리에게 불운이라 할 수 있다.

젊은이 예수는 말을 잘했다. 그가 뭔가를 썼다고 하는 기록은 간음한 여자가 잡혀 왔을 때 땅바닥에다 무엇인가 썼다는 것밖에 없다. 그 당시 대부분의 사람과 같이 어릴 때 글을 배우기는 했지만 실제로 나중에 어른이 되어서는 읽거나 쓰지 못했을 가능성도 있다. 존 도미닉 크로산(John Dominic Crossan) 같은 예수 연구가는, 당시 그 지방에서 실제로 글을 읽고 쓸 수 있던 사람이 3퍼센트 미만이었다는 사실을 감안하면 예수님이 실질적 문맹이었을 가능성이 훨씬 높다는 주장도 하지만 확실히는 모르는 일이다.

문맹이든 아니든 그는 상상력이 풍부하여 나름대로 여러 비유와 은유들을 자유롭게 사용하며 듣는 이에게 정신이 번뜩 나도록 하는 말씀을 많이 하였다. 촌철살인의 짧은 경구(aphorism)와 기억에 오래 남을 이야기로 문제의 핵심을 파고드는 말이었다. 그는 서기관처럼 성경을 인용해서 해설하거나 율법의 자질구레한 부면을 따지거나 하지 않았다. 그가 '비유'를 들어 가르치셨다고 했는데, 비유란 어느 한 가지 생각만을 가지고 남에게 강요하는 것이 아니다. 이렇게 하라, 저렇게 하라 하는 명령이 아니라 사람들이 스스로 생각하도록 일깨우는 방식이다. 영어로 'descriptive(서술적)'가 아니라 'evocative(환기적)'나 'suggestive(제시적)'이었다는 뜻이다. 선사(禪師)가 쓰는 화두(話頭) 같은 말이 많았다는 뜻이기도 하다.*

젊은이로서의 예수님은 한국식으로 표현하자면 '샌님'이 아니라 '한량' 타입에 더 가까운 분이었다. 창녀나 세리 등 죄인과 자유로이 섞여서 식사도 하시고, 식사 전 손을 씻는다, 무슨 음식은 먹으면 안 된다는 등 식사할 때의 사소한 규정 같은 것도 무시했다. "무엇이든지 밖에서 사람에게로 들어가는 것은 능히 사람을 더럽게 하지 못하되 사람 안에서 나오는 것이 사람을 더럽게 하는 것이니라"(막 7:15-16)라고 할 정도로 대범했다.

한마디로 '파격적인' 인물이라 할 수 있다. 영어권 예수 연구가는 이를 'subversive(체제 전복적)'하다고 표현한다. 옳지 않은 일이면 성전에서 돈 바꾸는 사람의 상을 뒤집어엎듯이 무엇이나 '뒤집어엎는' 과격한 행동도 불사했다는 뜻이다. 또 사회 지도층을 대단히 여기지 않았고, 특히 위선적인 율법주의 종교 지도자를 신랄하게 욕했다. 이들에 대해서만은 '독사의 자식'이라는 등, 당시로서는 가장 과격한 욕설도 서슴지 않았다. 독사의 자식이란, 독사가 사탄의 상징인 것을 생각하면 "사탄을 따라 다니는 송사리 떼나 미꾸라지만도 못한 새끼들아!" 하는 말과 같았다. 우리가 입에 담을 수 있는 어느 상소리보다 더 심한 말이었다.

역사적 예수를 찾으면 대략 이런 예수를 찾을 수 있다. 그러나 우리

---

* 예수님이 썼던 비유가 선사들이 쓰던 화두나 공안(公案)의 성격을 띤 것이라 보는 학자도 있다. 하비 콕스 지음, 오강남 옮김, 『예수 하버드에 오다』(문예출판사, 2004), 244~248쪽 참조.

가 지금 머리에 그리고 있는 예수상은 상당히 왜곡되고 일방적인 것이 사실이다. 어느 특수한 시절 특수한 환경 속에서 만들어진 예수상을 아무 반성 없이 그대로 가지고 있는 경우가 대부분이기 때문이다.

싸움꾼 예수

이런 말은 하기가 좀 곤란하지만, 예수를 믿는다는 사람 사이에 왜 그렇게 싸움이 많은가 모르겠다. 특히 교회는 왜 자꾸 싸움만 하는 사람들이 모인 곳이라는 인상을 주고 있는가?

여기 이 문제와 관련이 있는 글 하나를 옮겨본다. 얼마 전에 읽은 조태연 교수의 글이다.* 조 교수는 새 천 년을 맞는 크리스마스에 예수님이 서울에 오셔서 교회를 방문하시는 것을 가상하고, 그럴 경우 예수님은 어떤 반응을 보이실까 실감 나게 묘사하고 있다. 그 글 중에 예수님이 교회 음악회에 참석하는 장면을 허락을 받고 여기 옮긴다.

주린 배를 움켜쥐고 상한 속을 달래며 음악회에 참석했다. 안내지에는 오늘의 합창이 찬송가 384장부터 420장까지 연속으로 연주된다고

---

* 초판 당시 이화여자대학교 교수였지만 지금은 호서대학교 인문대학 기독교학부 교수로 재직 중이다.

쓰여 있었다. 적지 않은 오케스트라와 70여 명의 합창단이 함께 연주한다 하였다. 나중 클라이맥스에 가서는 청중도 함께 노래하는 프로도 있다 한다.

장엄한 반주에 맞춘 합창단의 멋진 화음…… 정신이 혼미할 정도였다. 세상에 이렇게 아름다운 음악이 있을 수 있겠는가. 난 내가 생각한 것보다 내 교회가 이렇게 아름다울 줄은 상상도 못하였다. 아, 바로 여기가 천국이 아닐까. 드디어 합창이 시작되었다. 함께 부르는 순간이 나에겐 언제 돌아올까.

……힘 있는 장수 나와서 날 대신하여 싸우네. 이 장수 누군가. 주 예수 그리스도……(384장)

……군기를 손에 들고 다 빨리 나아가세. 진리의 검을 앞세우고 힘차게 싸워보세(385장)

……힘차게 일어나 용감히 싸워라……(386장)

……나는 예수 따라가는 십자가 군사라…… 다른 군사 피 흘리며 나가서 싸울 때……(387장)

네 곡쯤 끝났을 때 이상한 느낌이 들기 시작했다. 어쩌면 이 모든 노래가 나를 이름인지도 모른다. 그렇다면 저들은 왜 이렇게 날 싸우는 사람으로 생각할까. 더욱이, 저들은 날 따라서 더 싸우겠다고? 뭔가 오해했겠지. 좀 더 들어봐야겠다.

……마귀와 싸울지라 죄악 벗은 형제여 고함치는 무리는 흉한 적군

아닌가……(388장)

……믿는 사람아, 군병 같으니 앞에 가신 주를 따라가자. 우리 대장 예수 기를 가지고……(389장)

십자가 군병아, 주 위해 일어나 기 들고 앞서 나가 굳세게 싸워라 ……(390장)

계속 들어보니 교회의 음악은 정말 당혹스러웠다. 말끝마다 깃발, 싸움, 접전, 피 흘림, 죽임, 승전과 같은 말이 이어졌다. 저들은 나를 싸움꾼 중의 대장으로 생각한다. 그것은 결코 내가 아니다. 정말이지 난 싸우는 사람이 결단코 아니다. 저들은 또한 저들이야말로 그 대장을 따라서 싸우는 군인이라 하였다. 나를 따라 더 싸우겠다는 것이었다……. 자극적이었다, 선동적이었다. 아니, 선전포고를 끝내고 전장으로 나아가는 출정식과 같았다. 아, 저들은 예배를 통하여 싸움의 의지를 불태우고 있다! 사람들이 어쩌면 저렇게 나 같지 않게 변하여 있을까. 스스로 십자가 군병이라니, 십자군 전쟁을 한 번 더 일으키겠다는 말이냐…….

속이 상하였다. 더 이상 참을 수도 없었다. 저들이 날 오해한 것은 그렇다 치자. 어찌하여 싸움밖에는 할 일이 없다더냐…….

너희가 그 큰 적개심으로 전의를 불태우고 있다면…… 얼마나 많은 무고한 자들을 잡아 죽이겠느냐? 도무지 내가 그렇게 가르쳤느냐? 하나님의 나라는 싸우고 무찌르고 죽이고 그래서 오직 이기는 것이라고…… 백배, 천배의 축복을 쟁취하려면 그래야 할는지도 모르지. 그러나 너희에게 이르기를 하나님의 나라는 용서와 용납이라 했느냐, 아니면 비난과 정죄와 살육이라 했느냐. 오, 존경받는 종교 지도자들이여. 정말 나와는 상관없는 사람이로구나. 어디 가서 실컷 싸운다 해도 부디 내 이름을 대지 마시길……. 난 너희에게 다시 오지 않으리라.*

다시 물어본다. 예수 믿는다는 사람이 가는 데마다 싸움이 나고 사분오열하는 것은 무슨 까닭일까? 우리가 모시고 있는 예수님을 떠올릴 때 이 이야기에서처럼 우선 '싸우시는 예수'로 여기는 우리의 생각과 무관할 수 없을 것이다. 우리 주위의 현실을 보면서, 이제 우리가 가진 이런 식의 예수상(像)을 심각히 재고할 때가 되었다.

'싸우는 예수' ─ 이는 지난 세월 군국주의 사고방식이 팽배할 때 군국주의적 시각에서 본 예수상이다. 물론 그 당시로서는 지극히 자연스럽고 의미 있는 예수상이었다. 그러나 이제 시대가 바뀌었다. 19세기 제국주의적 낡은 사고방식을 아직도 우리가 지향해야 할 이상이라 여기는 사람은 거의 없다. 그런 식민지주의, 군사주의에 입각한 사고는 그것이 정치적이든, 군사적이든, 종교적이든 이제 우리가 사는 세상에 설 자리가 없다. 상대방은 싸워서 물리칠 대상이 아니라 껴안아 하나가 되어야 할 이웃으로 보아야 하기 때문이다. 기독교에서도 마찬가지. 우리가 예수님을 생각할 때 제일 먼저 '힘의 논리'에 입각한 '싸우는 예수'로 그리는 일은 그만두어야 한다. 예수님은 평화와 화해의 진리를 전파하신 분이다.

* 『기독교사상』 1999년 12월 호. 26~29쪽.

싸움 말리는 예수

언젠가 토론토 대학교에 박사학위 논문 외부 심사원으로 가서 논문 하나를 심사한 적이 있다. 논문의 주제는 예수를 어떻게 봐야 좋은 가에 관한 것으로, 우리가 지금 논의하고 있는 문제와 직접적으로 관계되기에 여기 간단히 소개하고 싶다.

논문의 저자 허천회 님은 우선 예수를 보는 방법이 많다는 것을 인정하고 그 대표적인 방법들을 검토한다. 예일 대학교 기독교 윤리학 교수였던 H. 리처드 니버(H. Richard Niebuhr)의 유형별 분류에서 니버가 선호한 것처럼 예수를 '변혁시키시는 분(Christ the Transformer)'으로, 해방신학에서와 같이 예수를 정치적으로나 경제적으로 억눌려 억울한 일 당하는 사람을 '해방시키시는 분(Christ the Liberator)'으로, 혹은 민중신학에서와 마찬가지로 예수를 민중의 가슴에 맺힌 '한을 풀어주시는 분'으로 보는 법 등등이 있을 수 있지만, 저자는 오늘과 같은 다원 사회, 복합 문화에서는 무엇보다도 예수를 '화해시키시는 분(Christ the Reconciler)'으로 보는 것이 가장 의미 있고 절실한 방법임을 논증하려 했다.

이런 주장을 뒷받침하기 위해 그는 1세기 갈릴리라는, 인종적·언어적으로 다양한 사회 문화적 환경을 소상히 분석하고, 이런 정황 속에서 예수님은 무엇보다 서로를 갈라놓는 벽을 허물고 평화와 화해를 위해 힘쓰셨던 분이라는 점을 부각했다. 따라서 현대 그리스도인도 오늘같이 인종적으로나 언어적으로 다원화된 세상에서, 특히 캐나다와 같은 복합문화 속에서 살아가는 한국 기독교인의 경우, 특별히 예수님의 이런 면, 말하자면 '싸우지 말자 그리스도'를 강조할 필요가 있다는 주장이었다. 역사적 예수 연구와 신학을 잘 조화시킨 아주 좋은 논문으로 심사위원 전원의 찬성을 얻어 무난히 통과되었다.

물론 여기서 한 가지 기억해야 할 것은 이 논문의 저자가 화해를 모든 불의와 잘못을 눈감아준다는 뜻으로 쓰지 않았음을 강조한다는 점이다. 그중 한 구절을 인용하면, "화해라고 해서 정의를 내다 버리는 것이 아니다. 그것은 정의를 실천한 결과다. 따라서 참된 화해란 계속적으로 불의를 저지르는 대가로는 얻을 수 없다."* 화해하는 예수, 평화를 가져다주는 예수, 이런 예수가 싸움의 대장 예수상보다 우리 삶을 더욱 부드럽고 풍요롭게 하는 예수님임에는 틀림이 없다.

한 가지 사족을 덧붙이고 싶다. '싸움꾼 예수'처럼 바람직하지 않은 예수상 중에는 예수님을 오로지 '곧 오실 예수(Soon-coming Jesus)'로만 생각하는 것이 있다.

'곧 오실 예수'의 상……. 어느 면에서는 이해할 수 있다. 그러나 한 가지 기억해야 할 것은, 이렇게 '곧 오실 예수'라는 미래 중심적 예수상을 너무 강조하게 되면 지금 이 순간 우리 중에 임하시는 예수님, 이미 나와 함께 계시는 예수님, 언제나 내 속에 계시는 예수님, 매순간 내게 말씀해주시고 내 길을 인도해주시고, 남과 싸우지 말라고 속삭이시는 예수님의 '현재적' 측면을 소홀히 하게 되는 것 아닌가, 말

---

* 영어 원문: "Reconciliation is not an alternative to justice, but the result of justice. Therefore, true reconciliation cannot be achieved at the cost of continuing injustice."

하자면 '궐석 예수' 상에 빠질 위험이 있지 않은가 하는 점이다.

다음 장에서 다루겠지만, 이런 예수상은 초대교회에 있던 예수상 임에 틀림없다. 그것은 다양한 예수상 중 하나였다는 것, 그리고 그 특수한 시대에 절박하게 요청되던 예수상이었다는 사실을 기억할 필 요가 있다.

예수님께서 "나는 길이요, 진리요, 생명"이라고 한 그대로 '예수 님 자신'이 길이요, 진리요, 생명이지 예수님에 대한 어느 한 가지 생 각이나 이론이 길이나 진리나 생명이 아님을 한 번 더 강조하고 싶다. 미국 텍사스 주 샌안토니오에서 스페인계와 아메리카 인디언계의 혼 혈인 메스티소들을 위해 목회하고 있는 비르힐리오 엘리손도(Virgilio Elizondo) 신부의 말처럼 "각 세대는 자기들이 당면한 가장 깊은 추구 에 부응해서 자기의 예수상을 형성하게 된다……. 그들이 예수에 관 해 이야기하는 것은 결국 자기 스스로에 대한 이야기인 셈이다."*

예수님을 어떻게 볼까?

전에도 언급했지만, 예수님은 어디까지나 하나님을 선포하고 하

---

* *Time*, 2000년 12월 11일 자, p. 59. "Every generation tends to build an image of Jesus in response to its deepest quest……. When they are writing about Jesus, they are really writing about themselves."

나님 나라를 가르치신 분이다. 그러나 예수님의 죽음 이후 예수님을 따르던 사람들은 인간인 이상 피할 수 없는 인간의 실존적 한계라는 필연적 상황뿐만 아니라, 처참한 식민지 치하에서 인간 이하의 대접을 받으며 신음하던 자기들의 삶에 새로운 의미와 희망을 불어넣어 준 예수님, 자기들에게 새로운 하나님, 새로운 세상을 알게 함으로 자기들의 보는 눈과 삶 자체를 완전히 바꾸어주신 예수님, 자기들에게 '구원'의 기쁨, 일종의 '빅뱅 체험(big bang experience)'을 가져다주신 예수님, 이런 예수님이 더할 수 없이 귀하고 중요한 분이었기에 이제 자기들의 모든 것을 바쳐 그 예수님을 선포하기 시작한다. 말하자면 '선포하던 분(the proclaimer)'이 이제 '선포의 대상(the proclaimed)'이 된 것이다.

이렇게 예수님을 선포하기 시작하면서 예수님을 구체적으로 어떤 분으로 이해하고 어떤 분으로 선포하는 것이 가장 좋을까에 대한 심각한 고민이 따르게 되었을 것이다. 여기에서 예수님의 삶과 죽음에 대한 여러 해석이 등장하게 된다. 이른바 일련의 각이한 기독론의 포물선(different trajectories of Christologies)이 그려지게 된 것이다. 그럼, 그들이 당시에 상상할 수 있었던 모든 훌륭한 이미지를 총동원해서 이해하고 해석하고 제시한 예수님상, 혹은 기독론은 어떤 것들이었을까? 이 문제를 다룬 최근의 학문적 성과에 힘입어 그 당시에 있었던 기독론을 간단하게 요약해본다.

첫째, "마라나타(maranatha, '주여 오시옵소서') 기독론"이다. 예수님을 재림하실 주님, 세상을 심판하고 완전한 구원을 이루실 구주로 보는 관점이다. 이런 기독론에서 강조하는 단어는 바로 '주님(Lord)'과

「다니엘」 7장 13절에 구름 타고 오실 '인자(人子, the Son of Man)'이다.

둘째, "신인(神人, theios aner) 기독론"이다. '신인'이란 그 당시 그리스 사회에서는 기사이적을 행할 수 있는 사람을 지칭하는 말이었다. 예수님의 신성(神性)을 특별히 강조하는 말이 아니었다. 그저 신비한 능력을 소유한 위대한 분이라는 정도의 칭호지, 그것이 반드시 예수님이 하나님과 동일한 분이라는 본체론적 의미는 아니었다. 예수님의 이적에 대한 이야기는 이런 기독론을 배경으로 하여 나온 것이라 볼 수 있다.

셋째, 예수님을 하나님 '지혜(Sophia)'의 현현으로 보는 것이다. 유대인 사이에서는 잠언 같은 지혜서에 나오는 지혜가 하나님의 지혜로서, 이 지혜에 따라 백성을 가르치는 자가 나타난다고 보았는데, 예수님을 바로 그분이라 본 것이다.

넷째, 예수님을 '말씀(Logos)'으로 보는 것이다. "말씀이 육신으로" 나타난 것이 바로 예수님이라는 생각이다. 이것이 바로 수육(受肉) 혹은 화육(化肉, incarnation)의 기독론이다. 로고스는 우주의 원리나 이성(理性)이라는 뜻으로 '지혜'와 비슷하지만, 지혜가 여성 명사로서 여성적인 면을 강조했다면 로고스는 남성 명사로서 남성적인 면이 두드러진다. 지혜와 로고스 모두로서의 예수님으로 내려오다가 4~5세기에 이르면 점차 로고스로서의 예수님상이 우위를 차지하게 된다.

다섯째, "대속적(substitutionary) 기독론"이다. 전에 이야기한 것처럼 하나님을 왕으로 생각하던 시절, 예수님은 인간의 죄를 대신해서 하나님의 요구를 충족시키기 위한 희생양으로 이해되었다. 여기에서 나온 것이 '유월절 어린양,' '세상 죄를 지고 가는 하나님의 어린양' 등의 생각이다. 지금 일반 복음주의나 근본주의 교회에서 가장 강조해서 가르치고 있는 기독론이다.

여섯째, 사망의 권세를 이기는 '승리자(Victor)' 예수님, 부활하신 예수님이다. 이 기독론은 특히 핍박으로 죽어가는 동료 그리스도인을 보면서 더욱 중요한 것으로 굳어졌다.

일곱째, '신령한 스승(Didaskalos)'으로서의 예수님이다. 몇몇 배운 사람이나 넉넉한 사람만 가르침을 주던 그 당시 서기관이나 철학자와는 달리 사회 밑바닥에 있는 사람으로부터 온갖 사람을 골고루 가르치는 위대한 스승으로서의 예수님을 부각하는 것이다.

여덟째, 예수님을 '만유의 주(Pantocator, World Ruler)'로 보는 것이다. 이런 기독론은 로마 황제 콘스탄티누스 시대에 생겨났다. 콘스탄티누스 황제가 그리스도를 자기의 수호신으로 받아들인 이후 그리스도인들은 그리스도를 로마 황제보다 더 위대한 세상의 통치자로 이해하게 되었다. 이때 이후 예수님은 로마 황제에게만 허용되던 자주색 두루마기를 입은 하늘 제국의 황제로 그려지기 시작하고, 그 하늘 황제를 위한 알현의 장소로서 거대한 성당이 생겨난다.

대략 4세기 초까지 생긴 이런 여러 기독론, 혹은 예수상을 근간으로 해서 4세기 이후 이른바 기독론을 위한 공의회를 거쳐 삼위일체론 같은 복잡한 기독론이 발전해왔다.*

---

* 다양한 기독론의 형성 과정을 가장 간결하게 요약한 글로 Karen Jo Torjesen, "You Are the Christ' : Five Portraits of Jesus from the Early Church", in Marcus J. Borg ed. *Jesus at 2000*, pp. 73~88 와 Paul Knitter, *No Other Name?*, p. 173 이하를 참조.

여기서 이런 기독론, 이런 예수상이 좋다 나쁘다를 따질 필요는 없다. 단 우리가 기억해야 할 것은 이런 것이 그 당시 사람의 영적 상태와 지적 능력과 심리적 필요와 실제적 문제와 정치적 여건과 사회적 환경 등에 따라 그들이 생각해낼 수 있는 최고의 이해요, 해석 방법이었을 것이고, 따라서 당시로서는 가장 의미 있는 것으로 받아들여졌으리라는 사실이다. 예수님이 다른 시대 다른 문화에서 태어나셨으면 그에 따라 다른 기독론이 생겨났으리라는 가정은 얼마든지 가능한 일이다.

예를 들어 조선시대 한반도에 예수님이, 혹은 예수님처럼 사람들에게 희망과 의미를 심어준 분이 나타났다면 틀림없이 그는 무슨 도사(道士)라든가, 미륵불이라든가, 정도령이라든가, 보살이라든가, 요임금이나 순임금의 현신이라든가, 후천개벽을 위한 한울님의 사신이라든가, 천지 공사를 위한 상제의 현현이라는 등의 개념으로 설명되었으리라 추리할 수 있다.

아무튼 분명한 것은 기독론이란 근본적으로 하늘에서 하나님이 그리스도인에게 내 아들 예수를 보낼 터이니 너희는 이렇게 생각하라고 불러준 생각이 아니었다는 사실이다. 좀 더 구체적으로 말하면 세 가지로 정리해볼 수 있다.

첫째, 기독론이나 예수상은 당시의 문화적 배경과의 관계에서 생겨났다. 유대교에서 말하는 지혜, 희생양 같은 개념이라든지, 그리스 철학에서 논의되던 로고스 사상, 그리스의 밀의 종교에서 신이 죽었다가 부활한다는 믿음, 신의 아들이나 하늘의 구원자가 지상으로 내려와 인간을 구원하리라는 생각 등등은 그 당시 일반 종교 환경이나 문화 속에 이미 존재하고 있던 생각들이었다. 예수님을 따르던 사람들은 당시 기존하던 이런 자료들을 빌려 예수님을 설명한 것이다.

둘째, 기독론이나 예수상이 한 가지만 있었던 것도 아니고, 또 어느 한 시점에 완전히 주어지고 끝난 것도 아니었다. 다양한 생각이 자유롭게 나타나 서로 대화나 변증법적 관계에서 오랜 기간을 두고 자연스럽게 발전해 나온 것이다. 새로운 환경이 조성되고, 새로운 지적 지평이 열리면 언제나 새로운 이해와 해석이 가능했다고 하는 점은 우리에게 중요한 사실을 시사한다.

셋째, 이렇게 어느 한 시대에 형성된 기독론은 그 역사적 맥락을 떠나서는 제대로 이해될 수 없고, 또 그 시대의 맥락과 관계없이 살아가고 있는 우리에게 반드시 의미 있는 것으로 받아들여질 이유가 없다. 따라서 우리도 이 시대의 구체적인 역사 맥락에서 우리의 삶과 정황에 의미 있는 방법으로 예수를 다시 이해하고 해석할 수 있을 뿐 아니라, 우리의 믿음이 우리의 실존적 삶과 직결되도록 하기 위해서는 그렇게 해야만 한다. 물론 지금까지의 이해와 해석을 무조건 버리라는 말은 아니다. 어느 특정한 기독론이 형성될 당시 예수를 따르던 사람이 그 당시 문화와의 관계에서 예수를 이해하고 해석한 것과 같은 방법으로, 그리고 그들이 예수에 대해 지녔던 사랑과 헌신의 태도로 예수를 다시 조명하는 것이다. 이렇게 예수님을 다시 이해하고 해석하는 작업은 어느 한두 사람의 일일 수 없다. 이 시대를 살아가는 모든 기독교인의 공통적 과제라 할 수 있다.

그럼, 우리를 위한 이 시대의 기독론은 과연 어떤 것일까?

성불하신 예수님

기원전 3세기에 쓰였으리라 생각되는 『장자』의 첫머리에 보면 붕(鵬)이라는 새 이야기가 나온다. 그 구절을 여기에 옮긴다.

북쪽 깊은 바다에 물고기 한 마리가 살았는데, 그 이름을 곤(鯤)이라 하였습니다. 그 크기가 몇천 리인지 알 수가 없었습니다. 이 물고기가 변하여 새가 되었는데, 그 이름을 붕(鵬)이라 하였습니다. 그 등 길이가 몇천 리인지 알 수가 없었습니다. 한번 기운을 모아 힘차게 날아오르면 날개는 하늘에 드리운 구름 같았습니다. 이 새는 바다 기운이 움직여 물결이 흉흉해지면, 남쪽 깊은 바다로 가는데, 그 바다를 예로부터 '하늘 못(天池)'이라 하였습니다.*

고대 문헌에서는 그 책의 가장 중요한 논제를 책머리에 두는 것이 보통이었다. 그런 의미에서 "자유롭게 노닐다(逍遙遊)"라는 이 첫 장 첫 구절은 『장자』에서 가장 중요한 메시지를 담고 있다고 볼 수 있다. 이 구절의 내용은 위에 적은 대로 물고기가 변하여 등 길이가 몇천 리인지 알 수 없을 정도로 엄청나게 큰 붕새가 되고, 그 붕새가 구만 리나 되는 하늘을 나는 엄청난 체험을 한다는 것이다. 여기서 붕새는 이런 엄청난 변화의 가능성을 실현한 사람을, 그 거침없는 비상(飛翔)

---

* 오강남 풀이, 『장자』(현암사, 1999), 26쪽.

은 이런 변화나 변혁(transformation)을 이룬 사람이 경험할 수 있는 초월과 절대 자유를 상징한다. 이것은 우리가 인간으로서 지닐 수밖에 없는 실존적 한계를 초월하여 절대 자유의 세계에 진입할 수 있다는 그 무한 가능성에 대한 위대한 선언이라 할 수 있다.

나는 믿는다. 예수님이야말로 이렇게 붕새처럼 변화와 초월의 체험을 통해 인간의 한계를 극복하신 분, 그리하여 절대 자유를 누리신 분으로서, 우리에게 그 가능성을 직접 몸으로 보여주신 분이라는 것을. 이런 말을 하면 몇몇 분으로부터 비난의 화살이 쏟아져 들어올 수도 있을 것이다. 그러나 이것은 내가 진심으로 하고 싶은 말이다.

앞에서 말한 것처럼 여러 가능한 예수님상 중에 지금 우리가 처한 상황에서 가장 의미 있게 생각되는 예수님상이 바로 "성불하신 예수님"이 아닐까 한다는 이야기다. 이 말은 언젠가 예수님이 그의 전 삶을 바꾸어주는 심각한 '하나님 체험,' '영적 체험'을 통해 '변화' 하셨다는 뜻이다. 이제 이 중요하기 그지없는 문제에 우리가 하는 이야기의 초점을 맞추어본다.

'성불하신 예수님'이라고 하니 대단한 것 같고 무척 이단적인 이야기를 하는 것처럼 들리지만, 사실 이것은 마커스 보그의 표현으로 하면 예수님을 '영의 사람(Spirit person)'으로 이해한다는 뜻이기도 하다. 일반적인 말로 하면 그는 성령을 받으신 분이라는 소리일 뿐이다. '성령의 사람이 된다'는 것이나 '성령을 받는다'는 것을 좀 더 일반적인 용어로 표현하면 '엄청난 종교적 체험'을 한다는 뜻이다. 루돌프 오토의 말대로 하면 "떨리면서도 끌리는 신비"를 체험하는 것이다. 나는 예수님을 바로 이런 체험을 하신 분으로 본다.

예수님이 언제 이런 엄청난 종교적 체험을 하셨던가 꼭 집어 말하기는 어렵다. 아무튼 어떤 종교적 체험에 의해 확신이 섰기에 집을 떠나 구도의 길에 들어섰을 것이다. 그러나 물론 그것이 최후의 체험은 아니었다.

예수님은 언제 더 엄청나고 극적인 성령 체험을 하셨을까? 나는 그것이 어느 한 시점에 딱 한 번 있었던 체험이라 보고 싶지는 않다. 그가 겪은 일련의 극적인 계기들을 통해 그의 성령 체험이 더욱 깊어졌으리라는 짐작은 충분히 할 수 있는 일이다. 그 특별한 계기라는 것이 요단 강에서 침례를 받으실 때일 수도 있다. 공관복음서에서는 그가 물에서 올라올 때 하늘이 열리고 "성령이 비둘기같이" 임하였다고 하였다. 그야말로 '비보통적' 체험이었다.

광야에서 40일간 금식하고 기도하며 거기서 시험을 받으실 때도 중요한 영적 체험을 하셨을 것이다. 공관복음서에서는 예수님이 광야에 간 것도 '성령에 이끌리어' 간 것이라고 했다. 그는 또 그의 공생애를, 「이사야」에 있는 말씀을 인용하여 "주의 성령이 내게 임하였으니"(눅 4:18)라는 선언으로 시작하셨다. 변화산에서의 체험도 예수님의 성령 체험과 관련하여 빼놓을 수 없는 사건이 아니었던가 짐작할 수 있다.

그의 삶은 이처럼 언제나 성령에 의한 삶이었다. 사실 예수의 탄생도 이런 맥락에서 이해할 수 있다. 삶 전체를 통해 오로지 성령과의 관계에서, 성령의 인도함에 따라 사신 분이라면 그 잉태됨도 성령에 의한 것이라 보는 것은 너무나 자연스러운 이야기라 할 수 있다. 예수님이 철두철미 '성령의 사람'이었다고 하는 것은 이처럼 그의 삶과 생각과 가르침을 이해하는 데 가장 중요한 열쇠가 된다.

그런데 예수님의 이와 같은 성령 체험은, 마커스 보그에 따르면 부처님의 성불 체험과 맞먹는 일이라고 하는데, 전적으로 동감이 가는 말이다. 그 체험이 동일한 것이냐 아니냐 하는 것은 신비주의를 연구하는 학자들 간에 중요한 논쟁거리이기 때문에 여기서는 취급하지 않는다. 여기서는 의도적으로 '맞먹는다'는 표현을 썼다. 서로 '통한다'고 할 수도 있다.*

부처님은 29세에 출가하셔서 5~6년간의 참선을 비롯한 수행 후 35세경 보리수 아래에서 성불하셨다. 부처님의 원래 이름은 고타마, 혹은 싯다르타였다. '부처'나 이것의 산스크리트 본래 말 붓다(Buddha)란 '깨치신 이' 혹은 '성불하신 분'이라는 뜻의 칭호이다. '성불'이란 말은 물론 '깨침을 이룸'이란 뜻이다. 나는 예수님도 분명 이에 상응하는 엄청난 종교적 체험을 하신 분이라 생각한다. 말하자면 예수님도 예수님 나름대로 '성불하신 분'이시다.

베트남 출신으로 프랑스와 미국을 오가며 '마음 다함의 수행법(mindfulness practice)'을 가르치고 있는 틱낫한(釋一行) 스님은 교회에서 예수님상으로 십자가에 달리신 모습만 보이는 것은 예수님께 좀 미안한 일이 아닌가 의문을 제기하면서 예수님도 부처님처럼 나무 밑에서 조용히 좌선하는 모습을 좀 보여주었으면 좋겠다고 했다. 그는 예수님과 부처님은 "인류 역사에 핀 가장 아름다운 두 송이 꽃"이라 하고 이 두 분은 "한 형제"라고 하였다. 부처님이 참선의 사람이라면

* 오강남 풀이, 『장자』, 287~288쪽 참조.

예수님은 기도의 사람이었다. 두 분 모두 깊은 명상의 삶을 사셨다.

복음서에 의하면 예수님은 광야에서 40일간 금식하면서 보냈다고 한다. 또 자주 밤 깊이, 심지어는 밤이 새도록 기도하셨다고 했다. 그 렇듯 오랜 시간 동안을 단순한 탄원 기도만으로 일관할 수는 없다. 탄 원 기도는 아무리 빌어야 할 것이 많다고 해도 기껏 몇 분 이상 계속 할 수가 없다. 그렇게 오랜 기도는 분명 깊은 선정에 드셔서 신과 하 나 됨을 체험하는 일이었기에 가능했으리라 보는 것은 억지 추측일 수가 없다. 나는 예수님도 좌선이든 행선(行禪)이든, 기도든 명상이 든, 무슨 이름으로 불리든 수행을 통해 깊은 깨침에 이르셨고, 그 깨 침의 체험을 통해 하나님을 "아빠"라고 부를 정도로 절대자와 친숙 한 경지에 이르렀다고 믿는다.

예수님의 성령 체험이나 부처님의 성불 체험은 사실 세계 종교사 를 조금이라도 아는 사람이라면 여러 종교들에서 말하는 극히 보편 적인 종교적 체험이라는 것을 곧 알 수 있다. 이런 체험은 여러 종교 전통에서 종교적 삶의 진수라고 주장하는 것이다. 빛과 열이 없는 태 양을 태양이라 할 수 없듯이 이런 근본적 체험이 없는 종교는 종교라 할 수가 없을 정도로 종교에서 중요한 대목이다.

그 체험을 다른 말로 하면, 우주의 궁극 실재에 접하는 일이다. 사 물을 있는 그대로 보는 일(seeing things as they really are)이다. 도가나 유 가적 표현으로 말하면 도(道) 통하는 체험, 성인(聖人)이 되는 체험이 고, 불교적인 용어로 말하면 진여(眞如), 여실(如實), 실상(實相), 곧 '참된 그러함(Suchness)'을 보는 것이다. 물론 기독교적으로 말하면 하나님 체험, 성령 체험이다. 이것은 『장자』에서 붕새라는 상징을 통해 말하고 있는 초월과 자유의 체험으로서,* 아브라함도, 모세도, 야곱도, 엘리야도, 에스겔도, 이사야나 모든 선지자도, 바울도, 루터도, 웨슬리도 겪은 종교적 체험이기도 하다. 물론 그 깊이나 질에 있어서 차이가 있다고 볼 수도 있을 것이나, 아무튼 사람은 이런 체험을 통해 참된 인간으로 거듭난다.

신비주의(mysticism) 연구가 스테이스(W. T. Stace)나 선불교를 서양에 소개한 스즈키(D. T. Suzuki)에 따르면, 이렇게 실재를 있는 그대로 보는 체험을 한 사람들의 특징 중 하나가 '권위(authority)를 가지고 가르치는 것이라고 한다. 복음서에 보면 예수님은 서기관과 같지 않고 '권세 있는 자'와 같이 가르쳤다고 했다.(마 7:29) 권위 있는 자처럼 가르쳤다는 뜻이다. 남이 한 이야기를 옮기거나 거기에 빗대어 이야기하는 것이 아니라, 자기의 직접적인 체험에서 우러나오는 이야기를 하기 때문에 자연히 힘 있게 말하게 된다.

예수님은 바로 이런 분이셨다. 이것이 지금 내가 가지고 있는 예수님에 대한 '믿음'이다.

---

* 『장자』에 대한 풀이는 오강남 풀이, 『장자』를 참조할 수 있다. 예수와 부처의 관계에 대해서는 틱낫한 스님이 쓴 책을 한국어로 옮긴 『살아 계신 붓다, 살아 계신 그리스도』(한민사, 1997), 개정판은 『살아 계신 붓다, 살아 계신 예수』(솔바람, 2013)와 『귀향: 예수님과 부처님은 한 형제』(모색, 2001)를 참고할 수 있다. 예수님의 '성불' 체험에 대해서는 Marcus J. Borg, *Meeting Jesus Again for the First Time*, pp. 31~39 참조. 한국어 번역: 김기석 옮김, 『예수 새로 보기』(한국신학연구소, 1997). "성불하신 예수"라는 뜻으로 Jay G. Williams, *Yeshua Buddha: An Interpretation of New Testament Theology as a Meaningful Myth*라는 책 제목은 흥미롭다.

자비

— 어머니의 태처럼

그러면 '성불' 하신 예수님이 깨달으신 것은 무엇이었을까? 무엇을 보셨고 그 보신 것 중에서 무엇을 우리 인간에게 가장 중요한 가르침으로 전해주셨을까? 예수님의 가르침 중에서 특히 오늘을 사는 우리가 우리 동료 인간과, 주위에 있는 다른 여러 생명체와 어울려 살아가는 데 가장 중요하게 받아들여야 할 것은 무엇일까? 사람에 따라 여러 대답이 나올 수 있는 질문이지만, 내가 보기에 그것은 예수님이 실천적으로 보여주신 '자비'의 가르침이 아닌가 한다. 이는 앞에 언급한 마커스 보그도 강조한 점인데, 나도 그 생각에 전적으로 동의한다. 그래서 여기서는 주로 그의 책 『예수 처음으로 다시 만나다 (*Meeting Jesus Again for the First Time*)』을 참조하여 예수님이 말씀하신 '자비(compassion)'에 대해 살펴보고자 한다.

보그는 예수님의 말씀, "너희 아버지의 자비하심같이 너희도 자비하라"(눅 6:36)라는 것이 예수님이 가르치신 '기별의 결정체 (crystallization of Jesus' message)'라고 강조한다. 예수님의 이 가르침이 얼마나 중요한 것인가는 예수님 당시의 종교적, 윤리적 분위기를 알면 더욱 뚜렷하게 나타난다.

예수님 당시는 히브리어 성경 「레위기」의 말씀, "너희는 거룩하라. 이는 나 여호와 너희 하나님이 거룩함이니라"(레 19:2) 하는 말씀에 따라 하나님의 거룩하심처럼 거룩하기 위해 최선을 다하려는 사회였다. 이것이 그 사회의 최대 규범이었다. 히브리어 어원상 거룩함은 결국 불결하고 부정하고 죄된 것으로부터의 '분리(kadosh)'를 의미한다. 따라서 거룩하기 위해서는 그런 것들과 구별되는 순결(純潔)이나 정결(淨潔)이나 성결(聖潔)을 지켜야 했다. 이것이 이른바 '정결 제도(purity system)'인데, 당시 유대 사회는 이런 정결 제도에 지배받는 사회였다. 따라서 가장 중요한 관심사는 정결하냐 부정하냐, 의인이냐 죄인이냐를 구별하는 일이었다.

조선시대 사람이 다른 사람을 처음 만나면 그의 나이는 몇인가, 본관이 어디인가, 양반인가 상놈인가 등을 제일 먼저 알아보려던 것과 마찬가지로, 예수님 당시 사람은 어떤 사람을 만나면 제일 먼저 이 사람이 거룩하냐 부정하냐, 정결하냐 불결하냐 하는 것에 가장 큰 관심을 두었다.

정결 제도를 포함한 여러 율법을 잘 지키면 깨끗하고 의롭지만 율법을 잘 지키지 않으면 부정한 죄인 취급을 받은 것은 물론, 육체적으로 온전하지 못한 장애인도 정결하지 못한 사람 취급을 받았다. 경제적으로 어려운 사람도 마찬가지였다. 의로운 사람이라면 축복을 받아 번영하는 게 당연한 일이므로, 가난은 의롭지 못하다는 반증이었다. 기타 성별이나 인종에 따라 더욱 정결한 사람, 불결한 사람으로 갈라지기도 했다. 한마디로 정결 제도는 이렇게 모든 사람을 구별하고 차별하는 제도여서 정결하지 못한 사람은 사람 취급을 받지 못했다. 불순한 사람이 사람 취급을 받으려면 제사장에게 나아가 제물을 바치고 다시 정결함을 얻어야만 했다. 제사장은 이런 정결 제도에 기식하는 특권 계급이었다.

예수님은 이런 '정결 제도'를 단호히 거부하셨다. 사람을 구별하고 분리하는 모든 울타리와 담을 거부하신 것이다. 그는 "하나님의 거룩하심같이 너희도 거룩하라"라는 말 대신에 "하나님의 자비하심같이 너희도 자비하라"라는 말을 하셨다. 하나님의 성품 중에서 발견되는 거룩함이나 정결에 역점을 둠으로 생기는 분리와 차별의 병폐를 보시고 하나님을 닮으려면 무엇보다 그의 자비하심을 닮으라고 가르치신 것이다. 이것이 바로 예수님 스스로 채택하시고 그를 따르는 사람에게 가르치신 '자비에 입각한 삶의 스타일(compassion-oriented lifestyle)'이다. 가히 혁명적인 가르침이라 할 수 있다.

잘 알려졌듯 '자비함'을 나타내는 영어 단어 'compassion'은 라틴어에서 온 것으로 아파하는 사람과 '함께 아파한다(com-passion)'는 뜻이다. 그리스어 원문은 이보다 좀 더 생리적인 면을 강조하는 것이 사실이지만 뜻은 크게 다르지 않다. 중요한 것은 예수님이 생각하신 히브리어 원문의 뜻이다. 히브리어로 자비함이란 '어머니의 태(胎)처럼 됨(womb-likeness)을 의미한다. 아기에게 생명을 주고 영양분을 공급하여 자라게 하고 보듬고 보살피는 태, 하나님은 바로 이런 태와 같으므로, 우리도 서로에게 이런 하나님의 '어머니 태 됨'을 본받아 그대로 실천해야 한다는 것이다. '어머니 하느님을 본받음'이 문제이다. 노자의 『도덕경』 여기저기(10, 34, 51장 등)에 나오는, 도(道)는 어머니처럼 만물을 낳고, 기르고, 감싸주고, 보살핀다고 하는 말을 연상케 한다.

예수님은 그러한 하나님을 본받아, 사람을 만나면 우선 그가 아파하는 사람인가 아닌가, 그가 나의 도움을 필요로 하는 사람인가 아닌가를 물어보시고 그가 아파하는 사람이면 나도 아파하고, 그가 나의 도움을 필요로 하는 사람이면 그의 정결이나 불결에 개의치 않고 도와주셨다. 선한 사마리아인의 비유나 간음한 여인이 잡혀 온 이야기에서 예수님의 이러한 모습이 가장 잘 드러난다고 볼 수 있지만 그뿐이 아니다. 부정하기로 하면 특급에 꼽힐 나병 환자를 손으로 만지시어 고치고, 월경은 부정한 것으로 보던 시대에 계속해서 피를 흘리므로 부정하기 그지없는 혈루증 여인이 옷자락을 만지게 하시고, '세리나 죄인'처럼 소외되고 변두리 인간화된 천민과 교제하시거나 함께 식사를 하시고, 귀신 들린 사람을 멀리하지 않으시고 낫게 하셨다. 예수님이 스스로 이런 사람을 만졌다고 하는 것은 스스로 부정해짐도 불사했다는 뜻이기도 하다. 도(道)가, 그리고 도의 사람이, "티끌과 하나(同塵)"가 되고 "흙탕물처럼(若濁)" 된다고 한 『도덕경』 4장과 15장의 말을 연상케 한다.

물론 니고데모나 율법사처럼 사회적으로 지체 높은 사람과도 거침없이 교제하셨다. 이 모두를 구별하고 분리하고 멀리할 대상이 아니라 오히려 그들과 하나가 되어 연민하고 동정하고 함께 아파할 자비의 대상으로 보신 것이다. 어떤 죄인도 예수님 앞에서 정죄되지 않았다. 예수님은 인종, 언어, 문화, 세계관 등의 경계를 뛰어넘으시고 그 다름을 모두 인정하신 분이다. 앞에서 지적한 것처럼 그분이야말로 '화해하는 자 그리스도(Christ the Reconciler)'이시다.

그런 예수님도 "독사의 자식들아!"라는, 보통 사람도 입에 담을 수 없는 욕을 하셨다. "회칠한 무덤"이라는 말도 하셨다. 누구를 향한 욕인가? 그 당시 자기만 깨끗하다, 자기만 하나님을 바로 안다고 주장하던 집단을 두고 한 것이다. 사실 예수님은 "나는 하나님을 이렇게 믿는다" 하며 믿고 있는 사람에게는 한없이 너그러우셨다. 심지어 "여호와 하나님"을 제대로 모르던 로마의 백부장을 향해서도 "이런 믿음!"이라며 감탄까지 하셨다.

자기의 믿음을 절대화하지 않는 이런 사람은 자라나면서, 다른 사람과의 접촉이나 대화를 통해 계속 자기의 믿음을 바꾸면서 영적으로 성장할 수 있다. 그러나 자기가 설정한 깨끗함, 더러움 등의 잣대를 들이대고 "나처럼 믿지 않는 사람은 하느님을 믿는 것이 아니다"라며 못을 박고, 마치 자기가 하나님을 다 아는 것처럼, 진리를 완전히 독점한 것처럼 구는 지독한 독선에 대해서는 세상에서 할 수 있는 가장 나쁜 욕을 하셨다. "자식" 혹은 "새끼들"이라는 말은 정치적이든 종교적이든, 무슨 권위라고 하면 스스로 생각하기를 포기한 채 물불 가리지 않고 그대로 맹종하는 "송사리 떼"나 "피라미 새끼들"이란 뜻이었다.

왜 그렇게 심한 욕을 퍼부으셨을까? 예수님은 사람이 다른 사람을 깨끗하냐 더러우냐로 편 갈라 차별하며 자기만 깨끗하다고 주장하는 독선에 빠져 있는 한 그들에게서 영적인 성장은 기대할 수 없음을 아셨기 때문이다. 그들에게는 더 이상 희망이 없다고 보신 것이다. 더욱 심각한 문제는 그들이 열심히 전도해서 다른 사람도 자기들처럼 희망 없는 사람으로 만드는 일이다. 이런 악순환을 보시고 예수님은 참을 수가 없으셨다. 그래서 울부짖으셨다.

"화 있을진저, 외식하는 서기관과 바리새인들이여. 너희는 교인 한 사람을 얻기 위하여 바다와 육지를 두루 다니다가 생기면 너희보다

배나 더 지옥 자식이 되게 하는도다."(마 23:15)*

예수님이 하나님의 특성으로 자비를 강조하신 것, 그리고 우리도 자비하라고 하신 것은 무슨 사변적인 이론이나 관찰에 의한 결론이 아니다. 이것은 그가 하신 직접적인 하나님 체험, 성령 체험에서 친히 깨우치신 진리다. 세상을 여실(如實)하게 보신 그 엄청난 영적 체험에서 직접 얻으신 통찰이었다. 그래서 그런 권위와 열정을 가지고 가르치시고 직접 실천하실 수 있었던 것이다. 이것은 진리를 깨친 많은 사람이 공통으로 주장하는 바와 맥을 같이한다.

끝으로, 예수님이 그 당시 보편적이던 정결 제도를 배격하고 자비에 입각한 삶의 스타일을 채택했다는 것은 오늘을 사는 우리에게 아주 의미심장한 일임을 지적하지 않을 수 없다. 율법에 입각하여 깨끗한 것, 더러운 것을 따지는 것이 종교의 핵심이라고 보는 율법주의적 종교는 결국 예수님의 정신에 정면으로 위배된다. 우리가 예수님의 정신을 따른다면 어느 개인이나 집단이나 사회가 의로우냐, 불의하냐를 따지면서 계속 이런저런 울타리나 담을 쌓는 일을 그만두어야만 한다. 무엇보다도 우리 교인이냐 아니냐 하며 구별하는 울타리를 헐어야 한다.

그런데 지금 아주 많은 수의 한국 교회가 자기만의 울타리를 치고 있다. 우리 교인만이 참된 이웃이고, 우리 교회 교인이 아니면 결국 나 몰라라, 보고도 피해 가는 형편이다. 하다못해 이삿짐 거들어주는

---

* 이 말이 예수 자신의 말이 아닐 수 있다는 학자들의 주장을 알면서도 여기다 옮긴다. 후대의 삽입이라 하더라도 초대교회의 기본 태도를 말해주는 것으로서 의미가 있다고 보기 때문이다. Robert W. Funk, *The Five Gospels*, p.241 각주 참조.

것, 환자 방문하는 것 등의 자잘한 일에까지. 게다가 기독교인이 20 퍼센트다 뭐다 하는 나라에서 경상도다 전라도다 하는 장벽은 왜 그렇게 점점 높아만 가는가?

예수님의 삶이 보여주었듯 우리도 이렇게 우리를 갈라놓는 일체의 외적 울타리를 넘어, 무엇보다 이 세상 동료 인간의 육체적, 사회적, 정신적 필요를 알아보고 도우려는 마음을 내야 한다. 입으로만 예수 믿고 그 믿음으로 인해 나는 깨끗하다, 의롭다 생각하며 혼자서 자위하기는 쉽지만, 진정으로 예수님을 따라 자비를 실천하기는 어렵다. 신학자 본회퍼가 말한 대로 제자 됨의 값이 보통으로 비싼 것이 아님을 절감하게 된다.

다석 류영모의 예수님

예수님의 신성, 인성에 관하여 우리 주위의 많은 사람과는 좀 다르게 예수님을 본 몇 분을 잠깐 소개하려 하는데, 그 전에 일종의 서론 격으로 폴 틸리히의 다음 글을 인용하고 싶다.

종교가 있는 기독교인 여러분, 저를 믿어주십시오. 기독교를 가르치는 것이 다만 기독교만 위한 것이라면 그것은 가르칠 가치가 없습니다. 그리고 종교를 가지고 있지 않고 기독교와 상관이 없는 여러분, 저를 믿어주십시오. 제가 오늘 이 시대를 위한 예수님의 초청에 대해 이야기하는 것은 여러분을 종교인이나 기독교인으로 만들 목적에서가 아닙니다. 우리가 예수님을 그리스도라고 고백하는 것은 그가 하나의 새로운 종교를 가져다주셨기 때문이 아니라, 그가 종교와 비종교, 기독교와 비기독교를 넘어선 종교의 끝(the end of religion)이시기 때문입니다.*

처음으로 소개하고 싶은 분은 다석(多夕) 류영모(柳永模) 선생님이다. 이분은 함석헌 선생님의 선생님이시다. 수십여 년 전 함석헌 선생님이 캐나다 우리 집에 오셔서 주무시고 가실 때 류영모 선생님에 대해 이야기하면서 이분의 『늙은이』라는 제목의 『도덕경』 풀이 책 한 권을 주고 가셨다.

그 후 관심을 갖게 되어 한국에 가서 다석 선생님에 관한 논문 발표회에 참석하기도 했는데, 더욱 큰 관심을 갖게 된 것은, 최근 한국 학생으로서 스코틀랜드 에든버러 대학에서 이분에 관해 박사학위 논문을 쓰는 이를 통해서였다.

마침 다석 선생님에 관해 다석사상연구회 연구지도위원 박영호 님이 쓴 글이 있기에 다 같이 한번 생각해보고 싶어, 저자의 승낙을 받아 여기 옮긴다.

1975년 3월 13일은 류영모의 85번째 생신날이었다. 음식 잔치 대신 말씀 잔치를 마치고서 류영모는 자신이 일생 동안 읽던 신약전서를 닮지 못한 제자인 이 사람에게 주는 것이었다. 이 사람은 귀중한 유품을

* Paul Tillich, *The Shaking of the Foundations*(reprint, 2012), p. 108.

지닐 자격이 없다고 생각하여 받기를 사양하자 "이렇게 주고받을 수 있을 때가 좋은 거요. 받아두시오"라고 하면서 이 사람의 손에 쥐여 주었다. 이렇게 주고받을 수 있을 때가 좋다는 것은 자신은 죽을 때가 지나 내일 일을 모르는데 이렇게 살아 있을 동안에 할 수 있다는 뜻이었다. 이 사람이 받은 그 신약전서는 1909년 판으로 스승님이 한국전쟁 동안 부산까지 피난 갈 때도 몸에 지녔던 수택(手澤) 짙은 보물이었다. 다른 값진 동양 고전도 없지 않았는데 그 신약전서를 가장 귀중하게 생각한 것이다. 이 사실만으로도 류영모와 성경(예수)의 관계를 헤아리고도 남는다.

류영모가 말하기를 "내가 열여섯 살(만 15세) 때부터 예수교를 믿기 시작하여 스물세 살 때까지는 십자가에 못 박혀 흘린 보혈로써 속죄받는다는 십자가 신앙이었다"라고 하였다. 스물세 살이면 스무 살에 정주 오산학교 교사로 갔다가 물러나고 일본 도쿄에 있는 도쿄물리학교에서 유학하던 때이다. 교회주의 정통 신앙을 회의하게 된 것은 정주 오산학교에서부터였다. 정주 오산학교에 처음으로 기독교 정통 신앙을 씨 뿌린 이가 류영모이다. 1910년 류영모가 정주 오산학교 교사로 교단에 서기 전에는 오산학교와 기독교는 아무런 인연이 없었다. 정주 오산학교를 세운 남강 이승훈(李昇薰)이 기독교 신자가 되어 3·1운동 33인의 기독교 대표가 된 것은 류영모가 정주 오산학교에 기독교를 전한 결과라 할 수 있다.

류영모가 열성으로 다니던 교회를 안 나가게 된 것은 개인적인 작은 일로 덮어둘 수만은 없다. 류영모는 교회를 학교처럼 졸업한 것으로 여겼다. 그래서 학교 졸업생이 이따금 모교를 찾듯 모교회(서울 연동교회)

를 찾기도 하였다. 연동교회가 불탔을 때는 일부러 담임목사를 찾아 위로하였으며 예배에 참석하였다.

류영모가 교회에 나가지 않게 된 것은 예수가 싫어진 탓이 아니었다. 예수의 가르침과 교회의 가르침이 어긋나는 것을 알게 되었기 때문이다. "내가 교회에 나가지 않게 된 것은 내가 예수를 싫어하기 때문이 아니라 집에서 혼자 성경을 보고 싶어서이다. 일본의 우치무라 간조(內村鑑三)는 사도신경에 입각한 정통 신앙인이지만 톨스토이나 나는 비정통이다. 예수가 사람을 위하여 십자가에 못 박혀 피 흘린 것을 믿으면 영생한다는 것은 나와 상관이 없다. 소위 교회 본위의 교회주의 기독교 교인은 이 사람을 대단히 싫어하는 줄로 안다. 이 사람이 생기어 먹은 것이 내가 생긴 대로 하는 것이지 억지로 어떻게 만들어서 지어가지고 는 말할 수 없지 않은가."

그렇다면 류영모가 오산학교 교사로 있던 그때에 그에게 무슨 일이 있었던가. 류영모가 스물두 살 때 스무 살의 아우 영묵이가 죽었다. 아우 영묵과 함께 서울 YMCA에 우국지사의 연설을 들으러 다니다가 김정식(金貞植)의 권유로 예수교 신자가 되었던 것이다. 아우의 죽음은 교회신앙에 회의를 일으켰다. 마침 오산학교에서 교편을 잡고 있던 시당 여준과 단재 신채호의 권유로 노자와 불경을 읽게 되었다. 그리하여 진리의 말씀은 성경에만 있는 게 아니라는 것을 알게 되었다. 거기에 춘원 이광수가 가지고 온 톨스토이의 저서를 탐독하게 되었다. 마침내 류영모는 사도신경에 입각한 교의신학이 예수의 가르침과는 거리가 있다는 것을 알게 된다.

류영모가 교회에 안 나간다고 예수를 아주 버리거나 개종을 한 것은 아니었다. 단지 불경을 알고 싶어서 어느 스님을 찾아가 『화엄경』을 배운 일은 있었다. 류영모는 동서양의 사상을 넓게 깊게 다 섭렵하고서 예수의 위대함을 확인할 수 있었다. 그러나 예수에 대한 생각은 이미 많이 달라져 있었다.

60대에 들어와서 한 말이다.

"이 사람에게도 뜻 가운데 인물이 있다. 내가 잘못할 때 나에게 잘하라고 책선(責善)하는 벗이 의중(意中)의 사람이다. 내게 책선하는 이는 예수다. 예수는 나의 선생이다. 그러나 예수를 선생으로 아는 것과 믿는 것은 다르다. 예수라고 우리하고 차원이 다른 게 아니다."

"예수, 석가도 혈육으로는 우리와 똑같다. 예수가 말하기를 '나는 포도나무요, 너희는 가지다'(〈공동번역〉 요 15:5)라 하였다고 예수가 우리보다 월등한 것은 아니다. 몸으로는 예수의 몸도 내 몸과 같이 죽을 껍데기지 별것이 아니다. 예수만이 혼자 하나님의 아들인가. 하나님이 주신 얼의 씨를 키워 로고스의 성령이 참나라는 것을 깨달아 아는 사람은 누구나 모두 얼의 씨로는 하나님 아들이다. 내가 로고스의 얼로 하나님 아들인 것을 알고 이것에 매달려 줄곧 위로 올라가면, 내가 하늘나라로 가는지 하늘나라가 내게로 오는지 그것은 모르겠지만, 분명한 것은 하늘나라가 가까워지고 있다는 것이다. 그리하여 영원한 생명을 얻는 것이 된다. 하나님의 씨인 로고스의 얼이 하늘나라이며 영원한 생명인 것이다. 사람마다 이것을 깨달으면 이 세상은 그대로 하늘나라이다. 자기 속에 있는 하나님의 씨(얼)가 하나님의 아들이라는 것을 믿어야 한다. 영원한 생명을 얼의 나로 깨달으면 하나님 아버지의 사랑을 느낀다. 그러면 누구나 몸으로는 죽지만 하나님 아들인 얼로는 죽지 않는다. 몸나에서 얼나로 거듭나는 것이 영원한 생명이다. 얼나(靈我)가 참나임을 깨닫는 것이 거듭나는 것이다. 영원한 생명(얼나)은 예수가 오기 전부터 하나님 아버지로부터 이어내려 오고 있다. 예수는 단지 우리가 따라갈 수 없을 만큼 이 사실을 똑똑히 깨달아 가르쳤다."

"우리가 예수의 삶을 생각해보면 하나님의 아들 노릇을 하였다고 생각된다. 하나님의 아들 노릇을 하는 데 아주 몸까지 희생하였다. 처음으로 하나님께 바치는 거룩한 제물이 되었다는 말이다. 우리는 날마다 무엇을 먹든지 무엇을 마시든지 이 생각이 나와야 한다."

류영모는 예수를 비롯하여 석가, 노자, 공자를 좋아하여 그들의 가르침이 쓰여 있는 경전을 읽었으나 이 종교 저 종교로 개종한 일은 없다. 그렇다고 무교회주의자처럼 가정에서 예배를 보는 것도 아니었다. 다만 혼자 기도 명상을 할 뿐이었다.

류영모가 자신을 기독교 신자라고 하지 않는 까닭을 밝혔다.

"이 사람은 몇십 년 전에 예수를 믿었는데, 요새 사람이 나를 보고 당신은 예수를 믿는다고 하는 것이 좋지 않으냐고 말한다. 그래서 나도 이 세상 사람이 알아듣기 쉽게 예수를 믿는다고 말하고 싶다. 그러면 요새 여러분이 내 말을 듣고 저렇게 얘기하는 사람이 무슨 기독교 신자인가라고 하면서 답답해할 것이다. 그래서 차라리 나는 예수를 안 믿는 무종교라고 말하는 것이 오히려 마음이 가볍지 않을까 생각이 된다. 더구나 나는 요새 부끄러워서 예수 믿는다고 할 수 없다. 나는 늘 이단이라고 해서 안 믿는다고 하는 것이 차라리 좋지만 이제는 그나마도 믿는다는 것이 부끄러워졌다. 믿는다면 무슨 외래 무당처럼 보인다. 참으로 섭섭한 일이라 아니할 수 없다."

류영모는 예수의 말과 같이 예수가 주는 말씀의 물을 받아 마시고는 류영모 자신의 마음속에서 영원한 생명인 생수가 샘솟은 것이다. 그래서 다시는 남에게 물 얻으러 다닐 필요가 없게 된 것이다. 누가 류영모에게 동네 우물에 물 얻으러 오지 않는다고 나무랄 수 있겠는가. 모든 사람이 류영모와 같은 신앙생활을 하라고 예수가 가르친 것이다. "너희가 내 말을 마음에 새기고 산다면 너희는 참으로 나의 제자이다. 그러면 너희는 진리를 알게 될 것이며 진리가 너희를 자유롭게 할 것이다"(〈공동번역〉 요 8:31-32) 류영모는 멸망의 생명인 제나(自我)로부터 자유하는 영원한 생명인 얼나로 솟난 사람이다.

류영모는 톨스토이, 간디와 더불어 가장 우수한 예수의 제자가 되고 예수의 영우(靈友)가 되었다. 얼나로 한 생명이 된 것이다. 류영모는 이렇게 말하였다.

"지극히 높은 데 계신 완전한 아버지 하나님께로 가자는 게 예수의 인생관이라고 생각된다. 나도 이러한 인생관을 갖고 싶다. 이런 점에서 예수와 나와 관계가 있는 것이지 이 밖에는 아무 관계가 없다. 이걸 신앙이라 할지 어떨지 예수 믿는다고 할지 어떨지 나는 모른다. 예수 석가 노자는 정신적으로 영생한다. 나도 그렇게 되고 싶어서 그들의 말을 듣지, 그렇지 않으면 그들하고 상관이 없다."

마하트마 간디는 힌두교를 믿었다. 그리고 개종한 일은 없다. 그러나 간디에게 힌두교 냄새가 나지 않는다. 류영모는 기독교를 믿었다. 그리고 개종한 일은 없다. 그러나 류영모에게 기독교 냄새가 나지 않는다. 간다나 류영모는 모든 종교를 초극하는 구경각(究竟覺)에 이른 것이다. 이것이 예수, 석가가 보여준 가장 바람직한 신앙생활인 것이다. 사

람이 예수 석가처럼, 간디 류영모처럼 종교에 매이지 않는 신앙생활을
하여야 하는 것이다.

이 땅 위에서 자기가 믿는 종교만이 유일절대한 구원의 종교라면서
다른 종교를 배척하는 이른바 종교 근본주의(Fundamentalism)가 가는
곳마다 증오와 갈등과 분쟁을 일으키고 있다. 한마디로 그들은 진리 되
시는 하나님을 모르는 사람이다. 얼나(靈我) 아닌 제나(獸性)로 탐진치
(貪瞋癡)의 짐승 노릇(惡業)을 하고 있는 것이다.*

함석헌과 간디와
틱낫한 스님의 예수님

1. 류영모 선생님의 예수 이해에 대해 이야기를 하니, 함석헌 선생
님이 이해하신 예수에 대해서도 간단하나마 한마디하지 않을 수 없
다. 함 선생님의 기독론도 결국 류영모 선생님의 기독론과 맥을 같이

---

* 다석의 기독론에 대해서는 최인식, 『다원주의 시대의 교회와 신학』(한국신학연구소, 1966),
pp. 251~301; 기타 박영호, 『진리의 사람 다석 류영모』 상·하 권(두레, 2001), 『다석 류영모가 본 예
수와 기독교』(두레, 2000) 등; 김홍호, 「십자가와 참말을 모시고 산 유영모의 영성」, 『기독교사상』
504호(2000년 12월), 39~52쪽과 김홍호 선생님의 기타 저술, 다석학회 엮음, 『다석강의』(현암사,
2006); 박재순, 『다석 유영모―동서 사상을 아우른 창조적 생명 철학자』(현암사, 2008); 정양모, 『나
는 다석을 이렇게 본다』(두레, 2009); 이정배, 『없이 계신 하느님 덜 없는 인간―다석 신학의 얼과
틀 그리고 쓰임』(모시는사람들, 2009) 등을 참조할 수 있다.

한다고 볼 수 있다. 함 선생님도 처음에는 기독교 정통 교리대로 대속론(代贖論)을 그대로 받아들였다. 그러다가 1952년 크리스마스에 발표한 「흰 손」이라는 시에서 예수가 십자가에서 흘린 피가 사람의 죄를 대신 씻어준다는 정통 교리에 이의를 제기했다. 그러고 나서 1957년에 발표한 「말씀모임」이라는 글에서 "20년래 내 마음속에서 싸우고 찾아온 결과였다"라고 했다. 그 후 「하나님의 발길에 채여서」라는 글에서 다음과 같이 말했다.

나는 역사적 예수를 믿는 것이 아니다. 믿는 것은 그리스도다. 그 그리스도는 영원한 그리스도가 아니면 안 된다. 그는 예수에게만 아니라 본질적으로는 내 속에도 있다. 그 그리스도를 통하여 예수와 나는 서로 다른 인격이 아니라 하나라는 체험에 들어갈 수 있다. 그때에 비로소 그의 죽음은 나의 육체의 죽음이요, 그의 부활은 내 영의 부활이 된다. 속죄는 이렇게 해서만 성립이 된다. 나는 대체로 이런 판단을 내려버렸다.

함 선생님은 다음과 같은 요지의 말씀도 했다.

참 의미에서는 나는 성경 안에 갇힌 예수도 믿고 싶지 않습니다. 또 그는 성경에 갇힌 분이 아닙니다. 성경을 역사적으로 분석 비판하여서 예수의 사실을 다 밝힐 수도 없을 것이고, 또 밝힌다 해도 예수는 그것으로 다가 아닙니다. 예수의 나타남으로 인하여 역사에는 일대 전환이 생기었습니다. 우리가 말하는 것은 자연인 예수를 두고 하는 것이 아닙니다. 자연인 예수야 있었거나 없었거나, 역사 위에 환하게 서 있는 그리스도 예수라는 인격이 중요합니다. 실제로 있었던 자연인 없이 그리스도 예수는 있을 수 없겠지만 설혹 예수라는 자연인이 없었더라도 기독교의 장본인이 되는 그리스도 예수는 어쩔 수 없이 세계사 위에 살아 있고, 그 중심이 되는 인격입니다.[*]

2. 이왕 말이 나왔기에 함석헌 선생님의 또 다른 정신적 스승이신 간디가 예수님을 어떻게 보았던가도 잠깐 살펴보자.

잘 알려진 대로 간디는 남아프리카공화국에 가서 변호사와 인권운동 지도자로 일하는 동안 그곳 그리스도인들과 교류하면서 교회 예배나 특별 집회에도 자주 나갔다. 여러 사람이 그를 기독교로 개종하게 하려고 했지만 그 스스로는 그럴 필요를 느끼지 않았다. 스스로 힌두교인이면서도 얼마든지 예수를 사랑하고 예수를 따를 수 있다고 생각했다. 실제로 간디는 한평생 힌두교를 떠나지 않았지만 예수님, 특히 예수님의 산상수훈에서 더할 수 없이 큰 영향을 받았다고 고백하였다.

간디의 전기를 쓴 루이스 피셔(Louis Fischer)가 1942년 인도에 있던 간디의 아슈람을 찾아가 초라하기 그지없는 그의 오두막집을 방문했다. 그는 그 오두막집 진흙으로 된 벽에 딱 한 장의 사진이 붙어 있는 것을 보았는데, 바로 예수님의 사진이었다고 한다. 그 밑에는 「에베소서」에 나오는 말씀 "그는 우리의 화평이신지라"(엡 2:14)라는 문장

* 김진 엮음, 『너 자신을 혁명하라』(오늘의 책, 2003), 145~146쪽 재인용. 함 선생님 사상 이해를 위해서는 『함석헌 전집』 외에 박재순, 『함석헌 씨알사상』(제정구기념사업회, 2013), 김영호, 『함석헌 사상 깊이 읽기』 전3권(한길사, 2016) 등 참조.

이 적혀 있었다.

피셔가 그에게 물어보았다. 어떻게 된 일이냐고. 그랬더니 간디는 "나는 그리스도인이다. 나는 동시에 힌두교인이요, 이슬람교인이요, 유대교인이다"라는 대답을 했다는 것이다. 그는 결코 배타적으로 어느 한 종교만 고집하지 않았다. 그러면서도 예수님의 참된 제자가 되었다.*

E. 스탠리 존스(E. Stanley Jones)는 간디에 대해 "그리스도인은 아니었지만 역사상 가장 그리스도 같은 사람 중 한 분"이었다고 했다. 그는 하나님이 "마하트마 간디를 사용하셔서 비그리스도적인 그리스도교를 그리스도화하도록 하였다"라고도 했다. 기독교인이 아닌 사람 간디를 통해 예수의 정신과 한참이나 먼 기독교와 기독교인을 진정으로 '그리스도답게' 하시려 했다는 이야기다.**

3. 그 외에 또 한 분, 베트남 출신 틱낫한 스님을 소개하고 싶지만 이분의 책, 『살아 계신 붓다, 살아 계신 예수』(2013)와 『귀향: 예수님과 부처님은 한 형제』(2001)를 내가 한국말로 번역을 했기에 그 스님의 글 몇 구절만 인용하고 지나간다.

명상이란 고요함입니다. 앉으나 서나 걷고 있으나 모두 고요히 하는 것입니다. 명상은 깊이 들여다보는 것, 깊이 체험하는 것, 그래서 우리가 이미 고향에 있다는 것을 깨닫는 것입니다. 우리의 고향은 바로 지

---

* Louis Fischer, *Life of Mahatma Gandhi*(HarperCollins, 1997), p. 334. 이 밖에 Fischer의 또 다른 책으로 *Gandhi: His Life and Message for the World*도 참조할 수 있다.
** 간디가 예수에 관해 가지고 있던 생각을 더욱 자세히 알려면 그의 책, *The Message of Jesus Christ*(Bombay: Bharatiya Bhavan, 1971)을 참조하라.

금 여기에 있습니다.

예수 그리스도께서는 명상을 실행하셨습니다. 예수님이 세례 요한으로부터 세례를 받으실 때 성령이 인간 예수님에게 태어났습니다. 그후 예수님은 40일간 광야에 나가서 조용한 시간을 보내셨습니다. 예수님은 명상을 실천하시고 성령을 튼튼하게 하셔서 완전히 변하셨습니다. 예수님이 무슨 자세로 명상하셨는지에 대한 기록은 없습니다만, 제가 생각하기로 분명히 '앉아서 하는 명상(坐禪)'과 '걸으면서 하는 명상(行禪)'을 실행하셨을 것이고, 깊이 들여다봄, 깊이 접촉함, 그 안에 있는 성령 에너지를 북돋는 일 등을 궁행(躬行)하셨을 것입니다. 부처님처럼 보리수 밑에 앉아 계셨을지도 모르겠습니다……

우리에게 나타나는 예수님의 형상은 주로 십자가에 달린 모습입니다. 이것은 저를 무척 괴롭게 합니다. 이것은 기쁨과 평화를 가져다주지 못하는 형상으로써 예수님에 대한 올바른 대접일 수 없다고 봅니다. 저는 우리 기독교 길벗들이 예수님을 그릴 때, 가부좌의 자세로 앉아 계신 모습이나 명상에 잠긴 채 걷는 모습같이, 뭔가 지금과 다른 모습으로 그려주셨으면 합니다. 그렇게 되면 우리가 예수님의 모습을 보며 생각할 때, 우리 마음에 파고드는 평화와 기쁨을 느낄 수 있지 않을까 생각합니다.

이 외에도 현재 수많은 힌두교인이, 그리고 수많은 이슬람교도가 그들 나름대로 예수님을 이해하고 거기서 종교적 윤리적 의미를 찾고 있다. 이런 예에서 보듯 예수님은 기독교 정통 기독론에 입각해서 보아야만 한다는 법이 없다. 예수님은 각자의 실존적 정황에 따라 그 사람에게만 다가갈 특별한 의미를 줄 수 있는 분이시다.*

또 다른 예수
―「도마복음」의 예수

위에서 「도마복음」에 대한 이야기가 잠깐 나왔다. 「도마복음」의 중
요성을 감안하여 좀 더 부연하는 것이 좋을 듯해 초판에 나오지 않았
던 글을 여기 덧붙인다. 「도마복음」은 물론 지금 우리가 가지고 있는
성경에 포함되지 않은 복음서이다. 1945년 12월 어느 이집트 농부가
카이로에서 남쪽으로 500킬로미터 떨어진, 나일 강 상류에 위치한
나그함마디라는 곳 부근 산기슭에서 퇴비를 채취하려고 땅을 파다가
땅 속에서 토기 항아리 하나를 발견했다. 그 안에 귀신이 들어 있지
않을까 혹은 금이 들어 있지 않을까 하며 조심조심 열어보았는데, 귀
신도 금도 아니고 가죽으로 묶인 열세 뭉치의 파피루스 종이 문서뿐
이었다. 우여곡절 끝에 이 문서들이 고문서 전문가의 손에 들어가게
되었다. 이 열세 뭉치 속에는 고대 이집트에 살던 그리스도인들이 사
용하던 콥트어라는 언어로 기록된 52종의 문서가 들어 있었다. 이 중

---

* 그리스도인들이 아닌 사람들에게 예수님이 어떤 의미를 갖는가 하는 문제를 자세히 보기 위해
서는 John Shelby Spong, *Jesus For The Non-Religious* (HarperCollins, Paperback 2008) 참조.

에는「도마복음」,「빌립복음」,「진리복음」,「이집트인 복음」등 지금의 성경에 포함되지 않은 여러 가지 복음서가 있었는데, 그중에 가장 중요한 복음서는 단연「도마복음」이었다.

이런 복음서들이 왜 땅에 묻혀 있었던가? 앞에서 언급했듯, 4세기 초 로마 제국을 통일한 콘스탄티누스 황제는 제국을 통치할 하나의 종교적 이데올로기로 이용하려고 기독교를 공인하고, 기독교 지도자들에게 기독교를 "하나의 하나님, 하나의 종교, 하나의 신조, 하나의 성서"로 단순화할 것을 요청했다. 그에 따라 기원후 325년 니케아라는 곳에서 최초의 기독교 공의회가 열렸다. 이때 예수가 신이냐 아니냐를 두고 논쟁하게 되었는데 예수는 신이면서 동시에 인간이라고 주장한 이집트 알렉산드리아의 젊은 추기경 아타나시우스가 예수는 인간이라고 주장하던 아리우스를 물리치고 교회의 정통 지도자로 인정받게 되었다.

아타나시우스는 여세를 몰아 당시 개별적으로 돌아다니던 기독교 문헌들 중에 27권을 선별하여 기독교 경전으로 정경화하는 일에 결정적 역할을 했다. 이어서 그는 367년 자기의 신학적 판단에 의해 '이단적'이라고 여겨지는 문헌들을 모두 폐기 처분하라는 명령을 내린다. 나그함마디 문서는 이때 이집트에 있던 기독교 최초의 수도원 파코미우스의 수도승들이 수도원 도서관에 있던 문헌들을 몰래 항아리에 넣고 밀봉한 다음 땅에 묻어놓았던 것이다.

22세에 옥스퍼드 대학교 교수가 되고 그 후 방대한 저술을 남긴 것으로 유명한 앤드루 하비 교수는 1945년에 발견된 이「도마복음」이 같은 해 일본 히로시마와 나가사키에 투하된 원자폭탄에 버금가는 신학적 폭발력을 가진 문헌이라고까지 평하면서 「도마복음」의 중요성을 강조하고 있다.

「도마복음」이 왜 그렇게 중요한가? 예수님의 짤막짤막한 어록 114개만으로 구성된 「도마복음」에 나타난 예수님은 우리가 지금 가지고 있는 복음서들에 나오는 예수님과 확연히 다른 '또 다른 예수'이기 때문이다. 「도마복음」에는 예수님과 관계되는 기적, 예언의 성취, 대속, 십자가, 부활, 종말, 최후 심판, 재림과 같은 이야기가 전혀 없다. 「도마복음」의 예수님은 4복음서의 예수님과 달리, 내 속에 빛으로 계시는 하나님을 아는 것, 이것을 깨닫는 '깨달음(gnosis)'을 통하여 내가 새 사람이 되고 죽음을 극복할 수 있다는 '비밀의 말씀'을 계속하고 있다. 처음부터 끝까지 내 속에 있는 하나님의 나라, 내 속에 계시는 하나님, 내 속에 있는 참나를 발견함으로써 해방과 자유를 얻고 새 생명으로 태어나라는 기본 가르침을 설파한다.

이런 깨달음을 얻는 것이 쉬운 일일까? 「도마복음」 제2절에 보면 "찾는 사람은 찾을 수 있을 때까지 계속해야 합니다. 찾으면 혼란스러워지고, 혼란스러워지면 놀랄 것입니다. 그런 후에야 그는 모든 것을 다스릴 수 있습니다"라고 했다. 지금껏 말씀을 읽을 때 문자적으로만 읽고 생각하던 사람들이 더 깊은 뜻을 알게 되면 일단은 당황할 정도로 혼란스럽고 고민스러워질 것이라는 의미다. 지금까지 당연한 것으로 여겨오던 통상적 견해들이 흔들림에 따라 '흔들리는 토대' 위에 선 것 같은 기분이다. 그러나 이런 초기의 혼란을 극복하고 말씀의 더욱 깊은 뜻을 깨닫게 되면 '놀랄' 수밖에 없다. 완전히 새로운 세계가 열린다. 그야말로 놀라운 은혜다. 이런 눈 뜸의 경지에 이르렀을 때 우리는 비로소 모든 것을 '다스릴 수 있는' 자유를 얻는다.

특히 「도마복음」을 읽을 때도 마찬가지다. 기독교에 대해 지금껏 표피적으로 이해하던 것과 완전히 다른 예수, 완전히 다른 구원관, 완전히 다른 신관, 완전히 다른 종말관 등을 가르쳐주고 있기 때문에 처음에는 어쩔 수 없이 혼란스럽겠지만, 열린 마음으로 받아들이면 결국에는 놀라움과 자유로움을 맛볼 수 있다는 이야기다.

한 절만 더 인용하자. 제3절에 보면 예수께서 말씀하시기를, "여러분들의 지도자들은 여러분에게 '보라. 그 나라가 하늘에 있다'고 하는데, 그렇다면 새들이 여러분보다 먼저 거기에 가 있을 것입니다……. 그 나라는 여러분 안에 있고, 또 여러분 밖에 있습니다"라고 한다. 일반적인 기독교인이라면 하늘나라가 하늘에 있다고 배운다. 그러나 「도마복음」의 예수님은 그 나라가 하늘에 붕 떠 있는 것이 아니라 우리 안에도 있고 우리 밖에도 있다고 가르친다. 하늘을 쳐다보며 그 나라가 언제 이를까 기다릴 것이 아니라, 우리가 바로 우리 안에 있는 하나님의 능력, 그의 원리, 그의 현존을 깨닫는 것이 중요하다는 뜻이다.

이상 두 절의 예에서 보듯이 「도마복음」의 예수님은 우리에게 깨달음을 통해 신앙의 심층으로 들어가 거기서 참된 해방과 자유를 누리기 바란다는 사실을 알게 되었다. 여기에 「도마복음」의 독특성과 심오함이 있다.[*]

---

[*] 「도마복음」의 해설을 보려면 오강남, 『또 다른 예수』(예담, 2009)와 김용옥, 『도올의 도마복음한 글역주』 2, 3권(통나무, 2010), 일레인 페이절스 지음, 권영주 옮김, 『믿음을 넘어서―도마의 비밀 복음서』(루비박스, 2006) 등을 참조할 수 있다.

참다운 길벗

결국 예수를 바로 믿는다는 것, 참된 기독교인이 된다는 것의 기본은 "나를 따르라"라는 예수님의 초청에 응해 그를 따르는 것이다.

예수님을 따른다는 것은 구체적으로 무슨 뜻인가? 그의 제자가 되는 것이다. 위에서 살펴본 것처럼, 많은 그리스도인뿐 아니라 류영모 선생님, 함석헌 선생님, 간디, 틱낫한 스님 등 비정통적 그리스도인 내지 비그리스도인도 예수님을 위대한 스승으로 모시고 그의 제자임을 자처하고 있다. 나 자신도 옆에서 누가 뭐라고 하든 나 스스로는 예수의 제자 중 한 명이라고 믿고 있다.

그러면 제자가 된다는 것은 구체적으로 무슨 뜻인가? 성서학자의 말에 의하면, 신약성서에서 누구의 '제자(disciple)'가 된다는 것은 무엇보다도 그와 '길을 함께 가는 것'을 의미한다고 한다. 예수님의 제자가 된다는 것은 예수님과 길을 함께 가는 것이다. 예수님의 '길벗'이 된다는 뜻이다. 항상 그와 함께 다니며 그에게서 배우고, 결국엔 그와 같이 되는 것이다.

예수 믿는 것을 이런 식으로 생각하는 것은 지금까지의 방법과 아주 다를 수 있다. 종래에는 내가 할 몫이란 그저 "믿습니다!!"만 외치는 것이었다. 나는 가만히 있고 예수님이 다 해주시는 것이다. 십자가를 '지고' 따르는 것이 아니라 십자가를 '타고' 가는 것이었다. 예수님의 보혈로, 예수님의 은혜로, 예수님의 힘으로.

진정으로 예수님과 함께 길을 간다는 것은 예수님이 그러하셨던 것처럼 예전의 나를 죽이고 새로운 나로 부활하는 엄청난 변화 (transformation)를 체험하는 것이다. 가만히 앉아서 입술로 고백만 하는 것이 아니라 일어서서 직접 그와 함께 길을 감으로 나도 이런 엄청난 변화에 동참하는 것이다. 예수님의 삶과 가르침에서 가장 두드러진 두 가지를 들라면 '길 감'과 '함께 먹음'이라 보는 성서학자가 많을 정도로 예수님과 길 감은 떼어놓고 생각할 수가 없다. 예수님도 길을 가신 분, 예수님이 가신 길, 우리도 그런 예수님과 함께, 예수님이 가신 그 길을 가는 것 ─ 이것이 예수 믿기의 핵심이다.

사실 거의 모든 종교는 자기들의 종교적 삶이 결국 '길을 감'이라 표현한다. '길', '도(道)', '순례', '귀향', '탈출', '반본환원(返本還元)', '복귀', '본향' 등등의 표현은 모두 종교적 삶이 이런 '여정(旅程)'임을 말하는 것이라 볼 수 있다. 유명한 종교학자 미르체아 엘리아데 (Mircea Eliade)마저도 모든 종교에서 찾을 수 있는 가장 근본적인 주제가 바로 '근원으로 돌아감'이라고 할 정도다. 그런 의미에서 '길 감'은 종교적 수행과 동의어라 해도 과언이 아니다.

'길 감'이란 무엇인가?

조지프 캠벨은 영적 모험을 감행한 동서양의 정신적 영웅이 간 길에 대한 여러 영웅담을 종합해보면 크게 네 가지 과정으로 이뤄져 있다고 한다. 1) 집을 떠나는 것, 2) 위험의 고비를 넘기는 것, 3) 궁극적목적을 성취하는 것, 4) 그리고 다시 집으로 돌아가는 것이다.* 우리

---

* Joseph Campbell, *The Hero with a Thousand Faces*(Princeton : Princeton University Press, 1972). 한국어로는 이윤기, 『천의 얼굴을 가진 영웅』으로 번역되었다.

가 말하는 '예수님과 함께 감'도 대략 여기에 맞추어 이야기할 수 있을 것이다.

1) 길을 간다는 것은 물론 우선 '집을 떠나는 것'이다. 집을 떠난다는 것은 어느 한 곳에서 다른 곳으로 옮긴다는 지리적인 뜻보다는 자기에게 익숙한 것, 인습적인 것, 일상적인 것, 영어로 해서 'conventional'한 것을 뒤로한다는 정신적인 뜻이 중요하다. 자기가 속한 집단이나 사회에서 당연히 여기는 고정관념, 상식적인 가치관, 통념 등에 만족하지 않고 더욱 의미 있고 깊은 것을 추구해서 집을 나서는 일이다. 영어로 'subversive(체제 전복적)'한 태도가 되는 것이다. 예수님이 '뒤집어엎는 지혜'를 가지고 있었다고 하는 마커스 보그의 주장은 바로 예수님이 이런 인습적, 통념적, 고정관념적 가치관, 무엇이든지 전통적으로 내려오는 것을 '당연시하는 세계관'에 만족하지 못했다는 의미다. 믿음의 길은 어쩔 수 없이 많은 사람이 가는 대로를 가는 것이 아니라 홀로 가는 오솔길, 외로운 길일 수밖에 없다.

2) 이렇게 집을 떠난다 하더라도 어디 분명히 정해진 곳을 향해 가는 것은 아니다. 아브라함처럼 "갈 바를 알지 못하고" 떠나게 된다. 웬만한 용기와 믿음이 아니고서는 엄두를 낼 수 없는 일이다. 사실 이렇게 큰 믿음과 용기를 가지고 떠났어도 수없이 엄습해 오는 두려움과 의심과 좌절감에 시달린다. "여우도 굴이 있고 공중의 새도 거처가 있으되 오직 인자는 머리 둘 곳이 없다"(마 8:20)라고 한 예수님의 심정이나, 다른 사람은 모두 집에서 즐겁게 잘 먹고 잘 사는데, 왜 나만 이렇게 정처 없이 떠나야 하는가, 왜 "나 홀로 빈털터리 같고, 바보 같고, 흐리멍덩한 것 같은가"(『도덕경』 제20장) 했던 노자의 마음과 같다.

대부분의 사람은 이런 경우 가던 길을 돌아서 집으로 가버리고 만다. '알지 못하는 것(the unknown)'에 대한 두려움과 의심, 그리고 다시 집으로 돌아가고 싶은 마음이 애굽의 고기 가마를 그리워하는 이스라엘 사람, 소돔 성의 영화를 못 잊어 뒤를 돌아본 롯의 처와 같은 이야기로 나타난다고 볼 수 있다. 신화적으로는 괴물이나 귀신 등이 나타나 위협하면서 가는 길을 막는 훼방으로 표현된다. 심리학적으로 말하면 아직 정신적 탯줄을 완전히 끊지 못한 채 유치증 상태에서 편안을 느끼려는 것이다. 이것이 이른바 영적 모험의 길에서 만나게 되는 위험, 시험, 유혹이다. 예수님이 받으신 세 가지 시험도 이런 성질의 것이라 볼 수 있다.

3) 오로지 영적 영웅, 믿음의 용사만이 이런 위험과 시험을 뚫고 이 길을 계속 간다. 그러다 마침내, 성서적 표현을 빌리면, 새 하늘과 새 땅이 열리는 체험을 하게 된다. 애굽의 노예 생활에서 나와 젖과 꿀이 흐르는 새 땅에 발을 디딘다. 바벨론 포로에서 풀려나 새 예루살렘으로 들어가는 체험이다. 좀 더 영적으로 표현하면, "성령이 내게 임하" 시매의 체험이기도 하다. 이것이 예수님이 세례를 받으실 때, 혹은 광야에서 40일간 금식하실 때 받으신 성령 체험이다. 옛 사람에서 새사람으로 탈바꿈을 한 것이다.

이제 세상을 보는 눈이 완전히 달라진다. 지금까지 당연히 여겨지던 것이 모두 다시 보이게 된다. 인습적, 상식적, 통념적, 통속적 가치관이나 세계관이나 윤리가 그야말로 완전히 뒤집혀 보이는 것이다. 자기의 이기적 이해관계에 얽혀서 보는 것이 아니라 세상을 있는 그대로 보는 힘이 생긴다. '실재(reality)'를, '진리(Truth)'를 직접 보게 된다. 실재와 하나가 되고 진리와 하나가 된 상태, 이분(二分)의 세계가 가고 하나의 세계에 들어선다. 조지프 캠벨에 의하면 'ultimate boon(궁극적 혜택)'을 얻는 일이요, "양극의 조화(coincidentia oppositorum)"를 체험하는 일이다. 너와 나, 피아(彼我)가 따로 없게 된다. 이런 의미에서 "내가 바로 진리라" 선언할 수도 있고 "천상천하에 나밖에 없다"라는 말도 가능하게 된다. 이것이 예수님이 도달한 경지요, 세상의 위대한 정신적 지도자들이 이르렀던 득도의 경지이다. 그야말로 '궁극 변화(ultimate transformation)'가 일어난 상태다.

4) 이런 경지, 이런 상태에 이른 사람은 자기만을 위해 살 수가 없다. 남을 위한 존재가 될 수밖에 없다. 나와 남의 구별이 없어졌기 때문이다. 이웃이 당하는 고통이 바로 나 자신의 고통이기 때문이다. 남과 고통을 함께함, 곧 'com-passion,' '자비'의 마음은 이런 경지에 이른 사람에게 이르는 자연스러운 귀결이다. 예수님이 '자비'를 실천하셨고, 그의 가르침이 '자비'의 가르침이었다는 것은 바로 이런 의미에서 하나도 놀라울 게 없다.

이렇게 '남의 고통을 나의 고통'이라고 여기는 사람은 결국 다시 집으로 돌아간다. 아직도 인습에 젖어 하루하루 아옹다옹 살아가는 사람을 직접 찾아가는 것이다. 찾아가서 괴로운 사람과 함께 괴로워하면서 괴로움이 없는 세상, 육체적으로나 정신적으로나 경제적으로나 정치적으로나 사회적으로 억울함이 없는 세상, 사람이 사람대접을 받을 수 있는 세상이 임하도록 힘쓸 수밖에 없다. 이것이 바로 '하나님의 선교(missio Dei)', '하나님 나라'를 건설하는 데 힘쓰는 일이다. 불교적으로 말하면 깨침을 얻은 다음 사람들을 돕기 위해 저자거

리로 돌아가는 '입전수수(入廛垂手)'다

이렇듯 숭고한 작업, 하나님의 일은 인습적, 통속적, 이해관계에 얽매인 기득권 세력에게는 위협이 될 수도 있다. 그런 세력에 굴하지 않는 자세, 예수님은 그것을 몸소 보여주셨다. 그의 십자가는 하나님의 일, 인류를 위한 일이라면 자기 한 몸을 사리지 않고 죽기까지 헌신하는 한 인간의 정신적 승리를 말해주는 인류사의 기념비적 상징이다. 이런 분은 죽어도 죽지 않는다. 우리 마음속에 살아계실 수밖에 없다. 이것이 바로 죽음과 부활의 신비다.

V. '지금·여기'에서의 mission

철수의 어린 시절

오늘 우리가 처한 상황에서, 의식 있고 성숙한 그리스도인으로 산다는 것은 무엇을 의미하는가? 그리스도인이 오늘 이 세상에서 할 일이 무엇인가? 다음은 그에 대한 대답의 취지로 쓴 글이다. 좀 유치하다고 생각될지도 모르지만, 거기 담긴 뜻을 음미할 수 있었으면 좋겠다.

철수는 일곱 살이 되어 재동(齋洞) 초등학교에 입학하게 되었다. 철수가 이 학교에 들어간 것은 순전히 이 학교가 자기 동네에 있다는 한 가지 이유 때문이었다. 전국에 있는 모든 초등학교를 면밀히 조사해서 이 학교가 모든 면에서 최고라는 확신을 가진 다음 택해 들어간 것이 아니라는 뜻이다.

들어가서 그때까지 알지 못하던 노래도 배우고, 재미있는 이야기도 듣고, 놀이도 하고…… 신이 났다. 자기 학교가 자랑스러웠다. 철수뿐 아니라 다른 친구들도 마찬가지였다. 모두 "재동 학교 최고!"라고 합창했다.

그 옆 동네에 있던 교동(校洞) 초등학교는 보나마나 '똥통 학교'였다. 그 옆 교동 학교가 무슨 학교인지, 어떻게 가르치는 학교인지, 화장실이 몇 개인지 알아볼 필요도 없고, 알아볼 의사도 없었다. 혹시 길을 가다가 철수 또래의 교동 학교 학생들을 만나면, "우리 학교 최고, 너희 학교 똥통!" 하며 놀리기도 하고, "너희 학교는 변소가 교실

보다 많다는데 도대체 몇 개냐?"하고 따져가며 자기의 주장을 증명하려 했다. 공부 시간에도 '우리 학교 최고, 남의 학교 똥통'이라는 진리를 어떻게 더욱 공고히 하고 더욱 널리 알릴까 궁리하고 토론하느라 시간을 보내는 일이 많았다

이런 초등학교 저학년 시절이 지나고 상급반 학생이 되었을 때, 철수는 서서히 자기의 단순하던 '처음 믿음'이 흔들림을 발견했다. '우리 학교 최고, 다른 학교 똥통'이라는 단순하고 명백하던 공식이 여러 면에서 꼭 맞아떨어지지 않는다는 사실을 알게 된 것이다. 이런 말은 자기가 가진 모교에 대한 개인적인 애정을 표현한 '사랑의 말'이지 영원불변하는 객관적, 통계적 진리에 대한 공식 선언 같은 것이 아님을 깨닫게 된 셈이다.

그래서 철수는 자기의 생각을 자기 학교 친구들에게 솔직히 고백하고, 그들과 의논했다. "이젠 '우리 학교 최고, 다른 학교 똥통'이라는 생각을 그만하자. 공연히 그런 걸 따지고 증명하려는 데 시간을 너무 허비했다. 이제부터는 그 대신, 어떻게 하면 학과 공부를 충실히 하고, 노래 운동 등 특기를 잘 살리고, 착하게 서로 돕는 어린이로 자라날 수 있을까 하는, 본질적인 문제에 신경을 쓰자. 쓸데없이 우리 학교만 잘났다고 우쭐거리면서 남의 학교 욕이나 하고 돌아다녀서 남의 비웃음을 사거나 남의 마음을 상하게 하는 등 평지풍파를 일으킬 필요가 뭐 있겠는가? 그러다 남에게 비웃음을 사면, 그것이 마치 진리를 위해 사는 사람들이 어쩔 수 없이 받아야 하는 핍박이라고 생각하지 말자. 그리고 한 걸음 더 나아가 가능하면 옆에 있는 다른 학교들하고 협력해서 우리 지역이 안고 있는 여러 문제를 함께 풀어나

가는 데 힘쓰자"등등의 제안을 했다.

몇몇 학생은 자기도 그 비슷한 생각을 하는 중이었다고 하면서 철수의 생각을 좋게 여겼다. 선생님 중에서도 물론 그것이 좋은 생각이라 여기는 분이 있었다. 더러는 이제 선생님과 학생 대표가 다 같이 모인 자리에서 한번 정식으로 이 문제를 거론하여 훌륭한 학생 됨의 근본이 무엇인지에 대해 모두 함께 더욱 깊이 생각하고 그 일을 위해 힘쓰도록 하자는 제안도 했다.

그런데, 일부 학생 사이에서 야단이 났다. 대부분 재동 학교에 금방 들어온 저학년 학생이었고, 또 고학년이 되었어도 아직까지 초등학교 저학년의 사고방식이나 그때에 설정된 고정관념, 특히 남이 나빠야 상대적으로 자기가 올라간다는 단순 논리 등에서 헤어나지 못한 학생들이었다. 그들은 외쳤다. "이제 와서 다른 학교가 똥통 학교가 아니라니 이게 무슨 소리냐? 처음 믿음, 처음 사랑을 버리는 것이 아니냐? 우리가 지금껏 지켜온 진리를 배반하는 것이 아니냐? '순수'를 저버리고, 똥통과 타협하는 것이 아니냐? 우리가 지금껏 스스로 믿고 또 다른 사람에게 전하던 것이 결국 우리 학교만 최고라는 진리의 기별이었는데, 이것을 버리면 우리의 존립 자체가 무의미해지는 것이 아니냐? 우리만 유일한 진리를 가지고 있다고 하는 기별을 전할 사명을 띠고 이 땅에 태어난 우리의 정체성은 어떻게 되는가? 다른 학교들이 똥통 학교가 아니라는 생각을 퍼뜨리는 철수 같은 학생이나 지도자는 뭔가 잘못된 사람이 아닌가?" 등등의 의문을 제기하고 나왔다. 더욱 놀라운 것은 K 선생님같이 스스로 교육에 대해서 모든 것을 알고 있다고 주장하는 몇몇 선생님도 이런 소란에 동참하여 같이 소리를 지르면서 이런 학생을 부추긴다는 사실이었다.

철수는 기가 막혔다. 자기가 이런 제안을 한 것은 순수냐 아니냐, 진리를 수호하다가 핍박을 받는 것이 두려우냐 아니냐, 진리를 떠나 세상과 타협하느냐 아니냐 따위의 문제와는 하등 상관이 없는 일이었기 때문이다. 중요한 것은 스스로 자라나느냐 자라나기를 거부하느냐, 새로운 빛에 스스로를 열어놓느냐 손바닥으로 하늘 가리기를 계속하느냐, 첫 단추가 잘못 끼워졌음을 알게 되었는데도 그것을 그대로 두고 잘 끼워진 것이라고 계속 고집하느냐, 철모를 때의 일을 솔직히 고백하고 그러기를 중단하느냐 등의 문제였기 때문이다.

그러나 철수는 현명한 아이였다. 당장 재동 학교가 세상에서 최고 학교라는 것을 문자대로 믿지 못하면 학교고 공부고 다 때려치우고 밖에 나가 깡패나 되겠다고 하는 친구에게는 그가 스스로 깨달을 때까지 계속 '재동 학교 최고'를 영원한 복음으로 가지고 있어도 된다고 해준다. 그러나 이미 그러지 않아도 될 만큼 트인 친구에게는 이제 그런 부담스러운 생각에서 벗어나 홀가분하게 살기를 권한다. 그뿐 아니라 우리가 가지고 있던 특수성만 강조하고 거기에만 온통 신경을 쓰기 때문에 생길 수 있는 부작용, 곧 '나만 나만'을 주장하는 상당히 전투적이고 오만스러운 학생으로 자라나는 대신, 초등학교 교육의 기본이 무엇인지 다시 심각히 검토하여 우선 건전한 초등학생으로서의 아름다운 인격으로 꽃피우는 데 힘쓰자고 권해본다.

이제 철수와 그의 친구들의 주된 관심은 초등학교 교육이 줄 수 있는 그 본래적 진수에 전념하는 일이 되었다. 초등학교 과정을 끝내고 중고등학교, 대학교 등에 진학하면서는 교육으로 얻을 수 있는 지적,

사회적, 인격적 발전을 극대화하고, 그 결과 사회와 인류를 위해 크게 공헌하는 훌륭한 학생이 되는 것으로 그들의 관심은 더욱 자라났다.

여담이지만, 우리가 어느 종교를 갖게 되는 것도 나의 의지와 상관이 없는 경우가 거의 대부분이다. 내가 만약 스페인에서 났으면 가톨릭 신자가 되었을 것이고 독일에서 났으면 개신교인이 되었을 것이고 이란에서 났으면 이슬람교인이 되었을 것이고 인도에서 났으면 힌두교인이 되었을 것이다. 자기가 거기 태어나서 그 종교인이 되었다는 사실 하나로 그 종교가 무조건 절대적으로 우월하다고 주장하는 것은 내가 백인으로 태어났기 때문에 무조건 백인이 우월하다고 주장하는 미국 남부 지방 KKK 단원들과 별반 다를 것이 없는 차별주의적 태도라 할 수 있다.

어느 신학자의 선교관

내가 존경하는 신학자 중에 폴 F. 니터(Paul F. Knitter)라는 분이 있다. 틸리히, 본회퍼, 루돌프 불트만(Rudolf Bultmann), 카를 라너(Karl Rahner) 정도의 계열에는 속한다 할 수 없겠지만, 현재 종교 다원주의, 종교 간의 대화, 다종교 사회에서 기독교가 할 사명(mission, 선교) 등에 관해서는, 존 힉, 한스 큉, 존 코브(John Cobb, Jr.) 등과 함께 세계에서 손꼽힐 정도로 열심히 쓰고, 다른 사람에게 지대한 영향을 끼치는 분이다. 나도 그의 책들을 내가 가르치는 '종교 다원주의'라는 과목의 교과서로 사용했다. 학회에서 만나 이야기도 하고, 편지 교환도 하고, 그가 보내준 원고 하나를 한국 독자를 위해 번역하여 『기독교 사상』지에 실은 일도 있다.

앞에서 마커스 보그의 신학적 변화 과정을 개괄하면서 한 그리스도인의 신관이나 예수관이 어떻게 바뀔 수 있는가에 대해 살펴보았는데, 이번에는 니터를 예로 들어서 다른 한 그리스도인의 선교관이 어떻게 변할 수 있는가를 알아보기로 하자. 이렇게 하여 우리가 지니고 있는 '선교'라는 개념이 어떤 것인가? 오늘을 사는 그리스도인으로서 가지고 있어야 할 선교관이 무엇일까? 하는 문제 등을 한번 곱씹어보는 기회로 삼고 싶다.

배타주의에서

니터는 로마에 있는 그레고리오 대학교에서 카를 라너의 지도를 받으면서 공부하고, 이어 가톨릭 신학자로서는 처음으로 독일 마르부르크 대학교 개신교 신학과에서 신학박사 학위를 받았다. 그가 1985년에 쓴 『오직 예수 이름만?』이라는 책은 지금 이 방면에서 하나의 고전으로 여겨지고 있다.* 니터는 그 후 연거푸 두 권의 책을 내었

---

* *No Other Name?: A Critical Survey of Christian Attitudes Toward the World Religions* (Orbis Books, 1985). 한국어로는 변선환 옮김, 『오직 예수 이름으로만?』(1987, 한국신학연구소)으로 출판되었다.

는데, 『하나의 지구 여러 가지 종교(*One Earth Many Religions*)』(1995)와 『예수와 또 다른 이름들(*Jesus and Other Names*)』(1996)*이라는 책이다. 이 두 책에 그의 '자전적 서문'이 들어 있기에 그것을 바탕으로 그의 선교관이 어떻게 변해왔는가 한번 보고자 한다.**

니터는 선교사가 되겠다는 결심으로 1958년 '말씀의 선교수도회(Societas Verbi Divini)'에 들어간다. 선교사가 되는 것이 바로 다른 사람을 염려하고 사랑하는 길이라고 믿었기 때문이다. 그러나 지금 와서 돌이켜 보면 그때 자기가 가지고 있던 '염려와 사랑'이라는 것은 친구 사이에서 볼 수 있는 종류의 것이 아니라 의사가 환자에게 베푸는 그런 형태였다고 한다. 그 신학교에서 하루에 다섯 번씩 기도를 하는데, 그때마다 "죄악의 어둠과 이교주의의 밤이 말씀의 빛과 은혜의 성령 앞에서 사라지게 하소서"라는 말로 하나님께 호소하는 내용이 있었다. '우리만' 말씀과 성령을 가지고 있고, '그들'은 죄악과 이교주의의 어둠 속에서 시달리고 있는 사람이었다. '우리'는 사랑을 실천하는 의사이고 '그들'은 앓고 있는 환자였다.

1950년대 말에서 1960년대 초 니터가 신학생으로 있을 당시 그는 세계 각지로 나갔던 말씀의 선교수도회 선교사들이 학교에 와서 보여주는 환등 사진을 보면서 '이들이 신학교에 다닐 때 매일 하던 기도를 곧이곧대로 실천하는 사람이 아니구나' 하고 느끼기 시작했다.

---

* 한국어판은 유정원 옮김, 『예수와 또 다른 이름들』(분도출판사, 2008).

** 니터는 이 밖에도 여러 책을 내었는데 그중 우리말로 번역된 것은 유정원 옮김, 『종교신학입문』(분도출판사, 2007), 이창엽·정경일 옮김, 『붓다 없이 나는 그리스도인일 수 없었다』(클리어마인드, 2011) 등이 있다.

이들이 하는 이야기에는 이교도의 '어둠'이나 '죄악' 등과 같은 것이 아니라 오히려 힌두교의 아름다움, 불교 예술의 신비스러움과 참선법의 심오함 등 좋은 면이 더 많았기 때문이다. 특히 그는 조지 프록시 신부가 지도한 인도 무용단의 무용을 보고 깊은 감명을 받았고, 이런 감명 때문에 심한 당혹감을 느끼지 않을 수 없었다.

그뿐이 아니다. 신학생 모두가 선교 대상국 중 한 나라를 택해 그 나라의 역사와 문화와 종교 등을 연구하여 보고하는 과제가 있었는데, 니터는 일본을 택했다. 처음으로 접한 일본 선불교의 가르침, 거기서 말하는 수련법이나 깨침의 경험 등은 자기가 지금껏 가지고 있던 종교라는 개념을 뒤흔들어 놓는 것이었다. 그에게는 정말 신기하고 신나는 일이었다.

1962년 신학대학을 졸업할 무렵에는 막연하나마 기독교만 빛이고 다른 모든 종교는 어둠이라는 종래까지의 배타주의적 고정관념이 뭔가 잘못된 것이로구나 하는 심증 비슷한 생각을 갖게 되었다. 그런 막연하던 생각이 로마로 가서 공부하는 동안 하나의 확고부동한 사실로 바뀌게 된다.

니터는 그해 10월에 시작된 제2회 바티칸 공의회 시작과 거의 동시에 로마에 있는 교황청 그레고리오 대학교에 도착했다. 우리가 아는 대로 그 당시 교황 요한 23세는 가톨릭교회 내에 파격적인 대개혁의 바람을 일으키기 시작한다. 특히 '타 종교에 대한 교회의 관계에 관한 선언'이란 문서에서 불교, 힌두교, 이슬람교 등에도 진리가 있을 수 있음을 천명했다. 이것은 니터를 감격시키기에 충분했다. 그는 가톨릭교회의 역사적 전환점을 바로 그 현장에서 목격하고 있었던 셈이다.

바티칸 공의회가 계속되고 있을 때 니터는 가톨릭 신학자 카를 라너에 대해서 배우고 또 직접 그에게서 수업을 듣기도 했다. 알려진 것처럼 라너는 제2차 바티칸 공의회의 신학적 기초를 놓은 사람이다. 이 독일 신학자의 강의를 들을 수 있었던 것은 그가 1965년 교황청 그레고리오 대학교의 객원교수로 초빙되어 왔기 때문이다. 그의 강의를 들으면서 기독교인은 이웃 종교를 '적합한(legitimate)' '구원의 길'로 여길 수 있을 그뿐 아니라 '반드시' 그렇게 여겨야만 한다는 말을 들었을 때 니터는 숨길이 탁 트이는 듯 신선한 바람을 느낄 수 있었다. 이것은 자기가 지금껏 기독교 이외의 이웃 종교에서 보아오던 사실과도 일치하는 것이요, 기독교만 유일한 진리의 종교라고 주장하던 기독교의 억지와 교만을 털어버리는 일이기도 했기 때문이다. 이제 이 문제를 좀 더 본격적으로 공부해보고 싶었다.

다원주의로

로마에서의 공부를 마치고 니터는 독일로 갔다. 카를 라너 밑에서 가톨릭 신학자들이 이웃 종교에 대해 어떤 태도를 가지고 있었던가 하는 문제를 가지고 박사학위 공부를 하기 위해서였다. 한 반년이 지났는데, 로마에서 누가 그와 똑같은 제목으로 쓴 학위논문을 출판해버렸다. 바티칸 타 종교 사무국장의 충고에 따라 그는 개신교 신학자들이 타 종교에 대해 어떤 태도를 취했던가 하는 문제로 연구 과제를 바꾸고 마르부르크 개신교 신학과로 간다. 거기서 쓴 논문에서 니터는 독일 개신교 신학자들이 카를 바르트의 배타주의적 태도를 완전히 극복하지 못하고 있다는 사실을 지적하고 비판했다. 몇몇 온건한 개신교 신학자가 보이는 태도, 곧 이웃 종교에 계시가 있다는 것까지는 인정하지만 구원이 있다고는 할 수 없다는 태도는 이웃 종교인을 이해하려는 그들의 노력이 조금 가다가 만 것에 불과하다는 결론을 내렸다.

이것은 물론 니터가 카를 라너의 입장에 서서 개신교 신학자를 비판한 것이다. 그러나 니터 자신도 라너의 입장 자체에 제약성이 있다는 것은 미처 깨닫지 못하고 있었다. 라너의 입장이란 '익명의 그리스도(anonymous Christ)'라는 이론이다. 이웃 종교의 사람은 그들 나름대로 부처님이나 알라나 시바 등의 신을 모시고 살아오고, 또 이런 종교를 통해서도 구원을 받을 수 있지만, 이들이 믿어오던 것은 사실 '그리스도'로서, 이런 신들은 그리스도의 다른 이름에 불과하다는 것이다. 따라서 이웃 종교는 '익명의 그리스도교'요, 이웃 종교인은 '익명의 그리스도인'이라는 이론이다. 이웃 종교에도 이렇게 익명으로서의 계시나 구원이 있지만 이것이 결국 그리스도와 복음을 통해서 '완성'되어야만 한다는 주장이었다.

그런데 니터가 독일에서 공부하고 있을 때 파키스탄에서 유학 온 라임이라는 학생을 만나 친하게 되었다. 그는 독실한 이슬람교도로, 화학을 전공하는 사람이었다. 이 학생은 자기의 신앙에 만족하고 있었고, 또 윤리적으로도 니터가 아는 어느 그리스도인보다 뛰어나 보였다. 이런 친구를 놓고, 너의 신앙은 기독교를 통해 완성되어야 한다고 말할 수가 없었다. 이슬람교가 기독교에 의해서 완성되어야 한다면, 그와 똑같이 기독교도 이슬람교에 의해 완성되어야 하는 것이라고 믿게 된 것이다. 신학적으로 보아 그의 눈에는 라임이 구원받은 것이 확실하게 여겨졌고, 따라서 이런 사람을 두고 '익명의 그리스도인'이라 말할 수는 없는 노릇이었다. 라너의 신학적 입장에 의심이 가기 시작한 것이다.

1972년 시카고에 있는 가톨릭 연합신학교에서 가르치기 시작하면서 그 의심이 더욱 심화되기 시작했다. 특히 불교와 힌두교 등을 가르치기 시작하면서 이 종교들을 더욱 심도 있게 이해하게 되었다. 니터는 존 던(John S. Dunne)이 말한 '넘어가 봄(passing over)'과 '되돌아옴(coming back)'의 과정을 밟게 된 것이다. 1975년 오하이오 신시내티에 있는 제이비어 대학교로 자리를 옮기고서도 계속 세계 종교들을 가르쳤다. 이런 중에 니터는 이제 스스로가 카를 라너의 신학적 입장을 완전히 넘어서 있음을 발견하게 되었다.*

라이문도 파니카(Raimundo Panikkar), 토머스 머턴 등의 사상가, 한스 큉 같은 신학자의 사상을 접하면서, 힌두교도나 불교도와 더욱 깊은 개인적 접촉을 가지면서, 그리고 조용히 참선을 실천하면서, 니터는 이웃 종교를 더욱 깊이 체험적으로 이해할 수 있었다. 한 가지 예로 불교의 '무아(無我)'의 가르침을 통해 "내가 그리스도와 함께 십자가에 못 박혔나니 그런즉 이제는 내가 사는 것이 아니요, 오직 내 안에 그리스도께서 사시는 것이라"(갈 2:20)라고 한 바울의 말씀을

* 니터 교수는 제이비어 대학교 정년 퇴임 후 미국의 신학 명문인 뉴욕 유니언 신학대학원의 '신학, 세계종교, 문화' 분야의 '폴 틸리히 석좌교수'가 되었다. 서울 새길교회 정경일 박사는 이곳에서 니터를 지도교수로 하여 박사학위를 받았다.

더욱 의미 있게 이해할 수 있었던 것이다.

1985년에 나온 책『오직 예수 이름만?』에서 그는 신의 그 '엄청난 신비스러움'은 예수님이나 그의 기별을 통해서만 나타날 수 있는 것 이상이라는 것, 다른 종교인도 이 엄청난 신비스러움에 그들 나름대로 이해하고 반응했다는 것, 따라서 다른 종교가 일방적으로 기독교에 흡수되어야 하는 것이 아니라, 여러 종교가 다 같이 협력하여 그 무한한 신비, 그 엄청난 진리를 함께 발견해가도록 노력해야 한다는 것을 강조하기에 이른다.

니터의 이런 신학적 변화를 요약하면, 처음 그가 가졌던 '배타주의(exclusivism)'에서 카를 라너의 '포용주의(inclusivism)'로 넘어갔다가 마지막으로 '다원주의(pluralism)'에 귀착된 것이다. 물론 그의 신학이 여기에서 종지부를 찍은 것은 아니다. 어느 누구도 평생 한 가지 생각만 가지고 살 수는 없다. 물론 최종적인 신학적 입장이란 것도 없다.

1986년에 그는 존 힉과 함께 편집한『기독교의 독특성이라는 신화: 다원주의적 종교 신학을 위하여(*The Myth of Christian Uniqueness: Toward a Pluralistic Theology of Religions*)』라는 책을 냈다. 이 책에 실린 논문에서 니터는 다원주의 시각에다가 다른 한 가지 신학을 접합한다. 1983년부터 중미 엘살바도르에서 온 난민 학생 둘을 만나면서 그의 신학에 새로운 지평이 열렸던 것이다. 난민 학생을 돌보면서 중남미 난민 구제 운동에 참가하고 그 일로 다음 5년간 여름마다 엘살바도르와 니카라과를 방문했다. 이런 일련의 경험을 통해 '해방신학'을 접하게 되고 이 신학을 통해 종교의 의미, 예수님의 신실한 제자가 된다는 것의 의미를 새롭게 발견한다. 그러고 나서부터 기독교와 이웃

종교와의 관계를 이야기할 때 해방신학과의 연관성을 떠나서는 말할
수 없게 되었다.

그 후 그는 1991년 인도에 가서 반년 정도 안식년을 보냈다. 인도
의 가난과 고통을 목도하면서 종교가 할 일이 무엇인가 생각해보지
않을 수 없었다. 이제 중남미나 인도의 정황을 보면서 종교 간의 대화
라는 문제가 새로운 의미를 갖게 된 것이다. "남의 종교를 이해하라,
남의 종교도 나의 종교와 같이 존중하라"라는 등의 말이 하나의 이론
문제만이 아니었다. 이제 모든 종교는 종교 다원주의 원칙을 실생활
에 적용하여, 다 함께 세상과 세상에 사는 사람이 당면하고 있는 여러
가지 문제와 아픔을 해결하는 데 힘을 합해야 한다는 생각에 이른 것
이다.*

지구적 책임

니터는 이렇게 모든 종교가 이제 세계의 고통을 더는 일에 협력해
야 한다는 생각을 갖게 되었는데, 이때 인간이 당하는 고통뿐만 아니
라 지구 자체, 그리고 지구 상에 있는 모든 것이 겪고 있는 고통도 함
께 고려해야 한다고 강조한다. 해방을 말할 때 생태계와 인간의 해방
을 같이 말하지 않을 수 없다는 것이다. 물론 이론적으로나 논리적으
로 환경문제가 절박한 과제임은 책을 통해 익히 알고 있었지만, 그것

---

* 이런 생각을 그는 'soterio-centric'이라는 말로 요약한다. 사회 구제 중심적이란 뜻으로, 모든
종교는 사회 구제를 위해 협력해야 한다는 주장이다.

이 체험적으로 뼈에 사무치는 문제로 부상하게 된 것은 북미 인디언 종교에 접하면서라고 했다.

니터는 1993년 6월에 있었던 북미 원주민 모임에 참석해서 지구와 자연을 신성(神性)의 임재로 보는 그들의 경건한 태도에 깊은 감명을 받게 된다. 이제 종교 간의 대화는 반드시 해방을 목표로 해야 하고 이런 해방에는 반드시 지구의 해방도 포함되어야 한다는 사실을 더욱더 절감하게 된 것이다.

니터는 자기의 이런 생각이 한스 큉의 생각과도 일치하는 것이라는 사실에 용기를 얻었다. 큉은 그의 책 『지구적 책임: 새로운 세계 윤리를 찾아』*에서 경제적 불의, 환경오염, 군사 대결, 정치 억압 등 이 세상이 당면하고 있는 심각한 위기에 대처하기 위해, 세상 모든 사람이 공감할 수 있는 최소한의 '지구윤리'가 있어야 한다고 생각하고 이 일을 위해서는 세계 각 종교의 참여가 불가결함을 역설했다. 그는 1993년 9월에 열렸던 시카고 세계종교박람회에서 세계 각 종교를 대표해서 참석한 많은 사람과 함께 일종의 '지구윤리 장정(章程)'을 채택하기에 이르렀다. 니터는 이런 윤리를 어떻게 적용할 수 있을까 하는 문제에서는 큉과 견해를 달리하지만, 이렇게 '지구적 책임'이라는 문제에 있어서만은 같은 생각이었다.

물론 니터 자신도 이렇게 지구와 인류의 고통을 덜어주는 일을 위해 대화하고 협력한다는 것이 그렇게 간단하지 않음을 누구보다 잘

---

* Hans Küng, *Global Responsibility: In Search of a New World Ethics* (1991, revised ed., Wipf & Stock, 2016).

알고 있었다. 책이나 직접적인 만남을 통해 이웃 종교와 대화할 때 이들 종교 간에 얼른 보기보다 더욱 깊은 골이 있음을 발견한 것이다. 따라서 무턱대고 종교는 본질적으로 다 똑같다든가, 어떤 보편적인 종교를 추출해낸다든가 하는 것은 불가능한 일임을 깨달을 수밖에 없었다.

그러나 니터는 각 종교가 이렇게 넘나들 수 없을 정도로 다르다고 하는 바로 그 때문에 우리와 다른 종교가 그만큼 더 우리를 사로잡고, 그만큼 더 우리가 그들에게서 배울 것도 많다는 사실을 함께 절감한다. 아무튼 니터는 이제 모든 종교가 다 함께 인류 공동의 문제, 공동의 목표를 향해 걸어가고 있는 '길벗들(fellow travelers)'로서 이 세상의 고통을 줄이는 일에 함께 힘쓰는 사람, 힘써야 하는 사람이라는 확신을 갖게 된 것이다.

이런 확신을 다른 사람에게 알리는 것. 이것을 니터는 일종의 '선교사업(mission)', '사명'이라 생각한다.* 따라서 그는 자기가 신학자이면서 또한 선교사이기도 하다는 사실을 역설한다. 학문이라 해서 가치중립적인 객관적 사실의 나열일 수만은 없다는 것이다. 자기가 확신하는 것을 사람들에게 알리고 그들과 함께 길을 가려는 마음에서 저술 활동을 계속하는 것이라 고백한다.

니터는 자기의 확신을 신학자나 종교학자들에게만 이야기하고 이에 관련되는 문제를 오로지 학문적으로만 다루는 데 만족할 수 없다고 생각했다. 전통적으로 기독교만 유일한 종교로 알고 살아온 많은

---

* 영어로는 'mission'이 '선교'라는 말과 '사명'이라는 뜻을 동시에 내포하고 있다.

기독교 평신도들, 이들이 주위에서 발견하게 되는 이웃 종교의 실재를 어떻게 이해하여야 할까, 그리고 지금껏 배워온 종교적 진리가 오늘 우리가 당면한 정치 사회 문제나 생태계 문제에 어떻게 적용될 수 있는가 하는 등의 문제를 놓고 고뇌하는 일반 평신도에게도 자기의 생각을 나누어주어야 한다는 생각이다. 니터는 지금껏 학자들이 자기들끼리만 알아들을 수 있는 말로 자기들끼리만 말을 너무 많이 해왔다고 자책한다. 인간이라면 누구에게나 해당되는 이 중대한 문제를 다루는 데 비전문가를 제외하고 자기들끼리만 말한다는 것은 어느 의미에서 허송세월일 수 있다. 이제 학자 아닌 사람도 알아들을 수 있는 말로 이야기할 필요가 있음을 절감한 것이다. 학자의 말이 학계에서만 문제 되는 것이라면 그 학자는 자기의 할 일을 다 하지 못한 것이라 보았다.

니터의 이런 생각에 나도 전적으로 동감이다. 내가 이런 글을 계속 쓰고 있는 것도 결국은 학자 사이에서만 오가는 생각과 토의 사항을 일반인도 알아듣게 하기 위해서다. 나도 글을 쓸 때나 이야기할 때 언제나 나의 형님 누님들, 그리고 내 주위에 있는 사람의 얼굴이 눈앞에 어른거리는 것을 느낀다. 우선 이런 분이 알아들을 수 있는 말로 해야 한다고 생각한다. 니터는 자기의 이런 입장을 '선교사'의 입장이라고 하지만, 나는 나의 이런 생각이 내가 한평생 해오고 있는 '선생 노릇'의 연장이라 생각한다. 물론 형님이나 누님들에게 선생 노릇 한다는 뜻은 아니지만.

아무튼 니터는 두 권의 책을 통해서, 이웃 종교를 인정하는 것이 결코 기독교 신앙을 희석시키는 일이 아니라는 것, 예수님이 '진정으로' 하나님의 계시이지만 '유일한' 계시라 생각할 필요가 없다는 것, 예수님이 상징적으로 말씀하신 '하나님 나라'의 건설을 위해 힘쓰는 것이 그리스도인의 선교(사명)라는 것, 하나님 나라의 건설은 생태계와 인간의 안녕을 증진하는 일이라는 것, 이런 일을 이루는 것은 여러 종교의 협력 없이는 불가능하므로 종교 간의 대화와 협력이 불가피하다는 것, 따라서 종교 간의 대화가 곧 선교라는 것 등을 역설하고 있다.

교회는 강아지 훈련소가 아니다

현재 세계적으로 기독교인의 숫자는 감소 추세를 보이고 있다. 한국만 예외적이어서 지난 몇십 년간 계속 증가 일로에 있었는데, 최근 통계에 의하면 한국에서도 감소 추세라고 한다. 이런 전반적인 기독교인 수의 감소 추세를 놓고, 이를 걱정하거나 슬퍼하는 사람이 있다.

한국 시골에 살 때 5일 장이 생각난다. 한길 가에 있던 우리 집에서는 장이 서는 날이면 주위 여러 동리에서 쌀이랑 포목 등 장에 나가서 팔 농산물이나 가내 수공업품을 지게에 지거나 머리에 이고 장에 갔다가, 고무신이랑 고등어 등 공산품이나 수산물을 사 가지고 돌아오던 많은 사람을 볼 수 있었다. 물론 별 볼일 없는 사람도 국밥이나 한 그릇 먹고 오는 재미로 '친구 따라 지게 지고' 장에 나갔다가 오는 경우도 있었다.

이제 세상이 많이 바뀌고 생활 습관, 상업상의 관행도 바뀌었다. 백화점, 슈퍼마켓이 생기고 인터넷 판매까지 등장하는 마당인데도 아직까지 장터로 사람이 계속 몰려들 것을 기대할 수 있겠는가? 그 장터가 시들해지고, 결국 없어진다고 우리나라 상업이 망하고 없어지는 것인가?

우리 어린 시절 시골에 유랑극단이 자주 왔다. 모두 거기서 위로와 웃음을 찾고 잠시나마 삶의 시름을 놓을 수 있었다. 유랑극단은 그것대로 할 일을 잘해내고 있었다. 시대가 바뀌어 유랑극단을 찾는 사람의 발길이 뜸해지기 시작했다. 극장이 들어서고 영화관이 들어서고, 텔레비전이다 전자오락이다 컴퓨터 게임까지 등장하는 판국에 유랑극단을 찾는 사람의 발길이 뜸해지다가 결국 끊겨버리더라도 어쩔 수 없는 현상이다. 그렇다고 유랑극단이 사양길에 섰음을, 그리고 그것은 예술계의 종말을 의미한다며 슬퍼하고만 있어야 하는가? 유랑극단에 오지 않는 사람을 불쌍히 여기거나 원망하고 있어야 옳은가?

시대는 급속도로 눈부시게 바뀌는데 옛 관행을 답습하고 있는 5일장, 유랑극단, 교회가 그 자리를 그대로 유지해야 할 특별한 이유가 없다. 거기다 사람들을 영원히 묶어놓아야 할 필요도 의무도 없다. 이런 제도나 풍습이 진정으로 할 일이 남아 있다면, 낡은 관행으로써는 거기 찾아오는 사람의 필요에 충분히 응해줄 수 없음을 절감하고 스스로 체제를 바꾸든지, 그렇게 할 재주가 없으면 사람들이 딴 곳에서 그런 만족을 찾을 수 있도록 놓아주고 안내하는 일일 것이다.

교회에 꼭 사람이 많이 있어야 좋다는 고정관념이 문제이다. 교회에 사람을 많이 모아놓고, 언제까지나 붙들어 놓은 채 생각을 좁아터지게 만들고, 옹고집쟁이로 만들고, 교리상이나 교회행정상의 사소한 문제로 서로 싸우는 일에 능숙한 사람으로 만들고, 교회에 갔다 오거나 교회 일만 생각하면 골치 아프게 한다면, 그런 교회에 다니는 것이 뭐가 그리 대수고, 그런 종교 생활을 이어가는 것이 뭐가 그리 대단한가?

일부 왕창왕창 커져가는 교회를 부러워할 필요가 없다. 물론 대형 교회라고 다 나쁘다는 것은 아니지만, 사람의 지적 도덕적 영적 성장을 저해하는 교회가 바로 그 이유 때문에 계속 커지고 있다면 심각한 문제로 보지 않을 수 없다. 영화관, 텔레비전, 컴퓨터 게임이 등장하지만 사람의 눈을 가리게 하여 그런 것이 있다는 사실조차도 모르게 하거나 그런 것은 모두 사탄의 기만이니 절대 곁눈질하지 말라고 윽박질러 계속 흥청흥청하는 유랑극장이 있다면 그것은 결코 바람직한 흥청거림이라 할 수 없다.

한국의 예에서 보듯이 이런 지적, 영적, 도덕적 성장을 막는 교회가 아무리 커져서 아무리 많은 수의 교인을 확보한다 하더라도, 그 많은 수의 교인 때문에 한국 사회가 좀 더 정의롭고 평화롭고 화기애애한 사회로 탈바꿈하는 데 도움이 되느냐 하는 것과는 거의 상관이 없기 때문이다. 오히려 잘 믿어서 혼자 잘살게 될 것으로 착각하고, 잘 믿어서 자기들만 천당 갈 것으로 꿈꾸는 사람 때문에 더욱 극심한 물질 중심주의, 이기주의, 과시 제일주의의 사고방식이 팽배해지는 것이 현실 아닌가? 쓸데없이 사람을 내 편 네 편, 구원받은 사람과 구원받지 못한 사람 등으로 나누어 분열과 위화감만 조장하게 된다. 한국과 캐나다에서 오랫동안 종교학을 강의하신 정대위 박사님이 내게 하신 말씀, "어느 면에서 교회가 많다고 하는 것은 부끄러워해야 할 일"이라는 데 슬프지만 동감하지 않을 수 없다.

교회의 성공을 교인의 머릿수로 판단하는 것은 어리석은 짓이다. 초등학교 학생 수가 대학원 학생 수보다 많다고 하여 초등학교가 대학원보다 더 성공적이고 더 훌륭하다고 말할 수 없는 것과 같은 이치다. 성공한 초등학교란 사실 학생을 잘 가르쳐 빨리 졸업하여 중고등학교, 대학교로 계속 진학하도록 도와주는 것이다. 들어오는 학생을 끝까지 가두어두고 학생 수만 늘리는 학교란 사실 가장 실패한 학교인 셈이다. 교회도 성공적인 교회라면 교인이 계속 자라나 목사나 교회의 도움을 더 이상 필요로 하지 않을 정도의 독립적 사고, 독립적 믿음을 갖도록 해주는 곳이어야 한다. 숫자가 적다고 물론 다 성공적인 교회는 아니지만, 이런 활동 때문에 숫자가 적은 교회는 진정한 의미로 성공적인 교회라 할 수 있다. 극단적으로 말해 정말로 교회가 비었다고 하자. 내가 보기로는 빈 교회가 차라리 머리가 빈 사람으로 가득 찬 교회보다 낫다. 빈 교회는 적어도 많은 사람을 끌어모아 그들의 머리를 비게 하는 짓은 하지 않을 것이기 때문이다.

성공한 교회, 잘되는 교회를 오로지 사람 머릿수로만 보는 것은 천박한 물질주의적 가치에 입각한 상업적 발상이다. 머리가 무슨 생각으로 찼는가, 머리가 건강한가, 머리가 온전해서 정말 사람다운 사람 노릇하면서 사는가 등의 문제에는 관심도 없고 오로지 비었든 썩었든 머릿수만 많으면 장땡이다. 종교의 핵심을 '숫자놀음'으로 보는 태도다. 이른바 '교회성장학'의 허구성이 바로 이런 데 있는 것이다. 노벨 문학상을 받을 만큼 훌륭한 소설이 중요한 것이 아니라 삼류 소설을 쓰든, 저질 만화책을 내든, 심지어 포르노 잡지를 내든 많이만 팔리면 장땡이라는 발상이다. 교회에 만연한 이런 상업주의적 발상이 예수님의 정신과 무슨 관계가 있을까? 이런 교회에 과연 예수님이 계실까?

폴 틸리히가 말했듯이 예수님이 "수고하고 무거운 짐 진 자들아 다 내게로 오라. 내가 너희를 쉬게 하리라"(마 11:28)라고 초대했을 때 예수님이 약속한 쉼은 그가 새로운 종교를 창설하고 그것을 '가벼운 멍에'로 씌어주려는 것이 아니라, '종교 자체로부터의 해방'을 의미한 것이었다. 우리를 얽매는 종교는 궁극적으로 우리에게 참된 자유를 주려고 하는 종교 본연의 목적과 정면으로 상충하는 것으로서, 이제 그 존립 이유가 뿌리째 흔들릴 수밖에 없다. 이런 종교에 사람의 발길이 뜸하다고 하여 걱정하거나 슬퍼할 필요가 있겠는가?

학자들의 연구에 의하면 교회가 성장하기 위해서 갖추어야 할 필수 조건으로 대략 1) 교리의 절대화, 2) 획일적인 행동강령, 3) 무조건적인 복종, 4) 철통같은 소속감과 헌신, 5) 전도열 등의 요소가 있다고 한다. 이와 대조적으로 교인이 줄어드는 교회는 주로 다양성과 개성을 존중하고, 자주적인 사고로 사물을 비판적으로 보도록 권장하고, 외부와 자유롭게 대화하며, 각자의 영적 체험이나 통찰을 다른 사람에게 강요하지 않는 태도를 지닌 교회였다.*

---

* Bruce Bawer, *Stealing Jesus: How Fundamentalism Betrays Christianity*(Braodway Books, 1998), p. 134 이하 참조. Dean M. Kelley, *Why Conservative Churches Are Growing: A Study in Sociology of Religion*(1995), Roger Finke and Rodney Stark, *The Churching of America, 1776-1990: Winners and Losers in Our Religious Economy*(1992), 같은 저자들의 *Acts of Faith: Explaining the Human Side of Religion*(2000), Thomas C. Reeves, *The Empty Church*(1996) 등의 연구 참조.

머릿수 증가를 최고의 목표로 한다면 차라리 강아지 훈련소를 차리는 것이 훨씬 효과적이라는 결론이다.

하룻강아지 진리 무서운 줄 모른다

이런 판국인데도 아직도 상당수의 기독교인, 특히 한국의 경우 절대 다수의 기독교인이, 기독교 아니면 안 된다고 주장하고 있다. 하나님과의 독점 계약에 따라 우리만의 전유물이 된 진리를 가르쳐 주겠다고 뭇사람을 설득하다가 혹 한 사람이라도 우리 말을 듣고 우리 교회에 나오게 되면 그 사람은 드디어 '진리'를 찾고 '진리 교회'에 들어오게 되었다고 좋아하지 않는가?

그럴 때마다 "하룻강아지 범 무서운 줄 모른다"라는 속담이 생각난다. 금방 태어난 강아지가 살벌한 동물 세계의 현실과 서열을 어떻게 알겠는가? 자연히 이런 무지와 무식에 힘입어 강아지는 범이 와도 천연스럽고, 심지어 범에게 깡충깡충 대들 수 있는 배짱까지 갖게 된다.

절대적인 확신과 독단은 무지한 자의 특권이다. 우리만 진리를 알고, 우리 교회만 진리 교회라는 그 착각과 오만은 무지하고 무식한 사람이 아니고는 도저히 누릴 수 없는 신성불가침의 특권이다.

도대체 진리가 무엇인가? 한마디로 우리는 궁극적으로 진리가 무엇인지 모른다. 그러나 진리가 그렇게 호락호락 잡히거나 소유되거나 독점되거나 할 무엇이겠는가? 진리는 수학 공식이나 물리학의 원리가 아니다. 심지어 까다로운 수학 공식 하나도 제대로 이해하지 못하고, 물리학의 기초 원리 하나도 정확히 파악하지 못하는 우리 머리로 우주의 철리(哲理), 그것도 '진(眞)'정한 '이(理)'치를 다 깨달았다고 주장하는 것은 너무나 엄청난 착각이 아닐 수 없다. 이런 사실에도 불구하고, 진리를 전한다고 열을 올리면서 쌍쌍이 집집을 방문하는 사람을 대할 때마다, 그들의 진지한 확신과 열성에 감탄을 하면서도, 이렇게 너무나도 엄청난 착각, 그 대담무쌍함에 더 큰 경탄을 금치 못한다. "착각은 자유"라지만 이렇게 끝없는 착각의 악순환만이 계속되어야 하는 걸까?

노자 『도덕경』 56장에 보면 "아는 사람은 말하지 않고, 말하는 사람은 알지 못한다(知者不言 言者不知)"라는 말이 있다. 진정으로 진리가 무엇인지, 그 깊고 신비스러움을 어렴풋이라도 아는 사람이라면, 그 엄청난 진리를 말로 표현할 수 없음을 절감하고, 차마 함부로 진리가 이렇다 저렇다 말을 하지 못한다는 것이다. 그러나 이런 엄청난 진리 근처에도 가보지 못한 사람일수록 자기의 작은 머리로 깨달은 무엇을 마치 진리 자체인 양 착각하고, 이것이 진리다 저것이 진리다 계속 떠들어댄다. 이렇게 자기가 진리를 찾았다, 소유하고 있다면서 겁도 없이 떠들고 다니는 사실 자체가 진리에 대해 그가 얼마나 무지한가를 웅변해주는 가장 확실한 증거다.

사실 이런 생각은 『도덕경』에서만 찾아볼 수 있는 것이 아니다. 힌두교의 경전 『케나 우파니샤드』에도 궁극 진리로서의 브라만은 "아는 사람에게는 알려지지 않고, 알지 못하는 사람에게는 알려지는 것"이라고 했다. 6세기경에 쓰였다고 여겨지는 기독교 신비가 위(僞)디오니시우스(Pseudo-Dionysius)의 『신비 신학(*Mystical Theology*)』에서도 궁극 실재로서의 신은 '앎을 버림(unknowing)'을 통해서만 알 수 있을 뿐이라고 했다.

앞에서도 이야기했지만, 스스로 지질학자라고 자처하면서, 자기 집 뒷마당이나 조금 파보고, 지구에 대해 알 것을 다 알았다고 만용을 부리는 사람은 없다. 기독교의 가르침 한 가지만을 훑어보고, 그것으로 진리를 다 터득했다고 큰 소리를 치는 사람은 어이 그리도 많은가? 더욱이 한국인의 경우 우리 집 뒷마당도 아니고 남의 집 뒷마당이나 파보고, 더 정확히 말해, 남의 집에 사는 사람이 파놓은 흙무덤이나 약간 뒤적거려보고, 지구뿐 아니라 우주에 대해 다 알고 있다고 만용을 부리는 경우가 많지 않은가?

이제 우리 모두 진리 앞에서 좀 더 겸허해져야겠다. 인류는 모두 진리를 찾아가는 길에 서로 없어서는 안 될 '길벗'이라 생각하고 서로의 의견에 성실하게 귀 기울이는 자세를 취해야 하겠다. '나는 부자라, 부유하여 부족할 것이 없다'는 태도가 아니라, 마음을 가난하게 하고 마음을 굶기는 심재(心齋)의 자세를 취함으로써, 그 열린 마음, 그 조용한 관조(觀照) 속에, 아련히 비쳐 오르는 진리의 심연에 접하는 기쁨을 맛볼 수 있도록 해야겠다.

여기서 한 가지 덧붙인다. "우리만 절대 진리를 가지고 있다"라는 말을 들으면, 언뜻 예전에 일어난 아주 흥미로운 사건이 생각난다. 한때 〈세계의 내일(World Tomorrow)〉라는 텔레비전 프로그램과 『확실한 진실(*The Plain Truth*)』라는 무료 잡지를 통해서 북미에 많이 알려진 교회, 허버트 암스트롱(Herbert Armstrong)이라는 사람이 세운 'Worldwide Church of God'이란 교회가 있다. 한국말로 '온누리 하나님의 교회' 쯤으로 번역될 수 있을 것 같은데, 이 교회가 한국에도 들어갔는지 모르겠다.

아무튼 이 교회 창시자 허버트 암스트롱은 안식일 교회와 여호와의 증인 교회를 왔다 갔다 하다가 이 두 종파에서 배운 것을 기초로 해서 1933년 미국 오리건에 자신의 교회를 하나 세웠다. 안식일을 지키고 돼지고기 등 부정한 음식도 안 먹고, 「다니엘」서와 「계시록」을 연구해서 얻어낸 예수의 재림에 관한 예언을 가장 중요한 가르침으로 삼으며 임박한 예수의 재림을 전파하는 데 최선을 다하던 종파였다.

이 교회는 다른 종교는 말할 것도 없고 기독교 내에서도 자기네만 하나님의 참된 '진리 교회'요, 다른 모든 교회는 '바벨론의 음녀'이거나 그 '음녀의 딸'이라 정죄했다. 그러다가 1986년 창시자 암스트롱이 죽고 제2대 총회장을 거쳐, 1995년에 제3대 총회장이 된 조지프 트캐치(Joseph Tkach)는 교리 개혁 위원회를 구성하고 자기들의 공식 교리를 검토하기 시작했다. 이 일을 위해 그는 믿을 수 있는 친구 몇몇을 다른 교파 신학교에 보내서 공부하고 오게 했다.

1997년 말에 출판된 『진리로 변화되다(Transformed by Truth)』라는 책에서 그는 개혁의 당위성과 그 결과를 상세하게 보고하는데, 거기에 보면 자기들만 진리를 가지고 있고 자기 교회만 진리 교회라고 믿던 주장이 얼마나 비성경적이고 허황되었던가를 깨닫게 되었다고 고백하고 있다. 이런 독선적인 '절대 진리' 교리, 바벨론 음녀설 등과 함께, 돼지고기나 비늘 없는 생선 등 부정한 음식을 피하고 토요일 안식일을 지켜야 구원을 받는다는 율법주의적인 태도, 예수님 자체가 아니라 오로지 그의 임박한 '재림'만을 믿던 종말론적 교리, 하나님만이 병을 고칠 수 있다는 신유의 믿음 때문에 병원에 가면 안 된다는 생각 등을 모두 버린다고 공식적으로 선언했다. 이것을 공식 선언하던 날 저녁, 모두 그동안 먹고 싶어도 마음 놓고 먹어보지 못하던 바닷가재 전문 요릿집에 가서 그 의미 있는 날을 자축하였다고 한다.

물론 이 때문에 자기들만 '영원불변하는 절대 진리'를 가지고 있다는 처음 믿음을 사수하는 데 흔들림이 있을 수 없다고 주장하던 상당수의 교인이 교회를 떠나 자신들의 교회들을 차렸다. 트캐치 총회장은 이렇게 떠나는 교인을 붙들기 위해 모든 교인을 '비복음적인' 가르침으로 계속 헛고생시킬 수는 없다는 굳은 결의를 가지고 버텼다. 비록 상당수의 교인을 잃더라도 자기 교인이 한 번이라도 예수님의 참된 복음에서 오는 참 자유와 기쁨을 누리는 경험을 갖도록 도와주는 것이 그 무엇보다 더 보람된 일이라 여기며 자기의 확신을 관철했다.

교회 최고 지도자가 자기 교회의 근본 신조를 이처럼 송두리째 바꾸기는 '교회사에서 처음 있는 일'이라고 하는데, 이런 사례를 보면 반드시 '끝없는 착각의 악순환'만 있어야 하는 것이 아닌지도 모르겠다. 부디 이 교회가 계속 성장하여 결국 다른 여러 가지 낡은 생각마저도 훌훌 털어버리고 더욱 자유롭고 힘차게 참된 진리를 향해 매진할 수 있기 바란다.*

---

* 이후 이 교회는 이름을 Grace Communion International로 바꾸었다. 현재는 미국복음주의협회(National Association of Evangelicals)에 가입되어 있고, 약 100개국에 900곳의 집회소와 5만 명의 교인이 있다.

김칫국

— 누가 천당에 갈 수 있는가?

"떡 줄 사람은 생각지도 않는데 김칫국부터 마신다"라는 속담대로 최근 떡 줄 사람(?)은 생각지도 않는데 김칫국부터 통으로 들이마시는 사람이 많아졌다. 예수님은 생각지도 않는데 자기들 마음대로 예수님의 여행 계획을 다 짜놓고, 언제 예수님이 꼭 오시는데 그렇게 되면 자기들은 공중으로 '들림'을 받아 거기서 예수님과 함께 왕 노릇하며 살리라고 부산을 떨던 '휴거파' 신도 같은 광신적 종말론자가 늘어가고 있다는 이야기다. 이런 휴거파 사람들이나 1997년 미국에서 집단 자살을 한 '하늘의 문' 신도, 혹은 서기 2000년 전에 세상 종말이 오리라고 한 자신들의 예언이 빗나가자 천 명에 이르는 대규모 집단 자살을 한 우간다의 '하나님의 십계명 회복 운동' 사람들은 모두 제멋대로 김칫독 열고 국물부터 퍼마시는 면에선 한 치도 다르지 않아 보인다.

그런데 사실 가만히 따져보면 상당수의 일반 기독교인도 김칫국 마시기 전문가인지 모른다. 길거리나 지하철에서 "예수 천당, 불신 지옥"을 외치는 전도자의 말처럼 우리가 예수를 믿는 것이 오로지 천당 가기 위함이라면, 우리는 우리의 기대와는 반대로 결코 천당에 들어갈 수 없을 것이고, 따라서 결국 우리는 모두 헛물켜고 말 팔자라고 하는 역설적이면서도 엄연한 사실 때문이다.

천당이라는 것이 종교에서 말하는 지고선(至高善)의 상징이라면,

그것은 오로지 자기를 부인하고 자기를 십자가에 완전히 못 박아 죽인 사람만이 이를 수 있는 삶의 상태라 할 수 있을 것이다. 그런데 무슨 일이 있어도 누가 뭐라 하더라도 '나만은' 천당에 가서 영생 복락을 누리며 잘 살아보겠다고 안간힘 쓰고 있다면, 그것은 아직도 내 마음속에 '나'라는 생각이 생생히 살아 있다는 증거다. 예수를 믿든지, 남을 도와주든지, 헌금을 내든지, 무슨 좋은 일을 하든지, 그것이 모두 내가 천당에서 얻을 나의 복락을 위한 투자라는 생각에서 한다면, 엄격히 따져서 나는 아직도 '나 중심주의'의 삶에서 한 발자국도 벗어나지 못한 상태인 셈이다. 천당이란 결코 이런 마음가짐을 가진 사람이 갈 수 있는 곳이 아닐 터이고, 또 이런 마음가짐을 가진 사람이 모인 곳이라면 어찌 그런 곳이 천당일 수 있겠는가?

진정으로 기독교에서 말하는 사랑의 실천자라면 자기 먼저 천당에 들어가겠다고 발버둥치는 대신 지옥에서 고통당하는 사람을 돕겠다는 정신으로 오히려 지옥행을 자원할 것이고, 설혹 천당을 생각하더라도 모든 사람이 먼저 들어가도록 도와준 다음에야 비로소 자기도 마지막으로 들어가겠다는 결의를 다짐할 것이다. 이런 마음을 가질 때 그가 어디 있든지 그곳이 그대로 천당이 되고, 이런 마음을 가진 사람이 모인 곳이 진정한 의미의 천당 아니겠는가? 이런 의미에서 천당에 관한 한 "구하지 '말라' 그러면 주어질 것이오"가 더 정확한 표현일 것이다.

오, 주님,
제가 주님을 섬김이 지옥의 두려움 때문이라면

저를 지옥에서 불살라주옵시고,

낙원의 소망 때문이라면

저를 낙원에서 쫓아내 주옵소서.

그러나 그것이 주님만을 위한 것이라면

주님의 영원한 아름다움을 제게서 거두지 마옵소서.

　유명한 수피의 성녀 라비아의 기도이다.

　물론 우리 주위에도 천당에 들어가려는 일념에서가 아니라 진정한 사랑과 자비를 가지고 가난하고 억눌리고 억울한 일 당하는 사람과 고통을 함께하려는 훌륭한 신앙인이 많이 있다. 유대 민족의 지도자 모세처럼 내 이름이 생명책에서 말소되는 일이 있더라도 그것이 내 민족을 구하는 데 도움이 되는 길이라면 그 길을 택하겠다는 충정의 마음을 가진 종교인도 많이 있다.(출 32:31-32) 심지어 성경 인물이 아닌 사람들 중에도 그런 사람들이 있다. 유교 경전 『논어』 마지막 편에 보면 상(商)나라를 창건한 탕왕(湯王)이 했다는 말이 전해내려 온다. "제게 죄가 있다면 백성에게 그 해가 돌아가지 않게 하여 주시옵고, 백성들에게 죄가 있다면 그 죄는 모두 제 자신에게 돌아오게 하여 주시옵소서."(20:1) 무엇보다도 그리스도교 성전에 의하면 예수님을 두고 "세상 죄를 지고 가는 하나님의 어린 양"(요 1:29)이라고 했다.

　그러나 이런 마음가짐과는 상관없이 그저 내가 '잘 믿어 천당 간다'는 식의 태도로 일관한다면, 아무리 우리만 잘 믿는다고 열성을 내고 진리를 전매특허 낸 것처럼 생각해도, 우리는 결국 자기 비움을 목표로 하는 진정한 신앙의 방향과 반대가 되는 자기 중심주의적 태도 때문에 안타깝게도, 김칫국만 켜다 마는 셈이 되고 만다. 예수님도 "너희는 먼저 그의 나라와 그의 의를 구하라"(마 6:33)라고 하셨다. 우리의 신앙이 '그 나라와 그의 의'를 위한 것인가? 혹은 그 나라에 들어가기만을 위한 것인가? 곰곰이 생각할 일이다.

땅끝까지?

옛날에 대학교를 다니면서 고등학교 독일어 강사로 일한 적이 있다. 그때 내가 가르친 제자 중 한 사람이 목사가 되어 무슨 특별 전도 운동의 책임자로 밴쿠버에 찾아왔다. 인사 겸 그의 모임에 가 그의 설교를 들었다.

설교의 주제인즉, "모든 그리스도인은 '너희는 가서 모든 민족을 제자로 삼아 아버지와 아들과 성령의 이름으로 세례를 베풀고 내가 너희에게 분부한 모든 것을 가르쳐 지키게 하라"(마 28:19-20)라는 예수님의 명령에 따라 전도에 힘써야 한다. 초대교회에서는 "오직 성령이 너희에게 임하시면 너희가 권능을 받고 예루살렘과 온 유대와 사마리아와 땅끝까지 이르러 내 증인이 되리라"(행 1:8)라는 예수님의 말씀에 따라 열심히 전도에 임한 결과 하루에 삼천 명씩 교회로 인도했는데, 지금 우리는 뭘 하고 있는가? 우리는 스스로 부끄럽게 여기고 사람들을 진리로 인도하는 데 더욱 분발해야 하겠다. 여러분이 직장 사정 등 직접 전도에 전력하지 못하겠거든 그 대신 돈을 많이 내라" 하는 등의 내용이었다.

끝나고 인사하는 자리에서, '어째 자네가 종교적 제국주의의 앞잡이 노릇을 하게 되었는가?'라는 말을 해주고 싶은 마음이 굴뚝같았지만, 30년 가까이 지나 처음 만나는 자리에서 차마 그런 말을 불쑥 내밀 수는 없었다.

그러나 생각해보면 정말 한심한 일이 아닌가? 지금 같은 세상에 아직도 이런 전근대적 사고방식을 팔아먹고 사는 사람이 득실거리고 거기에 동조하는 사람까지 있으니. 지금이 어느 때인가? 현대도 지나 이른바 '현대 이후'니 '포스트모던'이니 하는 시대 아닌가? 포스트모던 시대의 가장 두드러진 특징은 다원주의적 시각이라는 것은 잘 알려진 사실이다. 무엇이나 자기만, 자기 것만 옳고, 그것만 판을 쳐야 한다는 생각이 얼마나 치졸한 착각이었는지를 자각하고, 자기와 다른 여러 견해, 여러 주장의 상대적 타당성을 인정하자는 것이다. 이런 다원주의적 시각으로 특징지어지는 세상에서는 어느 한 가지가 절대적으로 옳기 때문에 그것이 다른 모든 것 위에 군림하고 지배해야 한다고 하는 종래의 제국주의적 발상은 설 자리가 없어진다. 어느 한 나라나 문화가 다른 나라나 문화를 지배해야 한다는 정치적·문화적 제국주의는 물론, 어느 한 종교가 다른 종교 위에 군림해야 한다는 '종교적 제국주의'도 용납될 수 없다.

이광수, 최남선, 김활란, 모윤숙 등이 일제 말기 조선의 젊은이들도 일본 제국주의를 위한 성전(聖戰)에 참가할 것을 권하기에 이르렀다고 한다. 물론 강압에 못 이겨 그랬으리라 믿지만, 아무튼 그 때문에 이들마저도 '일본 제국주의의 친일파 앞잡이'라는 비난을 면하지 못하고 있다는 사실을 나는 안타깝게 생각한다. 그런데 기독교만, 혹은 내 교회만, 유일한 참종교로 떠받들어야 한다는 제국주의적 이데올로기에 신명을 바치라고 '자발적(!)'으로 선전하고 다니는 우리 주위의 많은 사람을 어떻게 이해해야 할까?

한 가지 지적하지 않을 수 없다. 「마태복음」 28장 19절에 나오는 "너희는 가서⋯⋯"의 구절은 사실 예수님의 말일 수가 없다는 사실이다. 히브리 대학교 파인즈 교수가 증명했듯 기원후 325년 니케아 공의회 이전에 기록된 최고(最古)의 신약성서 사본들 속에는 이 말이 포함되어 있지 않다. 그도 그럴 것이 예수님은 이방 전도를 생각하신 적이 없기 때문이다. 예수님은 스스로에 대해서도 "나는 이스라엘 집의 잃어버린 양 외에는 다른 데로 보내심을 받지 아니하였노라"(마 15:24)라고 하고, 제자들에게도 "이방인의 길로도 가지 말고 사마리아인의 고을에도 들어가지 말"(마 10:5)라고 했다. 자기 제자들이 "이스라엘의 모든 동네를 다 다니지 못하여서"(마 10:23) 세상 끝이 이르리라 생각했기 때문이다. 학자 중에는 이 말도 예수님이 직접 하신 말씀이 아닐 것이라 주장하는 사람도 있지만, 아무튼 신학자 한스 큉이 말한 것처럼, "예수님은 스스로나 그의 제자가 이방 족속들에게 가서 전도하는 일 같은 것은 생각해본 적이 없었다"라는 것만은 분명한 사실이다.* 더욱이 교회 같은 것을 세워 전도 본부나 전투사령부 같은 것으로 삼겠다는 생각은 결코 있을 수 없었다는 것이다.

---

* Hans Küng, *On Being a Christian*, p. 286.

이렇게 예수님의 본래 의도와 상관없이, 역사적으로 교회도 생겨나고, 그 교회에 유대계보다 이방 출신의 숫자가 늘어감에 따라 일종의 '세계화' 정책이 채택되고 그 정책의 일환으로 '땅끝까지', 이방 족속에게까지 가서 사람들을 제자로 삼는 일을 하게 되었다.

　물론 우리가 지금 다른 사람에게 기독교인이 될 것을 권해서는 안 된다는 것이 결코 아니다. 중요한 것은 예수님이라는 '길'을 통해 산 꼭대기로 올라가자고 권하는 일이다. 금강산도 식후경이라 산 밑에서 일단 식사를 하고 올라가기로 하여 식사를 했으면, 식사가 끝나는 대로 금강산을 향해 올라가야 할 터인데, 식사를 다 하고도 금강산 구경은 까맣게 잊어버리고 계속 먹는 것만 밝히고 있는 사람, 이렇게 산 꼭대기에 오른다는 사실 자체를 모르는 많은 사람을 일깨워 함께 올라가자고 하는 것은 선하고 아름다운 일이다. 그러나 자기들마저 이 사람들처럼 산꼭대기로 올라간다는 중요한 일은 생각지도 못하고, 산 밑을 뱅글뱅글 돌면서 그저 사람 끌어모으는 일, 숫자 불리는 일, 심지어 벌써 저만큼 올라간 사람을 보고 다시 내려와 자기들과 합세해야 한다고 목청을 돋우는 일에만 신경 쓰는 일, 그러고는 그것이 마치 종교나 신앙생활의 전부인 것처럼 '때를 얻든지 못 얻든지' 감당해야 할 일이라 착각하는 데 문제가 있다. 엄격히 따져보면, 이렇게 하고 있는 사람도 결국은 자신도 모르게 서양에서 이미 버린 종교적 제국주의의 앞잡이로 부역당하고 있는 희생자다. 그야말로 저들은 "자기들이 하는 것을 알지 못함이니이다"가 아닌가.

선한 사마리아인과 유마 거사

그러면, 금강산 일만이천 봉 곳곳의 꼭대기로 향한 아름다운 산길을 같이 오르자고 하는 일, 진정한 의미의 '선교정신'은 과연 무엇이며 어디에 있는 것인가. 나는 그것을 예수님의 가장 유명한 비유 중 하나인 '선한 사마리아인'(눅 10:25-37) 이야기에서 찾을 수 있다고 생각한다.

하루는 한 법관이 예수님에게 나와 "내 이웃이 누구니이까?" 하는 질문을 했다. 이 질문에 예수님이 좀 긴 비유를 들어 대답한다.

어떤 사람이 예루살렘에서 30여 킬로미터쯤 떨어진 여리고로 내려가다가 강도를 만나 가진 것을 다 뺏기고, 벌거벗은 몸으로 피를 흘리며 길가에 쓰러져 있었다. 그때 마침 제사장 하나가 그 길을 지나가게 되었는데, 그는 그 사람을 보고 '피해' 갔다. 조금 있다가 레위인이 지나가게 되었다. 그도 이를 보고 '피해' 갔다. 얼마 있다가 유대인이 다 멸시하는 사마리아 사람이 그 길을 가다가 쓰러진 이를 보고 "불쌍히 여겨 가까이 가서 기름과 포도주를 그 상처에 붓고 싸매고 자기 짐승에 태워 주막으로 데리고 가서 돌보아"주고, 다음 날 주막 주인에게 돈이 더 들면 돌아오는 길에 갚을 터이니 돈 생각 말고 정성껏 잘 보살펴줄 것을 당부하고 떠났다.

여기 나오는 제사장과 레위인이 누구인가? 당시 사회에서 소위 가장 잘 믿노라고 자처하던 정통파 종교인이 아닌가? 제사장과 레위인은 무엇이 바빠 그렇게 피 흘리며 죽어가는 사람을 못 본 체 피해 갔을까? 아마도 「레위기」21장에 명시된 정결 제도에 따라 죽은 사람을 건드리면 부정 탄다는 정통 유대인의 법에 충실하느라 그랬을 것이다. 거기다 제사장은 자기가 맡은 예배 시간에 늦지 않으려고 그랬는지 모르고, 레위인은 그날 저녁 선교사 파송을 위한 자선 만찬회에 늦지 않으려고 서둘렀는지 모르겠다.

아무튼 오늘 우리에게 진정으로 필요한 종교란 그 제사장이나 레위인의 종교가 아니다. 진정으로 그리스도인이 된다는 것은 우리 이웃이, 그리고 사회와 국가와 세계가 당하고 있는 고통을 나도 분담하겠다는 결의를 다지는 일이다. '불쌍히 여긴다'는 의미의 영어 단어 'sympathy' 혹은 'compassion'은 문자 그대로 '아픔을 함께한다'는 뜻이다. 불교 『유마경(維摩經)』에 나오는 유마힐 거사처럼 세상 사람의 아픔을 자기의 아픔으로 여기고 함께 아파한다는 것이다.

무엇보다 지금 지구 자체가 환경오염으로 고통받고 있다. 온실효과 등 온갖 공해와 핵의 위협 아래 신음하고 있는 어머니 지구(Gaea), 그 지구 위에는 또한 갖가지 억압과 차별로 몸부림치는 이웃과 세계 시민이 있다. 폴 니터의 말을 빌리면 지구와 인간이 당하고 있는 이런 세계적 아픔에 '전 지구적으로 반응(globally responsible)'하고 이를 촉구하는 사람들이 바로 참된 의미의 종교인, 진정한 그리스도인이다. 그리고 이런 일을 위해 모인 사람의 무리가 곧 '교회'여야 하는 것이다.

그런 의미에서의 교회라면 과연 교인 수를 키우는 데만 혈안이 되어 불철주야 애쓰고, 그것을 위해 교인의 주머니를 훑어내고, 교인 수와 헌금 액수의 증가에 따라 성공한 교회, 진리 교회라고 떠들고 다니는 일을 상상이나 할 수 있겠는가? 교회 사업 때문에 정의니 공평이니 고통의 분담이니 하는 바깥일 같은 데는 신경 쓸 시간이 없다고 서둘러 '피해 가고' 있는 그리스도인이 과연 진정한 의미의 그리스도인이라 할 수 있을 것인가? 그렇게 이기적인 사람의 집단은 결코 진정한 의미의 교회일 수 없다.

'지금·여기'에서의 mission

— 하나님 나라 건설

예수님은 "회개하라. 천국이 가까이 왔느니라"(마 4:17)라는 말로 공생애를 시작했다.* 그의 기별과 사명의 중심이 바로 그 하나님의 나라였다고 하는 것은 모든 성서신학자의 공통된 의견이다.

예수님은 우리에게 "너희는 먼저 그의 나라와 그의 의를 구하라. 그리하면 이 모든 것을 너희에게 더하시리라"(마 6:33)라고 하셨다. '하나님의 나라'가 무엇인가? 잘 알려진 것처럼, 여기서 말하는 하나님의 나라라는 것은 일차적으로 땅덩어리나 영토 같은 지리적 개

---

* 4복음서 중 「마태복음」에서만 '하늘나라/천국'이라 표현하고 다른 복음서들은 모두 '하나님의 나라/신국'이라는 표현을 쓴다. 「마태복음」은 기본적으로 유대인들을 위한 복음서이기 때문에 유대인들이 하나님의 이름을 부를 수 없다는 전통에 따라 '하나님' 대신 '하늘'을 썼다. 따라서 「마태복음」에서 말하는 하늘나라 혹은 천국은 하늘을 지칭하는 것이 아니라 하나님이라는 말을 대신한 것이라 이해해야 한다. 천국은 하늘에 있는 나라라는 뜻이 아니라는 이야기다.

넘이 아니다. 국가에는 물론 국민과 영토도 포함되지만, 히브리어의 '말쿠트'나 그리스어의 '바실레이아'의 일차적 뜻은 '주권'이다. 그래서 요즘 영어로는 'Kingdom of God'이란 말보다 'Reign of God', 'Sovereignty of God', 'dominion of God' 혹은 'God's Rule'이라는 번역을 선호한다. 하나님의 통치, 주권, 다스리심이라는 뜻이다. 하나님의 나라는 사랑과 정의와 질서와 평등이라는 하나님의 통치 원리가 실현된 상태를 의미한다. 따라서 하나님의 나라는 일차적으로 '들어갈' 대상이 아니라 '구할' 대상이다. 하늘나라에 들어갈 것만 생각하지 말고, 그것이 이 땅에 "임하옵시며, 뜻이 하늘에서 이룬 것같이 땅에서도 이루어지길" 비는 것이다.

물론 하나님의 나라가 지금 당장 이루어지길 바랄 수는 없다. 우리의 뜻이 아무리 갸륵하다 하더라도 정의와 사랑과 공의에 반대하는 엄청난 현실 앞에서 우리의 힘이 얼마나 미약한가 실감하지 않을 수 없다. 그러나 언젠가는 하나님의 원리가 이 땅에 실현될 날이 있으리라는 '믿음'에 힘입어 살아가는 것이다. 그 믿음이 지금은 비록 겨자씨같이 작을지라도, 언젠가 발아하여 큰 나무를 이룰 수도 있고, 산을 움직일 수도 있고, 나아가 세상을 바꿀 수도 있다는 확신을 가지고 미력이나마 그 일을 위해 진력하는 것, 이것이 오늘을 사는 그리스도인에게 요구되는 참된 의미의 신앙적 태도라 생각한다.*

---

* 믿음의 종류에 대해서는 『오강남의 그리스도교 이야기』(현암사, 2013), 188~196쪽을 참조하라. 믿음에는 1) 남의 말을 그대로 받아들인다는 의미의 '승인으로서의 믿음(assensus)', 2) 하나님의 통치 원리가 이 세상에 고루 편만하다는 것을 믿고 나 스스로를 '턱 맡김으로서의 믿음(fiduncia)', 3) 오로지 하나님께만 충성한다는 '믿음직스러움으로서의 믿음(fidelitas)', 4) 깊은 통찰에 의해 얻

이렇게 하늘나라 중심주의적인 선교, 공의와 사랑과 평화의 원리가 지배하는 나라의 건설, 그리하여 강도 만나 피 흘리며 쓰러져 있는 사람이 없어지는 나라, 적어도 그 숫자가 줄어드는 나라의 건설을 위해 일하는데, 내 종교, 네 종교, 내 교회, 네 교회가 어디 있겠는가? 서로 누가 잘났나를 따지며 세월을 보낼 것이 아니라 모두 협력하는 일이다. 그런 의미에서 선교는 자기 교회나 자기 종교의 교인을 증가시키려는 것이 아니라 하나님의 나라의 건설을 위해 일꾼을 모집하는 일이다. 좀 거창한 용어를 쓰면 선교가 '교회 중심주의(ecclesiocentrism)'에서 탈피하여 '하나님 나라 중심주의(regnocentrism)'로 탈바꿈해야 한다는 뜻이다.

이런 일에 관심을 갖는 것이야말로 오늘 같은 다원주의 시대에 기독교가 제 구실을 찾는 것 아닌가? 기독교가 진정으로 해야 할 일이 있다면 내 종교 안에 있는 사람이든 다른 종교에 있는 사람이든 강도 만나 피 흘리고 있는 내 이웃, 이 사회와 세계를 보고도 그것이 아무렇지도 않는 것으로, 혹은 당연한 것으로, 심지어 필연적인 것으로 여기고 있는 사람을 일깨워 함께 일하자고 권유하는 일이다. 이것이 기독교의 mission이다.

교인들에게 우리가 강도 만나 피 흘리지 않는 것만을 다행으로 여기고 그것이 다 하나님 잘 믿어서 받는 축복이니 자랑스럽게 생각하라고만 가르치는 신학자와 목사. 이들의 신학만이 정통 신학이란 말

을 수 있는 확신 같은 '봄으로서의 믿음(visio)' 등이 있다. 1번이 지금 가장 강조되지만 엄격한 의미에서 믿음이라 할 수 없다.

인가? 신학이 무엇인가? 신학이란 기독교 신앙의 내용을 시대에 따라 계속 의미 있는 것으로 재해석하려는 '인간의' 작업이다. 신학은 불변의 진리 그 자체가 아니다. 그들의 신학도 한때는 '신신학'이었고, 지금의 신학도 앞으로 그 시대의 필요에 따라 계속 새로워져야 하는 것이다. 어느 특정한 신학이나 교리를 절대 진리로 받아들이는 것이 신앙이고, 그것을 '선교'라는 이름 아래 남에게 강요하면서 한 평생을 보내야 한다면 정말로 억울한 일이 아니겠는가? 신앙은 신학이나 이론일 수가 없다.

함석헌 선생님의 말씀이다.

신앙은 힘입니다. 말이나 생각 또는 사상이 아니며, 지식이 아닙니다. 이론도 아니고 학설도 아닙니다. 신앙은 또한 술(述)도 아니요 방편도 아닙니다. 신앙은 인간을 살리는, 구원하는 힘입니다. 나는 말로써 영혼을 구원했다거나 사상이나 지식이나 이론이나 학설이나 무슨 술이나 어떤 방편으로 한낱 영혼을 구하였다는 말을 듣지 못했습니다. 그러나 믿는 자는 살았다는 것을 들었습니다. 들을 뿐 아니라 보았습니다. 볼 뿐 아니라 실제로 경험하고 있습니다. 죽을 자로 살게 하는 것은 신앙입니다. 그러므로 신앙은 힘입니다.

메타노이아

『장자』 제4편에 보면, 유명한 '심재(心齋)'의 이야기가 나온다. 공자의 제자 안회가 공자에게 와서 위(衛)나라에 젊은 독재자가 들어서서 폭정을 하기 때문에 백성이 말할 수 없이 고통을 당하고 있으니, 자기가 거기 가서 그들의 아픔을 덜어주는 데 일조하도록 허락해달라고 한다. 이런 갸륵한 마음에도 불구하고 공자는 안회의 청을 들어주지 않는다.(여기 나오는 공자와 안회는 장자가 자기의 이야기를 위해 설정한 가공의 인물이다.)

안회는 자기가 도덕적으로도 결백하고, 타협심, 유연성, 정치 기술도 갖추었고, 개인적 의견을 개진할 때도 옛말이나 고사(故事)를 필요에 따라 적재적소에 쓸 수 있을 만큼 박식하고…… 요즘 말로 하자면, 윤리학, 정치학, 경영학, 역사학, 철학 등의 분야에서 박사학위를 몇 개씩 가지고 있고, 더구나 공자라는 당대 최고의 스승을 모신 최고 학부 출신인데 이런 사람을 보고 아직도 준비가 안 되었다니 무엇이 부족한지 좀 더 구체적으로 일러달라고 하소연한다.

이에 대해 공자는 한마디로 '재(齋)하라'고 한다. '재(齋)'라는 글자는 목욕재계(沐浴齋戒) 할 때의 '재'로서 본래 뜻은 '굶다'이다. 안회는 굶는 일이라면 문제 될 것이 없다고 했다. 자기는 본래 집이 가난하여 제대로 먹지를 못하는 처지니 굶는 것이 그런 일을 하기 위한 자격이라면, 자기보다 더 적격자가 있을 수 없다는 것이었다. 그러나 공자는 자기가 말하는 '재'란 그런 육체적인, 혹은 의식(儀式)적인 재가 아니라 바로 '마음의 재' 곧 '심재(心齋)'라고 한다. '마음을 굶겨야' 된다는 것이다. 이는 자기중심적 의식(意識)에서 새로운 의식으로 넘어가는 철두철미한 의식구조의 개변을 뜻한다. 이렇게 근본적으로 속사람이 바뀐 사람, 새로 태어난 사람만이 사회와 국가와 세계의 안녕을 위해 진정으로 봉사할 수 있고, 그렇게 될 때 남에게도 스스로에게도 유익이 되리라는 것이다.

갑자기 『장자』 이야기가 나왔지만, 나는 이렇게 의식구조를 개변시키는 것이 모든 윤리적, 사회적 행동에 우선한다는 장자의 주장이 장자만의 생각이라고 보지 않는다. 예수님이 공생애를 시작하면서 처음으로 외치신 말씀이 무엇인가? "회개하라. 천국이 가까이 왔느니라"(마 4:17) 아닌가? 여기서 우리말로 '회개'라고 번역된 말의 그리스어 원문은 '메타노이아(Metanoia)'다. 메타노이아는 단순히 옛 잘못을 뉘우치고 고친다는 뜻 정도가 아니다. 말 그대로 '의식의 변화'를 의미한다. 신학자 한스 큉이 말한 대로 이것은 우리의 내면 가장 깊숙한 곳에서 생기는 근본적인 의식의 개변(transformation)이다. "회개하라. 천국이 가까이 왔느니라"라는 말씀의 가르침은 천국의 건설을 위해서는 먼저 우리 속사람이 근본적으로 변혁되어야 한다는 것이다.

히브리 예언자의 경우도 마찬가지다. 그들이 민족을 위해 나아가 외치기 전에 반드시 "주의 영이 내게 임하"시는 체험을 했다. 예수님도 스스로 선지자 이사야의 말을 인용하시면서 "주의 성령이 내게 임하셨으니, 이는 가난한 자에게 복음을 전하게 하시려고 내게 기름을 부으시고 나를 보내사 포로 된 자에게 자유를, 눈먼 자에게 다시 보게

함을 전파하며 눌린 자를 자유롭게 하고 주의 은혜의 해를 전파하게 하려 하심이라"(눅 4:18-19)라고 하셨다. 예수님이 제자들에게 하셨다는 말씀에도 "오직 성령이 너희에게 임하시면 너희가 권능을 받고 예루살렘과 온 유대와 사마리아와 땅끝까지 이르러 내 증인이 되리라"(행 1:8)라는 성구가 있는데, 이 모두가 세상을 바꾸러 나가기 전에 먼저 나 스스로가 바뀌어야 한다는 것을 강조하는 구절이다.

우리 스스로가 바뀌지 않은 상태에서 건설한 나라는 모래 위에 쌓은 성과 같다. 공산주의가 몰락한 가장 큰 이유도 사람의 마음이 바뀌지 않은 채 제도와 체제만 바꾸려 했기 때문이라고 생각한다. 이렇게 세상을 바꾸는 일과 나 스스로가 바뀌는 일은 떨어질 수 없는 동전의 양면과도 같다.

상당수의 교인은 종교라 하면 바깥세상이 어떻게 돌아가든 그런 데 신경 쓰지 않고, 그저 영적인 일에만 몰두하면 된다 여긴다. 나는, "종교가 정치와 무관하다고 하는 사람은 종교가 무엇인지 알지 못하는 사람"이라고 한 간디의 말이야말로 진실이라 믿는다. 그러나 다른 한편, 내면적 변화를 등한히 하면서 오로지 사회 개조와 변혁 같은 데만 신경을 집중하는 것 또한 일방적인 일이라 생각한다. 그런 의미에서 종교를 철두철미 "구원 사업 중심주의(soteriocentrism)"로 보는 폴니터의 입장에 선뜻 찬동할 수 없다.

나는 종교가 참으로 종교적이 되기 위해서는 거기에 내적 의식의 개혁을 강조하는 "의식 개변 중심주의(metanoiocentrism)"가 병행되어야 한다고 생각한다. 그런 의미에서 "영적 사명과 세상을 위한 봉사를 대립시키는 잘못되고 쓸데없는 대립은 뒤로하고 그 너머로 갈 필요가 있다"라고 한 1985년도 가톨릭 주교회의의 입장에 전적으로 공감하는 바다.

지혜가 없는, 실재의 세계에 대한 명백한 인식이 없는 행동은 아무것도 개량할 수 없다는 사실을 분명히 해야 할 것이다. 더욱이 흙탕물이 가만히 놓아두면 가장 잘 깨끗해지듯 조용히 앉아서 아무것도 하지 않는 사람은 혼탁한 세상에 가장 큰 공헌을 하는 사람들이라 말할 수 있다. ─ 앨런 와츠(Alan Watts), 『선(禪)의 길(The Way of Zen)』

그들도 우리처럼

우리가 사는 이 시대를 일컬어 '다원주의' 시대라 한다. 하나의 문화, 하나의 사고방식, 하나의 가치관, 하나의 생활양식, 하나의 종교만이 유일한 것으로 받아들여지는 사회가 아니라 여러 문화, 서로 다른 사고방식, 다양한 가치관, 색다른 생활양식, 각이한 종교가 함께 어울려 공존하는 사회라는 뜻이다. 여기서 특히 주목할 만한 것은 이제 세계적으로 서로 다른 종교가 서로 이웃하여 어깨를 비비며 병존 내지 공존하는 종교적 다원 현상의 시대가 되었다는 사실이다.

이런 다종교 현상의 시대에 살면서 다른 종교와 대화하고 그들에 대해 올바른 이해를 함양하는 것은 모든 이의 아름답고 평화로운 삶의 전제 조건일 수밖에 없다. 한스 큉의 말처럼, "종교 간의 평화 없이 세계 평화는 있을 수 없고, 종교 간의 대화 없이는 종교 간의 평화가 불가능"하기 때문이다. 지금 세계적으로 많은 사상가나 종교학자가 나서서 이웃 종교에 대한 배타주의적 태도가 오늘 같은 다문화 다종교 시대에는 바람직하지 못할 뿐 아니라 견지될 수도 없다는 데 의견을 같이한다는 것은 의미 있는 일이다. 예를 들어, 영국의 역사가 토인비 같은 사람은 배타적 심성을 가지고 자기 종교만이 유일한 진리 종교라고 믿는 것은 '죄악의 마음'으로서 그 죄악이란 바로 '교만'이라고 했다. 올더스 헉슬리도 자기 종교가 진리의 전매특허라도 받은 것처럼 생각하는 일이 적어도 지각 있는 사람 사이에서는 무지하고, 천박하고, 미숙하고, 오만하고, 자의적이며, 심지어 위험하기까지 한 일로 여겨지고 있다 했다.

미국 신학자 폴 니터는, 이제 종교 간의 관계는 '적자생존'에서 '협력자 생존'의 관계로 넘어가야 한다고 주장한다. 정치적 억압, 경제적 불의, 도덕적 쇠퇴, 생태계 파괴 등 현재 인류가 당면한 여러 위기 앞에서, 모든 종교가 서로 자기만 옳다는 독선적 아집이나 환상에서 벗어나지 못하면 결국 인류와 함께 공멸하고 말 것이므로, 각 종교는 서로 협력하여 이런 난국에 공동으로 대처하는 지혜를 발휘해야 한다. 종교 간의 관계를 규정하는 기본 패러다임이 옛날처럼 누가 옳고 그르냐, 누가 낫고 못하냐, 누가 좋고 나쁘냐 등의 진위, 우열, 선악 따위를 가지고 시비하는 것에서 벗어나, 서로 도와가며 어떻게 '함께 생각하고', '함께 일하고', '어울려 살아갈 수 있을까' 하는 것으로 넘어가야 한다.

종교 간의 대화를 증진시키고 갈등을 해소한다고 해서 모든 종교를 하나로 만들자는 것은 물론 아니다. 그것은 들판의 모든 꽃을 하나로 만들려 하는 만큼이나 무모하고 어리석은 짓이다. 각 종교는 자기대로의 특성을 유지하면서 인류의 영적 건강에 기여한다. 그렇다고 모든 종교가 지금 있는 상태로 다 똑같이 좋다는 뜻도 아니다. 세상의 어머니라고 다 똑같이 좋은 어머니가 아니다. 또 모든 종교는 그게 그거라는 상대주의나 냉소주의도 아니고, 종교를 섞어서 얼버무린다는 혼합주의 역시 아니다. 중요한 것은 모든 종교가 상대방 종교와의 대화에서 각자 변증법적 성장을 이루어가는 일이다.

현재 서양에서는 불교와 기독교가 다른 어느 종교보다도 의미 있게 만나고 있다. 토인비는 후대의 역사가가 20세기를 돌아보면, 이 세기에 일어난 가장 큰 사건으로, 인공위성이나 컴퓨터 등의 과학기술 발전이나 공산주의의 등장과 몰락 같은 정치 사회의 변혁이 아니라, 기독교와 불교가 의미 있게 만난 사건을 꼽게 될 것이라고 예견했다.

불교와 기독교는 어떻게 의미 있게 만날 수 있을까? 우선 불교와 기독교가 '자비'와 '사랑'을 실천에 옮겨 천대받고, 소외되고, 주변으로 밀려나고, 비인간화된 동료 인간을 보살피는 데 함께 손잡는 일이 중요하다고 믿는다. 물론 지금 중병을 앓고 있는 지구의 아픔도 잊을 수 없다.

그런데 이보다 더욱 근본적이며 내적인 측면이 있다. 불교와 기독교가 의식의 전환이라는 점에서 '깨침'과 '메타노이아'를 중심으로 만날 수 있다는 것이다. 불교는 '깨침'을 위한 종교다. 기독교의 경우도 "회개하라. 천국이 가까이 왔느니라" 할 때의 '회개'라 할 수 있다.

앞에서도 지적한 것처럼, 여기서 '회개'라고 하는 것은 그리스어 원문의 '메타노이아'란 말이 밝혀주듯이 '의식의 전환' 내지 '인간의 기본 사고가 철저히 변화하는 것', '철저한 의식의 재구성이 일어나는 것'을 의미한다.

불교와 기독교뿐이 아니다. 한국 사회는 지난 500년 동안 유교가 지도 이념이었던 점을 감안할 때 한국에서 유교를 빼놓을 수가 없다. 유교도 '성학(聖學)'이라는 이름이 말해주듯, 결국 '성인(聖人)'이 되기 위한 학문'이다. 여기서 '성인'이란 단지 윤리적으로만 완벽한 사람이란 뜻이 아니라 '성(聖)'이라는 글자에 들어간 '귀이(耳)' 자가 말해주듯 보통 사람이 들을 수 없는 것을 듣는 귀를 가진 사람이다. 그뿐 아니라 격물치지(格物致知)해서 어느 날 홀연히 '밝음(明)'에 이른 사람, 곧 근본적으로 '의식의 전환'을 이룬 사람이다. 불교와 유교와 기독교가, 나아가 천도교나 원불교 등 이른바 민족종교까지 합심하여, 서로 머리를 맞대고 어떻게 하면 더욱 많은 사람 속에 이런 근본적 '의식 변화'가 일어나게 할 것인가를 논의할 때, 이런 대화야말로 더할 나위 없이 아름다운 열매를 맺게 될 것이다. 나는 이런 일이 내가 사랑하는 조국 하늘 아래에서 착실히, 그리고 꾸준히 이루어지는 것을 보고 싶다.*

---

* 기독교와 유교, 불교와의 대화 가능성 및 방법에 대해서는 필자가 쓴 「유교와 기독교의 만남」, 『기독교사상』(1991년 11월 호)과 「깨침과 메타노이아: 불교와 기독교의 대화」, 『기독교사상』(1996년 6월 호) 등을 참조할 수 있다.

부록

1. 탈종교화 시대에 종교는 우리에게 무엇인가?

들어가며

이 글은 이 책 초판에 없던 글로, 기독교에만 관계되는 글은 아니지만 기독교를 중심으로 작성된 글이다. 기독교를 중심으로 여러 종교의 심층을 들여다보면서 이 시대 기독교의 신앙이 무엇을 의미하고 또 의미해야 할까를 함께 생각해보려 한다.

점점 좁아지는 기복적·유신론적 종교의 입지

21세기 탈현대 사회에서 재래식 전통 종교는 그 설 자리를 점점 잃어가고 있다. 한때 영적으로, 심리적으로, 사회적으로, 정치적으로 인류의 삶에 공헌한다고 여겨지던 종교가 이제 그 역할을 제대로 하지 못할 뿐 아니라 심지어 역기능으로 작용하는 경우가 허다하다고 믿는 사람들이 많아지고 있다. 사랑과 화해와 평화를 가져다준다고 믿었던 종교가 오히려 분쟁과 갈등, 심지어 전쟁의 불씨가 되는 것을 보게 된다. 특히 기복 일변도의 전통 종교나 정치화, 기업화, 귀족화, 폭력화된 종교는 사람들로 하여금 등을 돌리게 하는 원인이 되고 있는 현실이다.

이런 사실을 가장 극적으로 보여주는 비근한 사례 몇 가지를 소개한다.

첫째, 최근 서양 독서계에 큰 화제를 불러일으켰던 책으로 옥스퍼드 대학교 교수를 역임한 생물학자 리처드 도킨스의 『만들어진 신』, 미국의 저널리스트 크리스토퍼 히친스의 『신은 위대하지 않다』, UCLA에서 인지 신경과학으로 박사학위를 받은 철학자 겸 인지 신경과학자 샘 해리스의 『종교의 종말』, 보스턴 터프츠 대학교의 인지 과학자 다니엘 데넷의 『마술을 깨다』 등이 있다.* 이른바 반종교 이론 내지 무신론의 '기수(騎手) 4인방'으로 불리는 이들은 모두 나름대로의 입장에서 종래까지의 종교가 얼마나 반지성적이고 독선적이고 맹목적이고 파괴적인가 하는 것을 보여주려 하고 있다. 이처럼 종교를 반대하는 책이 이전에도 없었던 것은 아니지만, 우리가 특별히 주목해야 할 점은, 전에는 주로 소수 지성인들 사이에서 논의되던 것이 최근에는 베스트셀러로 일반 독서층에 널리 퍼져간다는 사실이다.**

---

* Richard Dawkins, *The God Delusion*(Boston: Houghton Mifflin Company, 2006). 한국어 번역: 이한음 옮김, 『만들어진 신—신은 과연 인간을 창조했는가?』(김영사, 2007); Christopher Hitchens, *God is not Great: How Religion Poisons Everything*(New York: Twelve, 2007). 한국어 번역: 김승욱 옮김, 『신은 위대하지 않다』(알마, 2008); Sam Harris, *The End of Faith: Religion, Terror, and the Future of Reason*(New York: W. W. Norton & Co., 2004). 한국어 번역: 김원옥 옮김, 『종교의 종말—이성과 종교의 충돌, 이제 그 대안을 말한다』(한언출판사, 2005); Daniel Dennett, *Breaking the Spell: Religion as a Natural Phenomenon*(New York: Penguin Books, 2007). 한국어로는 다니엘 데넷에 대한 연구서가 번역되어 있다. 돈 로스, 앤드루 브룩 지음, 석봉래 옮김, 『다니엘 데넷』(몸과마음, 2002).

** 위의 책들보다 더욱 평이한 말로 독자층에 다가오는 책으로 리처드 도킨스가 추천사를 쓴 *Dan Barker, Godless*(Berkely, CA: Ulysses Press, 2008)가 있다. 한국어 번역은 댄 바커 지음, 공윤조 옮김, 『신은 없다』(치우, 2011).

둘째, 2008년 10월에는 종교 문제를 주로 다루는 미국의 코미디언 빌 마(Bill Maher)가 만든 〈Religulous〉*라는 영화가 나와 많은 관객을 동원했다. 이 제목은 '종교'라는 말 'Religion'과 '웃기는, 어처구니없는'이라는 뜻의 'ridiculous'라는 말을 합쳐 만든 합성어다. 제목이 말해주듯, 종교라는 것이 얼마나 웃기고 어처구니없는 것인가, 얼마나 비합리적이고 이기적인가 하는 것을 스스로 종교적으로 성실하다고 주장하는 종교인들과의 인터뷰를 통해서 폭로하는 영화다.

셋째, 최근 들어 매주 종교의식에 참여하는 사람들의 비율이 계속 감소하고 있다. 미국도 비슷하겠지만, 캐나다의 통계를 보면, 1985년 조사에서 매주 종교의식에 참여한다는 사람의 비율이 3명중 1명(30%) 꼴이었으나 2005년에는 5명중 1명(21%)으로 줄어들었다. 종교에 전혀 관심이 없다고 하는 사람의 비율도 과거 11%에서 22%로 2배로 늘어났다. 현재 서양에서 가장 빠른 속도로 자라는 '종교'는 무신론 종교라는 말까지 있다.**

더욱이 종교의식 불참율이 젊은 층에서 높다. 미국의 어느 연구 결과에 의하면, 미국 청소년들이 고등학교를 졸업하면 지역에 따라 69%에서 94%가 교회를 떠나고, 그중에서 다시 돌아오는 경우는 거의 없다는 것이다. 성공회 주교 존 셸비 스퐁 신부는 미국에서 제일

---

* 한국에서는 〈신은 없다〉라는 제목으로 소개되었다.

** 무신론자가 미국 인구 중 2003년에 10%였는데, 불과 5년 사이에 두 배로 늘었다. Phil Zuckerman, *Faith No More: Why People Reject Religion* (Oxford: Oxford University Press, 2012), p. 175. 미국 Shane Idleman 목사의 보고에 의하면 "전문가들은 미국에서 매년 4,000개의 교회들이 문을 닫고, 매일 3,500명이 교회를 떠나고 있다고 한다."

큰 동창회는 '교회 졸업 동창회(church alumni association)'라는 우스갯소리까지 할 정도다.*

넷째, 비록 종교에 속한 젊은이라도 종교적 가치가 실생활에 거의 반영되지 않고 있다는 사실이다. 다시 미국 어느 통계에 의하면 그리스도인 가정의 자녀들을 상대로 설문조사를 했는데, 성서의 세계관을 가지고 살아가는 청소년이 15%였다고 한다. 그리스도인이라 하는 청소년들과 비그리스도인 청소년들을 비교한 결과, 종교를 가지고 있거나 없거나 일상적인 윤리 생활에서 실질적으로 별 차이가 없다는 점이 밝혀졌다.** 특히 미국의 경우 이른바 제1세계에서 그리스도인의 수가 제일 많은 나라이지만, 『소유의 종말(The Age of Access)』 등의 책을 쓴 제러미 리프킨(Jeremy Rifkin)에 의하면, 아직도 사형 제도를 고집하는 등 유럽 국가에 비해 그리스도의 정신이 실사회에서 적용되는 정도가 가장 낮은 나라라는 것이다.***

독자들에게 이런 통계 숫자를 소개한 미국 어느 보수주의 목회자 자신도 젊은이들이 '놀라운 숫자로' 교회를 떠나는 이런 현실을 개

---

* 사람들이 왜 종교를 거부하는가 하는 문제를 구체적으로 다룬 책으로 Zuckerman의 위의 책, 특히 151~174쪽 참조.

** 최근 시카고 대학교 연구진이 세계 종교국들을 종합해서 조사 연구한 발표에 의하면 종교를 가진 어린아이들이 종교를 갖지 않은 어린아이들보다 자기 것을 나누어 주려는 희생정신이 더 적었다고 한다.

*** 미국이 그리스도교 교세가 미미한 유럽 국가들에 비해 '수명, 읽기 능력, 개인 소득, 교육 수준, 남녀평등, 살인율, 영아사망률' 그리고 '낙태, 십대 임신, 성병' 등에서 더 열악한 수치를 보인다. 미국 내에서만 보아도 문자주의 그리스도교인이 많은 남부나 중서부 주들이 다른 서부나 동북부 주들에 비해 더욱 심각한 사회문제를 안고 있다. Sam Harris, *Letter to a Christian Nation*(New York: Alfred A. Knopf, 2006), pp. 43~44.

탄하면서, 무슨 특별한 일이 일어나지 않는 한, 지금의 젊은 세대가 결국은 '그리스도인으로서는 마지막 세대'가 될 것이라는 우려를 나타냈다.[*]

시야를 좁혀서 한국의 종교 현상을 살펴보자. 최근 한국 갤럽이 〈한국인의 종교: 1984~2014 (2) 종교의식〉이라는 자료를 발표했다. 그 조사 결과를 보면 2014년 현재 한국에서 인구의 50%가 종교를 가지고 있다고 하고, 나머지 50%는 무종교인이라고 했다. 스스로 무종교인이라고 한 사람들의 수가 지난 10년 사이 전국적으로 47%에서 50%로 증가했다. 서울의 경우 무종교인이라고 한 사람들이 54%에 이른다. 특히 주목할 만한 것은 19세부터 29세의 젊은 층에서 종교가 없다고 한 이들이 69%나 된다는 것이다. 이렇게 기성 종교를 버리는 사람들의 수가 늘어가는 현실은 어느 면에서 이해 가는 바가 있다.

오늘 독립적으로, 그리고 깊이 사고하는 사람들 중에는 종교가, 특히 그리스도교가, '배타적, 반지성적, 문자주의적, 광신적, 독선적, 독단적, 무비판적, 심지어 폭력적인 특성'을 드러내는 현상을 보면서 종교가 이 정도로 부정적일 수 있는가 의아해한다. 이런 이들 중 지금 현재 그리스도인으로 살아가는 사람이라면 이런 그리스도교에 계속 머물러 있을 수 없다고 느끼는 이들이 많고, 비그리스도인이라면 이런 식의 그리스도교에는 도저히 들어갈 수 없다고 생각하게 된다. 어떤 이들은 그리스도교를 포함하여 아예 종교 자체가 없어져야 인류

---

[*] 위의 통계 숫자는 Josh McDowell, *The Last Christian Generation* (Holiday, Florida: Greek Key Books, 2006), pp. 11~30에 나오는 것들이다.

가 더욱 평화롭고 풍요로운 삶을 살 수 있다는 주장까지 서슴지 않는다. 이래저래 이른바 주류 재래 종교들은 점점 쇠퇴하는 실정이다.

한국 불교의 경우는 어떨까? 몇 년 전 남양주에 있는 큰 절의 큰스님과 대화할 기회가 있었는데, 그 스님은 단도직입적으로 "재래식 의미의 '종교'로서의 불교나 기독교는 그 수명을 다했다. 밭에 나가 밭갈고 있는 농부에게 물어보라. 뭔가 빌어서 객관적으로 달라지는 것이 있는가 하고"라는 요지의 발언을 했다. 정곡을 찌르는 말이 아닌가 여겨진다. 대한불교조계종 포교원장 지홍 스님도 최근 어느 모임에서 "우리 불교 또한 급속도로 고령화되고 있으며 농어촌 사찰은 신도들의 발길이 끊겨 텅 비어가고 있는 중입니다. 젊은 세대들은 거의 불교에 눈길조차 주지 않고 있습니다. 대다수 청소년이나 청년들은 불교를 고리타분한 종교로 여기고 있습니다"*라고 토로했다. 최근 달라이 라마도 『종교를 넘어』라는 책을 통해 인간의 윤리적이고 행복한 영적 삶을 위해서는 더 이상 종래까지의 인과응보적이고 기복적인 종교를 통해서는 불가능하고 오로지 비종교적 접근을 통해서만 가능하다고 주장했다.**

제3의 길

그러면 이런 식의 종교, 특히 이런 식의 그리스도교를 받아들일

---

* 대한불교조계종 포교원 주최 제68차 포교종책연찬회(2016년 7월 6일) 인사말 중.
** Dalai Lama, *Beyond Religion: Ethics for a Whole World* (Marina Books, 2012). 한국어 번역: 이현 옮김, 『달라이 라마의 종교를 넘어』(김영사, 2013).

수 없다면, 그대로 비종교인, 비그리스도인이 된다는 뜻인가? 현재 서양의 많은 젊은이들은 "I am not religious, but I am spiritual" 혹은 "I am spiritual, but not religious"라는 말을 많이 한다.* 자기는 비록 전통적인 기성 종교의 설명 체계나 종교 예식에서 의미를 찾지 못해 이를 거부하지만, 그렇다고 삶의 영적 차원이나 더 높은 가치를 거부하거나 거기에 무관심하다는 뜻이 아니라는 것이다. 오히려 이런 영적 가치에 더욱 큰 관심과 열의를 나타내고 있지만, 전통적인 종교는 자기의 영적 추구에 도움을 주지 못하거나 오히려 방해가 된다는 뜻이다.

그러면 그리스도교 전통은 아무 가치도 없는 것으로 취급되다가 결국 그 명을 다하고 말 것인가? 반드시 그렇지만은 않을 것이라 본다. 미국 성공회 주교 존 셸비 스퐁 신부는 『기독교 변하지 않으면 죽는다』**라는 베스트셀러 책을 썼다. 그리스도교가 변화하지 않으면 죽지만, 변화하면 죽지 않을 수 있음을 의미하는 셈이다.

현재 일단의 그리스도교 지도자들은 그리스도교를 꼭 버리거나 박멸의 대상으로 여길 것이 아니라 그것을 새롭게 할 필요가 있음을 절감하기에 이르렀다. 이들은 이렇게 새롭게 태어나는 대안적 그리스도교를, 자기들 나름대로 '새 그리스도교(a New Christianity)',

* 2010년 4월 USA Today 지 제1면에 미국 Y세대(1970년대 후반에서 1990년대 초반까지 태어난 젊은이들) 중 72퍼센트가 자기들이 religious보다 spiritual이라고 대답했다. Roger Housden, *Keeping the Faith Without a Religion Boulder*(CO: Soundstrue, 2014), vii. 저자는 "이 숫자는 매일 불어나고 있다"라고 말한다.

** *Why Christianity Must Change or Die*(HarperSanFrancisco, 1998). 한국어판은 김준우가 옮기고 2001년 한국기독교연구소가 펴냈다.

'새로 등장하는 그리스도교(the newly emerging Christianity)', '새 세계 그리스도교(a New World Christianity)', '뜨는 그리스도교(Emergent Christianity)', '개명된 그리스도교(Enlightened Christianity)' 등의 이름으로 부른다. 필자는 탈종교 시대에 종교가 이렇게 새로운 모습으로 새롭게 등장하는 것을 '표층 종교에서 심층 종교로의 심화 과정'을 밟는 것이라 본다. 결국 이 시대 종교가 살아남아 사람들에게 새로운 삶을 주고 사회를 밝게 하려면 이런 심화 과정이 필수적이다.

표층 종교에서 심층 종교로

필자는 비교종교학자로서 그동안 세계 여러 종교를 비교하고 분류하는 방법에 대해 고심했다. 가장 보편적인 분류 방법은 그리스도교, 불교, 유교, 힌두교, 이슬람 등 여러 종교를 종교 전통에 따라 나누고 연구하는 것이다. 세계의 종교는 모두 나름대로의 특성을 지니고 있다. 따라서 불교와 그리스도교를 비교한다거나 불교와 유교를 비교해 각 종교 전통 속에서 발견되는 특이한 모습들을 역사적 맥락 속에서 검토하고 열거하는 것이 일반적인 접근법이다.

그런데 근래에 와서 세계 종교를 이처럼 종교 전통별로 분류하기보다 여러 종교 전통들을 관통하는 '표층'과 '심층'으로 크게 구분해 나누는 것이 어느 면에서 더욱 적절하고 의미 있는 방법이라는 생각을 하게 되었다. 이런 접근법이 다양한 종교 현상을 더욱 깊이 이해하고 그 의미를 찾는 데 도움이 되리라 여겨졌기 때문이다.

이런 관점에서 세계 종교를 보면, 그리스도교에도 표층 그리스도교와 심층 그리스도교가 있고, 불교 역시 표층 불교와 심층 불교로 나눌 수 있으며, 유교에도 표층 유교와 심층 유교가 있다. 이렇게 분류하면 표층 그리스도교, 표층 불교, 표층 유교 등 각 종교의 표층들 간에는 상당한 유사점과 공통점을 발견할 수 있고, 심층 그리스도교, 심층 불교, 심층 유교 등 각 종교의 심층들 사이에도 서로 '통하는' 요소가 있다는 것을 알 수 있다. 단적으로 말해서 한 전통 내에서 발견되는 표층과 심층의 차이가 두 가지 다른 전통의 표층들 사이나, 두 가지 다른 전통의 심층들 사이에서 발견되는 차이보다 더 클 수 있다는 것이다. 예를 들어, 표층 그리스도교와 심층 그리스도 사이의 차이가 심층 불교와 심층 그리스도교의 차이보다 크다는 것이다.

한 예를 들면, 일본을 방문한 어느 미국 신학자가 호텔 지하에서 일본 선사(禪師)들을 만나 대화를 나눴는데, 미국 신학자와 일본 선사들은 놀라울 정도로 서로 이해가 잘되고 통하는 의기투합의 느낌을 경험했다. 그 신학자가 다시 호텔 위층에 있는 자기 방으로 돌아와 텔레비전을 켰는데, 미국에서 온 전도자가 일본 사람들을 상대로 큰 소리로 복음을 전하는 장면을 보았다. 놀랍게도 그 신학자는 전도자가 자기와 같은 그리스도교에 속해 있었지만 방금 만나고 온 선사들보다 더 큰 괴리감을 느꼈다.

표층과 심층 종교는 무엇이 다른가

그렇다면 거의 모든 세계 종교를 관통해 발견되는 표층과 심층의 차이는 무엇인가? 어떻게 보느냐에 따라 스무 가지 이상을 열거할 수도 있지만, 여기서는 가장 핵심이라고 생각되는 것 몇 가지만을 소개한다.* 불교 이외에 이웃 종교들도 포함하는 것은 이런 심층이 세계 전통 종교 밑바닥에 공통적으로 깔려 있는 기본 흐름임을 강조하고 싶어서이다. 이런 예시를 통해 현재 한국 불교의 현주소가 더욱 분명해지지 않을까 생각한다.

첫째, 지금의 나 중심주의 vs. 참나의 발견.

표층 종교가 변화하지 않은 지금의 나(現我), 이기적인 나, 그리스도교 용어로 죄인인 나, 불교 용어로 탐진치(貪瞋癡)에 찌든 나, 종교 사상가 다석 류영모의 용어로 '몸나(육신의 나)', '제나(自我)'로서의 나를 중심으로 돌아가는 종교라고 한다면, 심층 종교는 이런 소아(小我)로서의 나를 극복하고 비우고 넘어설 때 찾을 수 있는 새로운 나, '옹글한 나(全我)', '참나(眞我)', '큰나(大我)', '얼나(靈我)'를 찾으려는 종교라 할 수 있다.

이렇게 참나를 찾았을 때, 옛 자신은 죽고 새로운 자기로 다시 태어났을 때, 사람들은 해방과 자유를 향유하는 늠름하고 당당한 인격체로 우뚝 설 수 있다. 그리스도교 용어로 하면 부활이요, 불교 용어로 하면 해탈이요, 다석 류영모의 용어로 하면 '솟남'이다.

똑같이 교회나 절에 다니고 똑같이 헌금이나 시주나 기도를 하더라도, 표층 종교에 속한 사람은 이 모든 것이 이 세상에서 자기가 복

---

* 종교의 심층에서 발견되는 특징을 올더스 헉슬리는 27가지로 분류하고 정의했다. 올더스 헉슬리 지음, 조옥경 옮김, 『영원의 철학』(김영사, 2014) 참조.

을 받고 잘 살기 위한 수단으로, 나아가 내세에서도 영생복락을 누리며 살기 위한 준비로 생각하기가 십상이다. 하지만 이와 대조적으로 심층 종교에 속한 사람은 이런 종교적 행동이 욕심으로 가득한 지금의 나, 이기적인 나를 죽이고 새로운 나로 거듭나기 위한 내면적 훈련이라 생각한다.

성경 구절 중에 이 표층·심층의 구분에 해당하는 내용은 무엇일까? 「마태복음」(16:24-26)을 살펴보자.

제자들에게 이르시되 누구든지 나를 따라오려거든 자기를 부인하고 자기 십자가를 지고 나를 따를 것이니라. 누구든지 제 목숨을 구원하고자 하면 잃을 것이요 누구든지 나를 위하여 제 목숨을 잃으면 찾으리라. 사람이 만일 온 천하를 얻고도 제 목숨을 잃으면 무엇이 유익하리요 사람이 무엇을 주고 제 목숨과 바꾸겠느냐.

여기서 "자기를 부인하고 자기 십자가를 지고" 간다는 것은 둘 다 지금의 이기적인 나를 극복하는 것, 현세적인 이익이나 기복을 중심으로 하는 종교 형태에 함몰된 나에게서 벗어난다는 뜻이라 할 수 있다. "제 목숨을 구원하고자 하면 잃을 것이요 (······) 제 목숨을 잃으면 찾을 것"이라는 구절도 지금의 내 목숨, 지금의 나에 집착하면 참된 목숨, 참나에 관심을 쏟을 길이 있을 수 없고, 그렇게 되면 결국 참목숨, 참나를 잃고 만다는 것을 의미한다고 볼 수 있다. 또 "천하를 얻고도 제 목숨을 잃으면 무엇이 유익하리요"라는 표현도 표층 종교에서 가르치는 대로 지금의 내 목숨, 지금의 나에 집착하며 종교 생활을 해천하를 얻는다 한들 참 목숨, 참나를 잃으면 무엇이 유익한지 자문하라는 내용이라 할 수 있다.

이렇게 지금의 나를 떠받들고 사는 삶이 참된 삶이 아니라는 것은 불교에서 더욱 강조하고 있다. 불교는 우리가 피상적으로 생각하는 '나'는 처음부터 없었던 것이라고 역설한다. 이것이 부처님이 성불 후 설파한 이른바 '무아(無我)'의 가르침이다. 형이상학적인 상세 부분에서는 어떨지 모르지만, 윤리적 방향에서 본다면 유교에서 '나' 중심적인 '사(私)'를 죽이라는 '멸사(滅私)'의 가르침도 극기복례(克己復禮)의 권고도 지금의 이기적인 나를 벗으라는 가르침과 맥락을 같이한다고 볼 수 있다.

둘째, 초월 신관 vs. 범재신론.

표층 종교가 대체로 영원히 분리된 두 가지 개체로 신과 나를 보는 반면, 심층 종교는 내가 신 속에 있고 신이 내 속에 있다고 하며 궁극적으로 신과 내가 '하나'임을 강조한다. 심지어 내 속에 있는 신적인 요소야말로 바로 나의 참나라고 믿는다. 동학에서 주장하는 시천주(侍天主, 내가 한울님을 모시고 있다)나 인내천(人乃天, 내가 곧 한울님이다)이라는 가르침이 이를 대변하는 대표적인 사상이라 할 수 있다. 일반적인 범재신론 혹은 만유재신론(panentheism)의 입장인 셈이다.

이에 대해 예수는 어떻게 말했을까? 「요한복음」에 이런 가르침을 암시하는 말이 자주 나온다. 그 대표적인 예가 "아버지여, 아버지께서 내 안에, 내가 아버지 안에 있는 것같이 그들도 다 하나가 되어 우리 안에 있게 하사 세상으로 아버지께서 나를 보내신 것을 믿게 하옵소서"(요 17:21)라는 구절이다. 그 외에도 "너희가 아버지께서 내 안에 계시고 내가 아버지 안에 있음을 깨달아 알리라"(요 10:38), "내가 아버지 안에 거하고 아버지께서 내 안에 계심을 믿으라"(요14:11), "그날에는 내가 아버지 안에, 너희가 내 안에, 내가 너희 안에 있는 것을 너희가 알리라"(요 14:20)와 같은 구절이다.

사실 이 생각은 신과 인간뿐 아니라, 너와 나, 그리고 세상 만물이 동체(同體)임을 강조한다고 더 확대해볼 수 있다. 이 세상에 궁극적으로 독립된 개체는 있을 수 없고, 모든 것이 모든 것에 의존하고, 모든 것이 모든 것과 서로 연관되어 있다는 생각이다. 신유학(新儒學)에서 주장하는 이른바 만유일체(萬有一體), 혼연동체(渾然同體) 사상이다. 천도교나 원불교에서 주장하는 동귀일체(同歸一體)다.

불교의 경우 연기(緣起) 사상, 특히 화엄의 법계연기(法界緣起) 사상은 만물이 서로 연관되어 있고 상호 의존하고 있음을 어느 사상 체계보다 더욱 힘 있게, 일관되게 강조한다. 이른바 인드라망 세계에서 모두가 상즉상입(相卽相入), 상호침투, 상호일치라는 것이다. 이사무애(理事無礙)뿐 아니라 사사무애(事事無礙)의 경지, 본질과 현상, 현상과 현상 사이에 아무 걸림이 없는 경지다.

이런 심층 차원의 신앙을 가질 때 이웃에 대한 참된 사랑이 저절로 나온다. 이웃과 내가 하나이므로 이웃이 아플 때 그것이 곧 나의 아픔으로 다가온다. 동체대비(同體大悲)다. 그뿐 아니라 내가 하느님을 모시는 것처럼 내 이웃도 하느님을 모시고 있기에 이웃 대하기를 하느님 섬기듯 할 수밖에 없다. 이른바 동학에서 말하는 사인여천(事人如天)이나 오심여심(吾心汝心)이다. 사람과 하늘이 하나이기 때문에 사람 섬기기를 하늘 섬기듯 하는 것도 중요하지만 사실은 사람뿐 아니라 동물, 식물, 광물마저도 다 하나라 보고 아끼고 경외하는 마음을 갖는 것이다. 자연히 동학에서 전하는 경천(敬天), 경인(敬人), 경물(敬物)의 삼경(三敬) 사상이 나올 수밖에 없다.

셋째, 무조건적 믿음 vs. 이해와 깨달음.

표층이 '무조건적인 믿음'을 강요하는 것에 비해 심층은 '이해'나 '깨달음'을 강조한다. 표층 종교는 자기 종교에서 가르치는 교리나 율법 조항을 무조건 그대로 받아들일 것을 요구하지만, 심층 종교는 열린 마음으로 선입견, 편견, 고정관념으로 찌든 지금의 내가 매 순간 죽고 새롭게 태어날 때 필연적으로 얻어지는 새로운 눈뜸, 더 깊은 깨달음을 중요시한다. 모든 종교적 가르침이나 의례나 행사도 결국은 이런 깨달음에 이르기 위한 준비 작업이라 할 수 있다.

이러한 눈뜸이나 깨달음을 다른 말로 표현하면 결국 '의식의 전환(transformation of consciousness)'이다. 더 거창한 말로 바꾸면, 위에서 언급한 바와 같이, 우리 일상의 이분법적 의식에서 벗어나 실재의 더 깊은 차원을 볼 수 있도록 하는 '특수 인식능력의 활성화'라 할 수 있을지도 모른다.

이와 관련해서 예수는 어떻게 가르쳤을까? 예수가 공생애를 시작하며 처음으로 외친 말은 "회개하라. 천국이 가까이 왔느니라"이다. 이때 '회개'라는 말의 원문은, 앞에서도 누차 언급했듯 '메타노이아'다. '메타'와 '노이아'의 합성어인 이 말의 더욱 직접적인 뜻은 '의식의 변화'다. '회개하라'고 번역하여 마치 과거의 잘못을 뉘우치고 새로운 결심을 하는 것과 같은 윤리적 차원에서의 새로움을 요구하는 말처럼 읽히기 쉽지만, 더 정확한 뜻은 우리의 의식 깊은 곳부터 완전히 바꾸어 새로운 가치관, 새로운 세계관을 가지고 살 것을 요구한 말이라 보아야 한다. 심층 종교는 이처럼 우리의 의식이 근본적으로 바뀔 때 새로운 삶, 해방과 자유의 삶을 살 수 있다고 가르친다.

불교의 경우는 말할 것도 없다. '붓다' 혹은 '불(佛)'이란 '깨우친 이'라는 뜻이다. '불교'는 '깨침을 위한 종교', '깨친 이의 가르침'이라고 볼 수 있다. '성불하십시오'라는 말은 깨침을 이루라는 말이다. 부처님도 무엇이든 전통이나 권위에 의해 무조건 받아들이지 말고 스스로 관찰해 이해될 때 그것을 받아들이라고 권고했다.

유교는 어떤가? 신유학을 '성학(聖學)'이라고 한다. 이퇴계의 『성학십도(聖學十圖)』나 이율곡의 『성학집요(聖學輯要)』가 말해주듯 유교는 기본적으로 성인(聖人)이 되기 위한 학문이다. 앞에서 언급된 듯이, 성인이란 윤리적으로 완벽한 사람이라기보다 성인이라고 할 때 한자 '聖'이라는 글자에 '귀이(耳)'가 들어가 있는 것이 암시하듯, 윤리적 완성을 통해 보통 사람들이 듣지 못하는 것을 들을 수 있는 능력을 갖추게 된 사람이라는 뜻이라 볼 수 있다.

나아가 유교 경전 『대학(大學)』에 보면 인간이 큰 배움을 위해 밟아야 할 여덟 단계가 열거되어 있다. 잘 알려진 바와 같이 격물(格物), 치지(致知), 성의(誠意), 정심(正心), 수신(修身), 제가(齊家), 치국(治國), 평천하(平天下)이다. 여기서 처음 두 단계, '격물'과 '치지'는 이성을 최대한 활용하라는 말이다. 사물을 깊게 연구하고 우리의 앎이 극에 이르도록 하라는 뜻이다. 이런 것이 가능할 때 어느 날 '밝음

(明)'에 이르고, 그 후 뜻이 정성스럽고 마음이 올바르게 된다고 가르치는 것이다.

참된 의미의 종교는 이성(理性)에 반대되는 것이 아니라 이성을 초월하는 것이다. 라틴어로 'contra ratio'가 아니라 'supra ratio'라고 한다. 히브리어 성경에 보면 하느님이 사람들에게 "오라, 우리가 서로 변론하자"(사 1:18)라고 초청하고 있다. 여기서 '변론하자'고 한 것을 영어로는 "Let us reason"이라고 번역한다. 이성을 가지고 따져보자는 뜻이다. 이성을 무시한 믿음, 이성에도 미치지 못한 믿음은 경신(輕信), 맹신, 광신, 미신으로 빠질 수밖에 없다. 무조건 믿는 믿음은 참된 의미의 믿음에 방해가 될 뿐이다.

넷째, 문자주의 vs. 속내.

표층 종교가 종교 경전의 표층적, 문자적 뜻에 매달리는 데 반해, 심층 종교는 문자를 넘어서서 문자 속에 들어 있는 '속내'를 찾아본다. 심층 종교가 이처럼 문자주의에 사로잡히지 않는 이유는 깊은 종교적 깨달음의 경지, 내 속의 참나를 찾는 일, 우리 모두가, 나아가 전 우주가 하나라는 사실 등의 심오한 종교적 진리에 대한 눈 뜸은 너무나 엄청난 것이기에 우리가 쓰는 보통의 말로 표현할 수 없다는 사실을 알기 때문이다. 우리가 쓰는 일상적인 말은 우리의 일상적 경험을 표현할 수 있을 뿐 이런 초월적 진리를 표현하기에는 그야말로 언어도단(言語道斷)이다. 이런 경지를 말로 다 표현할 수 없기 때문에 말의 표피적 뜻에 집착하지 않고 그 너머를 본다는 뜻이다. 심층 종교는 경전에 나오는 말을 상징적으로, 은유적으로, 유비적으로 이해하고 그것들이 가리키는 종교적 실재를 체험하려 한다.* 불교적 용어로 하면 불립문자(不立文字), 교외별전(敎外別傳)이다. 문자가 필요 없다는 뜻이 아니라 그것이 '달을 가리키는 손가락'의 역할을 할 때 제 기능을 다한다고 보는 것이다.

이를 가장 힘 있게 가르친 이는 사도 바울이다. 그는 "하나님께서 우리에게 새 언약의 일꾼이 되는 자격을 주셨습니다. 이 새 언약은 문자로 된 것이 아니라, 영으로 된 것입니다. 문자는 사람을 죽이고, 영은 사람을 살립니다"(〈새번역〉 고후 3:6)라고 했다. '영'이라고 번역된 것은 '정신'이라고 해도 좋을 것이다. 문자는 사람을 죽이지만 그 문자 뒤에 있는 영, 정신, 속내는 사람을 살리는 힘을 가지고 있다는 뜻이다.

다섯째, 배타적 vs. 다원주의적.

표층 종교가 대체로 자기 종교만 진리라고 주장하는 배타적인 태도를 취한다면, 심층 종교는 종교의 다양성을 인정하고 자기 종교가 진리를 독점한다는 주장을 하지 않는다.** 종교의 심층에 접한 사람은 인간 지성을 통한 표현이 얼마나 한정된 것인가를 잘 알기 때문에 종교 경험에 대한 한 가지 표현, 비록 그것이 자기가 철석같이 믿고 있는 표현이더라도, 그것만을 절대화할 수 없다. 자기 종교만 진리라고 주장하는 대신 맹인들이 코끼리를 만진다는 군맹무상(群盲撫象)의

---

* 궁극 진리에 대해서는 상징적으로 밖에는 표현할 길이 없음을 가장 강력하게 주장하는 이는 폴 틸리히다. 그의 책 *Dynamics of Faith*, 제2장을 볼 것.
** 종교 간의 관계에 대해서는 폴 니터 지음, 유정원 옮김, 『종교신학입문』(분도출판사, 2007) 참조.

이야기처럼 각자 자기가 만진 코끼리 경험을 토대로 함께 앉아 서로 대화하면서 함께 코끼리의 실상에 가까운 그림을 그릴 수 있도록 노력하겠다는 다원주의적 태도를 취한다. 바로 이런 이유로 화쟁을 북돋으려면 종교가 표층에 머물지 않고 심층으로 심화되어야 하는 것이다.*

　여섯째, 집단 이기적 활동 vs 실천.

　표층 종교는 활동이 주로 개인이나 자기 종교에 국한되는 반면, 심층 종교는 보살 정신처럼 묵묵히 남을 위해 자비를 실천한다. 자기들의 신앙을 행동으로 옮긴다.** 어두운 세상을 보고만 있을 수는 없다. 선불교에서 제시하는 깨달음의 단계를 보여주는 〈십우도(十牛圖)〉에서도 마지막 열 번째 그림이 〈입전수수(入廛垂手)〉다. 도움의 손을 가지고 사람들 속으로 들어간다는 뜻이다. 종교의 심층에서 얻은 윤리적, 이타적 가치관을 실행해야 하는데, 현대 사회에서는 그중

---

* 　참고로 켄 윌버의 경우를 살펴보면, 그는 우리가 여기서 말하는 심층종교와 관계되는 '영원의 철학(perennial philosophy)'의 특징으로 크게 7가지를 예거한다. 1) 영이 존재한다는 것, 2) 그 영은 우리 내면에서 발견된다는 것, 3) 우리 대부분의 인간들은 죄와 분리와 이분법의 세계, 타락과 미망 상태에서 살기 때문에 이 영을 깨닫지 못한다는 것, 4) 이런 상태에서 벗어나 자유로 갈 수 있는 길이 있다는 것, 5) 이 길을 따르면 결과는 부활, 깨침, 내면의 영을 직접 경험함, 최상의 자유라는 것, 6) 이것이 죄나 고통의 끝이라는 것, 7) 이렇게 될 때 중생을 위한 긍휼과 자비의 행동이 나타나게 된다는 것. *Grace and Grit*(Gill & MacMillan, 2001), pp.77~78: 한국어 번역, 김재성, 조옥경 옮김, 『세상에서 가장 아름다운 용기』(한언출판사, 2006).

** 　시카고 대학교 종교학과 교수였던 요아힘 바흐(Joachim Wach)에 의하면 종교 경험의 4가지 특징으로 1) 궁극적인 것이라 여겨지는 것에 대한 경험, 2) 전인적 경험, 3) 가장 강렬한 경험, 4) 행동을 수반하는 경험이라 했다. 행동의 중요성을 등한시할 수 없다는 점을 강조한다.

가장 효과적인 방법이 정치 참여라 할 수 있다. 도가(道家)의 『도덕경』도 심층 종교에 이른 사람들을 위한 정치 매뉴얼이었다. 『장자』도 '심재(心齋)', 곧 마음 굶김을 이룬 다음 정치에 참여하라 한다. 참된 영성적 지도자가 경천애민의 정치를 하게 될 수밖에 없다.

종교의 심화

우리의 종교 생활은 대부분 표층에서 시작된다. 개인적으로도 그렇고 인류 역사 전체를 보아도 그렇다.* 따라서 표층 자체가 나쁘다고 생각할 필요는 없다. 현실적으로 우리 거의 모두는 지금의 나를 중심으로 종교 생활을 하고 거기에서 나름의 정신적 치유와 위로를 얻는 것도 사실이다. 그러나 우리의 믿음이 표층에서 시작했더라도 거기에 안주해서는 곤란하다. 산타가 굴뚝을 타고 내려와 선물을 주고 간다는 생각은 어릴 때라면 얼마든지 할 수 있다. 어린이의 정신 건강에 도움이 된다. 그러나 마흔이 넘었는데도 크리스마스 때만 되면 지붕에 올라가 산타를 위해 굴뚝을 쑤시고 있다면 한심하지 않을까? 종교의 깊이에 접한다거나 믿음이 자란다는 것은 이런 표층 신앙에서 심층 신앙으로 넘어가는 심화 과정을 밟는다는 뜻이다.** 이런 심화 과정을 등한시하거나 거부하면 이른바 신앙의 발달 장애를 겪는 것이다.

---

* 인류의 의식 발달 과정을 다룬 책으로는 켄 윌버 지음, 조옥경, 윤상일 옮김, 『에덴을 넘어』(한언출판사, 2009)를 참조하라.
** 그리스도교 전통뿐 아니라 세계 종교에서 심층에 이른 종교인들의 삶과 가르침을 소개한 책으로는 필자의 『종교, 심층을 보다』(현암사, 2011)를 참조하라.

그리스도교의 경우 몇 가지 예를 든 것같이 예수나 사도들, 믿음의 선구자들의 삶과 가르침을 통해 표층에서 심층으로 옮겨 가는 심화 과정을 밟을 수 있다. 한 가지 덧붙이자면 그리스도교에도 깨침과 '하느님 나라'의 내재성을 강조하는 「도마복음」 같은 복음서가 있다. 4세기 콘스탄티누스가 로마 황제가 된 후 폐기처분 명령을 받고 사라졌다가 1945년 이집트 나그함마디에서 발견된 이 복음서를 비롯해 불교, 도가 사상, 신유학 사상 같은 이웃 종교나 사상 체계를 보면서 이런 심화 과정이 무엇을 뜻하는지, 그리고 왜 그런 과정이 필요한지 더욱 뚜렷하게 인지할 수 있을 것이다.

불교의 경우도 오늘날 기복 일변도의 종교적 태도에서 깨침을 얻어 자유에 이르라는 부처님의 정법(正法)으로 돌아가야 한다. 새 시대의 흐름에 맞게 남녀 성차별을 줄여가고, 생태계 문제에도 관심을 가지고, 이웃 종교들과의 대화를 통해 상호 이해와 협력을 일구어낼 수 있어야 할 것이다.* 유교도 형식주의적이고 복고적인 태도를 벗어버리고 소인배의 마음가짐에서 군자의 대의를 품으라는 공자의 뜻이 무엇인지, 맹자나 신유학에서 보는 것처럼 의식의 변화를 통해 이를 수 있는 성인의 경지가 무엇인지 분명히 하고 이를 추구하는 데 심혈을 기울여야 한다. 물론 불교인이나 유교인도 그리스도교나 기타 이웃 종교를 연구하고 그들과의 대화를 통해 자기들의 영적 위치가 어디인지를 더욱 분명히 알 수 있을 것이다. 서두에서 인용한 막스 뮐러

---

* 서양 불교가 한국 불교와 어떻게 다른가, 그리고 서양의 관점에서 필자가 불교에 바라는 바를 논의한 것은 필자의 『불교, 이웃 종교로 읽다』(현암사, 2006), 301~322쪽 참조.

의 말처럼 "하나의 종교만 아는 사람은 아무것도 모르기" 때문이다.

나가면서

신학자들이나 종교학자들의 진단에 따르면, 현재 한국 종교인 절대다수가 표층 신앙에 머물러 있다. 신앙생활이 '나 중심' 혹은 '우리 중심'으로 맴돌고 있다. 이런 개인이나 집단 이기주의적인 표층 신앙 때문에 현재 종교계에 종교적 배타주의를 비롯해 여러 가지 바람직하지 못한 현상이 속출하고 있다고 볼 수 있다.

20세기 가톨릭 신학의 거장 카를 라너 같은 독일 신학자들이나 기타 종교학자, 종교문화 비평가들이 말하듯, 21세기에는 이런 표층 종교의 자기중심적 관행이 무의미한 것으로 취급될 수밖에 없을 것이다. 뉴욕 유니언 신학교에서 오래 가르친 독일 신학자 도로테 죌레(Dorothee Sölle)는 이제 심층 종교가 많은 사람에게 퍼져나갈 것이라는 심층 종교의 '민주화'를 주장하고 있다.* 아무튼 이런 표층 신앙에 함몰되어 생기는 여러 가지 부작용이 줄어들고, 더욱 많은 사람이 심층 종교가 줄 수 있는 생명력과 시원함을 누리게 되기를, 그리하여 한국 사회가 한층 밝고 아름다워지기를 기원해본다.**

---

* 도로테 죌레, 정미현 옮김, 『신비와 저항(*Mystik und Widerstand*)』(이화여자대학교출판부, 2007). 영문판 제목은 *The Silent Cry: Mysticism and Resistence*이다.
** 유럽, 특히 세계에서 제일 잘산다고 하는 덴마크, 스웨덴, 노르웨이의 스칸디나비아 3국은 이런 표층 종교에서 주장하는 그런 신이 없는 '신 없는 사회'가 되었다. 그런 신이 없는데도 잘사는 것이 아니라 그런 신이 없기 때문에 잘사는 것이라 할 수 있을 것이다. 필 주커먼 지음, 김승욱 옮김, 『신 없는 사회─합리적인 개인주의자들이 만드는 현실 속 유토피아』(마음산책, 2012) 참조.

2. "오강남 칼럼을 읽고"를 읽고

— 반박에 대한 대답

이 책이 나오기 전, 여기 실린 글의 상당 부분이 몇몇 신문에 연재되었고, 또 그중 얼마를 인터넷 토론장에도 올려보았다. 긍정적인 반응과 함께 예상했던 대로 몇몇 목사님 사이에서 부정적인 반응이 있었다. 세 분의 목사님이 신문에 인신공격성 반박문을 기고했다. 다음 글은 세 분 목사님의 반박에 대한 종합적인 대답으로 신문에 올렸던 글이다.

(······) 나는 그분들의 반박에 대해 하나하나 논박할 의사가 없다. 누구나 자기 나름대로 생각할 수 있는 권리가 있다는 것을 인정하기 때문이다. 나는 다른 이가 내 글을 읽고 모두 다 동의해야 한다고 생각하지 않는다. 그저 우리의 눈을 한번 비벼보자는 내 나름의 제안일 뿐이다. 구태여 눈 비비기를 싫어하는 사람에게 눈을 비비라 강요하지는 않는다. 따라서 나의 생각과 다른 그분들의 신학적 입장에 왈가왈부할 마음이 없는 것이다.

그러나 그분들이 나의 글에 '반박'을 해왔기에 그 반박의 내용이 어떤 성질의 것이고, 그 반박에 대한 나의 입장이 어떤 것인가는 한번쯤 분명히 밝힐 필요가 있을 것 같아 다시 컴퓨터를 켰다.

지면상 세 분의 글을 하나하나 다룰 수는 없지만, 그 주장하는 바의 공통적 골격을 열거하면, 1) 성경은 문자적으로 일점일획도 틀림이 없이 완전무오한 하나님의 말씀이다, 2) 이런 완전무오한 성경에 의하면 기독교만 진리의 종교로 되어 있다, 3) 따라서 여러 종교를 인정하고 종교들이 서로 협력할 것을 강조하는 종교 다원주의는 성경의 가르침에 어긋나는 이론이다, 4) 따라서 성경의 문자적 무오설을 받아들이지 않고 종교 다원주의를 주장하는 오강남 교수의 말은 비기독교적 내지는 반기독교적이다, 하는 요지이다. 세 번째 분은 여기다 한 가지를 덧붙여서, 성경 무오설이나 기독교의 절대성을 믿지 않는 것은 기독교 순교자의 피를 헛되게 하는 것이므로, 따라서 오강남 교수는 순교자의 피를 헛되게 하는 사람이라 했다.

이분들의 반박 요지를 좀 더 알아듣기 쉬운 말로 표현하면, 1) 완전무오한 성경에 의하면 지구는 판판하고, 그 위로 해가 떴다 졌다 한다고 되어 있다, 2) 지구가 태양 주위를 돈다는 것을 주장하는 지동설은 성경에 없는 가르침으로 성경의 가르침에 어긋나는 이론이다, 3) 따라서 지동설을 주장했던 갈릴레이는 비기독교적 내지 반기독교적이다, 4) 갈릴레이는 성경의 문자적 절대성을 믿었던 많은 순교자의 피를 헛되게 했다, 5) 갈릴레이의 말을 들으면 안 된다……. 이런 식의 반박에 도대체 무슨 말을 덧붙일 수 있겠는가?

몇 년 전 한국 감리교 신학대학교 학장 변선환 박사가 종교 다원주의를 주장한다고 하여 목사들로 구성된 '교리수호대책위원회'가 그를 학장직뿐 아니라 교단 자체에서 내쫓을 때 내세우던 논리와 비슷하다.

"성경에는 기독교만 유일한 절대 종교라고 했다. 변선환은 다른 종교에도 구원이 있다고 한다. 성경에 쓰인 이런 명백한 사실을 두고 신학적 토의 같은 것이 있을 수 있는가? 변선환은 비기독교적이요, 반기독교적이다. 내쫓아라" 하는 식이다.

그때 변선환 박사 문제로 한국 교회는 서양 신학계에서 신학적 미개국 내지 야만국으로 웃음거리가 되었다. 세계 유수의 신학자와 신학 단체가 남의 종교를 거짓 종교라 부르기를 거절하는 종교 다원주의를 주장한다는 이유로 신학자를 강단에서 쫓아낸다는 것은 신학적으로 전례가 없는 일임을 지적하고 재고를 요청했지만 한국 교계는 일사불란, 진리를 수호한다는 미명 아래 변 박사를 출교시키고 말았다.

누가 말한 것처럼 지금 와서 종교 다원주의를 받아들일 것이냐 말 것이냐를 따지는 것은 마치 해가 이미 중천에 훤히 떠 있는데도 그것이 언제 뜰 것이냐를 따지는 것과 같다. 최근의 신학적 동향에 약간의 상식이라도 갖추고 맹목적인 종교 제국주의나 식민지주의 사상에서 조금이라도 자유로운 사람이라면 종교 다원주의가 진정으로 무엇을 의미하는지 안다. 그리고 종교 다원주의가 무엇인지 조금이라도 아는 사람이라면 종교 다원주의와 기독교가 양립할 수 있을 뿐만 아니라, 수많은 신학자가 지적하듯이 오늘날 기독교가 수행해야 할 일종의 '지상 명령(categorical imperative)'임을 인정하지 않을 수 없을 것이다.

성경 무오설이라는 것도 마찬가지이다. 성경 무오설도 여러 종류가 있겠지만, 아무튼 그것을 믿고 싶으면 믿어도 좋다. 그러나 그것을 안 믿는다고 기독교 '근본'이 허물어지거나 그것을 안 믿는 사람은 기독교인이 아니라고 남에게 강요할 수는 없다. 현재 지각 있는 많은 신학자들은 오히려 그런 것을 받아들일 필요도 없고, 또 받아들이지 않아야 기독교가 제대로 설 수 있다고 주장하고 있다.

교권을 절대시하던 중세 가톨릭교회에 반대하여 일어난 프로테스탄트(개신교)가 어처구니없게도 교권 대신에 성경을 절대시하는 위험에 빠지게 되었다. 성경을 문자 그대로 아무런 비판 없이 받아들여야 할 책으로 떠받드는 것은 '성경우상숭배(bibliolatry)'다. 프로테스탄트가 프로테스탄트인 이유는 어떤 형태의 것이든 절대적 하나님 이외의 것을 절대적인 것으로 떠받드는 일이 있으면 끊임없이 거기에 프로테스트(Protest)하기 때문이다. 이것이 신학자 폴 틸리히가 말하는 '프로테스탄트 정신(Protestant Spirit)'이다. 성경의 문자를 절대시하고 더구나 자기의 '해석'을 절대적 진리로 떠받들면서, 자기 식대로 믿지 않으면 성경을 믿지 않는 것이라고 주장하는 일보다 더 엄청난 죄는 있을 수 없다. 자기들 자신을 하나님의 자리에 올려놓는 참람됨이기 때문이다.

그리고 '기독교만'이라는 기독교 우월주의나 배타주의 혹은 성경 무오설을 문자대로 받아들이지 않는다고 순교자의 피를 헛되게 한다는 것은 또 무슨 소리인가? 순교자들이 무엇을 위해 피를 흘렸는가? 이런 문제를 논하는 데 시간을 더 쓸 마음이 없지만, 한 가지만 언급한다. 신학자 한스 큉이 말한 것처럼, "기독교는 성경을 믿는 것이 아니라 성경이 증거하는 그분을 믿고, 전통을 믿는 것이 아니라 전통이 전수하는 그분을 믿고, 교회를 믿는 것이 아니라 교회가 선포하는 그분을 믿는 종교"라는 사실이다.*

순교자들이 그분을 믿는 믿음으로 인해 순교한 것이 아니라 성경

---

* Hans Küng, *On Being a Christian*, p. 163.

무오설이니 기독교 배타주의니 하는 한갓 '설'이나 '주의'를 위하여 피를 흘렸다는 말인가? 순교자를 자기 자신의 설이나 주의를 옹호하는 데 아전인수 격으로 이용하려는 이런 발상이야말로 실로 순교자의 피를 헛되게 하는 일이 아닌가.

이분들은 한결같이 '교회협의회 광고가 나가는 신문에', 혹은 '교회에 배달되어 읽히는 신문에' 이렇게 '기독교에 반하는 글'이 어떻게 실릴 수 있는지 유감이라고 했다. 내가 보기에 정말 '유감스러운 것'은 아직 앞길이 창창한 사람들이 이렇게 경직된 사고로 앞뒤가 꼭 막혀서야 어떻게 하나 하는 것이다.

자기가 생각하는 기독교식 기독교에 반하는 글이라고 해서 그대로 기독교 자체에 반하는 글이라고 정죄하는 것은 자기가 가지고 있는 기독교가 바로 기독교 자체요, 그것과 같지 않은 기독교는 기독교가 아니라고 하는 '고전주의적' 사고방식을 전제로 하는 신학적 무지요, 영적 오만이다. 기독교의 모든 신학자나 목사가 다 같은 생각을 가지고 있을 것이라는 발상은 그야말로 극히 획일적이고 단세포적 단견의 소치이다. 이런 좁아터진 생각으로 어찌 폭넓은 다양성과 다원성을 생명으로 하는 현대 학문에 접할 길이 있겠는가? 처음부터 다원주의와는 담을 쌓고 무조건 기독교 배타주의에 신명을 바치기로 작정한 사람이 아닌가 심히 걱정된다.

이 반박문들을 쓴 분들을 나는 개인적으로 알지 못한다. 만약 그분들이 20대나 30대 초반이라면 그래도 젊은 혈기에 자기들이 그 보수 신학교에서 배운 것과 생판 다른 이야기를 듣고 한번쯤 버티어보는 것도 그리 나쁠 것이 없겠다고도 할 수 있다. 그들에게 학문적 정열과 열린 마음, 정직성과 계속 자라날 마음이 있다면 앞으로 다른 시각에서 사물의 다른 면도 볼 수 있게 될 것이라 믿기 때문이다. 이렇게 한번 튕겨보는 것은 소박한 자연적 저항이라 볼 수 있다.

그러나 이들이 30대 후반이나 40대 초반이라면 곤란하다. 틸리히가 말하는 "반동적, 의식적 문자주의(reactive, conscious literalism)"에서 벗어나기 힘들기 때문에, 아무리 더 큰 빛이 비치더라도 자기의 방어기제나 순환논리로 뱅뱅 돌 뿐 탈출이 거의 불가능하다. 사실 이런 사람들은 모든 독립적 사고를 불가능하게 하는 닫힌 제도의 희생자인 셈이다. 그러나 그런 사고를 가지고 살아가는 일이 있더라도 자기의 잣대로 남의 생각을 정통이니 아니니 할 자격이 없다는 것쯤은 알고 있어야 한다.

한 가지 더. 이분들은 '성경은 이성의 잣대로 측량할 수 없는 책'이라고 하면서 자기들과 다른 의견을 말하는 사람은 마치 이성을 하나님으로 떠받드는 것처럼 가정하고 있다. 그러나 기독교 신학자 중 많은 이가 다원주의를 내건다는 것이 무슨 뜻인가? 합리주의에서 최고로 떠받들던 이성에 한계가 있음을 절감한 데서 생긴 겸허함이다. 합리주의의 흑백 이원론적 논리에 근거한 현대 신학이나 기타 모더니즘의 오만함을 극복하려는 노력이다. 우리의 이성으로는 우리와 다른 견해가 반드시 틀린 것이라 단정할 길이 없다는 것을 인정하는 정직성을 기초로 한 태도이다. 이성을 떠받드는 것이 아니라 이성을 절대적인 것으로 믿을 수가 없다는 태도다.

물론 이성의 한계를 느낀다고 하여 하나님이 주신 이성을 한번 써보지도 않고 오로지 믿음이라는 미명 아래 이성과는 상관없이 살아야 한다는 말은 결코 아니다. 아직 이성의 단계에도 이르지 못한 맹신이나 미신 같은 신앙을 가진 사람만 '믿음'이 있는 사람이라고 오해하는 위험을 경계해야 한다.

나는 나의 글에 긍정적이든 부정적이든 반응을 보이는 것을 반갑게 생각한다. 그러나 반응을 보일 바엔 확실한 근거를 가지고 있어야 한다. 그래야 고맙게 여길 수 있다. 이번에 내 글에 반응을 보인 분들도 자기의 신학적 입장이나 신앙을 피력하고 나의 생각과 어떻게 다른가 하는 것만 이야기했으면 나로서는 거기에 뭐라 할 아무런 이유가 없다. 그러나 내 글이 자기 교파에서 하는 말과 다르므로 틀렸다고 하는 식의 말은 논박이나 반박으로는 성립될 수 없다. 반박을 하고 싶다면 일단 자기 교파가 제공하는 신학적 색안경을 벗어놓고, 여기저기 성경 구절 인용으로 모든 것이 다 해결된다는 식의 논법을 벗어나, 자기 교파와 관계없는 신학회나 종교학회에도 좀 참석해서 최근의 신학계나 종교학회가 어떻게 돌아가는지 조금이라도 살펴보고, 뭔가 앞뒤를 가릴 줄 안 다음에 반박이든 온박이든 하는 것이 책임 있는 글쓰기의 기본이요 최소한의 예의일 뿐 아니라, 무엇보다 쓸데없이 헛다리 짚는 일을 피하는 것이 아니겠는가 하는 생각이다.

이렇게 신학회나 종교학회에서 발표되는 새로운 학설이나 사상을 모두 신신학이니 자유주의 사상이니 다원주의니 포스트모더니즘이니 하는 딱지를 붙이고 그냥 무시 내지 반대하기만 하면 다라고 생각하는 것은 마치 물리학자라고 자처하는 사람이 현재 물리학이 어떻게 돌아가는지 살피지도 않은 채 자기가 가지고 있는 연금술이나 뉴턴의 기계론적 물리학을 영원한 진리로 받드는 것과 다름없는 무모

함이다. 신앙과는 달리 신학도 인간의 지적 작업인 만큼 부단한 지적 노력이 없는 신학은 이미 신학이 아니다.

말이 좀 거칠어진 것 이해하시기 바란다. 물론 이렇게 좀 거친 말과 함께 감사의 말씀도 뺄 수 없다. 『장자』에 보면 세상에 쓸데없는 것은 없다고 했다. 이른바 "쓸데없음의 큰 쓸모(無用之大用)"라는 것이다. 내 글을 마귀의 글이라고 몰아붙인 이분들의 극히 감정적인 글들이 적어도 두 가지 면에서 쓸모가 있었다고 본다. 첫째, 이런 반박의 글이 없었다면 내가 언제 이런 생각을 이 토론 마당에 나온 여러 독자에게 말씀드릴 기회가 있었겠는가? 둘째, 지금 쓰고 있는 이 글의 어투가 비록 좀 거칠긴 하지만, 그래도 내 나름대로는 인내심을 많이 행사한 셈이다. 그러니 내 인내심을 키워준 셈이고, 그게 아니라면 적어도 내 인내심의 한계를 스스로 점검할 수 있는 기회는 마련해준 셈이다.

다시 강조하지만, 내가 여기 제기한 질문은 우리가 당면한 종교 문제, 신앙 문제를 안일하게 몇 세기 전에 주어진 신학으로 다 해결하려는 것이 아니라, 한 인간으로서 정직하게, 한 신앙인으로서 일관성을 가지고, 다시 한번 진지하게 물어보려 한 것이다. 이런 노력에 조그만 성과라도 있다면 나는 그것으로 기뻐하고 고맙게 생각할 것이다.

끝맺으면서

지금까지 긴 이야기를 들어주신 여러분께 감사드립니다.
『도덕경』제56장에 보면 이런 구절이 있습니다.

아는 사람은 말하지 않고,
말하는 사람은 알지 못합니다.

입을 다물고, 문을 꽉 닫습니다.
날카로운 것을 무디게 하고,
얽힌 것을 풀어 주고,
빛을 부드럽게 하고,
티끌과 하나가 됩니다.
이를 일러 '신비스러운 하나 됨(玄同)'이라 합니다.

知者不言, 言者不知,
塞其兌, 閉其門, 挫其銳,
解其紛, 和其光, 同其塵,
是謂玄同.

글을 끝내고 나니 부끄러운 마음입니다. "아는 사람은 말하지 않고,
말하는 사람은 알지 못한다"라고 했는데, 이렇게 입을 다물지 못하고

계속 떠들었다고 하는 것은 결국 알지 못했다는 뜻 아니겠습니까?

그렇지만, 저는 스스로 '아는 사람'이라고 자처해본 일이 없습니다. 여기서 아는 사람이란 도를 터득한 사람이란 뜻 아니겠습니까? 저는 한 순간도 스스로 도를 깨쳤다고 생각해보지 않았습니다. 단, 도를 향해 혹은 그 도 위에서 제 발걸음을 옮기길 원하고, 또 다른 사람도 그 길을 같이 가길 원하는 것뿐입니다.

제가 이렇게 계속 떠든 것도 결국 도에 대해서는 떠들 것이 아니라는 것을 제 스스로에게 그리고 제 주위에 있는 사람들에게 다짐하기 위해서인 셈입니다. 이미 도를 다 안 듯한 독선적인 주장이나 태도를 경계해야 하지 않겠는가 하는 이야기입니다.

그렇습니다. 언젠가는 우리도 '신비스러운 하나 됨(玄同)'을 통해 도와 하나 됨으로 더 이상 이야기할 필요가 없게 되는 날이 오길 바랍니다. 그러나 그런 날이 이르기 전까지는 우리의 이야기를 계속하지 않을 수 없을 것 같습니다. 우리의 이런 이야기가 가냘프지만 도를 가리키는 손가락이 되어줄 것을 바라기 때문입니다. 그런 의미에서 언젠가 우리의 이야기를 다시 계속하기로 하고 이번에는 여기서 그칩니다.

여러분의 동행을 참으로 소중히 여깁니다.

○ 참고 문헌

일반인이 구하기 쉽고 읽기 쉬운 책에 한하여 소개한다.

Armstrong, Karen. *A History of God: The 4,000-Year Quest of Judaism, Christianity and Islam* (New York: Knopf, 1993). 유대교, 기독교, 이슬람에서 신관이 어떻게 변천해 왔는가를 명쾌하게 다루고 있는 책.

_____. *The Battle for God: Fundamentalism in Judaism, Christianity and Islam* (New York: Doubleday, 2000). 미국의 개신교, 이스라엘의 유대교, 이집트와 이란의 이슬람교에서 발견되는 '근본주의'를 역사적으로 살펴본 책.

Aslan, Reza. *Zealot: The Life and Times of Jesus of Nazareth,* (Random House, 2013). 한국어 번역: 민경식 옮김, 『젤롯: 예수는 정치적 혁명가였다』 (와이즈베리, 2014). 예수를 열성파 혁명가로 묘사한 2014년 미국의 베스트셀러.

Barbour, Ian G. *Religion and Science: Historical and Contemporary Issues* (San Francisco: HarperSanFrancisco, 1997). 과학과 종교의 관계를 다루는 대표적인 학자의 책.

Biallas, Leonard J. *Myths: Gods, Heroes, and Saviors* (Mystic, CT: Twenty-Third Publications, 1986). 세계 여러 문화에서 나오는 신화의 의미를 종교적 변화라는 주제로 해석한 책.

Borg, Marcus J. *The Heart of Christianity: Rediscovering a Life of Faith* (San Francisco: HarperOne, 2004). 한국어 번역: 김준우 옮김, 『기독교의 심장』 (한국기독교연구소, 2009). '새롭게 등장하는 그리스도교'를 쉽고 체계적으로 제시한다.

_____. *The God We Never Knew: Beyond Dogmatic Religion to a More Authentic Contemporary Faith* (HarperCollins Canada, 1997). 한국어 번역: 한인철 옮김. 『새로 만난 하느님』 (한국기독교연구소, 2001). 신에 대한 자기 자신의 생각이 어떻게 변해왔는가를 중심으로 여러 가지 신관을 이해하기 쉽게 다루었다.

_____. ed. *Jesus at 2000* (Oxford: Westview Press, 1998). 보그 자신과 John Dominic

Crossan, Harvey Cox, Huston Smith 등 여섯 학자가 예수 학회에서 발표한 글 모음으로, 예수 연구사에 관한 훌륭한 입문서다.

_____. *Meeting Jesus Again for the First Time: The Historical Jesus and the Heart of Contemporary Faith*(San Francisco: HarperSanFrancisco, 1994). 미국 종교 부문 베스트셀러에 올랐던 책. 예수의 의미를 새롭게 일깨워주는 쉽고도 깊이 있는 책.

Bourgeault, Cynthia. *The Wisdom Jesus: Transforming Heart and Mind*(Boston: Shambhala, 2008). 예수의 가르침은 착한 사람이 되라는 도덕적 차원을 넘어서 의식의 변화를 위한 것이라는 점을 강조한 책.

Chance, J., Bradley and Milton P. Horne. *Rereading the Bible: An Introduction to the Biblical Story*(Upper Saddle River, NJ: Prentice Hall, 2000). 성서 문학 개론서로 잘 쓰인 교과서.

Chilton, Bruce. *Rabbi Jesus: An Intimate Biography*(New York: Doubleday, 2000). 최근 고고학 자료에 기초하여 예수 당시의 사회, 정치, 종교 상황을 재구성하여 그 배경에서 예수를 다시 고찰하고, 예수는 신과 직접적인 교통을 강조하는 유대교 카발라 전통에 서 있던 랍비라 본다.

Clarke, J. J. *Oriental Enlightenment: The Encounter Between Asian and Western Thought*(London: Routledge, 1997). 한국어 번역: 장세룡 옮김, 『동양은 어떻게 서양을 계몽했는가』(우물이있는집, 2004). 동양 사상이 서양 사상사에 어떤 영향을 끼쳤는가 하나하나 예증을 들어가며 철저히 파헤친 역작. 동서양 비교사상사에 관심 있는 이의 필독서.

Cox, Harvey. *When Jesus Came to Harvard: Making Moral Choices Today*(Houghton Mifflin Harcourt, 2004). 한국어판: 오강남 옮김, 『예수 하버드에 오다』(문예출판사, 2004). 저자가 하버드 대학교에서 20년간 강의한 예수에 대한 이야기.

Crossan, John Dominic. *Jesus: A Revolutionary Biography*(San Francisco: HarperSanFrancisco, 1994). 보그(Borg)와 함께 예수 세미나의 창립 멤버이면서 많은 베스트셀러를 내놓은 학자가 쓴 예수전. 크로산은 예수를 시골 사람(peasant)으로 보는 입장이다.

Dalai Lama. *Beyond Religion: Ethics for a Whole World*(Signal, 2011). 한국어 번역: 이현 옮김, 『달라이 라마의 종교를 넘어』(김영사, 2013).

Dykstra, Craig and Parks, Sharon ed. *Faith Development and Fowler*(Birmingham, Alabama:

Religious Education Press, 1986). 파울러(Fowler)의 이론을 중심으로 하는 글 모음.

Fowler, James W. *Stages of Faith: The Psychology of Human Development and the Quest for Meaning*(San Francisco: Harper & Row, 1981). 인간의 신앙이 여섯 단계로 발달한다는 것을 실험적 방법으로 입증하는 책.

_____. *Faith Development and Pastoral Care*(Philadelphia: Fortress Press, 1987).

Fretheim, Terence E. and Froehlich, Karlfried. *The Bible as Word of God in a Postmodern Age*(Minneapolis: Augsburg Fortress, 1992). 성서해석학을 소개하는 책.

Funk, Robert Walter et al. *The Five Gospels: The Search for the Authentic Words of Jesus*(San Francisco: HarperSanFrancisco, 1993). 4복음서와 「도마복음」에서 예수의 말씀이라고 나오는 것이 어느 정도 예수 자신의 말씀일까 하는 것을 예수 세미나에 참석한 학자의 투표에 의해 다섯 가지 색깔로 분류한 책.

_____. *Honest to Jesus: Jesus for a New Millennium*(San Francisco: HarperSanFrancisco, 1996).

Glauz-Todrank, Stephen. *Transforming Christianity: Ten Pathways to a New Reformation*(New York: Crossroad, 1996). 새 시대에 새로운 기독교의 출현을 열 가지 변화로 일목요연하게 정리한 간결한 책.

Grant, C. David. *Thinking through our Faith: Theology for 21st Century Christians*(Nashville: Abingdon Press, 1998). 21세기에 기독교가 변하지 않을 수 없는 환경으로 자연과학, 역사의식, 다원현상을 들고, 이에 따라 신관, 예수관이 변해야 한다는 것을 설명한 짧은 책.

Griffin, David Ray. *God and Religion in the Postmodern World*(Albany: SUNY Press, 1989).

Harpur, Tom. *Water into Wine: An Empowering Vision of the Gospels*(Toronto: Thomas Allen Publishers, 2007). 복음서에 나오는 비유와 기적 이야기들의 심층적 의미를 끌어내려 한 책. 저자의 다른 책 가운데 *The Pagan Christ*도 유명하다.

Housden, Roger. *Keeping the Faith Without a Religion*(Boulder, CO: Sounds True, 2014).

Johnson, Elizabeth A. *Consider Jesus: Waves of Renewal in Christology*.(New York: Crossroad, 1990). 해방신학, 여성신학 등 새로운 사조의 물결 속에서 예수를 어떻게 보는가 하는 문제를 간결하게 소개한다.

Johnson, Luke Timothy. *Living Jesus: Learning the Heart of the Gospels*.(San Francisco: HarperSanFrancisco, 1999). 그의 다른 책 *Real Jesus*와 함께, 역사적 예수라는 죽은

예수보다 '전통'이라는 현실에 살아 있는 예수로 파악하려는 시도를 하고 있다.

Knitter, Paul F. *Introducing Theologies of Religions* (Maryknoll, NY: Orbis Books, 2002). 한국어 번역: 유정원 옮김 『종교신학입문』 (분도출판사, 2007). 기독교가 이웃 종교를 이해하는 여러 가지 접근법을 체계적으로 소개하는 종교 신학 입문서.

_____. *No Other Name? A Critical Survey of Christian Attitudes Toward the World Religions* (Maryknoll, NY: Orbis Books, 1985). 한국어 번역: 변선환 옮김, 『오직 예수 이름으로만?』 (한국신학연구소, 1987) – 종교 다원주의를 다루는 가장 중요한 책.

_____. *Without Buddha I Could Not Be a Christian* (Oneworld Publications, rep. 2013). 한국어 번역: 이창엽, 정경일 옮김, 『붓다 없이 나는 그리스도인일 수 없었다』 (클리어마인드, 2011)

Küng, Hans. *Does God Exist?* Tr. Edward Quinn (New York: Doubleday, 1978).

_____. *On Being a Christian.* Tr. Edward Quinn (London: Collins, 1974). 기독교인이 된다는 것이 무슨 뜻인가를 일깨워주는 모든 기독교인의 필독서.

Lakeland, Paul. *Postmodernity: Christian Identity in a Fragmented Age* (Minneapolis: Fortress Press, 1997). '포스트모던'이란 어떤 뜻이고, 이런 포스트모던 세계에서 여러 종교를 어떻게 보고, 기독교 신앙을 어떻게 이해해야 할 것인가를 간결히 다루고 있다.

Macquarrie, John. *In Search of Deity: An Essay in Dialectical Theism* (New York: Crossroad, 1985). 범재신론 (Panentheism)의 문제를 다루는 책으로 가장 훌륭한 저술.

McFague, Sallie. *Models of God.* (Philadelphia: Fortress, 1987).

_____. *The Body of God* (Minneapolis: Fortress, 1993). 하나님을 여러 가지 다른 모습으로 생각해볼 것을 제안하는 가장 대표적 여성 신학자의 책.

McLennan, Scotty. *Finding Your Religion: When the Faith You Grow Up with Has Lost Its Meaning* (San Francisco: HarperSanFrancisco, 2000). 하버드에서 법대와 신학대학을 동시에 졸업하고, 보스턴 터프츠 대학교의 교목으로 있는 저자가 파울러 (Fowler) 와 비슷한 이론을 가지고, 사람이 일생을 살아가는 동안 그들의 신앙이 어떻게 자라나는가를 많은 예증을 들어 설명하는 재미있는 책.

Merton, Thomas. *Zen and the Birds of Appetite* (New York: New Directions, 1968). 20세기 가장 영향력 있는 사상가 중 한 사람이 선불교와 기독교의 관계에 대해 논의한 책.

Miller, John W. *Jesus at Thirty: A Psychological and Historical Portrait* (Minneapolis: Fortress, 1997). 캐나다 심리학자이면서 신학자인 저자가 청년 예수의 심리 상태를 묘사한 책.

Norenzayan, Ara. *Big Gods: How Religion Transformed Cooperation and Conflict* (Princeton: Princeton University Press, 2013). 한국어 번역: 홍지수 옮김, 오강남 해제, 『거대한 신, 우리는 무엇을 믿는가』 (김영사, 2016). 종교가 어떻게 인류 역사에 공헌했는가를 살피고 이제 세계 일정 지역에서는 그 역할이 끝나간다는 것을 상세히 설명한다.

Phipps, William E. *Genesis and Gender: Biblical Myths of Sexuality and Their Cultural Impact* (New York: Prager, 1989).

_____. *Was Jesus Married?: The Distortion of Sexuality in the Christian Tradition* (University Press of America, 1986). 성서와 성 문제 전문가의 흥미로운 책.

Ranke-Heinemann, Uta. *Putting Away Childish Things: The Virgin Birth, the Empty Tomb, and Other Fairy Tales You Don't Need to Believe to Have a Living Faith.* Tr. Peter Heinegg (San Francisco: HarperSanFrancisco, 1994). 독일의 여성 가톨릭 신학자가 쓴 책으로 성서에서 문자적으로 읽어서 의미 없는 사례를 들어 분석함으로써 문자주의에서 탈피하게 하는 데 많은 도움이 되는 책.

Robinson, John A. T. *Explorations into God* (London: SCM, 1962).

_____. *Honest to God* (London: SCM, 1963). 한국어 번역: 현영학 옮김, 『신에게 솔직히』 (개정판: 대한기독교서회, 2017년). 영국 성공회 신부로서 일반인이 유신론적 신관에 의문을 제기하도록 하여 1960년대 선풍적 인기를 얻었던 책.

Sanders, E. P. *The Historical Figure of Jesus* (New York: Penguin Books, 1993). 예수전 연구에서 표준적으로 읽히는 책. 저자는 필자의 스승이다.

Smith, Wilfred Cantwell. *Toward a World Theology: Faith in the Comparative History of Religion* (Philadelphia: Westminster Press, 1981). 캐나다 학자로서 하버드 대학교 세계종교연구소 소장의 직책을 오랫동안 맡았던 저자는 여러 책을 통해 faith와 belief의 차이를 논하고, faith를 기초로 하는 하나의 '세계 신학'을 형성할 것을 주장한다.

Smoley, Richard. *Inner Christianity: A Guide to the Esoteric Tradition* (Boston: Shambhala,

2002). 기독교의 내밀한 가르침을 체계 있게 제시한 훌륭한 책.

Spong, John Shelby. *Liberating the Gospels: Reading the Bible with Jewish Eyes*(San Francisco: HarperOne, 1997). 한국어 번역: 최종수 옮김, 『예수를 해방시켜라』(한국 기독교연구소, 2004).

_____. *Why Christianity Must Change or Die: A Bishop Speaks to Believers in Exile*(San Francisco: HarperSanFrancisco, 1998). 한국어 번역: 김준우 옮김, 『기독교 변하지 않으면 죽는다』(한국기독교연구소, 2001). 뉴저지 뉴어크의 성공회 신부로서 많은 저작을 통해 근본주의 믿음의 부적합성을 고발한 분이 최근에 쓴 책으로 기독교 신앙 전반에 대한 새로운 이해를 제공하는 훌륭한 책.

_____. *Jesus For The Non Religious*(Paperback: HarperCollins, 2008). 그리스도인들이 아닌 사람들에게 예수님이 어떤 의미를 갖는가 하는 문제를 자세히 보여준다.

Swidler, Leonard. *Yeshua: A Model for Moderns*(Kansas City, MO: Sheed & Ward, 1988). 필라델피아 템플 대학교에서 종교 간의 대화 문제를 전공하는 학자가 그런 관점에서 예수를 다시 조명한 책.

Teasdale, Wayne. *The Mystic Heart: Discovering a Universal Spirituality in the World's Religions*(Novato, CA: New World Library, 1999). 신앙의 성숙을 위한 지침서. 동서 전통에서 신앙과 종교 의식(意識)의 발달을 어떻게 다루고 있는가 하는 문제를 소상하게 소개하고 있다.

Templeton, Charles. *Farewell to God: My Reason for Rejecting the Christian Faith*(Toronto: M & S, 1996). 캐나다 출신으로 빌리 그레이엄과 같이 청년 전도자로 세계 각지를 다니면서 전도 운동을 폄으로써 세계적인 각광을 받다가 프린스턴에서 신학 공부를 더 하고 나서, 자기가 믿지 못하는 것을 전하는 자신의 처지에 양심의 가책을 느끼고 전도자 직을 사퇴, 토론토로 돌아와 방송인,《매클린》지 편집장 등을 지낸 스타 기자가 자기가 기독교를 떠난 이유를 진솔하게 밝히고 있다.

Thich Nhat Hanh. *Living Buddha, Living Christ*(10th Anniversary edition, Riverhead, 2007). 한국어 번역: 오강남 옮김, 『살아 계신 붓다, 살아 계신 예수』(솔바람, 2013).

_____. *Going Home: Jesus and Buddha as Brothers*(Riverhead Books, 1999). 한국어 번역: 오강남 옮김, 『귀향: 예수님과 부처님은 한 형제』(도서출판 모색, 2001).

Tillich, Paul. *Dynamics of Faith*(New York: Harper & Row, 1958). 한국어 번역: 최규택 옮김,

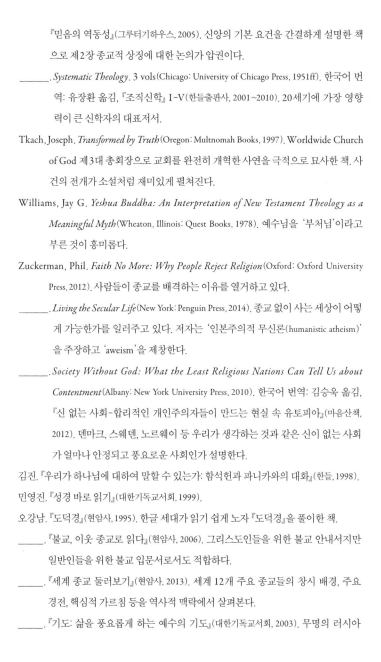

『믿음의 역동성』(그루터기하우스, 2005). 신앙의 기본 요건을 간결하게 설명한 책으로 제2장 종교적 상징에 대한 논의가 압권이다.

_____. *Systematic Theology*. 3 vols(Chicago: University of Chicago Press, 1951ff). 한국어 번역: 유장환 옮김, 『조직신학』 I-V(한들출판사, 2001~2010). 20세기에 가장 영향력이 큰 신학자의 대표저서.

Tkach, Joseph. *Transformed by Truth*(Oregon: Multnomah Books, 1997). Worldwide Church of God 제3대 총회장으로 교회를 완전히 개혁한 사연을 극적으로 묘사한 책. 사건의 전개가 소설처럼 재미있게 펼쳐진다.

Williams, Jay G. *Yeshua Buddha: An Interpretation of New Testament Theology as a Meaningful Myth*(Wheaton, Illinois: Quest Books, 1978). 예수님을 '부처님'이라고 부른 것이 흥미롭다.

Zuckerman, Phil. *Faith No More: Why People Reject Religion*(Oxford: Oxford University Press, 2012). 사람들이 종교를 배격하는 이유를 열거하고 있다.

_____. *Living the Secular Life*(New York: Penguin Press, 2014). 종교 없이 사는 세상이 어떻게 가능한가를 일러주고 있다. 저자는 '인본주의적 무신론(humanistic atheism)'을 주장하고 'aweism'을 제창한다.

_____. *Society Without God: What the Least Religious Nations Can Tell Us about Contentment*(Albany: New York University Press, 2010). 한국어 번역: 김승욱 옮김, 『신 없는 사회-합리적인 개인주의자들이 만드는 현실 속 유토피아』(마음산책, 2012). 덴마크, 스웨덴, 노르웨이 등 우리가 생각하는 것과 같은 신이 없는 사회가 얼마나 안정되고 풍요로운 사회인가 설명한다.

김진. 『우리가 하나님에 대하여 말할 수 있는가: 함석헌과 파니카와의 대화』(한들, 1998).

민영진. 『성경 바로 읽기』(대한기독교서회, 1999).

오강남. 『도덕경』(현암사, 1995). 한글 세대가 읽기 쉽게 노자 『도덕경』을 풀이한 책.

_____. 『불교, 이웃 종교로 읽다』(현암사, 2006). 그리스도인들을 위한 불교 안내서지만 일반인들을 위한 불교 입문서로서도 적합하다.

_____. 『세계 종교 둘러보기』(현암사, 2013). 세계 12개 주요 종교들의 창시 배경, 주요 경전, 핵심적 가르침 등을 역사적 맥락에서 살펴본다.

_____. 『기도: 삶을 풍요롭게 하는 예수의 기도』(대한기독교서회, 2003). 무명의 러시아

청년이 쓴 '예수 기도' 체험기를 편역한 것.

_____.『오강남의 그리스도교 이야기』(현암사, 2013).『예수는 없다』에 포함되지 않은 그리스도교 이야기들의 모음.

_____.『장자』(현암사, 1999). 기원전 3, 4세기 인물 장자가 썼다고 하는『장자』해설서.

_____.『종교, 심층을 보다』(현암사, 2011). 세계 종교 창시자들을 비롯하여 심층 종교를 체득한 60여 명의 인물들의 삶과 가르침을 살펴보는 책.

_____.『또 다른 예수』(예담, 2009). 현재의 경전에 포함되지 않은 복음서로서 깨달음을 강조한 예수의 어록 114개를 해설.

_____.『종교란 무엇인가』(김영사, 2012). 종교의 개괄을 살펴보는 종교 입문서.

오강남, 성해영 공저.『종교, 이제는 깨달음이다』(북성재, 2011). 종교의 큰 대목을 중심으로 나눈 두 저자의 대담집.

조태연 외.『뒤집어 읽는 신약성서: 그리스도교 신앙의 뿌리 찾기』(대한기독교서회, 1999).

크리스챤 아카데미 편.『열린 종교와 평화 공동체』(대화출판사, 2000).